Leben und Denken
des frommen Rebellen Martin Luther

Martin Luther, in die Kämpfe seiner Zeit verwickelt, wußte: »wer mit Dreck rammelt – er gewinne oder verliere –, so geht er doch immer beschissen davon.« Martin Luther redet deutsch, selbstbewußt und geradezu, kräftig und deftig, polemisch und poetisch, weit hinausgreifend und tief ins Innere treffend. Der versteht was vom Leben. Der hat Ängste durchlebt, Brüche durchgestanden und Aufbrüche gewagt, wurde auf den Schild erhoben und in den Orkus gestürzt. Er war hoch erfreut und tief betrübt. Auf den Sockel wollte man ihn stellen, immer wieder. Er hat es sich verbeten. »Zuerst bitte ich, man wolle meinen Namen weglassen und sich nicht lutherisch, sondern Christ nennen. Was ist Luther? Die Lehre ist doch nicht von mir. Wie käme denn ich armer stinkender Madensack dazu, daß man die Kinder Christi nach meinem heillosen Namen nennen sollte? So nicht, liebe Freunde. Laßt uns die Parteinamen ablegen und uns Christen nennen.«

Seine Bücher nennt er die Produkte seiner nächtlichen Schreibereien. Seinen Lebenssinn meinte er erfüllt zu haben, wenn er einem einzigen Laien mit all seinem Vermögen zur Besserung gedient hätte. Auch wenn er die 95 Thesen nicht angenagelt haben sollte, so hallten doch die Hammerschläge durch halb Europa.

Ein Augustinermönch aus dem Provinznest in Dunkeldeutschland erhob seine Stimme gegen das mächtig-prächtige Rom, ein Rom, das mit der Angst vor dem Fegefeuer Geld für den Petersdom und für die Schuldenbegleichung des Mainzer Kardinals Albrecht eintrieb. Gott wurde so zum Schacherer in einer Geld-Welt gemacht, in der »alles in der Habsucht ersoffen ist wie in einer Sintflut«.

Martin Luther hat sich lebenslang in die Bibel versenkt und fand, daß das Evangelium »ein gut Geschrei« und »eine gute Mär« sei, davon man singen und sagen soll. Von dem angstmachenden Gott-Vater hatte sich dieser sich lange selbst kasteiende Augustinermönch in einem quälenden Erkenntnisprozeß gelöst, bis er entdeckte, daß Gottes Gerechtigkeit keine Forderung *an*, sondern eine Gabe *für* den Menschen ist.

Allein aus Gnade. Allein aus Glauben. Allein durch Christus. Allein mit der Schrift. Alles andere ist zweitrangig. Alles andere folgt daraus. Gott ist dem Menschen gut, und dieser kann nun das Rechte und Gute tun. Zuspruch steht prinzipiell *vor* jedem Anspruch.

Der Mensch Luther steht uns als ein so frommer wie sinnenfroher, ein so geradliniger wie widersprüchlicher Mensch vor Augen. Er hat den Leuten nicht nur aufs Maul geschaut, er hat ihnen auch aufs Maul gehauen. »Man darf dem Pöbel nicht viel pfeifen, er tollt sonst gern, und es ist eher billig, ihm zehn Ellen abzubrechen als eine Handbreit. Der Pöbel hat und kennt kein Maß, und in jedem stecken mehr als fünf Tyrannen.« Deshalb sei es besser, von *einem* Tyrannen Unrecht zu erleiden als von unzähligen Tyrannen, das heißt vom Pöbel. Also: Ordnung vor Chaos, Gehorsam vor Aufruhr!

Nach jeder Wahl spüren es Regierung wie Wahlvolk, wie recht Luther 1526 hatte, als er schrieb: »Obrigkeit ändern und Obrigkeit bessern sind zwei Dinge, so weit voneinander entfernt wie Himmel und Erde. Der tolle Pöbel fragt nicht viel, wie es *besser* werde, sondern daß es nur *anders* werde. Wenn's dann ärger wird, so will er abermals etwas anderes haben. So kriegt er denn Hummeln für Fliegen und zuletzt Hornissen für Hummeln.«

Sein Überleben verdankt er in kritischer Zeit nicht zuletzt der Standhaftigkeit zweier sächsischer Kurfürsten, die ihn allezeit und diplomatisch klug beschützten – wiewohl Luther sich in viel höherem Schutz geborgen weiß.

Wenn es denn nicht vorangehen will mit Land und Leuten, ja, wenn es im Krebsgang geht, so soll man bekennen, daß wir »Narren und elende Hümpler mit unserem Tun und Kunst« sind – und Gott allein Weisheit und Ehre geben sollen. Schließlich bleibt doch die Zuversicht: »Es glühet und glänzet noch nicht alles, es bessert sich aber alles.«

Jeder Mensch habe die Hölle in sich. Und von alleine kommt keiner heraus. Täglich – abends und morgens – betet Luther: »Dein heiliger Engel sei mit mir, daß der böse Feind keine Macht an mir finde.« Was dir im Nacken sitzt, wird für dein Tun entscheidend. Immerzu hat er es mit dem Teufel, dem Diabolus, zu tun, diesem großen Durcheinanderbringer, diesem Tausendkünstler, der einen ständig irre und zu Tode traurig machen will, in Zweifel und Verzweiflung stürzt. Man habe ihn ernst zu nehmen und spotte seiner zugleich. Wenn alles Beten und Disputieren nichts mehr hilft, »so weise man ihn als Zeichen der Verachtung mit einem Furz ab« und drehe sich um. »Und wenn die Welt voll Teufel wär und wollt uns gar verschlingen, so fürchten wir uns nicht so sehr, es soll uns doch gelingen.« So dichtet er in dem von Heinrich Heine »Marseiller Hymne der Reformation« genannten Choral »Ein feste Burg ist unser Gott«.

Wenn Friede ist, regiert die Musik. Und wo keine Musik ist, da hat der Teufel leichtes Spiel, denn »der Teufel ist ein trauriger Geist und macht traurige Leute. Darum kann er Fröhlichkeit nicht leiden. Daher kommt's auch, daß er vor der Musica aufs weiteste flieht! Er bleibt nicht, wenn man singt. Nichts auf Erden ist kräftiger, die Traurigen fröhlich, die Fröhlichen traurig, die Verzagten herzhaftig zu machen, die Hoffärtigen zur Demut zu reizen, den Neid und den Haß zu mindern, denn die Musik.« Also dichtet und komponiert er, spielt im häuslichen Kreise zur Laute.

Zugleich hielt er in der Polemik seiner Zeit kräftig mit. Rom nannte er ein totes Aas, und die deutschen Bischöfe sah er gegenüber Rom dasitzen »wie die Nullen«. (Wenn man mit ansehen mußte, wie sich der römische Karol und der Trierer Marx – jetzt

Kardinal in München – gegenüber dem Saarbrücker Priester Gotthold Hasenhüttl anno 2003 verhalten haben, kann man Luther nur dankbar bleiben, daß es mehrere Optionen für christliche Gemeinde in der Gestalt verschiedener – und zugleich im Innersten verbundener – Kirchen gibt.)

Was Luther aufbrachte und ihn zu seinem spektakulären Thesenanschlag veranlaßte, war offenkundiger Mißbrauch des Gottesnamens, die Verdunkelung der Jesusbotschaft, das Geschäft mit der Angst, bis man Gott geradezu zu einem Schacherer machte, dessen Wohlwollen man sich kaufen oder verdienen könne oder eben in Dauerangst vor Hölle und Fegefeuer sein Dasein fristen müsse. Die »Wahrheit« braucht einen Maßstab. Das ist die Bibel, und innerhalb der Bibel ist es die Frage, was zu Christus paßt: »Was Christum treibet!« *Das* gilt und bleibt gültig.

Die Priesterweihe als Sakrament, die ganze Kirchenhierarchie und die höheren Autoritätsansprüche des Papstes lehnt er ab. Päpste können irren, auch Konzilien. Dagegen kann ein einzelner Recht haben, selbst wenn er als Ketzer verbrannt wird. (Übrigens ist der Bann gegen Luther bis heute nicht aufgehoben. Dieses »Gastgeschenk« hätte Benedikt XVI. bei seinem Besuch in Erfurt 2011 als Zeichen einer sich versöhnenden Kirche »getrost« mitbringen können. Aber er wollte uns Protestanten ja gar nicht als Kirche gelten lassen. Welch ein neuer Geist ist mit Franziskus eingekehrt!)

»Was aus der Taufe gekrochen ist, das kann sich rühmen, daß es schon zum Priester, Bischof und Papst geweiht sei.« 2005 hat BILD zur Wahl Kardinal Joseph Ratzingers getitelt: »Wir sind Papst!« Das hat Luther bereits 1520 behauptet, nur in ganz anderem Sinne: Höhere Würden als das Getauftsein gibt es nicht – ein Getaufter ist bereits »Priester, Bischof und Papst« – »wiewohl es nicht einem jeglichen geziemt, solches Amt auszuüben«.

Und jeder Mensch ist vor Gott in seinem Beruf als ein Begabter, also mit einer spezifischen Gabe Ausgezeichneter, gewürdigt. Vor Gott gelten unsere menschlichen »Rangabzeichen« nicht.

Überaus hoch schätzt Luther die menschliche Arbeit: »Von der Arbeit stirbt kein Mensch, aber vom Ledig- und Müßiggehen kommen die Leute um Leib und Leben. Denn der Mensch ist zur Arbeit geboren wie der Vogel zum Fliegen.« Man bedenke solche Sätze auf dem Hintergrund unserer strukturellen Massenarbeitslosigkeit und des inzwischen sehr langen Rentnerdaseins.

Das ganz Große kommt aus dem ganz Kleinen, ganz so, wie durch die arme Magd Maria der Sohn des Höchsten in einem Stall zur Welt kommt. »Niemand lasse den Glauben daran fahren, daß Gott an ihm eine große Tat tun will.« Niemand. Das führt zum aufrechten Gang.

Die Würde des einzelnen Menschen ist unantastbar. Die Wahrheit macht frei. Sie braucht den Dialog, statt mit dem Argument der Macht die Macht der Argumente abzuwürgen. Luther hält seinen Hals für seine Überzeugungen hin. Gegen das Gewissen zu handeln ist unheilsam und gefährlich.

»Hier stehe ich. Ich kann nicht anders.« Das hat er nicht gesagt, sich aber so verhalten. Was in Worms auf dem Reichstag 1521 geschah, sollte Geschichte machen. Ein einzelner behauptet sich vor aller Öffentlichkeit, vor der kirchlichen und der weltlichen Macht. Er kommt mit Haltung, mit seiner Haltung, durch. Eine Woge der Zustimmung seiner »lieben Deutschen« trägt ihn, doch bleibt er ganz ein einzelner. Sein Mut macht Mut. Die päpstliche Bannandrohungsbulle, die ihm bei Verweigerung seines Widerrufs das Schicksal des Jan Hus androht, verbrennt er. Im Dezember 1520 entfacht er ein Freudenfeuer der Befreiung! »Macht kaputt, was euch kaputtmacht«, hieß es 450 Jahre später.

Eine zentrale biblische Erkenntnis kommt dem Befreiten (aus Luder wird Luther, das dem griechischen »eleutherios« als »der Befreite« nachempfunden ist) nie aus dem Sinn: Es gibt keine Freiheit ohne Verantwortung für den Nächsten. Der Glaube wird in der Liebe tätig. Einer soll dem anderen zum Christus werden.

Detail des Lutherdenkmals vor der Stiftskirche in Landau, Bronzeplastik von Martin Mayer (1931). Auf der Seite der aufgeschlagenen Bibel steht: »Was hülfe es dem Menschen, wenn er die ganze Welt gewönne und nähme doch Schaden an seiner Seele.« (Matthäus 16,26). Foto: Friedrich Schorlemmer

Ein freier Herr aller Dinge ist der Christ (als ein von Gott Freigesprochener) und ein dienstbarer Knecht aller Dinge bleibt er (als einer, der seinem Mitmenschen verpflichtet ist).

Das Neue Testament übersetzt er in seiner Zwangsklausur auf der Wartburg in nur elf Wochen und findet darin einen Ton, der die Leute an- und aufrührt. Sein Deutsch wird sprachbildend, seine Redeweise sprichwörtlich: Keiner soll sein Licht unter den Scheffel stellen. Der Glaube versetzt Berge. Unser Wissen ist Stückwerk. Auf dem Jahrmarkt des Lebens gilt es, die Zeichen der Zeit zu erkennen.

Die Bibel wird als Volksbuch ein Befreiungsbuch. Der einzelne Christ soll mitbestimmen, unterscheiden und beurteilen lernen. Dazu muß eine allgemeine Bildung her. Oder »soll man denn zulassen, daß lauter Flegel und Grobiane regieren, wenn man's sehr viel besser machen kann? Da lasse man doch lieber gleich Säue und Wölfe zu Herren machen und über die setzen, die nicht darüber nachdenken wollen, wie sie von Menschen regiert werden.« Wenn Menschen aber nichts weiter lernen, »als Nahrung zu suchen und wie eine Sau mit der Nase im Kot zu wühlen«, dann müßten wir »gewiß von Sinnen sein oder unsere Kinder nicht richtig liebhaben«.

Wie Strauße, die es dabei bewenden lassen, »daß sie ihre Eier von sich geworfen und Kinder gezeugt haben«, würden sich viele Eltern verhalten. Sie sollten Zeit und Mühe aufbringen, um Kindern sowohl Kartenspielen, Singen und Tanzen als auch Lesen, Schreiben, Sprachen und Mathematik zu lehren. Aber ohne Angst und Prügel.

Die erste kommunale Sozialkasse wird in Wittenberg eingerichtet. Luther polemisiert in schärfster Form gegen Auswüchse von Zins und Wucher. Auch was legal ist, ist längst noch nicht legitim. Er geißelt eine ökonomische Praxis, in der die Bereicherung der einen zur Verarmung der anderen führt. Dabei hält Luther redlichen Handel und Gewinn keineswegs für verwerflich. »Daß Kaufen und Verkaufen eine notwendige Sache ist, kann man nicht leugnen.« Aber das Marktgeschehen verlottert; wo Habsucht zur Preistreiberei führt, wo die Monopolbildung andere in den Ruin treibt, wird Luther unerbittlich. »Solche Leute sind es nicht wert, Menschen zu heißen oder unter Menschen zu wohnen.«

Vor nichts anderem schien Luther mehr Furcht zu haben als vor dem Vorwurf, die ganze Reformation hätte er nur wegen der Weiber gemacht, um sich selber schließlich auch eins zu nehmen. Er zögert lange, ist voll Angst, daß aus der Verbindung zwischen Mönch und Nonne ein kleines Teufelchen hervorgehen könnte, wie es ein verbreiteter Aberglaube glauben machte. Er nimmt schließlich im Juni 1525 die übriggebliebene, recht selbstbewußte Nonne Katharina von Bora zur Frau – ausgerechnet unmittelbar nach dem grausigen Bauernkrieg. Ein Signal für die Priorität des Privaten, der bürgerlichen Alltagsexistenz gegenüber gesellschaftlichen Gestaltungsfragen?

Das Eheleben der beiden sollte vorbildhaft werden. Sie führt den Haushalt und er das Wort. Nicht genug kann er sich wundern, daß er nun, wenn er im Bett erwacht, ein Paar Zöpfe neben sich liegen sieht »Die erste Liebe«, schreibt er, »ist fruchtbar und heftig, damit wir geblendet werden und wie die Trunkenen hineingehen.« Sechs Kinder haben Katharina und Martinus miteinander, erleben Glück, durchleiden bittersten Verlustschmerz.

Er schreibt seiner Käthe innige Briefe, voller Respekt und oft mit leiser Ironie. »Meine liebe Jungfer und Frau Käte, Euer Gnaden sollen wissen, daß wir frisch und gesund sind; fressen wie Böhmen (doch nicht sehr); saufen, wie Deutschen (doch nicht viel); sind aber fröhlich. ... Dein Liebchen Martin Luther.«

So gern er mit allen Sinnen lebt, so oft ist er krank. Lebenslang plagen ihn Verdauungsprobleme, Nieren- und Blasensteine – sie sind wohl durch damalige Ernährungsgewohnheiten wie auch psychosomatisch bedingt.

Seine Tischgespräche sind legendär. Allein von ihnen gibt es zehn fulminante Bände in der »Weimarer Ausgabe« seiner Werke. Für Sinnsprüche hat er ein Faible: »Iß, was gar ist. Trink, was klar ist. Sag, was wahr ist.« Er versteht es, sich subtil theologischer Begriffe zu bedienen. Viel lieber aber drückt er sich in ganz alltäglicher Sprache aus: »Laß einen jeden sein, der er ist, so kannst du wohl auch bleiben, der du bist.« »Einen Baum, davon man Schatten hat, davor soll man sich verneigen.«

An einem Kind mit vollgekackten Windeln kann er seine ganze Theologie veranschaulichen: »Diese Leute verdienen auch ihr Essen und Trinken – mit Scheißen, Weinen und Heulen – wie wir mit unseren guten Werken den Himmel.«

Es gibt kaum ein Thema, über das am Tisch Luthers nicht gesprochen worden wäre. Über die Prediger sagt er: »Wir sollen Säugammen sein, gleich wie eine Mutter ihr Kindlein säuget, die pappelt und spielet mit ihrem Kindlein und schenkt ihm aus dem Busen ein; dazu bedarf sie keines Weines.«

»Ich bin denen sehr feind, die sich in ihren Predigten richten nach den hohen gelehrten Zuhörern, nicht nach dem gemeinen Volk.«

»Mit wenig Worten fein und kurz anzeigen können, das ist

Kunst und große Tugend; Torheit aber ist's, mit viel reden nichts reden.«

Wenn man bei Hofe spricht, dann soll man die Regel einhalten, »daß man flugs schreie und klage, denn Bescheidenheit und das Evangelium gehören nicht gen Hofe, sondern man muß böse und unverschämt sein, klagen und geilen«. An Drastik ist nicht zu übertreffen, wie er über Juristen herzieht. So läßt er einen Abdekker urteilen: »Wir schinden tote Tiere, ihr Juristen aber lebendige.« Der Jurist sei »entweder ein Schalk oder ein Esel, der nichts kann in göttlichen Sachen«.

Die Deutschen seien früher feine Leute gewesen, aber in den letzten Zeiten hätten sie sehr abgenommen, seien aus der Art geschlagen und »zu Unflätern geworden«. Er möchte seinem »lieben Deutschland« dienen und mit dafür sorgen, »daß man uns für treue, wahrhaftige beständige Leute hält, die da Ja Ja und Nein Nein haben sein lassen«.

Etwa 2500 seiner Briefe sind erhalten geblieben. In ihnen zeigt sich der ganze Mensch, der fröhliche und der bittere, der einschreitende und fürsprechende, der todtraurige und der zum Leben ermutigende Theologe und Seelsorger. Einem deprimierten, in sich zerworfenen, in Melancholie (wir würden »Depression« sagen) versinkenden jungen Mann schreibt er: »Die Einsamkeit fliehet auf jede Weise. Durch Spiel und Nichtachtung wird dieser Teufel überwunden, nicht durch Widerstand und Disputieren. Treibt deshalb Scherz und Spiel mit meinem Weibe und anderen. Dadurch vertreibt ihr die teuflischen Gedanken und bekommt einen guten Mut. Sucht menschliche Gesellschaft oder trinkt mehr, treibt Kurzweil oder sonst etwas Heiteres. Man muß bisweilen mehr trinken, spielen, Kurzweil treiben und sogar eine Sünde riskieren und dem Teufel Abscheu und Verachtung zeigen, damit wir ihm ja keine Gelegenheit geben, uns aus Kleinigkeiten eine Gewissenssache zu machen.« Einen fröhlichen Sünder hat Gott lieb, nicht den selbstquälerischen – protestantischen! – Gewissensfummler. Ein reines Gewissen kann sowieso niemand haben, wohl aber ein getröstetes.

Um den Erbstreit zwischen zwei Mansfelder Grafen zu schlichten, reist er im bitterkalten Februar 1546 in seine Geburtsstadt Eisleben. Er ist bereits sehr krank. Er hatte geglaubt, wer den neuen Glauben angenommen hat, der müsse und könne auch vom alten Denken frei werden, dürfe sein Herz nicht an zeitlich Gut hängen und bis aufs Messer ums Erbe streiten. Gott nennt er das, »woran du dein Herz hängst«. So hat er es im Großen Katechismus eingeschärft.

Was getrostes Leben ist, ein Leben, das sich ganz der Gnade Gottes anvertraut, dokumentieren seine letzten uns überlieferten Sätze: »Wir sind Bettler. Das ist wahr.« Ein inniger Beter blieb Martin Luther lebenslang – ganz im Sinne von Psalm 19, Vers 15: »Laß dir wohlgefallen die Rede meines Mundes und das Gespräch meines Herzens vor dir.«

Schwer begreiflich bleiben indes einige seiner Verirrungen, die schrecklichen Entgleisungen in seiner Polemik gegen die Juden, seine zum Exzeß stimulierenden Gewaltaufrufe gegen die aufständischen Bauern, seine Unerbittlichkeit gegenüber den Wiedertäufern sowie seine Ausfälle gegen Rom (das ihm freilich auch nichts schenkte). Er wird sie selber vor Gott zu verantworten haben. Sie bleiben eine schwere Bürde für alle, die in lutherischer Glaubenstradition stehen.

Wenige Tage vor seinem Tod hatte er seiner lieben Hausfrau Katherina als »Euer Heiligkeit williger Diener M. L.« noch eingeschärft, daß er beinahe wegen ihrer Sorge gestorben wäre, denn seitdem »Ihr um uns gesorget habt«, wäre ihm gestern, »ohne Zweifel Kraft Eurer Sorge, schier ein Stein auf den Kopf gefallen und hätte uns zerquetscht wie in einer Mausefalle. ... Bete Du und laß Gott sorgen.«

In unseren wiederum sehr kriegerischen und dafür den Namen Gottes abermals mißbrauchenden Zeiten bleibt Luthers weise

Mahnung hoch aktuell: »Wer zwei Kühe hat, soll die eine darum geben, daß nur der Friede erhalten werde. Es ist besser, eine in gutem Frieden als zwei im Krieg zu besitzen. Wer ein Christ sein will, soll zum Frieden helfen und raten, wo immer er kann, selbst wenn es Recht und Ursache genug zum Kriegen gäbe.«

Hoch aktuell ist geblieben, wie er menschliche Verantwortung in einer Mehr-Generationen-Perspektive definiert: »Man soll arbeiten, als wolle man ewig leben, und soll doch so gesinnt sein, als sollten wir diese Stunde sterben.« Ganz loslassen können *und* leben, als müsse man ewig leben, also auch übermorgen noch für sein Tun und Lassen einstehen, gehören als christliche Haltungen zusammen. Aus dieser Gesinnung Luthers heraus legte nach dem 20. Juli 1944 ein evangelischer Pfarrer Luther den tröstlichen, hoffnungsstarken und zum Handeln ermutigenden Satz in den Mund: »Und wenn ich wüßte, daß morgen die Welt unterginge, so würde ich heute noch ein Apfelbäumchen pflanzen.«

Fromm war Luther als ein im Glauben verwurzelter Mensch, rebellisch als ein gewissensgeleiteter einzelner, unerschrocken aus Fröhlichkeit.

Wittenberg, Oktober 2016

Die Flucht aus der Angst

In Eisleben wurde Martin Luther am 10. November 1483 geboren, einer Kupferbergbaustadt, die bis heute unterhöhlt ist. Er wuchs mit der Welt der Kobolde, mit Schreckensgeschichten und angstmachenden Geistern auf. Noch im hohen Alter hörte er bei jedem nächtlichen Spuk auf dem Dachboden den Teufel persönlich. Eine mark- und beinerschütternde Angst verließ ihn sein Leben lang nicht, jenes biblische »Furcht und Zittern«, das Søren Kierkegaard später aufgreifen sollte. Es ist die kreatürliche Lebensangst ebenso wie die Angst, zu versagen und erschüttert zu sein von den Ansprüchen, die die Wahrheit und das Seelenbeben in der Begegnung mit Gott an den Menschen stellen. Es ist jene existentielle »Verzweiflung, man selbst sein zu wollen« und zugleich »nicht man selbst sein zu wollen«. Nicht er selbst sein zu *können* – jedenfalls nicht aus eigener Kraft – wurde zu Luthers Lebensproblem und später zum erlösten »neuen Sein« in Christus. Ohne seine tiefen Ängste wäre er nicht zu der Tiefe – einschließlich aller Abgründigkeit – gelangt, die ihn ausmachte.

Ausgesprochene Ängste sind schon halb überwundene Ängste. Oft und bildreich erzählte Luther von der Kraft, die den Menschen in Traurigkeit treibe, ihn anfechte und verzweifeln lasse. Mit Scharfsinn, Glaubenszuversicht und Humor wies er jenen ab, der unsere Gedanken verdunkelt, unsere Gefühle verstört und unsere Ängste listenreich schürt. Wenn es nur oben im Dach polterte, nahm Luther es noch relativ leicht: »Es ist aber nicht ein seltsam, unerhört Ding, daß der Teufel in den Häusern poltert und umhergehet. In unserem Kloster zu Wittenberg hab ich ihn verschiedenmal gehört. Denn als ich anfing, den Psalter zu lesen, und nachdem wir die Nachtmetten gesungen hatten und ich im Rempter saß, studirete und schrieb an meiner Lektion: Da kam der Teufel und rauschte in der Hölle dreimal, gleich als wenn einer einen Scheffel aus der Hölle schleifete. Zuletzt, da es nicht wollte aufhören, raffte ich meine Bücherlein zusammen und ging zu Bette: Aber mich reuet es diese Stunde, daß ich ihn nicht aussaß, und hätte doch gesehen, was der Teufel noch wollte gemacht haben. So hab ich ihn auch sonst einmal über meiner Kammer im Kloster gehöret, aber da ich vermerkt, daß er's war, achtete ich's nicht, und schlief wieder ein.«

Und dennoch, der Teufel war ein nimmermüder Gast im Geiste und Hause Luthers. Da hieß es täglich widerstehen, daß der Glaube nicht träge und faul werde.

Der strenge Vater Hans Luder wünschte sich, daß aus seinem Erstgeborenen etwas werde. Alles steckt er in den begabten Sohn – wie so viele Eltern, die sich durch ihre Kinder einen sozialen Aufstieg erhoffen oder sich in ihnen selbst zu verwirklichen suchen. Hans Luder, Sohn eines Bauern, hatte sich strebsam zu einem kleinen Bergunternehmer hochgearbeitet und gehörte in Mansfeld bald zu den Bürgerschaftsvertretern. Margarete Luder sieht man auf einem Gemälde Cranachs an, was sie täglich zu tragen hatte. Luther selbst erzählte später in einer seiner kurzweiligen, skurrilen und lebensgesättigten Tischreden:

»Meine Eltern waren zuerst arme Leute. Mein Vater ist ein armer Häuer gewesen. Die Mutter hat alle ihr Holz auf dem Rücken eingetragen, damit sie uns erzogen hat. Haben harte Arbeit ausgestanden, dergleichen die Welt jetzt nicht mehr ertrüge.

Meine Mutter stäupte mich einmal um einer einzigen Nuß willen, daß das Blut hernach floß. Und ihr ernst und gestreng Leben, das sie mit mir führten, das verursachte mich, daß ich zuletzt in ein Kloster lief; wiewohl sie es herzlich gut gemeint haben, wurde ich doch allzu erschrocken Gemüts.

Mein Vater stäupt' mich einmal so sehr, daß ich ihn floh und daß ihm bang war, bis er mich wieder zu sich gewöhnt. Ich wollt' auch nicht gern meinen Hansen sehr schlagen, sonst würd' er blöde und mir feind, so wüßt' ich kein größer Leid ... Unser Herrgott wollt' auch nicht gern, daß wir ihm feind würden.«

Die Eltern schickten den Vierzehnjährigen auf die Lateinschule in Magdeburg, ein Jahr später wechselte er an die Lateinschule der St. Georgspfarrei in Eisenach. Martin mußte in diesen Jahren trotz elterlicher Unterstützung wie viele »um sein Brot singen«. Der gehorsame Sohn schrieb sich 1501 an der Universität Erfurt ein. Der Vater wollte, daß er Jurist wird. Ein lustiger, ein lebenslustiger Kerl soll er gewesen sein, zugleich aber merkwürdig verschlossen. 1505 bestand er das Examen zum Magister artium als zweitbester Kandidat und erhielt damit eine erste Lehrerlaubnis. Ein Bergmannssohn war zu einem respektierten Universitätslehrer geworden. Fleiß und Eifer hatten sich gelohnt. Der Vater wechselte stolz seine Anrede und sprach den eigenen Sohn fernerhin mit »Sie« an. Er machte sich berechtigte Hoffnungen auf eine bürgerliche Karriere Martins – mit einer entsprechenden Einheirat in eine Erfurter Honoratiorenfamilie.

Nun fehlte nur noch das Studium einer der drei »höheren Fakultäten«. Auch damals eröffnete Jura vielfältige Anstellungs- und Aufstiegsmöglichkeiten.

Indes packte Martin eine tiefe innere Unruhe. Er ahnte, daß ihm diese Laufbahn nicht genügen, ja, daß sie ihn langweilen würde. Später erinnerte er sich an eine Begegnung mit einem alten Mann in Erfurt, der ihm gesagt hatte: »Es muß eine Änderung werden, und die ist groß, es kann also (so nicht weiter) bestehen.« Eine kryptische Vorahnung Luther selbst betreffend? Jedenfalls regte sich etwas in ihm, und er ist bestrebt, »den Kern der Nuß, das Innere des Weizenkorns, das Mark des Knochens« selber zu ergründen. In dem geselligen, gute Freundschaft haltenden jungen Mann mit dem braunroten Barett trat das Grüblerische, das seltsam Verschlossene und Abgründige, das Radikale des Denkens, Wollens und Fühlens hervor, ohne daß andere es gleich spürten. Das Jurastudium verstärkte seine Sinnkrise (später fällte er über Juristen meist harsche Urteile). Wenige Wochen nach Semesterbeginn ließ er alles stehen und liegen und machte sich auf zu seinen Eltern nach Mansfeld, von wo er am 2. Juli 1505 – wiederum zu Fuß – nach Erfurt zurückkehrte. Dort angekommen, berichtete er seinen Bursengenossen erregt, in der Nähe des Dorfes Stotternheim sei ein Blitz direkt neben ihm eingeschlagen und er habe in Lebensangst die heilige Anna – die ihm seit Kindheit vertraute Schutzpatronin der Bergleute und Helferin in extremer Not – um Beistand angerufen und ihr gelobt, Mönch zu werden. Für das Ereignis gibt es keine Zeugen. Jedenfalls war sein Entschluß unumstößlich, anderen unbegreiflich. Er warf alles hin und feierte seinen Abschied aus dem zivilen Leben. Daran erinnerte sich Luther 1539: »Am Tage vor Alexius lud ich eine Reihe von Freunden zu einem Abschiedsmahl und bat sie, daß sie mich tags darauf ins Kloster geleiten möchten. Und als sie zögerten, sagte ich: Heute sehet ihr mich und (dann) nimmermehr! Da gaben sie mir unter Tränen das Geleite.«

Der Erfurter Magister kehrte sich nicht nur vom bürgerlichen Leben, sondern auch vom Vater ab, der mit seinem Sohn eigene Karrierepläne hatte. Martin sollte schließlich etwas Ordentliches werden, etwas Handfestes und Einträgliches lernen. Der Vater war bestürzt und zürnte. Eiszeit zwischen Vater und Sohn. Luthers lebenslanges Problem: sein Vaterkomplex (auch wenn sich mit seiner Heirat 1525 das Verhältnis zwischen ihm und dem Vater entspannen wird). Liebevoll und einfühlsam reflektierte Luther dies:

»Hatte doch mein lieber Vater mit aller Lieb und Treu in der hohen Schule zu Erfurt mich gehalten und durch seinen sauren Schweiß und Arbeit dahin geholfen, daß ich hingekommen bin.

Da ich ein Mönch wurde, wollte mein Vater toll und töricht werden, schrieb mir einen bösen Brief und hieß mich ›Du‹ – vordem hatte er mich ›Ihr‹ genannt – und sagt' mir väterliche Treue ab. Zu meiner Primiz kam er selbst mit zwanzig Reitern. Ich sagt' zu ihm: Warum seid Ihr noch immer zornig? Er: Hast Du nicht gelesen: Ehre Vater und Mutter? Und vor aller Ohren: Wollte Gott, daß es nur kein Teufelsgespenst war.« Damit ist der Schrecken durch den von Luther so benannten Blitzschlag vor Stotternheim gemeint.

In einem Brief von der Wartburg – in seiner Zwangsklausur – bekannte Luther im November 1521: »Ich bin nicht gern und nicht aus Eifer ein Mönch geworden, viel weniger des Bauchs wegen, sondern da mich eine Angst und Todesschreck unversehens überfiel, tat ich ein erzwungen und erdrungen Gelübde. Da sagtest du: Gott gebe nur, daß es kein Teufelsgespenst gewesen sei! Das Wort durchdrang mich bis ins innerste Herz, gleich als hätte Gott durch deinen Mund geredet; aber ich verstockte mein Herz, so gut ich konnte, wider dich und dein Wort. Da ich dir aber mit kindischer Kühnheit deinen Groll vorrückte, gabst du mir noch eine zweite Antwort, und die traf mich so, daß mich dünkt, ich habe all meiner Lebtage aus keines Menschen Mund ein Wort vernommen, das mir mächtiger geklungen und fester gehaftet habe: Hast du nicht gehört das Gebot ›Ehre Vater und Mutter‹? Dennoch macht' ich mich sicher in meiner Gerechtigkeit, hielt's nur für Menschenwort und wollt' es kühnlich verachten: denn es von Herzen verachten, das konnt' ich nicht.«

Die fast gänzliche Identifizierung elterlicher, obrigkeitlicher und göttlicher Autorität sollte ein Lebensthema Luthers bleiben.

Er nahm sein Leben als Bettelmönch im Augustiner-Eremiten-Kloster ernst, sehr ernst, zu ernst. Er kasteite sich. Angst vor dem Gericht und dem strafenden Gott verfolgte ihn Tag und Nacht. Was kann er noch tun, um dem gestrengen Gott Genüge zu tun?

Einen ihn begütigenden väterlichen Freund fand er im Ordensoberen Johann Staupitz. Der ahnte, was in Bruder Martin schlummert, heranreifen und hervorbrechen wird.

Luther erzählte später: »Unter diesem Baum (im Hof des Klosters) hat mich Staupitz angesprochen, ich müsse Doktor werden, aber ich hatte fünfzehn Gründe dagegen. Sagt Staupitz: Wollt Ihr klüger sein als der ganze Konvent? Drauf ich: Mir ist's gewiß, daß ich nicht lange leben werde; wozu alsdann solch großer Aufwand! Antwortet Staupitz: Es ist gleich recht. Unser Herrgott hat jetzt viel zu schaffen; wenn Ihr sterbt, so kommt Ihr in seinen Rat, denn er muß auch einige Doktores haben! So widerlegte er mich scherzhaft.«

In Staupitz erlebte er einen, der, anders als der Vater, nicht nur Gehorsam forderte und fortwährend Daseinszweifel provozierte, sondern ihn förderte und ihm beistand. Diese neue Vatererfahrung ging einher mit einer neuen Gotteserfahrung. Immer wieder wandte sich Luther mit einem kindlichen Vertrauen an seinen Ordensoberen:

»Da ich ein Mönch war, schrieb ich Dr. Staupitz oft, und einmal schrieb ich ihm: O meine Sünde, Sünde, Sünde! Darauf gab er mir diese Antwort: ›Du willst ohne Sünde sein und hast doch keine rechte Sünde; Christus ist die Vergebung rechtschaffener Sünden, als die Eltern ermorden, öffentlich lästern, Gott verachten, die Ehe brechen, das sind die rechten Sünden. Du mußt ein Register haben, darin rechtschaffene Sünden stehen, soll Christus dir helfen; mußt nicht mit solchem Humpelwerk und Puppensünden umgehen und aus einem jeglichen Bombart (lautes Geräusch) eine Sünde machen!

Da ich so traurig und erschlagen war, hub Dr. Staupitz an zu mir über den Tisch hinweg und sprach: Wie seid Ihr so traurig, Frater Martine? Da sagte ich: Ah, wo soll ich hin? Sprach er: Ah, Ihr wißt nicht, daß Euch solche Tentatio (Versuchung) gut und not ist, sonst würde nichts Gutes aus Euch! Das verstand er selbst nicht, denn er dachte, ich wäre gelehrt und wenn ich nicht Anfechtung hätte, so würde ich stolz und hoffärtig werden.

Es sagte einmal mein Beichtvater zu mir, da ich immer närrische Sünde vor ihn brachte: Du bist ein Narr! Gott zürnt nicht mit dir, sondern du zürnst mit ihm; Gott ist nicht zornig auf dich, sondern du bist auf ihn zornig! Ein teuer, groß und herrlich Wort, das er doch vor diesem Licht des Evangelium sagte!

Darum, wer mit dem Geist der Traurigkeit geplagt wird, der soll aufs Höchste sich hüten und vorsehen, daß er nicht allein sei. Denn Gott hat die Gesellschaft in der Kirche geschaffen und die Brüderschaft gebeten, daß sich ihre Glieder sollen zusammenhalten, wie die Schrift sagt: Weh dem Menschen, der allein ist; denn wenn er fällt, so hat er nicht, der ihm aufhilft. Auch gefällt Gott die Traurigkeit des Herzens nicht.«

Bruder Martin erhielt im April 1507 die Priesterweihe. Zu seiner ersten Messe am Sonntag Cantate reisten seine Familie und Freunde an. Der Vater stiftete dem Kloster 20 Gulden. Kurz darauf nahm Luther das Studium der Theologie auf, zu dem damals auch die Beschäftigung mit scholastischer Theologie gehörte.

1508 holte Staupitz ihn an die Wittenberger Universität, wo er bis Ende 1509 als »Lektor der Philosophie« wirkte. Zugleich predigte er im Kloster. Eine Reise in Ordensangelegenheiten führte Luther im Winter 1510 – zu Fuß, wie es den Mönchen geboten ist! – nach Rom, in eine ihm fremde Welt. Er las dort selbst Messen, hatte auch »viele andere Messen halten sehen, so daß mir grauet, wenn ich daran denke. Da hörte ich unter anderem grobe Possen über das Abendmahl die Priester lachen.« Später resümierte er: »Rom ist jetzt nur ein totes Aas und Haufen Schutt. Der Papst triumphiert mit hübsch geschmückten Hengsten, die vor ihm herziehen, und er führt das Sakrament (ja, das Brot) auf einen hübschen, weißen Hengst. Nichts ist da zu loben ...«

Früh erfüllte ihn Mißtrauen gegen die Kirchenlehre und das Sentenzen-Lehren. Er entdeckte für sich die Heilige Schrift, die ihn begeisterte, die er sein Leben lang auslegen und schließlich in die deutsche Sprache, zugleich in seine unmittelbare Lebenswirklichkeit, die Lebenswirklichkeit der einfachen Menschen, übertragen sollte.

1511 kehrt Martin Luder nach Wittenberg zurück, promoviert

dort im Folgejahr bei Karlstadt und übernimmt die »Lectura in Biblia« als Nachfolger von Staupitz. Nunmehr nennt er sich Luther. 1514 wird er Prediger in der Stadtkirchengemeinde, wo er ein Arbeitspensum von unvorstellbaren Ausmaßen absolviert.

Bereits im Oktober 1516 schrieb er an seinen Freund und Mitbruder Johannes Lang: »Ich müßte mir eigentlich zwei Schreiber oder Kanzlisten halten; denn den ganzen Tag tu ich nichts als Briefe schreiben. Drum werde ich wohl immer dasselbe wiederholen. Ihr werdet es bemerkt haben. Ich bin Klosterprediger und Tischprediger, und auch für den Predigtdienst in der Pfarrkirche begehrt man mich täglich; außerdem bin ich noch Leiter der Studienanstalt unseres Ordens; ich bin Ordensvikar und verrichte damit die Geschäfte von elf Prioren; in Leitzkau muß ich die Fischpacht vereinnahmen und in Torgau die Sache der Herzberger Mönche vertreten; ich halte Vorlesungen über Paulus, und außerdem stopple ich mir ein Kolleg über die Psalmen zusammen. Zu alledem kommt als zeitraubende Beschäftigung mein Briefwechsel. Selten habe ich Zeit, die Feier der Horen ordentlich zu halten; und wie oft bin ich Anfechtungen des Fleisches, der Welt und des Teufels ausgesetzt. Ihr seht, ich bin alles andre als faul!

Ich muß fürchten, daß die gegenwärtige Pest den Fortgang der Vorlesungen unterbricht. Diese hat bei zwei bis drei Menschen – alles in allem, nicht täglich – hinweggerafft ... Kurz, die Pest ist da und beginnt unerwartet genug ihr rohes Handwerk, zumal gegen die Jugend. Ihr ratet mir und dem Magister Bartholomäus, mit Euch vor ihr zu fliehen. Aber wozu. Ich hoffe, daß die Welt nicht zusammenstürzt, wenn auch Frater Martinus dahinsinkt.«

Das Geschäft mit der Angst blühte. Jeder sollte sich selber und seine toten Angehörigen vom Fegefeuer freikaufen können. Der Dominikanermönch Johannes Tetzel trieb auch in der Umgebung von Wittenberg das Geld im Auftrage des (hochverschuldeten) Mainzer Kurfürsten und Kardinals Albrecht und des römischen Papstes ein (und Jakob Fugger will sein Geld zurück, mit Zins und Zinseszins).

Die Kirche predigte nicht innere Reue und Buße als Umkehr des Menschen, um Sinneswandel und Bewußtseinsänderung herbeizuführen, sondern forderte eine materielle Bußleistung, bot ein Geschäft mit dem Jenseits an. Ein gutes Werk tun für den sakralen Prachtbau, den Petersdom in Rom!

Auch Kurfürst Friedrich der Weise hatte in der Schloßkirche »Allerheiligen« 1743 Reliquien angesammelt, unter ihnen die Wiege des Jesuskindes, Dornen der Krone und Nägel vom Kreuz, die ihm einen »Ablaß« von etwa 130 000 Jahren einbringen sollten. In seiner »Turmstube«, einem engen Studierraum im Obergeschoß des Klosters, machte der Augustinereremit in Jahren inneren Ringens eine Entdeckung: Die Gerechtigkeit Gottes ist keine Forderung *an* den Menschen, sondern eine Mitgift *für* den Menschen. Nur das Vertrauen darauf macht das Heil in demselben Maße gewiß, wie es von Angst befreit. Zuspruch geht vor Anspruch, Geliebtwerden vor Lieben, das mir zugewandte Gute vor den Anforderungen des Guten. Prinzipiell. Existentiell. Deshalb: Vertrauen *in* Gott vor dem Gehorsam *gegen* Gott. Das sollte ihn sein Leben lang beschäftigen.

Nur wer eine Vorstellung davon hat, wie mit »metaphysischer Angst« reale Macht ausgeübt und Menschen mit moralischreligiösen Forderungen sich quälten und gequält wurden, kann ermessen, welche existentielle Befreiung das »Turmerlebnis« für Luther bedeutete: Als er den Brief des Apostels Paulus an die Römer auslegte, gewann er – »auff der cloaca auff dem thorm« – eine innere Ruhe und Gewißheit, die ihm nur ein liebender Gott hat schenken können. Gott rettet nicht den »Heiligen«, sondern den »Sünder«, der zu seiner Schuld steht und »zu ihm schreit«. Das Paradoxe ist das Wahre. Simul justus et peccator – der Mensch ist immer Gerechtfertigter und Sünder zugleich. Wir leben *schon* in der neuen, *noch* in der alten Welt.

Das alles steckte hinter dem »heiligen Zorn«, der Luther 1517 gegen den Ablaß packte, gegen eine Kirche, die sich einerseits mit dem Wuchersystem verbündete und andererseits Gott selbst zu einem Schacherer machte, bei dem jeder mit Geld seine Schuld wie Geldschulden abtragen könne. Das Ablaßwesen und der äußere Pomp der Kirche waren ihm ein Greuel. Der wahre Schatz der Kirche seien die Armen, nicht der Reichtum – und das ganze Leben sei eine Umkehr (=Buße), ruft er den rattenfängerischen Ablaßhändlern entgegen. Über Nacht wurde der Mann aus dem Provinznest Wittenberg europaweit bekannt und in den Streit mit Rom hineingerissen. Er stellte sich ihm mit frischem Mut und erduldete Anfechtungen.

»Hätte ich am Anfang gewußt, da ich anfing zu schreiben, was ich jetzt erfahren und gesehen habe (nämlich, daß die Leute Gottes Wort so feind wären und setzten sich so heftig dawider), so hätte ich fürwahr stille geschwiegen; denn ich wäre nimmermehr so kühn gewesen, daß ich den Papst und schier alle Menschen hätte angegriffen und sie erzürnt. Ich meinte, sie sündigten nur aus Unwissenheit und menschlichen Gebrechen und unterstünden sich nicht, vorsätzlich Gottes Wort zu unterdrücken; aber Gott hat mich hinan geführt wie einen Gaul, dem die Augen geblendet sind, daß er die nicht sehe, so zu ihm zu rennen.

Denn da ich anfing zu predigen und zu schreiben, verachtete mich der Papst. Denn er gedachte: Es ist ein einzelner Mann, ein armer Mönch usw. Hab ich doch diese Lehre verteidigt vor vielen Königen und Kaisern, Fürsten und Herrn, was sollt denn nun ein einzelner Mann tun? Hätte er aber mein geachtet, so hätte er mich bald am Anfang konnt ausrotten und dämpfen.«

Die mächtigen Institutionen unterschätzten diesen kleinen Wicht, diese kleine Gruppe, die sich dort in Wittenberg bildete. Sie fühlten sich sicher und ihrer Wahrheit gewiß, weil sicher ihrer Macht, konnten sie doch Angst nach Belieben ausstreuen. Luther wurde vorgeworfen, es gehe ihm nur um seinen Ruhm und seine Ehre. Dazu schrieb er in einem Brief vom August 1520 an Wenzeslaus Link, Ordensprior und Theologieprofessor in Nürnberg:

»Ich will mit meinen Büchern und Flugschriften nicht Ruhm und Ehre einheimsen. Fast jedermann verurteilt an mir meine

Heftigkeit, aber ich meine wie Ihr, daß Gott vielleicht eben damit die Lügen der Menschen aufdecken will. Denn was in unsrer Zeit mit Ruhe behandelt wird, das sehe ich bald in Vergessenheit geraten, ohne daß jemand sein achtet ...

Wer kann sagen, ob mich nicht der Geist mit seinem Ungestüm vorwärts treibt, da ich doch gewißlich nicht aus Gier nach Ehre oder Gut noch Beifall so handle. Aber ich suche Rache? Vielleicht; der Herr verzeihe mirs; denn auch damit gehe ich nicht darauf aus, einen Aufruhr zu erregen, sondern einem allgemeinen Konzil seine Freiheit zu erfechten.«

Der Konzilsgedanke hat eine neue Dimension und eine neue Dringlichkeit gewonnen. Nachdem Papst Franziskus 2015 eine an die ganze Menschheit gerichtete Umweltenzyklika verfaßt und veröffentlicht hat, ist es an der Zeit, sich gemeinsam darauf zu besinnen, was das für Christen in der Welt heute Wesentliche sei.

Zum Wesentlichen kann der Ökumenische Konzilsgedanke gehören. Er geht zurück auf Dietrich Bonhoeffers Vision, die Christenheit solle mit einer Stimme sprechen, die er 1934 auf einer Ökumenischen Konferenz in Fanø darlegte: »Nur das Eine große ökumenische Konzil der Heiligen Kirche Christi aus aller Welt kann es so sagen, daß die Welt zähneknirschend das Wort vom Frieden vernehmen muß und daß die Völker froh werden, weil diese Kirche Christi ihren Söhnen im Namen Christi die Waffen aus der Hand nimmt und ihnen den Krieg verbietet und den Frieden Christi ausruft über die rasende Welt.«[1] Diese Rede wurde in den 1980er Jahren zu einer inspirierenden Basisschrift für die block- und konfessionsübergreifende Friedensbewegung. 1983 wurde die Idee von der Weltkirchenkonferenz des Ökumenischen Rates der Kirchen in Vancouver aufgegriffen. Zum Jahr 1983 mit einer weltweiten Friedensbewegung angesichts einer neuen atomaren Weltbedrohung gehörte auch das Signal aus Assisi: der damalige Papst Johannes Paul II. hatte zu einem Friedensgebet Vertreter aller Weltreligionen eingeladen. Der »Konziliare Prozeß gegenseitiger Verpflichtung für Gerechtigkeit, Frieden und Bewahrung der Schöpfung« wurde durch Tagungen, viele Initiativen und Projekte fortgesetzt. Das insbesondere von dem Konzilstheologen beim II. Vatikanum Hans Küng angeregte Parlament der Weltreligionen verabschiedete am 4. September 1993 in Chicago die Erklärung zum Weltethos. Damit verständigten sich erstmals Repräsentanten aller Weltreligionen auf Kernelemente eines gemeinsamen Ethos wie das Prinzip Menschlichkeit, die »Goldene Regel«: »Alles, was ihr wollt, daß euch die Leute tun, das tut ihnen auch« (Matthäus 7,12), und die »vier unverrückbaren Weisungen«: Gewaltlosigkeit, Gerechtigkeit, Wahrhaftigkeit sowie Partnerschaft und Gleichberechtigung von Mann und Frau.

1995 gründete Küng die »Stiftung Weltethos. Für interkulturelle und interreligiöse Forschung, Bildung und Begegnung«. Ihre Aufgabe ist noch längst nicht eingelöst. Sie ist vielmehr dringlicher denn je, sowie man die heutige friedensstiftende bzw. die konfliktbefördernde Rolle von Religionen besieht. Die Stimme der Christenheit wie die der anderen Weltreligionen muß in ihrer mit Mut und Geduld friedensstiftenden Dimension wieder erkennbarer werden. Luther sprach davon, daß Christen immer zum Frieden helfen und raten sollten. Er hatte als Kriterium für die Auslegung der Heiligen Schrift (des Alten und des Neuen Testaments) mit ihren gewalt- und auch haßstiftenden Passagen angegeben: »Was Christum treibet.« Also das gilt, was zu ihm paßt. Und nur das.

Es ist Zeit, nicht nur ein Apfelbäumchen der Hoffnung zu pflanzen, sondern sich um unsere Schöpfungsgrundlagen zu kümmern – auch um das Wachsen der Bäume, um den Schutz der Urwälder und um das menschenverursachte Wachsen der Wüsten weltweit.

Den Hals hinhalten

In bleierner Zeit muß man kräftig reden und sich aller erwehren, die einem den Mund verbieten wollen, und sei es mit persönlichen Attacken. In seinem Tagebuch vermerkte Willy Brandt 1988 ein Wort Luthers von 1533: »Wenn der Teufel der Lehre nichts anhaben kann, so legt er sich wider die Person, lügt, schmäht, flucht und tobt wider dieselbe.«

Luthers Ziel war das Konzil der Christenheit, das auf der Grundlage der Bibel entscheiden sollte. Kaum hatte er seine Thesen veröffentlicht, wurde er vom Leipziger Papistenprofessor Johann Eck als giftiger Böhmer, Ketzer und Aufrührer, als dreister und leichtfertiger Mensch verschrien. Für Luther waren dies nichts als schmutzige Schimpfereien; Ecks Buch gegen ihn sei »voll blassen, gelben, wütenden Neides und Hasses ... Was mich anbetrifft, so gehe ich um so viel weiter, je mehr die Feinde toben; ich lasse das eine hinter mir, und sie mögen es anbellen; ich verfolge neue Fragen, damit sie dann auch diese anschreien! Fahrt mit Erfolg fort und betet nur zum Herrn, daß er selber seines Namens Ehre wirkt und daß sein Wille geschehe.«

Der Widerstand machte ihn mutiger, schärfer, zuversichtlicher. Er lud zu einer Disputation ein. Das bedeutet aber, wie er 1518 an seinen Ordensoberen Johann Staupitz nach Erfurt schrieb:

»Die ganze Welt mir auf den Hals gehetzt, soweit das durch diese Eiferer für das liebe Geld (leider nicht Eiferer für die Seelen) gemacht werden konnte.

Zu meinem Unglück trete ich jetzt an die Öffentlichkeit; ich, der ich immer glücklich in meinem Winkel gewesen bin; der ich es vorziehe, Zuschauer zu sein bei dem Spiel, das die feinsten

Katharinenportal von 1540. Der historische Eingang zum Lutherhaus. Foto: Friedrich Schorlemmer

Geister in unserem Jahrhundert üben, als daß mir zugeschaut wird – und ich ausgelacht werde ...«

Da taucht es auf: dieses unerbittliche Muß. Er, der eigentlich lieber schweigen und zurückgezogen in der Heiligen Schrift forschen und sein Wissen in Vorlesungen an Studierende weitergeben wollte, konnte nicht anders als sich empören, wenn die Wahrheit verachtet, wenn der Machtmißbrauch alltäglich und die Lehranmaßungen des Papstes samt allem Protz und Prunk, die dem Evangelium widersprechen, unerträglich wurden. »Durch Stillesein und Hoffen werdet ihr stark sein.« (Jesaja 30,15) Dieses Wort ist um das Konterfei Luthers am Portal seines Wohn- und Arbeitshauses im alten Schwarzen Kloster in Wittenberg in Stein gemeißelt. Der prächtig gestaltete Eingang zum Wohnhaus der Familie Luther führte gleichzeitig zu den Vorlesungsräumen und den Wohnräumen der Studenten. Auf der rechten Seite dieses sogenannten Katharinenportals ist sein Wappen, die sogenannte Luther-Rose, eingemeißelt mit der Umschrift: »VIVIT« – »Er (Jesus Christus) lebt.«

29

Luther schrieb 1530 in einem Brief, er wolle sein Wappen (Petschaft) als ein Merkzeichen seiner Theologie verstanden wissen. »Das erste sollte ein Kreuz sein, schwarz im Herzen, das seine natürliche Farbe hätte, damit ich mir selbst in Erinnerung gäbe, daß der Glaube an den Gekreuzigten uns selig macht. Denn so man von Herzen glaubt, wird man gerecht ... Solch Herz soll mitten in einer weißen Rose stehen, anzeigen, daß der Glaube Freude, Trost und Friede gibt ... darum soll die Rose weiß und nicht rot sein; denn weiße Farbe ist der Geister und aller Engel Farbe. Solche Rose steht im himmelfarbenen Feld, daß solche Freude im Geist und Glauben ein Anfang ist der himmlischen Freude zukünftig ... Und um solch Feld einen goldenen Ring, daß solche Seligkeit im Himmel ewig währet und kein Ende hat und auch köstlich über alle Freude und Güter, wie das Gold das edelste, köstlichste Erz ist.«

Das ist der Kern seiner Theologie wie auch seiner Lebensauffassung. Bereits in den Thesen für die erste Disputation im April 1518 vor der Ordenskongregation in Heidelberg formulierte Luther Grundgedanken über die Sündhaftigkeit des Menschen, die Unfreiheit des Willens gegenüber Gott, die Alleinwirksamkeit der Gnade und den Glauben. Er stellte den Theologen des Kreuzes dem Theologen der Herrlichkeit gegenüber. »Der Theologe der Herrlichkeit nennt das Schlechte gut und das Gute schlecht. Der Theologe des Kreuzes nennt die Dinge, wie sie wirklich sind.« (These 21)

Die Tragweite von Luthers Angriff auf die Kurie wurde immer offensichtlicher. Durch das Heidelberger Streitgespräch sollte er zum Schweigen gebracht werden. Sein Name sei von den Päpstlichen »aufs Ärgste stinkend gemacht« worden, schrieb Luther im Mai 1518 an Leo X. Der Papst wiederum teilte Kardinal Cajetan verärgert mit, daß »dieser Martin unter Mißbrauch Unserer Güte immer frecher geworden ist«. Widerrufen sollte er – oder gefangengesetzt und zum Ketzerprozeß nach Rom gebracht werden. Luther, der den äußeren Schutz zweier Kurfürsten genoß, geriet in diplomatische Ränke zwischen Papst, Kaiser und Kurfürsten, und dies war sein Glück. Im Anschluß an den Reichstag in Augsburg wurde er vor den päpstlichen Legaten Cajetan beordert und im Oktober 1518 drei Tage verhört. Nicht mehr diskutiert, nicht mehr gefackelt wurde da, sondern ein Ultimatum gestellt. Cajetan brach ein Rededuell barsch ab:»Geht! Entweder widerruft oder erscheint nicht wieder.« Luther schrieb daraufhin einen versöhnlichen Brief, wartete aber vergeblich auf Antwort. Schließlich ergriff er die Flucht, und just am 31. Oktober 1518 erreichte er, begleitet und beschützt von einem Augsburger Reichsdiener, Wittenberg. Welch ein Jahr!

Luther beharrte auf der Einberufung eines Konzils. Während Rom bockte und blockte und weiter drohte, wurde er seiner Sache immer (gottes-)gewisser und fühlte sich hineingerissen in den Kampf. In innerem Aufruhr verfaßte er Schrift um Schrift (1519 allein sind es 32 dichtgefügte Texte).»Das nenne ich nicht mehr bloß Führung Gottes; Gott reißt mich fort und treibt mich vorwärts; mein Tun ist nicht mehr in meiner Gewalt; ich sehne mich nach Ruhe und werde mitten hinein in Kampf und Streit getrieben. Ihr aber betet für mich«, schrieb er an seinen geistlichen Vater Staupitz.

Luther konnte nicht anders, als selbst den hohen Herren frisch, frei und fröhlich zu widersprechen. Das tat er, weil er überzeugt war, daß»derselbige Gott noch lebet, da zweifle nur niemand daran ... E. K. F. G. denken nur nicht, daß Luther tot sei. Er wird auf den Gott, der den Papst gedemütigt hat, so frei und fröhlich pochen, und ein Spiel mit dem Kardinal von Mainz anfangen, dessen sich nicht viele verstehen. Tut, liebe Bischöfe, (euch) nur zusammen, Junker (weltliche Herren) möget ihr bleiben, diesen Geist sollt ihr nicht zum Schweigen bringen noch betäuben.« (Auf der Wartburg am 1. Dezember 1521 an den Kardinal Erzbischof Albrecht von Mainz.) Mit mehr Selbstbewußtsein als Luther sprach wohl keiner:»Ich lasse nicht mit mir spaßen, man muß anders davon singen und hören.« Luther redete den Kardinal nicht als Kardinal, sondern als Kurfürsten an und erwies ihm als solchem zum Schluß die Referenz:

»Gegeben in meiner Wüste, Sonntag nach dem Tag Caterine 1521.

Euer kurfürstlicher gnadenwilliger und untertäniger Martinus Luther.«

Bereits im März 1519 hatte er dem Kurfürsten erklärt, er wolle seiner »Gnaden treuen Rathe gehorsamlich folgen und allweg still stehen, so sie auch still stehen; – wo aber nicht, bitt ich Ew. Kf. Gnaden gar untertäniglich, wolle mir's nicht verübeln, zumal ich's auch im Gewissen nicht weiß zu ertragen, die Wahrheit loszulassen«. Im Juni 1519 nahm Luther in Leipzig an einer weiteren brisanten öffentlichen Disputation teil, während der Andreas Karlstadt und Luther die Wittenberger Theologie gegenüber dem Ingolstädter Professor Johannes Eck vertraten, der kompromißlos, aber elegant und scharfsinnig für die römische Kirchenlehre focht. Endlich ging es einmal um die Sache! Tetzel starb in Leipzig am Eröffnungstag der Disputation – Luther hatte dem Kranken noch tröstend geschrieben: Er wußte immer zwischen Person und Sache zu unterscheiden. Wenn ein Feind krank ist, so ist nicht ein Feind krank, sondern ein Mensch!

Gleich nach Abschluß des Rededuells fuhr Eck nach Rom, wo er den Text der Bannandrohungsbulle zusammenstellte. So agieren diejenigen, denen es um nichts als um ihre Macht geht.

Diverse Universitäten wurden um Gutachten gebeten; Erfurt und Paris verweigerten sich, während Löwen, Lüttich, Köln und Mainz im Oktober/November 1520 Luthers Schriften dem Feuer übergaben.

Ein einfacher Mönch – eine Zäsur der Weltgeschichte

Die Welt bedurfte eines solchen Menschen, so tief in der Tradition verwurzelt wie entschlossen die biblischen Wurzeln freilegend, so konsequent wie starrköpfig, so poetisch wie polemisch, so differenzierend wie grobschlächtig, so tief fromm wie mitten im Leben stehend, so von Angst gepeinigt wie im Innersten gelöst, so liebenswürdig wie unerbittlich, so sinnenfroh wie weltentsagend, so sprachbegabt wie musikalisch, so depressiv wie glückserfüllt, so von Anfechtungen geplagt wie standhaft, so obrigkeitsgehorsam wie mutig dreinredend, so gewaltig wirkend – ohne mit Gewalt zu wirken –, so wortgläubig wie wortklauberisch, so tief betrübt wie von Herzen dankbar, so versöhnungsbereit wie prinzipiell, so gelassen wie empört.

Dieser Mann Luther stand mitten im Leben. Dieser Mann stellte sich gegen eine ganze Welt. Seiner Sache gewiß sein, nie etwas gegen sein Gewissen tun! Als ein Befreiter (Eleutherios = Luther) hat er sich verstanden, der anderen zur Freiheit helfen wollte.

In allem ist und bleibt *Gott* das Subjekt. Der Mensch ist nicht sein Objekt, sondern sein Gegenüber. Unmittelbar ist die Begegnung Gottes mit dem Menschen in Jesus Christus. Unmittelbar begegnet er Gott im Wort, auf das der Glaube in tiefem Zutrauen antwortet. Ohne Gottvertrauen ist alles nichts. Unseren Lebenssinn *können* wir uns nicht und *brauchen* wir uns nicht zu erarbeiten. Wir leben *vor* allem Tun aus dem, was uns gegeben ist. Wir sind Begabte, die ihre Begabung zu Nutz des Nächsten, zum Lobe Gottes ausüben und ausfüllen. Aber Gott ist nicht der Rechenmeister der guten Taten, der eine Strichliste führt und den Menschen in der Angst beläßt, ob er ihm konnte Genüge tun. In Christus ist dem Menschen Genüge getan. Das soll ihm genügen, und *aus* dieser *Gewißheit* heraus kann er und soll er *handeln* – nicht aus äußerem Zwang, sondern aus innerer Freiheit. Der Maßstab für alles Denken und Glauben, für alles Tun und Leben, für alles Sehnen und Hoffen, für alle Selbst- und alle Welterkenntnis ist der Kanon der Heiligen Schrift – von Christus her gelesen und justiert. Das Höchste, was dem Menschen geschehen kann, ist, daß er getauft wird und täglich weiß, daß er getauft ist – damit Christus zugehörig im Leben wie im Sterben, der Nacht und der Macht des Bösen entronnen. Aber auch die Taufe ist ein äußerlich Werk, wo nicht der Glaube hinzukommt, wo nicht der Glaube in das Innerste kommt, wo nicht kindliches Gottvertrauen den äußeren Ritus trägt. Luther selbst wurde Vorbild für die Standhaftigkeit des einzelnen, für seine ganz eigene Entscheidung, seine Urteilskraft und für einen Mut, der aus unerschütterlichem Gottvertrauen heraus erwächst, der auch dem ängstlichsten Menschen Lebenskräfte zuführt, die er nicht aus sich selber hat. Das alles macht Martin Luther heute noch zum Fanal.

Zugleich war Luther ganz Kind seiner Zeit mit all seinen Vorurteilsprägungen und lebensgeschichtlich bedingten Engführungen. Immer begegnete ihm im Vater der übermächtige Gott. In den Regierenden begegnete ihm die von Gott legitimierte Obrigkeit, der der Mensch zu gehorchen habe – weil die Macht des Bösen so groß ist, daß es einer strafenden, ordnenden, rechtsprechenden äußeren Gewalt bedürfe.

Seine Ausfälle gegen die Papisten waren Ausdruck der Polemik jener Zeit, bei der er kräftig mitzumischen wußte. Seine anfängliche Offenheit gegenüber den Juden verwandelte sich in einen bis heute erschreckenden Antijudaismus, der im Protestantismus – wie im deutschen Volk überhaupt – seine brutale bis barbarische Wirkungsgeschichte zeitigen sollte. Tief saß im 16. Jahrhundert die allgemeine Türkenangst. Konsequent war seine Türkenabwehr, schließlich standen marodierende Reiterarmeen seit 1526 mehrfach vor Wien. Die westliche Christenheit hatte zudem nicht vergessen, was 1453 mit Konstantinopel – dem christlichen Ost-Rom – geschehen war. So konnten die Türken wie die Papisten direkt Feinde Gottes genannt werden.

Martin Luther agierte an der Bruchstelle von Reformation und Humanismus. Als er sich 1525 im eskalierenden Bauernkrieg vehement auf die Seite der Fürsten schlug, die gnadenlos alle aufständischen Bauern und ihre – geistlich argumentierenden – Führer niedermetzelten, kam es zur Entfremdung zwischen Humanisten und Reformatoren. Der Bruch hatte zugleich grundsätzliche philosophisch-anthropologische Wurzeln. Für Luther ist der Mensch aus sich heraus nicht frei, sondern kann nur frei gemacht werden. Die Selbstbefreiung sei eine gefährliche Illusion. Die bloße, nicht erleuchtete Vernunft sei eine Hure; gleichwohl sei sie in den praktischen Dingen des Lebensalltages eine wunderbare Gabe Gottes.

Derselbe Martin Luther, der zu Beginn seiner öffentlichen Wirksamkeit die »Disputation über die Wahrheit« – also das, was wir heute Dialog nennen – in den Mittelpunkt stellte, konnte wenig später päpstlicher als der Papst sein, sowie man seine Interpretation der Bibel nicht für die richtige halten mochte. Das sollten besonders die oberdeutschen und Schweizer Reformatoren in der Abendmahlsfrage zu spüren bekommen: in, mit und unter Brot und Wein ist Christus im Mahl real und nicht bloß zeichenhaft gegenwärtig. Im Glauben verwandeln sich die Elemente. Da blieb kein Spielraum gegenüber den Zwinglianern und Calvinisten. Und die reformatorische Bewegung spaltete sich in viele Spielarten bis hin zu gegenseitigen Verwerfungen.

Trotz solcher Einschränkungen: mit Luther ist die Freiheit des einzelnen, die religiöse Toleranz, die Entlastung des selbstverständlichen »Tuns des Guten« gegenüber den Mitmenschen von ihrer religiösen Überhöhung samt frömmelnder Bigotterie in die Welt gekommen. Er hat den Mißbrauch der Religion durch den

Klerus so scharf wie niemand zuvor – im Namen Christi! – offengelegt und gegeißelt. Gott ist kein Schacherer. Gott ist nicht käuf-
lich und will auch keine käuflichen Menschen. Und die Kirche,
die im Namen Gottes Geld eintreibt, um einen strafenden Gott zu
besänftigen, ist vom Teufel. Niemand kann »Soli-« oder Rabatt-
marken im Himmel kleben oder kleben lassen. »Jeder Mensch hat
die Hölle in sich« – und »das Paradies ist überall«, schrieb er.

Martin Luther wurde ein *Sozialreformer,* in dessen Stadt 1522 die
erste reformatorische Sozialkasse eingeführt wurde, mit der die
Für-Sorge jedes einzelnen und des Gemeinwesens für ihre Armen,
Kranken und Schwachen als allgemeine Christenpflicht herausge-
stellt wurde. Luther forderte mehr als Almosen. Damit begann die
allgemeine Sozialgesetzgebung, die freilich nicht bloß durch Gesetze tragfähig wird, sondern durch die innere Haltung aller einzelnen, die ihre Stärke den Schwachen zugute kommen lassen.
Martin Luther wurde ein *Kirchenreformer,* der an die Mündigkeit und Urteilsfähigkeit anderer glaubte und der ein funktionie-
rendes Gemeinwesen sowie eine funktionierende Kirchgemeinde
von der tätigen Mitverantwortung aller her konzipiert hat, wiewohl er die ordnende Funktion der Obrigkeit nirgendwann in
Zweifel stellte.
Martin Luther wurde zum *Sprachschöpfer,* dem es gelang, Volkssprache und Kunstsprache besonders in seiner Bibelübersetzung
(1522 und 1534) zu einer glückenden Symbiose zu führen.
Martin Luther wurde gefeiert als *Befreier des Individuums* aus
den knechtenden Dogmen und umschlingenden Institutionen.
Seine Reformation der Kirche war nicht – ganz und gar nicht! –
auf eine Spaltung aus, sondern auf eine »Perestroika« der Kirche
vom Kreuz Christi her.
»Die Wittembergisch Nachtigall« setzte theologische Konzentration gegen religiöses Brimborium, die Stimme des getrösteten,
frei entscheidenden Gewissens gegen die Forderungen des angstmachenden Gehorsams. Luther setzte die Religion des unfaß-

baren Geheimnisses gegen den Reliquienkult eines materialisierten Aberglaubens, das nackte Holzkreuz von Golgatha gegen die Goldkreuze der triumphierenden Kirche, die reinen Quellen des Glaubens gegen eine verwässerte und verfälschende Tradition.

Die Freiheit des Glaubens gibt es freilich nicht ohne die Bindungen in der Liebe. Aus innerstem Freisein sollen die Menschen kein neues Müssen, keine neuen Zwänge machen. Dieses innerste Freisein kann nur aus Freiheit kommen und führt aus innerer Konsequenz in verantwortliches Tun. Verantwortliches Handeln ist kein erzwungenes und kein zwanghaftes Handeln, sondern das freie Tun des freien Menschen. Wer vernünftig-abwägend und einfühlsam-zugewandt das Fällige tut, weiß, daß alles menschliche Tun oder Lassen ein Schuldigwerden und ein Schuldigbleiben einschließt. Doch das getröstete Gewissen – nicht das ängstliche Gewissen! – kann erneut, aus erfahrener Vergebung heraus, das Wagnis eigenverantwortlichen Tuns eingehen.

Selbstironisch nannte Luther sich selbst, als andere ihn »erhöhen« wollten, einen »feisten Doktor«. Loslassen konnte er, ganz von sich absehen, ganz auf andere eingehen. Er mußte sich nicht beweisen, schon gar nicht sich zu einem neuen Welterlöser stilisieren (lassen).

Jede Zeit bastelt sich ihren Luther, macht ihn zur Streudose wohlfeiler Zitate, Freunde wie Feinde, damals wie heute. Und vermarktet wird er tausendfach: als leichtgewichtiger Plastikzwerg oder als Playmobil-Adaption, es gibt Luthersocken, Lutherbrodt und Luthertomaten …

Da steht er dann in der Überlieferungsgeschichte vor uns: dieser Fürstenknecht, Antisemit und Katholikenfresser, dieser begnadete Poet und der scharfsinnige Publizist, dieser warmherzige Prediger. Faszinierend immer wieder seine geradlinige Widersprüchlichkeit, sein so tapferes wie angstvolles Gottesringen, seine so erschütterbare wie kräftige Glaubensgewißheit.

Orientierung gewinnt ein Mensch nur, wenn er eine Basis hat, von der aus er handelt. Dies war und blieb für ihn die Bibel. Und so konnte er in allem, selbst inmitten seiner Weltzweifel, seiner Sache *gewiß* bleiben. Er konnte aus einem Glauben, der *aufrichtet, standhaft* bleiben. Tatenarme Skeptiker gab es und gibt es genug. Wer die Angst zulassen kann, kann sie auch überwinden. Wer Fragen an sich heranlassen kann, kann sie auch stehenlassen. Nur braucht es die Gewißheit, daß es Antworten gibt, selbst wenn sie einem nicht immer zuhanden sind. Im letzten aber: alles Gott anvertrauen, ihm sein ganzes Leben vor die Füße werfen können und auf sein JA zu einer gebrochenen Existenz vertrauen. Zuerst und zuletzt: aus Gnade leben.

Der begnadete Mensch ist nicht der unterwürfige, sondern der aufgerichtete Mensch. Letztlich ist Luther ein »Christus-Mystiker«: nur eine im Innersten ruhende Christus-Begegnung gibt die Kraft, im Äußersten zu bestehen. Aber revolutionär-gewaltsame Mystiker oder Sozialschwärmer hat er scharf, bisweilen erbarmungslos attackiert.

Die Gabe des Lebens gibt es in unterschiedlichen Begabungen. Im unverfügbaren Gottvertrauen wird jeder einzelne gewürdigt und ermutigt, ganz er oder sie selbst zu sein. Jeder soll wissen: Ich habe eine Begabung, die für andere brauchbar ist. Luther nennt das das Priestertum aller Gläubigen, die Gleichachtung aller Berufe, ohne daß es zur Gleichmacherei kommen dürfe.

An jedem von uns wird Großes getan. So tue es nun auch, so klein es dir auch erscheinen mag: das deine. Weder äußere Würdigung noch deine Vergütungsstufe sind entscheidend, sondern solche Selbstgewißheit: Ich bin ein gewürdigter Mensch. Das laß dir von niemandem nehmen, zumal nicht in dieser Wagenklassengesellschaft. Solch ein Denken über den Menschen steht hinter dem ersten Artikel unseres Grundgesetzes. Weil die »Würde dem Menschen« vorgegeben, weil sie über allem erhaben ist, ist sie unantastbar und soll durch »den Staat« geschützt werden. Dazu bedarf es der Überzeugung der Bürger, daß diese Würde des Menschen – *jedes* Menschen! – unantastbar ist. Deshalb braucht es auch die aus diesem Grund-Satz heraus folgenden Menschenrechte für alle. Auch für Zuwanderer, die nicht als »Invasorenmasse« abgewiesen werden können, ohne die Fluchtursachen konsequent und beharrlich auszuräumen. Zur Würde des Menschen gehört auch die Gerechtigkeit, Brot, Obdach, Arbeit, freie Entfaltung für jeden Mann und jede Frau gleichberechtigt.

Eine ökumenische Perspektive

Man stelle sich vor, Martin Luther hätte das II. Vatikanische Konzil und mit ihm einen Papst Johannes XXIII. oder seit 2013 einen südamerikanischen Papst aus dem Jesuitenorden mit dem Namen Franziskus erleben können. Es ist nicht von weit her gegriffen, wenn man vermutet, daß es nicht zu einer Kirchenspaltung gekommen wäre.

Ich stelle mir vor, Luther hätte das II. Vatikanische Konzil und einen Papst Johannes XXIII. miterleben können. So viel Warmherzigkeit, so viel überzeugende Demut, so viel Vielfalt, so viel Mut zum Heutigwerden der Kirche und ihrer Verkündigung (aggiornamento), so viel ökumenische Öffnung.

Und er hätte den argentinischen Papst Franziskus auf dem Stuhl Petri begrüßen dürfen, der sich der äußeren Pracht seines Amtes enthält, der sich den Verschuldigungen der Kirche (etwa in der Begegnung mit Nachfahren der Ureinwohner Süd- und Mittelamerikas) mutig stellt und um Vergebung bittet, der sich zu den Verlorenen und Verlierern niederbeugt und selber einen einfachen Lebensstil pflegt.

Franziskus hat im Mai 2015 – zu Pfingsten! – eine Enzyklika in die Welt hinausgehen lassen, in der er sich mit geistiger, geistlicher und prophetischer Kraft auf die »Sorge um das gemeinsame Haus«, unsere Erde, unseren Oikos richtet, aber angesichts der Problemberge nicht mit einer Klage beginnt, sondern im Geiste des Heiligen Franziskus das »Laudato si« singt.

Diese Enzyklika ist an unsere – so wunderbare wie bedrohte – Welt gerichtet. Dieser Papst hat den Blick für das Wesentliche.

Seine persönlich gelebte und politisch praktizierte Barmherzigkeit wird geradezu zu seinem Programm. Das eröffnet überraschende Perspektiven für ein Zusammenwirken einer Christenheit, die sich mit dem Bekenntnis und der Kraft ihres Glaubens auch auf gedeihliche gesellschaftliche Verhältnisse richtet.

2017 birgt immer noch die Chance, in der Erinnerung an einen 500 Jahre zurückliegenden Reformimpuls, der zur Spaltung führen sollte, sich auf das Gemeinsame und das Wesentliche zu richten – zusammen mit allen Menschen guten Willens. Auch den Protestanten in Deutschland sollte Papst Franziskus herzlich willkommen sein.

Martin Luther schrieb 1535: »Uns geht es nur darum, daß die Ehre Gottes bewahrt wird und daß die Gerechtigkeit des Glaubens rein und unverdorben bleibt. Ist das einmal erwiesen, das heißt, daß Gott uns allein aus Gnade durch Christus rechtfertigt, dann sind wir nicht nur bereit, den Papst auf unseren Händen zu tragen, sondern auch seine Füße zu küssen.«

Das Zentrale ist nicht nur, daß wir uns auf die Gnade hin durch Christus gerechtsprechen lassen, sondern auch unserer vom Schöpfer uns zugeteilten und zugetrauten Verantwortung für diese wunderbare Schöpfung gerecht werden. Martin Luther hatte das, was man Ehrfurcht vor dem Leben nennt, in einem wunderbaren Bild ausgedrückt: »Vor einem Baum, von dem man Schatten hat, soll man sich verneigen.«

Reformschriften des Jahres 1520

Eine Schrift Luthers folgte fortan der anderen, und sie fanden in Windeseile Verbreitung. Geschrieben wurden sie gegen den Wucher, gegen die Gelübde, gegen die »babylonische Gefangenschaft« der Kirche, für die Freiheit eines Christenmenschen, für eine Reform des geistlichen, des politischen und wirtschaftlichen Lebens in Deutschland. Seine große Reformschrift »An den Christlichen Adel Deutscher Nation von des christlichen Standes Besserung« enthielt ein umfassendes Kirchen- und Gesellschaftsumgestaltungsprogramm, das sich auf die Bibel bezog und die Beschwerden aller deutschen Stände aufgriff.

Sie war ein einziger Aufschrei aus einem Land im Reformstau. Ein einzelner erkühnte sich, setzte sich die Narrenkappe auf und sagte, wie die Dinge liegen. Da von der römischen Kirche und ihrem papsttreuen Führungspersonal nicht mehr viel zu erwarten war – vor allem nicht das von Luther geforderte Reformkonzil –, richtete er all seine Hoffnungen auf den jungen spanischen Kaiser Karl V. und auf die deutschen Fürsten und Stände, ja auf das Volk insgesamt. Die weltliche Macht muß gewissermaßen einspringen, wenn die geistliche versagt, da ja alle als getaufte Christen, (mit-) verantwortlich für ein gedeihliches Zusammenleben sind. Vor allem bestritt Luther die Legitimation des Papstamtes: Daß der Papst nicht irren könne, allein zur richtigen Auslegung der Schrift befähigt sei, von Petrus die Schlüsselgewalt habe, die sich auf seine Lehr- und Weltmacht erstrecke – dies alles sei aus der Schrift in keiner Weise begründbar. Vielmehr sei dies alles Sache der ganzen Christengemeinde, der »Christen unter uns, die rechten Glauben, Geist, Verstehen, Wort und Meinung Christi haben«.

Zudem sei es absurd, den Priestern, Bischöfen etc. eine höhere Weihe und Würde zuzugestehen als einem ganz normalen getauften Christen. Wieder und wieder die Provokation: »Was aus der Taufe gekrochen ist, das mag sich rühmen, daß es schon zum Priester, Bischof, Papst geweiht sei, obwohl nicht einem jeglichen ziemt, ein solches Amt zu üben.«

Der Priesterstand in der Christenheit ist nach Luther nichts anderes als das Amt eines Amtmanns. Wenn ein Mensch aus dem Amt abgesetzt werde, so sei er wieder ein ganz normaler Bürger oder Bauer wie alle anderen. Es gebe keinen besonderen geistlichen Stand, der über die anderen erhöht sei. Christus allein sei der Herr. »Wir alle sind ein Körper des Hauptes Jesu Christi, ein jeglicher des anderen Gliedmaß.« Luther proklamierte das Priestertum aller Gläubigen und das Recht und die Pflicht der Gemeinde, über die richtige Lehre selber zu urteilen. Zugespitzt gesagt: Zur Auslegung, die ein gewählter Prediger in der Gemeinde gegeben habe, solle jeder sein Amen sagen oder nicht sagen! Dazu bedürfe es der umfassenden Bildung aller in der Gemeinde. Die deutschen edlen Fürsten und Herren sollten das deutsche Land den römischen reißenden Wölfen nicht frei überlassen. Aber die deutschen Bischöfe säßen »wie die Nullen da, und alle Dinge regieren die Hauptbuben zu Rom«.

Nun aber sei es an der Zeit, dem Papst klarzumachen, daß er nicht Statthalter Christi im Himmel sei; Christus bedürfe keines Statthalters. *Er* sehe, tue, wisse und vermöge alle Dinge. »Aber er bedarf seiner in Gestalt des Dienenden, wie er auf Erden ging, im Abmühen, Predigen, Leiden und Sterben.«

Die Papisten aber kehrten dies um. Derjenige, der zum Dienen da sei, werde zum Herrschenden! Ein offensichtliches Beispiel sei das Füßeküssen des Papstes. »Es sollte auch das Füßeküssen des Papstes nicht mehr geschehen. Es ist ein unchristliches, ja antichristliches Vorbild, wenn ein armer sündiger Mensch sich seine Füße küssen läßt von dem, der hundertmal besser ist als er. Christus wusch seinen Jüngern die Füße und trocknete sie, und die

Jünger wuschen sie ihm doch nie. Der Papst, weil höher als Christus, kehrt das um und läßt es eine große Gnade sein, ihm seine Füße küssen zu dürfen.« So werde er quasi zu einem Halbgott und kehre die Lehre Christi völlig um. »Aber unsere Schmeichler haben's so weit gebracht und uns einen Abgott gemacht, daß niemand sich so vor Gott fürchtet, niemand ihn mit solchem Gebaren ehrt wie den Papst.« Gegen diesen gotteslästerlichen Mißbrauch müsse die gesamte Christenheit einschreiten.

Sodann kam Luther zu den politischen und sozialen Fragen, die das ganze Land bewegten: die Versorgung der Armen und Kranken, der Wucher und das Kreditwesen, die Schulen und das Bildungssystem nach einer Auflösung der geistlichen Güter, der Bettelorden und der Klöster.

Luther entwarf in seiner Schrift die Grundzüge der Trennung von geistlicher und weltlicher Macht und wurde dadurch zu einem Begründer der Moderne, die sich in der Aufklärung fortsetzt und jedem theokratischen Gebaren mit Bevormundung des weltlichen Zusammenlebens durch geistliche Machtansprüche widerspricht.

Statt die angesprochenen Probleme wenigstens zu bereden, wurde Luther vorgeladen. Widerrufen soll er. Er dachte nicht daran.

In seiner Person bündelte sich der Widerstand des ganzen Volkes, der kleinen Leute in den Städten, der armen Bauern auf den Dörfern, des aufstrebenden Bürgertums besonders in den großen »freien« Reichsstädten, des aufbegehrenden Kleinadels in deutschen Landen samt den Fürsten, die Freiheit von der Zentralgewalt wünschten.

Die Brandbulle im Freudenfeuer

Am 10. Dezember 1520 verbrannte Luther in einem souveränen Akt der Befreiung am Elstertor vor Wittenberg das ganze kanonische Recht und das Schriftstück, das ihn persönlich betraf: die Bannandrohungsbulle des Papstes Leo X.

»Es geziemt dem römischen Papst, den Haushalter der geistlichen und zeitlichen Strafen, wider die Rottengeister, die den ungenähten Rock unseres Heilandes (Bild für das, was Kirche ist) und die Einigkeit des Glaubens zerreißen bemüht sind, ernst zu gebrauchen und durch Schärfung der Strafen dahin zu wirken, daß solche Verräter nicht weiter durch listige Ränke das arme Volk betrügen und mit sich in einerlei Irrtum und Verderben stürzen ...

Da nun wir zu großer Betrübnis und Bestürzung unseres Her-

Luther verbrennt die
päpstliche Bulle. Kolorierter
Holzschnitt

zens vernommen, Martinus als ein Mensch, der in verkehrtem Sinn dahingegeben ist, seine Irrtümer nicht in der ihm gesetzten Frist widerrufen hat, sondern als ein Fels des Ärgernisses immer noch ärger als vorhin, wider uns und diesen heiligen Stuhl und den katholischen Glauben zu schreiben und zu predigen und so andere zu verleiten, sich nicht entblödet hat, so ist er öffentlich zu einem Ketzer geworden und billigerweise als Ketzer anzusehen, und alle Christgläubigen sollten ihn fliehen und meiden, wie der Apostel sagt.«

Auch würden alle persönlich belangt, die Luther irgendwie beschirmen, hegen und unterstützen oder gar ihm Rat und Hilfe zuteil werden lassen. Sie alle würden selber gebannte und verfluchte Leute sein, die des ewigen Fluches schuldig seien. Und alle, die ihm irgendwie anhängen, würden »aller Ehren, Würden und Güter verlustig sein«. »Und damit nicht das räudige Vieh die übrige Herde anstecke und so auch andere Teile ins Verderben gerate, so befehlen wir, daß überall … eben selbiger Martinus und alle seine Anhänger als genannte und verfluchte Ketzer durch die bei dergleichen Handlung üblichen Zeremonien öffentlich angezeigt und bekanntgegeben werden …!«

Alle Rechtgläubigen wurden zur Denunziation, zum Verrat und Überantworten aufgefordert und die Priester und Oberpriester dazu, unaufhörlich zu schreien, »die Stimme zu erheben und das Wort Gottes und die Wahrheit des katholischen Glaubens wider obige verdammte und ketzerische Artikel zu predigen und predigen zu lassen«.

Und was wurde ihnen versprochen? Daß sie bei dem »päpstlichen Stuhl wegen ihres rühmlichen Fleißes reiches Lob ernten werden«.

Dieser Bann ist bis heute nicht öffentlich und förmlich zurückgenommen worden. Rom ließ nur erklären, dies könne heute nicht mehr so gesehen werden. Der Papst und die Konzilen können doch nicht irren – sagen der Papst und die Konzilen.

Die Bücherverbrennung ist in der deutschen Geschichte hernach ein hochproblematisches Fanal geworden, während sie für Luther seinerzeit etwas durchaus Übliches war: Er verbrannte die Schrift, in der ihm notfalls Verbrennung angedroht wird. Er tat es unter dem Jubel der Studenten. Ein einzelner Mönch forderte die Weltkirche heraus. Luthers spektakuläre Aktion war zugleich eine souveräne Reaktion auf das Verbrennen seiner Bücher nach der Bekanntgabe der Bulle. Gleichwohl entsprach es nicht seiner Art. Brennen für eine Sache ist etwas anderes als Verbrennen von Sachen oder gar von Menschen. Lodern soll der Geist Gottes – Pfingstflammen –, und »wo der Geist Gottes ist, da ist Freiheit« (2. Korinther 3,17).

Worms: Durchhalten und Durchkommen

Das Verhör vor dem Reichstag in Worms im April 1521 sollte die Schlüsselszene seines Lebens werden: widerstanden zu haben, standhaft geblieben zu sein, aufrecht, ohne jede heldische Pose, gedanklich klar und seiner Sache gewiß – ohne rechthaberische Attitüden. Da geht einer hin und hält seinen Hals hin, da hält einer daran fest, daß es im Zweifelsfalle darum geht, Gott mehr zu gehorchen als den Menschen. Und doch hat er Angst. Getragen wird er von beständiger Bibellektüre mit Gebet, von der Zustimmung seiner Anhänger unterwegs und von der inneren Gewißheit, die Wahrheit gefunden zu haben. (Er hat auch »weltliche« Beschützer!) Hier ging es um alles.

Allerdings verstand einer der Hauptakteure, Kaiser Karl V., zu jener Zeit kaum, woran Luther gelegen war (zumal er kein Wort Deutsch konnte), doch dies hat ihn auch nicht interessiert. Daß es um seine Macht ging, begriff er. Er wollte sich deutsche Querelen vom Leibe schaffen, ohne die mächtigen Landesfürsten zu verprellen und einen Aufruhr des deutschen Volkes anzustacheln. Ruhe soll dieser Mönch geben. Die Kulisse wird ihn schon einschüchtern, dachte man. Der geschmeidige päpstliche Legat Aleander zog geschickt die Fäden. Bloß keinerlei Diskussion in der Sache, die ist bereits abgeschlossen. Rom hat längst entschieden: Ketzerei. Es gilt, den Ketzer zu brechen, er muß widerrufen, andernfalls wird man ihn verbrennen.

Indes steht der Kaiser zunächst im Wort: freies Geleit. Hin und zurück. Er jedenfalls will sein Versprechen halten, anders als in Konstanz, wo sein Vorgänger Sigismund um der Einheit der Kirche willen Jan Hus fallenließ. Dieses Vertrauensbruchs hatte man

Luther vor dem Reichstag in Worms. Kolorierter Holzschnitt

sich noch nach hundert Jahren erinnert. Der von Gottes Gnaden erwählte römische Kaiser, zu allen Zeiten Mehrer des Reiches, hat in seiner kaiserlichen Vorladung vor den Reichstag zu Worms am 6. März 1521 einen recht artigen Brief an Luther geschrieben:

»Ehrsamer, Lieber, Andächtiger.

Nachdem wir und des heiligen Reiches Stände, jetzt hier versammelt, uns vorgenommen und entschlossen haben, der Lehren und Bücher halber, so in der letzten Zeit von dir ausgegangen sind, Erkundigung von dir zu empfangen, haben wir dir, hierhin zu kommen und von hier wiederum in dein sicheres Gewahrsam, unser und des Reiches frei, strenge Sicherheit und Geleit gegeben, das wir dir hierbei zusenden; mit dem Begehren, du wollest dich alsbald aufmachen, also daß du in den einzwanzigsten Tagen zu solchem unserem Geleit bestimmt, gewißlich hier bei uns seiest und nicht ausbleibst, dich auch keines Gewalts und Unrechts besorgst. Dann wir dich bei den Obgemeldeten unser Geleit festtäglich handhaben wollen, uns auch auf solch deine Ankunft verlassen; und du tust daran unser ernstlich Meinung.«

Der Kaiser hat sich gebunden und schickte ihm den Reichs-herold Caspar Sturm. Unterwegs sprach Luther anderen – zugleich aber auch sich selbst – Mut zu. So predigte er: »Es muß alles daran gewagt werden. Man darf sich nicht fürchten vor Gewalt oder Reichtum, sondern muß den Mund auftun. Denn wer die Ehre oder das Geld lieb hat, der führt das Predigeramt nicht mit Recht. Man muß den Hals drangeben und muß allein Christus lieb haben.« (10. März 1521)

An Spalatin schrieb er kurz vor seiner Abreise aus Wittenberg am 19. März 1521: »Ich werde nicht fliehen, noch das Wort jetzt im Kampf in Stich lassen, sofern mir Christus gnädig beisteht. Ich bin dessen ganz gewiß, jene Bluthunde werden nicht eher ruhen, bis sie mich hingerichtet haben.«

Am 14. April teilte er dem väterlichen Freund aus Frankfurt mit: »Wir sind endlich hier angekommen, ob auch Satan mich durch mehr als eine Erkrankung aufzuhalten bemüht gewesen ist. Denn auf der ganzen Fahrt von Eisenach bis hierhin war ich unpäßlich und bin es noch, so wie ich es bisher nicht gekannt habe. – Man kann auch, wie ich deutlich sehe, um mich zu schrecken, gerade jetzt das kaiserliche Mandat veröffentlichen lassen. Aber Christus lebt, und wir werden nach Worms kommen, allen Pforten der Hölle und Fürsten der Welt zum Trotz.«

Was Luther auf dieser Reise widerfahren ist, nennen wir heute psychosomatische Erkrankungen. Die Ereignisse gingen ihm sehr nahe, obwohl er von sich sagte, er habe einen beständigen, hochgemuten und unerschrockenen Geist, und obgleich er seinen Gegnern wünschte, sie möchten mit ihren gehässigen Augen nur seinen täglichen fröhlichen Mut sehen. Aber sie hätten auch seine ganze Verzagtheit sehen können! In Worms betete Luther:

»Stehe mir bei, du treuer ewiger Gott! ich verlasse mich auf keinen Menschen: es ist umsonst und vergebens; es hinkt alles, was fleischlich ist und was nach Fleisch schmeckt. O Gott, Gott, o Gott; hörst du nicht, mein Gott? Bist du tot? …

Ei, Gott, so stehe mir bei, in dem Namen deines lieben Sohnes

Jesu Christi, der mein Schutz und Schirm sein soll, ja meine feste Burg, in Kraft und Stärkung deines heiligen Geistes! Herr, wo bleibst du? Du mein Gott, wo bist du? Komm, komm, ich bin bereit, auch mein Leben darauf zu lassen.«

So flehentlich wandte er sich an Gott und war im Innersten verzagt. Dann wieder wußte er sehr genau:»Ich werde auch nicht ein Tüttelchen widerrufen, so mir nur der Herr Christus gnädig ist.«

Bei Luthers Ankunft in Worms vermerkte der päpstliche Legat Aleander boshaft:»Ich vermute, es wird bald von ihm heißen, er tue Wunder. Dieser Luther, als er vom Wagen stieg, blickte mit seinen dämonischen Augen im Kreis umher und sagte: ›Gott wird mit mir sein.‹«

Der Bedrängte weigerte sich – trotzig und selbstgewiß, gelassen und gewissensgetröstet – zu widerrufen. Der Papst warf ihn in Acht und Bann. Aber Kaiser Karl V. nahm diplomatische Rücksicht auf den Kurfürsten Friedrich den Weisen, was Luther rettete. Sonst hätte ihn wohl das Schicksal des Böhmen ereilt, der 1415 verbrannt wurde. Luther fühlte sich Jan Hus verbunden und sah sich als »den Schwan von Wittenberg«, der auf Hus (deutsch: Gans) folgt, den man nicht mehr braten kann.

Kaum hatte Luther Worms verlassen, arbeiteten die Instanzen schon am Wormser Edikt (8. Mai 1521). Dieses nannte ihn »einen verstockten Zertrenner und offenbaren Ketzer«, der nach Ablauf des ihm gewährten Geleites – am 14. Mai 1521 – vogelfrei sei. »Jeder, der ihn häust, höft, speist, tränkt, ihm mit Worten und Werken heimlich oder öffentlich irgendwelche Hilfe, Anhang, Beistand oder Vorschub leistet«, wird an Leib und Leben bedroht. Alle seien aufgefordert, seine Anhänger und Gönner und Nachfolger niederzuwerfen, zu fangen und sie ihrer Güter zu berauben und zum eigenen Nutzen zu verwenden und zu behalten. »Alle seine Schriften sind auf dem Index, und jeder, der sie kauft, verkauft, liest, behält, abschreibt oder drucken läßt, diese vergifteten Schriften, jeder, der solche Bücher, Schriften und Malereien findet, soll sie wegnehmen, zerreißen, mit Feuer verbrennen, und all denen, bei denen sie sie finden, kann man Leib, Güter und Rechte wegnehmen und sie behalten.« Und »nach eurem Gutdünken daran handeln, ohne daß ihr dessen euch zu verantworten schuldig seid«.

So werden Menschen, die anders denken, der allgemeinen Willkür und Zersetzung ausgeliefert. Das ist – damals wie heute – die Art der katholischen Kirche, mit Abweichlern umzugehen, wenngleich in unseren Tagen die Strafmaßnahmen des 16. Jahrhunderts glücklicherweise nicht mehr zur Verfügung stehen.

Ungeachtet des Ediktes wurden Luthers Schriften weiter verbreitet, in hohen Auflagen gedruckt und fanden in ganz Deutschland reißenden Absatz. Sie wurden zwar verboten und verbrannt – vor allem aber gelesen.

Freiheitsglaube, Zivilcourage
und Gewissensbindung

Was wir heute Zivilcourage nennen, geht nicht unwesentlich auf die Haltung Martin Luthers in den entscheidenden Anfangsjahren der reformatorischen Bewegung zurück. In einer Vorrede seiner großen Schrift »An den Christlichen Adel deutscher Nation von des christlichen Standes Besserung« hat er begründet, warum er als ein kleiner Mönch, Prediger und Wittenberger Theologieprofessor so ein verwegenes Ansinnen habe, die Fürsten aufzufordern, die Reform der Kirche in die Hand zu nehmen. Es sei die allgemeine innere und äußere Not, die ihn zwinge zu reden. Er schreibt in dieser Schrift: »Die Zeit des Schweigens ist vergangen, und die Zeit des Redens ist gekommen ... Ich bedenke wohl, daß mir's nicht unverwiesen bleiben wird, als vermesse ich mich zu hoch, daß ich verachteter Mensch, der sich von der Welt abgewandt hat, solche hohen und großen Stände anzureden wage, in so gewaltigen großen Sachen, als wäre sonst niemand in der Welt als Dr. Luther, der sich des christlichen Standes annehmen und so hoch verständigen Leuten Rat geben könnte. Ich lasse meine Entschuldigung weg; verweise mir's, wer da will. Ich bin vielleicht meinem Gott und der Welt noch eine Torheit schuldig und habe mir jetzt vorgenommen, wenn mir's gelingen mag, sie redlich zu zahlen und auch einmal Hofnarr zu werden. Gelingt mir's nicht, so habe ich doch einen Vorteil: Es braucht mir niemand eine Kappe zu kaufen, noch den Kamm zu scheren. Es kommt aber darauf an, wer dem anderen die Schelle umhängt!«

Welch Mut, Demut und Selbstironie spricht aus diesen Worten. Er sollte Gelegenheit finden, Aug in Auge zu beweisen, ob er solchen kecken Mut wirklich habe und ob sich die innere Freiheit bewähren würde. Er wird zum Reichstag nach Worms geladen und erwartet eine Disputation. Luthers Reise gestaltet sich zu einer Art Triumphzug durch die deutschen Lande, aber die Anhörung muß er ganz allein durchstehen. Später schreibt er in einem Brief an Friedrich den Weisen. »Wenn so viele Teufel zu Worms wären wie Ziegel auf den Dächern, wollte ich doch hinein!«

Der Kaiser hat sich zu einem unparteiischen Verhör bereit erklärt, während einige päpstliche Legaten und Kardinäle Luthers kompromißlose Ächtung betreiben. Luther betrachtet die Anhörung als eine Möglichkeit, die Gravamina wieder auf die Tagesordnung zu setzen, die er in seiner Adelsschrift ausgesprochen hat. Was er erlebt, ist schlicht ein Verhör und eine in mächtiger Kulisse inszenierte Aufforderung zum Widerruf.

Zunächst redet Luther bescheiden, dialogbereit, klar vor Augen den Scheiterhaufen, auf dem Jan Hus verbrannt worden ist, aber noch klarer vor Augen seinen Herrn Jesus Christus. Jene Tapferkeit, Gewißheit und jenen Glaubensmut, jene innere Stärke, die ein Mensch nicht aus sich selbst hat, spiegelt sich wider in der Kunst, in Dürers frühem Kupferstich »Ritter, Tod und Teufel«. Luther verbindet mit den Rittern seine Unerschrockenheit. Mit aufgeklapptem Visier reitet er mitten hindurch, gänzlich unbeeindruckt von der Sanduhr des hinrinnenden Lebens, die ihm der Tod mitleidig hinhält, während der Teufel als ein wahrlich trauriger Gast auf dem Pferdefuß hinkend folgt.

Obwohl er dort keine Fragen beantworten und keine Statements abgeben sollte, setzt er zu einer größeren Rede an, die demütig und mutig zugleich ist.

»Weil ich ein Mensch bin und nicht Gott, kann ich meine Schriften nur so verteidigen, wie mein Herr Jesus Christus seine Lehre verteidigt hat. Als er von Hannas über seine Lehre befragt wurde und ein Diener ihm ins Gesicht schlug, hat er gesagt, ›habe ich Unrecht geredet, so beweise es, daß es Unrecht ist‹ (Johannes 18). Wenn der Herr selbst, der wußte, daß er nicht irren kann, bereit ist, selbst von einem niederen Knecht ein Zeugnis gegen seine Lehre zu hören, wie viel mehr muß dann ich, der ich ein Nichts bin und nur irren kann, darum bitten und darauf warten, ob jemand gegen meine Lehre Zeugnis vorbringen will. Darum bitte ich durch die Barmherzigkeit Gottes, Eure Majestät, Eure Durchlauchtigsten Herrschaften oder wer auch immer es vermag, der Höchste oder der Geringste, wolle Zeugnis geben, die Irrtümer widerlegen, sie mit Propheten und Evangelienworten überwinden; denn ich werde, wenn ich belehrt worden bin, bereit sein, jeden Irrtum zu widerrufen, und meine Bücher als Erster ins Feuer werfen.« Er fährt im Angesicht des Kaisers fort. »Er (Gott) ist es, der die Klugen in ihrer List fängt und die Berge zu Fall bringt, ehe sie es merken (Hiob 5). Darum bedarf es der Furcht Gottes. Ich sage das nicht, weil so hochgestellte Persönlichkeiten der Belehrung und Ermahnung durch mich bedürften, sondern weil ich meinem Deutschland den gehorsamen Dienst, dem ich ihm schulde, nicht vorenthalten darf. Damit befehle ich mich Eurer Majestät und Euren Herrschaften. Ich bitte demütig, es nicht zuzulassen, daß der Eifer meiner Gegner mich ohne Grund bei Ihnen in Ungnade stürzen läßt.«

Luther setzt ganz auf die Macht des Arguments, das sich biblisch belegen läßt, und rechnet nicht mit dem nackten Wort der Macht. Zu viel Hoffnung setzt er auf den jungen Kaiser und die Einsichtsbereitschaft der Menschen angesichts der Autorität der Heiligen Schrift. Sein letzter Satz »Ich habe geredet« impliziert: Nun redet ihr auch und bringt eure Argumente vor. Aber man wirft ihm vor, er habe nichts zur Sache gesagt. Konzilbeschlüsse dürfen nicht angezweifelt werden. Er solle eine klare und eindeutige Antwort geben. Luther bittet um Bedenkzeit und gibt dann am nächsten Tag eine berühmt gewordene einfache Erklärung ab, die Geschichte machen sollte:

»Wenn Eure Majestät und Eure Herrschaften denn eine einfache Antwort verlangen, so werde ich sie ohne Hörner und Zähne geben. Wenn ich nicht durch Schriftzeugnisse oder einen klaren Grund widerlegt werde – denn allein dem Papst und den Konzilien glaube ich

nicht; es steht fest, daß sie häufig geirrt und sich auch selbst widersprochen haben –, so bin ich durch die von mir angeführten Schriftworte überwunden. *Und da mein Gewissen in den Worten Gottes gefangen ist, kann und will ich nichts widerrufen, weil es gefährlich und unmöglich ist, etwas gegen das Gewissen zu tun. Gott helfe mir. Amen.*«

Solche Haltung sollte fernerhin protestantischen Geist wesentlich prägen: die Gewissensbindung des einzelnen, der nicht mit gutem, wohl aber mit getröstetem Gewissen lebt, denkt und handelt.

Luther hat die – heute tiefenpsychologisch untermauerte – Einsicht, daß das Gesetz (das Über-Ich) nur Angst macht und ein böses Gewissen schafft, »ein friedloses Herz und ein ängstliches Gemüt«. Solange das Über-Ich-Gesetz wirkt, bleibt der Mensch in Angst. Hier hilft allein ein freisprechendes Wort.

In Luthers Sprache: »Wenn wir darum gefangen und betrübt und gänzlich verzweifelt sind, dann geht das Licht des Evangeliums auf und spricht: ›Fürchtet euch nicht, tröstet, tröstet mein Volk, tröstet die Verzagten‹!« »Das sündige Gewissen« wird sich immer nur seiner Verfallenheit und Verlogenheit bewußt sein. Ihm setzt Luther das fröhliche und getröstete Gewissen entgegen. Ein Christ kann im Herzen getrost werden und bleiben, weil er um Vergebung, um Gnade und Neuanfang weiß. »Denn während er glaubt, daß es mit ihm aus sei, wird er nun aufgehen wie der Morgenstern. Solange aber diese jammervolle Verwirrung seines Gewissens anhält, kann er weder Frieden noch Trost finden« – es sei denn, daß er los sei und ihm so der Friede des Gewissens geschenkt wird. »Ein verwirrtes Gewissen lebt in Dauerangst vor Strafe, aber ein frohes Gewissen kann die Strafe geradezu lieb haben, weil die Strafen keine Strafen mehr sind. Der Glaube empfängt alles und verkürzt alle Reue, und alle Leistung, die man selber aufbringt, könne gar nichts helfen, denn so würde man Gott wohl zu einem Wucherer und Kaufmann machen.«

Luther will nicht immer in die »Luft stoßen« und unsicher sein, ob ihm das Heil als eine innere Gewißheit zukommt. Im April 1525 – mitten in der Auseinandersetzung mit Erasmus – erklärt er: »Ich selbst bekenne für meine Person jedenfalls: sollte es irgendwie möglich sein – ich möchte den freien Willen nicht geschenkt bekommen! (Ich möchte nicht,) daß irgendetwas mir überlassen bliebe, was ich für mein Heil tun könnte. Und das nicht allein deshalb, weil ich nicht imstande sein würde, gegen alle Widerstände und Gefahren, im Kampf mit all den Teufeln mich zu behaupten und es festzuhalten – ein Teufel ist ja stärker als alle Menschen –, und weil so kein Mensch selig werden würde; nein, auch dann, wenn es keine Gefahren, keine Widerstände, keine Teufel gäbe, würde ich so doch gezwungen sein, mich ständig aufs Ungewisse zu mühen und in die Luft zu stoßen. Denn wenn ich auch ewig lebte und arbeitete, mein Gewissen würde doch niemals sicher und gewiß werden können und wissen, wie viel es zu tun habe, um Gott zu genügen. ... Nun aber, wo Gott mein Heil über den Bereich meines Wollens hinausgehoben und ganz zu seiner Sache gemacht hat, wo er verheißen hat, mich nicht durch mein Tun oder Laufen, sondern durch seine Gnade und Barmherzigkeit zu retten, nun bin ich dessen gewiß und sicher, daß er treu ist und mir nicht lügen wird, dazu mächtig und groß genug ist, daß ihn kein Teufel und kein Widerstand stürzen noch mich ihm entreißen wird.«

Aus innerster Gewißheit hat er schon 1520 nach der Verbrennung der päpstlichen Bulle sein Tun vor aller Öffentlichkeit begründet: Er als ein getaufter Christ und geschworener Doktor der Heiligen Schrift und ein täglicher Prediger sei verpflichtet gewesen, verführerische und unchristliche Lehre zu vertilgen, und »so mein Gewissen genugsam verständigt (ist) und mein Geist mutig genug von Gottes Gnaden erweckt«, habe er sich von niemandem aufhalten lassen.

Um diese an der Heiligen Schrift geprüfte Gewissensverständigung ging es ihm sein Leben lang; freilich ist auch solche Gewissensbindung nicht irrtumsresistent. So schreibt Immanuel Kant später: »Es kann sein, daß nicht alles wahr ist, was ein Mensch dafür hält (denn er kann irren); aber in allem, was er sagt, muß er wahrhaftig sein (er soll nicht täuschen): es mag nun sein, daß sein Bekenntnis bloß innerlich (vor Gott) oder auch ein äußeres sei. – Die Übertretung dieser Pflicht der Wahrhaftigkeit heißt die Lüge; weshalb es äußere, aber auch eine innere Lüge geben kann.« Weiter präzisiert er:»Man soll nichts auf die Gefahr wagen, daß es Unrecht sei. Das Bewußtsein, also daß eine Handlung, die ich unternehmen will, recht sei, ist unbedingte Pflicht. Ob eine Handlung überhaupt recht oder unrecht sei, darüber urteilt der Verstand, nicht das Gewissen.« Aber das Gewissen ist das, was auch den Verstand bindet!

Die Gewissensbindung hat viele der Widerständler im Umkreis des Attentats vom 20. Juli 1944 in das Wagnis ihres Lebens geführt. 1943 – 10 Jahre nach der Machtergreifung Hitlers – schreibt Dietrich Bonhoeffer aus dem Gefängnis, daß»eine entscheidende Grunderkenntnis den Deutschen noch fehlte: die von der Notwendigkeit der freien, verantwortlichen Tat auch gegen Beruf und Auftrag. An ihre Stelle trat einerseits verantwortungslose Skrupellosigkeit, andererseits selbstquälerische Skrupelhaftigkeit, die nie zur Tat führte.

Zivilcourage aber kann nur aus der freien Verantwortung des freien Mannes erwachsen. Die Deutschen fangen erst heute an, zu entdecken, was freie Verantwortung heißt. Sie beruht auf einem Gott, der das freie Glaubenswagnis verantwortlicher Tat fordert und der dem, der darüber zum Sünder wird, Vergebung und Trost zuspricht.«

Er beschäftigte sich intensiv mit der moralischen Vertretbarkeit des Tyrannenmordes. Es gehört zum protestantischen Geist, daß er zum Wagnis der Tat wird, auch wenn die Tat keine Heldentat ist, auch wenn es kein Tun gibt, das frei von Schuld bleibt.

Was Unerschrockenheit und Glaubensgewißheit bedeuten können – in einem christlich-protestantisch-preußischen Geist –, wird aus den Gefängnisbriefen des Widerständlers Helmuth James von Moltke deutlich. An seine Söhne schreibt er aus dem Tegeler

Gefängnis am 11. Oktober 1944: »... ich habe mein ganzes Leben lang, schon in der Schule, gegen einen Geist der Enge und der Gewalt, der Überheblichkeit und der mangelnden Ehrfurcht vor Anderen, der Intoleranz und des Absoluten, erbarmungslos Konsequenten angekämpft, der in den Deutschen steckt und der seinen Ausdruck in dem nationalsozialistischen Staat gefunden hat. Ich habe mich auch dafür eingesetzt, daß dieser Geist mit seinen schlimmen Folgeerscheinungen wie Nationalismus im Exzeß, Rassenverfolgung, Glaubenslosigkeit, Materialismus überwunden werde.«

Seiner Frau Freya schildert von Moltke sein »Gefühl absoluter Geborgenheit«, daß ihm die Nazischergen nicht nehmen können, »selbst wenn ich keinen heilen Knochen am Leibe behalte«. Da klingt etwas auf von der Kraft der Luther-Zeile aus dem Lied »Ein feste Burg ...«:

> Nehmen sie den Leib,
> Gut, Ehr, Kind und Weib,
> laß fahren dahin,
> sie habens kein' Gewinn,
> das Reich muß uns doch bleiben.

Ganz im lutherischen Sinn schrieb Jeremias Gotthelf über die Ewigkeit des Wortes und die Vergänglichkeit des Schwertes und der Gewalt:

»Das Wort ist unendlich mächtiger als das Schwert, und wer es zu führen weiß in starker, weißer Hand, ist viel mächtiger als der mächtigste aller Könige. Wenn die Hand erstirbt, welche das Schwert geführt, wird das Schwert mit der Hand begraben, und wie die Hand im Staub zerfällt, so wird vom Rost das Schwert verzehrt.

Aber wenn im Tode der Mund sich schließt, aus dem das Wort gegangen, bleibt frei und lebendig das Wort; über dasselbe hat der Tod keine Macht, in's Grab kann es nicht verschlossen werden, und wie man die Knechte Gottes schlagen mag in Banden und Ketten, frei bleibt das Wort Gottes, welches aus ihrem Munde gegangen.«

Schöpferischer Zwischenhalt
auf der Wartburg

Auch wenn Luther auf viel Zustimmung traf – letztlich war er ganz allein, mußte ganz allein durch alles hindurch. Er bestand, weil er seiner Sache vor Gott gewiß war. So konnte er seiner Sache auch vor den Menschen gewiß sein. Er war bereit, sich durch Argumente aus der Schrift umstimmen zu lassen. Niemals aber *wollte* und *könnte* er sich dem Argument der Macht beugen. Die Macht jedoch wollte nicht diskutieren, sondern ihn brechen: Widerruf! Oder Vollstreckung des Banns! Luther blieb standhaft. Mit einem kleinen Aufschub durch versprochenes (und gehaltenes!) freies Geleit kehrte er in kursächsisches Gebiet zurück. Er stimmte einem vorsorglichen Kidnapping zu. Auf der Wartburg wurde er versteckt, vom Mai 1521 bis zum März 1522. Der Mönch wurde Junker Jörg und sollte leben wie ein Junker. Der spartanisch zu leben gewohnte Leib verweigerte sich fürstlichen Speisegewohnheiten, sein Leben lang litt er an Verdauungsproblemen sowie an Gicht, Nieren- und Blasenkrankheiten.

In seiner Zwangsklausur übersetzte er in nur elf Wochen das Neue Testament – gedrängt und ermutigt durch Melanchthon – ins Deutsche. (Im September 1522 wurde es als »Septembertestament« ohne Verfassernahmen gedruckt. Die Johannisapokalypse wurde mit einundzwanzig Holzschnitten aus Cranachs Werkstatt versehen. Die Übersetzung fand reißenden Absatz.) In einer Vorrede faßte Luther nochmals sein Grundanliegen zusammen: »Ja, wo der Glaube ist, kann er sich nicht halten, er erweiset sich, bricht heraus durch gute Werke, bekennet und lehret solch Evangelium vor den Leuten und waget sein Leben dran. Und alles, was er lebet und tut, das richtet er zu des Nächsten Nutz ... Wo die

Werke und Liebe nicht herausbricht, da ist der Glaube nicht recht, da haftet das Evangelium noch nicht, und ist Christus nicht recht erkannt.«

Wieder und wieder bekam er es mit dem Teufel zu tun, dem verwirrenden Tausendkünstler, der ihn in Anfechtungen und elementare Selbstzweifel verstrickte und in Traurigkeiten stürzte. Aber er hat eben nicht nach dem Teufel geworfen – er schrieb gegen ihn an, damit dieser sich trolle.

Heimlich besuchte Luther im Dezember 1521 Wittenberg. Was dort in seiner Abwesenheit geschehen war, beunruhigte ihn aufs äußerste.

Zwischen Glaubensgewißheit
und Intoleranz

Luthers Reformwerk drohte durch Radikale regelrecht kaputtge-
schlagen zu werden. Als diese mit Äxten und Zwang »das neue
System« einführen wollten, wagte er einen geradezu historisch zu
nennenden Schritt: Er ritt auf eigene Kappe aus der Schutzhaft
auf der Wartburg nach Wittenberg, um dort der Intoleranz der
eigenen Leute entgegenzutreten und jeglicher Gewalt in Glau-
bensfragen abzuschwören. Am Sonntag Invokavit 1522 stieg er auf
die Kanzel und vertraute wieder dem Wort, das allein zur Wahrheit führe. Im Verlauf der ganzen Woche predigte er darüber, wie
die wiederentdeckte evangelische Wahrheit umgesetzt werden
solle: Der Glaube, der in der Liebe tätig wird, müsse mit ganzem
Ernst von allen aufgegriffen werden. In einer Gemeinschaft von
Mündigen, wo jeder seinen Platz zu aller Wohl *aus*füllt und *er*-
füllt: die Kirche in geistlichen Dingen, die Obrigkeit in weltlichen
Dingen und jeder einzelne in seinem Beruf.

Er plädierte für strikte Gewaltlosigkeit in Glaubensdingen.
»Predigen will ich's, sagen will ich's, schreiben will ich's. Aber
zwingen, mit Gewalt dringen, will ich niemanden, denn der Glaube will willig, ungenötigt angenommen werden ... Was meint ihr
wohl, was der Teufel denkt, wenn man die Sache mit Gewalt, mit
Rumor ausrichten will? Er sitzt hinten in der Hölle und denkt:
Oh, wie werden nun die Narren so ein feines Spiel machen!«

Der Sonntag Invokavit 1522 ist die Geburtsstunde dessen, was
wir heute Toleranz nennen: daß wir keine Erkenntnis und keinen
Glauben erzwingen können und daß der Glaube aus freiem Willen, eigenem Willen angenommen werden muß. Sine vi, sed
verbo, das ist das Prinzip. Wir haben nur das Wort, das Argument,

das, was die Dinge erhellt, aber nie das Argument der Macht, wenn es um den Christusglauben geht. Und dann gibt es Dinge, über die muß man sich nicht trennen, über die kann man so und so denken. Die Vielgestaltigkeit der christlichen Kirchen und ihrer Lebensformen und Riten tun dem zentralen Bekenntnis überhaupt keinen Abbruch: daß dieser Zimmermannssohn aus Nazareth, dieser Bergprediger, der Menschen heilsam und richtungweisend begegnet, sie aufrichtet und tröstet, das Brot wie das Leben teilt. Er ist der Gesandte Gottes an die Welt, der er zuruft: Kehrt um, denn das Reich Gottes ist nahe und ihr könnt Gott Abba, Vater, nennen.

Der Mensch sei, so Luther, ein von Gott Freigesprochener, ohne alle seine Verdienste unbedingt Geliebter, Gewürdigter und Begnadigter. Solche Gnade sei keine Herablassung, sondern Aufrichtung – durch das vor den Augen des Glaubens aufgerichtete Kreuz Jesu Christi. Christus habe für die Menschen alle Schuld auf sich genommen, sei von Gott bestätigt und nicht dem ewigen Tod preisgegeben worden.

Eine »metaphysische Gewißheit« im Rücken, werde der Mensch frei, im Leben seine Aufgaben ganz wahr- und anzunehmen, und im Sterben gewiß sein, daß die Liebe Gottes ihn auch im Tod umfange. Der Mensch solle aus dieser grundlegenden Freiheit heraus seine Verantwortung für den Nächsten wahrnehmen; ein jeder in seinem Beruf, mit seiner/ihrer Begabung.

Ein freier Herr *und* ein dienstbarer Knecht sei der Christ.

Damit ist alles gesagt, was Luther hat sagen wollen.

Die Freiheit betrifft den Glauben als ein unbedingtes, freimachendes Lebensvertrauen, die Dienstbarkeit die Liebe zum Menschenbruder die Verantwortung füreinander. Wie schwierig das zu leben und in Gesetzgebung sowie in neue Institutionen zu überführen ist, hat er schmerzlich erlebt.

Es gehört zu den reformatorischen Grundüberzeugungen, daß der Mensch in seinem Glauben sich nicht vertreten lassen kann und daß die Kirche sich nicht das nimmt, was dem einzelnen und seinem Glauben, seiner ganz persönlichen Gottesbeziehung zukommt. Der Apostel Paulus formulierte am Ende des 8. Kapitels des Römerbriefes eindrücklich und beispielgebend: *»Ich bin gewiß, daß weder Tod noch Leben, weder Engel noch Mächte noch Gewalten … uns scheiden kann von der Liebe Gottes, die in Christus Jesus ist, unserm Herrn.«* Diese Gewißheit ist zunächst etwas sehr Persönliches, etwas Subjektives. Sie bewährt sich in einer ganz persönlichen Relation (also Beziehung, coram Deo), die jeder einzelne zu Gott aufnimmt – oder eben nicht aufnimmt.

Wenn man so will, ist der christliche Glaube im evangelischen Verständnis subjektiv. Er meint das Subjekt, den einzelnen und seinen unvertretbaren Glauben, den er mit anderen zusammen aussprechen, feiern, bekräftigen und befragen kann. Aber er bleibt immer ein einzelner, der auch keine securitas, also keine Sicherheit bekommt, sondern Gewißheit (certitudo).

Luther spitzte zu: *»Fern von uns Christen seien Skeptiker und Akademiker, willkommen aber die, die doppelt so hartnäckig, als selbst die Stoiker ihre Sache mit Entschiedenheit vertreten … hebe die entschiedenen Behauptungen auf, so hast du das Christentum beseitigt. Der Heilige Geist ist kein Skeptiker und hat nichts Zweifelhaftes oder bloße Meinungen unserer Herzen geschrieben, sondern entschiedene Behauptungen, die gewisser und sicherer sind als das Leben selbst und alle Erfahrungen.«* Man kann dies mit Kant auch das Apriori des Glaubens nennen. Ganz ähnlich verhält es sich wohl mit unseren Grundrechtsartikeln. Wieso sollte denn die Würde des Menschen unantastbar sein und nicht die Würde der Kuh oder des Regenwurms? Wieso sollen wir sterblichen Wesen, die die besondere Fähigkeit haben, uns die Welt zu unterwerfen, uns zu Herren des Lebens aufschwingen, da wir doch alle den Tod vor uns haben?

Wer sich über die Toleranz der Christen, insbesondere der evangelischen, in diesen fünfhundert Jahren informiert, wird sehr nachdenklich werden, denn Luthers Gedanke der Freiheit führte nicht so sehr in die Verantwortung des Menschen füreinander, sondern eher in eine politische Unterordnung.

Der freie Glaube des einzelnen beugte sich nach dem Prinzip: Cuis regio, eius religio. Wenn dies gilt, dann gibt es die Wahrheit wahrlich nicht, sondern sie hält sich an das in dem jeweiligen Territorium Übliche und Mehrheitliche. Wer da anders glaubt, der könne ja woanders hinziehen. Dies Prinzip hatte einerseits eine gewisse pazifisierende Wirkung, andererseits führte es nicht nur zur politischen, sondern auch zur religiösen Zerstückelung Deutschlands und Europas.

Wer sich in unserer Reformationsdekade über Lebensleistung und fortwährende Wirkungsgeschichte Martin Luthers kundig macht, der darf nicht daran vorbeisehen, daß er es für geboten hielt, seine Gegner in der Papstkirche und Abweichler in den eigenen Reihen (Andreas Karlstadt) zu verurteilen bzw. durch Predigtverbote und Buchzensur zu isolieren. Mit dem Alter wurde seine Intoleranz stärker gegen die Täufer (und überhaupt gegen politische Utopien), gegen Müntzer (und überhaupt gegen das Sozialrevolutionäre, das sich mit göttlichem Beistand der Gewalt bediente) – bis hin zu einer Pogromstimmung gegenüber Juden am Ende seines Lebens, gegen die Türken (und die Furcht vor den Muslimen überhaupt).

Die evangelische Kirche hat auf der Suche nach dem einigenden Band zwar immer die Heilige Schrift hochgehalten und zum Maßstab gemacht, brauchte aber auch gewissermaßen Kurzfassungen, die im jahrhundertelang auswendig gelernten Katechismus ihren Niederschlag fanden. Einiges, was da auswendig gelernt werden sollte, ist und bleibt durchaus sehr tauglich für das Bestehen der Leiden und das Ausdrücken der Freuden des Lebens. Ich nenne das Vaterunser, den Psalm 23 »Der Herr ist mein Hirte«, die Seligpreisungen (Matthäus 5) und den Psalter, zumal dann, wenn er Zweifel zu integrieren vermag. (wie Psalm 22 oder 73.)

Die Delegation des Glaubens des einzelnen an die Institution Kirche, die mit ihrem Lehramt für die Einheit des Glaubens und damit auch die Einheit der Institution sorgt und *Einheit* immer prinzipiell vor die *Wahrheit* stellt, hat ein unlösbares Problem offengelegt.

Das Corpus christianum ist in sich ein hoher Wert, und wo dies in einem Zentrum sich bündelt, kann es ein pazifisierender Gedanke bleiben (in diesem Sinne hoffte eben auch Dante auf den großen, den erlösenden Kaiser des westlichen Abendlandes).

Daneben steht das eigene Denken und Urteilen, das zu ganz eigenen Entschlüssen, auch zu einem ganz eigenen Glauben kommt und damit das Problem der Wahrheit zu einem Problem der Toleranz, der Akzeptanz der Wahrheitserkenntnis des je anderen macht. Wer seine Überzeugungen in einen Dialog bringt, geht davon aus, daß die Wahrheit eine Relation ist und somit auch immer »relativ«, wenn wir nur besehen, wie der Glaube von Menschen bestimmt wird durch Herkunft, kulturelle Prägung und den religiösen Umkreis, in dem sie jeweils aufgewachsen sind.

Die Gemeinschaft zwischen den unterschiedlichen christlichen Konfessionen und zwischen denen, die gottgläubig sind, und denen, die Skeptiker oder Agnostiker oder Atheisten sind, kann nur gelingen, wenn man die ernsthafte Suche des je anderen achtet und sich im Dialog anfängt besser zu verstehen – im Spiegel des anderen. Martin Buber nannte das dialogische Existenz unter der Maßgabe: »Die Wahrheit beginnt zu zweit.«

Dies schließt immer ein, daß wir den anderen nicht nur in seinen Ansichten, sondern auch in seinem Aussehen, in seinem Gebaren, in seinem Charakter, mit seinem Geruch und seiner ganzen Geschichte und kulturellen Herkunft tolerieren, also ertragen, vielleicht gar im Goethe'schen Sinne nicht bloß ertragen, sondern respektieren. Realistisch aber bleibt wohl, das Ertragen, das Tolerieren.

Nathan, der Schlimmes, Schlimmstes durchmachen mußte, sagt in »Nathan der Weise«, dem Weltstück der Toleranz schlechthin:

> *Nur muß der eine nicht den andern mäkeln.*
> *Nur muß der Knorr den Knubben hübsch vertragen.*
> *Nur muß ein Gipfelchen sich nicht vermessen,*
> *Daß es allein der Erde nicht entschossen.*

Ich bin der Knorr, du bist der Knubben, oder du bist der Knubben und ich der Knorr. Jedenfalls wächst Toleranz dann, wenn wir anerkennen, daß wir auch Knorr sind oder Knubben. Und daß wir Menschen bleiben, die die Kreatürlichkeit miteinander teilen, sich in ihrem Gewissen prüfend klarwerden, daß wir keine Heiligen sind, sondern im besten Falle – wörtlich – Ge-heiligte, die nie ein reines Gewissen haben können bei dem, was sie tun, wohl aber ein getröstetes. Das mag auch für das Handeln von Politikern tröstlich sein. Immanuel Kant hat das in einem wunderbaren Bild ausgedrückt: »*Aus so krummem Holze, als woraus der Mensch gemacht ist, kann nichts ganz Gerades gezimmert werden.*«

Reformation, das ist das Gleichgewürdigtsein aller und Mündigwerden von gebildeten Leuten (mit Luther und Melanchthon), krummes Holz (mit Kant) und aufrechter Gang (mit Bloch).

Niemanden zum Mittel machen, sondern ihn und sie stets anerkennen und behandeln als einen Zweck in sich selbst.

Für alle Menschen gilt, ob sie gläubig sind oder nicht, daß sie drei Dinge zum Leben wissen müßten – jedenfalls nach Luther im Jahre 1520.

> *»Drei Dinge nämlich muß ein Mensch wissen, damit er selig werde:*
> *zum ersten, was er tun und lassen soll;*
> *zum zweiten, wenn er nun merkt, daß er es aus seinen Kräften nicht*

tun oder lassen kann, wo er schöpfen und suchen und finden soll, da-
mit er es dennoch tue und lasse;

zum dritten, wie er es suchen und holen soll.

Gleichwie bei einem Kranken ist es zuallererst nötig, daß er weiß,
was er für eine Krankheit hat, d. h. was er tun und lassen und was er
nicht tun und lassen kann.

Danach ist es nötig, daß er weiß, woher er die Arzenei bekommen
kann, die ihm hilft, damit er tun und lassen kann, was ein gesunder
Mensch tut oder läßt.

Und zum dritten muß er diese Arzenei haben wollen, d. h. sie suchen,
holen oder sich bringen lassen.«

Jede Zeit braucht Engagement und klares Urteil, braucht Demut
und Verzicht auf grobe oder subtile Formen der Gewalt. Es geht
um persönliche Überzeugungen und um die Übertragung von
grundsätzlichen Urteilen in das tägliche Leben. Glaube will »ungenötigt angenommen werden«.

Der Tabubruch – Mönch heiratet Nonne

Im April 1523 waren zwölf Nonnen aus dem Zisterzienserkloster Nimbschen geflohen und hatten in Wittenberg Schutz und Hilfe gesucht. Nach und nach sind sie verheiratet worden. Eine besonders selbstbewußte Schwester blieb »übrig«, sie wollte die Wahl ihres Bräutigams selbst treffen. 1524 setzte sich Luther beim Nürnberger Patriziersohn Hieronymus Baumgärtner für sie ein – ihr Name ist Katharina: »Übrigens, wenn du deine Käthe von Bora festhalten willst, dann beeile dich, bevor sie einem anderen anvertraut wird, der zur Stelle ist. Sie hat deine Liebe noch nicht verwunden. Ich würde mich über eine Heirat ebenso freuen wie über die andere.« Baumgärtner entschied sich anders. Auch Luther spürte, daß er nicht aus Holz oder Stein ist, »aber mein Sinn steht nicht nach der Ehe«. Wie es im Mai 1525 zu seinem Sinneswandel kam, schilderte er in einer Tischrede: »Wenn ich vor dreizehn Jahren (also 1524) hätte freien wollen, so hätte ich Ave Schönfeldin genommen ... Meine Käthe hatte ich dazumal nicht lieb, denn ich hielt sie verdächtig, als wäre sie stolz und hoffärtig. Aber Gott gefiel es also wohl, der wollte, daß ich mich ihrer erbarmte. Und ist mir gottlob, wohlgeraten, denn ich habe ein fromm, getreu Weib, auf welches sich das Mannes Herz verlassen darf.«

Käthe hat sich *ihn* auserkoren, nicht umgekehrt. Luther sollte die Segnungen des Schöpfers bald am eigenen Leibe erfahren, über die er so trefflich und anschaulich reflektiert hat. Am 13. Juni 1525 heiratete er Katharina von Bora. Der öffentliche Kirchgang und die Hochzeitsfeier finden am 27. Juni 1525 statt.

Seine Heirat war auch ein demonstrativer Akt, ein Wagnis mitten in kriegerischen Zeiten, ein Anlaß zur Freude und zu noch größerer Polemik. Der frühe Vorwurf seiner Gegner kam wieder auf, die ganze Reformation sei nur wegen der Weiber gemacht worden.

Beim Eheschluß wußte Katharina von Bora, was sie *will*, und Martin Luther wußte, was er *tut*. Sie hatten miteinander fünf Kinder. Als die Tochter Magdalena, »mein Töchterlein Lenichen«, 1542 starb, bekannte Luther: «Des väterlichen Schmerzes im Herzen bin ich Herr geworden, doch nur, indem ich gegen den Tod murrte und schalt.« Überhaupt war er ein äußerst mitfühlsamer Seelsorger, wenn andere ein Leid traf.

Die beiden Eheleute führten ein Familienleben, das für Jahrhunderte in protestantischen Landen prägend werden sollte. Für Luther blieben Ehe und Familie ein göttlicher Stand – mit vorgegebener Rollenzuweisung für Mann und Frau, mit Kindersegen und dem Hausvater als Hauspriester. Die Familie galt ihm als Kern- und Keimzelle eines (gedeihlichen) Zusammenlebens in Gesellschaft und Kirche.

Er hat es in Wittenberg, in diesem Nest, bis an sein Lebensende ausgehalten. Er wurde so verehrt und geliebt wie verachtet und mißachtet. Hier hatte er seine Freunde, seine Familie, seine Vertrauten: den feinsinnigen, klugen, zähen, diplomatischen Philipp Melanchthon, den so weitläufigen wie geschäftstüchtigen Maler der Reformation Lucas Cranach, das freundschaftliche Scharnier zum Kurfürsten Georg Spalatin, den stets fürsorglichen Arzt Augustin Schurff, seine herz- und herbliebe Frau Käthe, die Gräber seiner verstorbenen Kinder, den Garten gleich hinter dem Haus, den Lehrstuhl im alten Kloster und den Predigtstuhl in der Stadtkirche.

Der Reformator und die Reformation kommen in die Jahre

Luther begann nun das Leben auch leiblich zu genießen, er wurde schnell dick und war oft krank. Mehrfach war er auf seinen Tod gefaßt. Die Erwartungen an ihn blieben hoch, höher, als er sie zu erfüllen vermochte. Es galt, ein evangelisches Gemeindewesen zu organisieren – ohne ein Organisationszentrum. Welche Ämter soll es künftig geben, und welches »Kirchenregiment«, welche Rolle haben die Landesherren zu spielen, wie müssen die Pfarrer ausgebildet, berufen und besoldet werden? Wer soll über die Lehre entscheiden, und wie ist das Priestertum aller Gläubigen zu verstehen, wo das Volk doch auch zum unberechenbaren Plebs werden kann?

Der kompromißlose Streit um die Interpretation des Abendmahls führte 1529 zur Trennung von der schweizerisch geprägten Reformation.

1537 wurden die »Schmalkaldischen Artikel« abgefaßt, und der Schmalkaldische Bund formierte sich. Die Kriegsgefahr wuchs. Die von Luther bestätigte Doppelehe des Kurfürsten Philipp von Hessen schwächte das protestantische Lager. Die Reformation kam in die Jahre. Die Mächtigen spielten ihr Doppelspiel. Der neue Mensch ließ auf sich warten. Der alte Adam war stärker. Evangelische Freiheit wurde als Lässigkeit mißverstanden oder in neuen Zwang pervertiert.

Luther sollte sein Leben lang ein Gebannter bleiben. Zunächst durfte er das schützende Territorium Kursachsens nicht verlassen. Beim Versuch, die Kirchenspaltung doch noch zu verhindern und eine gemeinsame Glaubenslehre mit den Römern zu formulieren, schärfte er der protestantischen Seite ein, den Römern nicht zu

Taufbecken mit den 12 Aposteln von Hermann Vischer in der Stadtkirche
St. Marien zu Wittenberg, 1457. Foto: Friedrich Schorlemmer

sehr nachzugeben. Von Coburg aus dirigierte er die Verhandlungen in Augsburg. 1530 ist die Kirchenspaltung unabwendbar geworden. Dabei hatten die Protestanten und die Römer nur eine
Reform im Sinn gehabt.

Die sogenannte Confessio Augustana wurde zur protestantischen Bekenntnisschrift, auf die bis heute evangelische Pfarrer bei
ihrer Ordination »verpflichtet« werden, obwohl inzwischen manches darin überholt ist, wie etwa die Verwerfung der Lehren der
»Schwärmer«. Als besonders problematisch in der politischen
Wirkungsgeschichte hat sich Artikel 16 erwiesen, wo es heißt:

»Von der Polizei (Staatsordnung) und dem weltlichen Regiment wird gelehrt, daß alle Obrigkeit in der Welt und geordnetes
Regiment und Gesetze gute Ordnung sind, die von Gott geschaffen und eingesetzt sind … Deshalb sind es die Christen schuldig,
der Obrigkeit untertan und ihren Geboten und Gesetzen gehorsam zu sein in allem, was ohne Sünde geschehen kann. Wenn aber
der Obrigkeit Gebot ohne Sünde nicht befolgt werden kann, soll
man Gott mehr gehorchen als den Menschen.«

Bis 1918 war in dieser Tradition ein landesherrliches Kirchenregiment wirksam, und der deutsche Kaiser galt als Summus Episcopus. So kämpften die deutschen Männer »mit Gott« für Kaiser und Vaterland. Erst nach 1933 wurde auch lutherisch geprägten Christen die lang überlesene Einschränkung: »Wenn aber der Obrigkeit Gebot ohne Sünde nicht befolgt werden kann, soll man Gott mehr gehorchen als den Menschen«, so wichtig, daß sie sich dem Widerstand anschlossen. In der »Barmer Theologischen Erklärung« vom Mai 1934 argumentierten die Vertreter der Bekennenden Kirche unter Federführung von Karl Barth ganz und gar christologisch. Der Staat habe »nach dem Maß menschlicher Einsicht und menschlichen Vermögens unter Androhung und Ausübung von Gewalt für Recht und Frieden zu sorgen«. Die Kirche erkenne diese göttliche Anordnung an. »Sie erinnert zugleich an Gottes Reich, an Gottes Gebot und Gerechtigkeit und damit an die Verantwortung der Regierenden und Regierten. Sie vertraut und gehorcht der Kraft des Wortes, durch das Gott alle Dinge trägt.«

Luther stellte 1529 den Großen und den Kleinen Katechismus als die für jedermann geltende Summe der evangelischen Glaubenslehre zusammen. Seine auf das Wesentliche verdichtete biblische Konzeption ist ganz am einzelnen und seiner durch niemanden vertretbaren Beziehung zu Gott orientiert: Luther erklärt in seinen beiden Katechismen die Zehn Gebote, das Credo, das Vaterunser und die beiden Sakramente Taufe und Abendmahl. Das sei das Grundwissen für jeden Christen, das solle jeder verstanden und angenommen haben. In seiner Vorrede schrieb er:
»Diese Predigt ist dazu geordnet und angefangen, daß sie ein Unterricht für die Kinder und Einfältigen sei, darum heißt sie auch von alters her auf Griechisch Katechismus, das ist eine Kirchenlehre, die ein jeglicher Christ notwendig wissen soll, so daß, wer solches nicht weiß, nicht könnte unter die Christen gezählt werden. Das Wort Gottes ist nicht wie ein anderes loses Geschwätz, sondern eine Kraft Gottes, ja freilich eine Kraft Gottes,

die dem Teufel das gebrannte Leid antut und uns über die Maßen stärkt, tröstet und hilft. Sind wir denn nicht die allerfeinsten Gesellen, die wir uns dünken lassen, wenn wir es einmal gelesen und gehört haben, daß wir es alles können und nicht mehr zu lesen noch lernen brauchen. Und können das in einer Stunde auslernen, da es Gott selbst nicht zu Ende lehren kann, obwohl er doch daran lehret von Anfang der Welt bis zu Ende, und alle Propheten samt allen Heiligen daran zu lernen gehabt und noch immer Schüler geblieben sind und noch bleiben müssen?«

Jedenfalls müsse dieses angenommene Glaubenswissen den Teufel, den Tausendkünstler, verjagen und zunichte machen, denn Gott sei »freilich noch mehr als ein Hunderttausendkünstler«.

Eine wunderbare Freundschaft hat Luther mit dem vom Humanisten Reuchlin beeinflußten Gelehrten Philipp Melanchthon verbunden, diesem vorsichtig abwägenden, auf Ausgleich bedachten jüngeren Kollegen. (Er wird zu Recht Praeceptor Germaniae, Lehrer Deutschlands, genannt. Ihm verdanken wir wesentlich die Einführung des allgemeinen Schulwesens.) Es war eine produktive Freundschaft zweier sehr unterschiedlicher Menschen, wie sie in der deutschen Geistesgeschichte etwa zwischen Goethe und Schiller, Schlegel und Tieck, den Brüdern Grimm und Humboldt, Marx und Engels bestand.

Martin Luther vollendete 1534 mit Hilfe vieler Freunde in Wittenberg die Übertragung der Heiligen Schrift ins Deutsche. Seine Übersetzung begründet den Reichtum, die Schönheit und die Tiefe der deutschen Sprache, die in vielen Dialekten weiterlebt.

Luther setzte sich nicht nur lebenslang für die Armen ein, er war mit seinem großen Haushalt auch öfter »ganz arm dran«. In Katharina fand er eine »Haushälterin« im vielfachen Sinne. Seine Tischreden zeugen von Bodenständigkeit, Lebensweisheit und Humor.

Er predigte unentwegt, sorgte sich um Bildung und Sozialordnung, schlug sich mit den Reformierten herum und wurde dabei immer halsstarriger, wenn es um die Bewahrung seiner Lehre ging. Die Polemik zwischen ihm und den Papisten sollte nicht mehr abreißen.

Auch das Verhältnis zu den Juden hat ihn über Jahrzehnte beschäftigt. Während des euphorischen reformatorischen Aufbruchs trat er für eine bedingungslose Duldung der Juden ein, doch wollte er sie missionieren. Sie sollten endlich einsehen, daß Jesus aus Nazareth wirklich der erwartete Messias ist. Nachdem sich die Christen von den papistischen Lehrüberwachungen befreit haben und zur Heiligen Schrift als normativer Quelle der Glaubensüberlieferung zurückgekehrt sind, sollten die Juden sich den Christen anschließen können, meinte Luther.

In den letzten Lebensjahren brach aus ihm der ganze Antijudaismus seiner Zeit – und aller vorangegangenen Jahrhunderte hervor. In bestürzender Weise polemisierte er »Gegen die Jüden und ihre Lügen« (1542). Diese Schrift kann wie eine Vernichtungsanweisung gelesen werden. Der theologisch unkontrollierte Judenhaß ist der wohl dunkelste Fleck im Wirken dieses »Deutschesten aller Deutschen«.

Luther schrieb einige tausend Briefe. Was die Veröffentlichung seiner »nächtlichen Schreibereien« anging, blieb er skeptisch, doch unentwegt griff er zur Feder – sie soll »Kaiserin« in den Kämpfen bleiben. Keine der vielen späteren Schriften erreichte die Frische, Klarheit und breite Wirkung seiner Veröffentlichungen bis 1525.

Am Lebensende ließ er seiner Todessehnsucht und seiner Sehnsucht, bei Christus zu sein, die ihn von Jugend an begleiteten, freien Lauf: »Nur weg aus dieser Sodoma, will also umherschweifen, eher das Bettelbrot essen, ehe ich mein arm alte letzte Tage mit dem unordentlichen Wesen zu Wittenberg martern und verunruhigen will, mit Verlust einer sauren, teuren Arbeit.«

Von Krankheiten gebeutelt und mit dem lähmenden Gefühl, seine Aufgabe auf der Erde längst zur Genüge erfüllt zu haben, schrieb er dem jüngeren, schwer erkrankten Freund Friedrich

Myconius: »So begehre und bitte ich, daß mich der liebe Gott an eurer statt krank werden läßt und mich ablegen heißt, diese meine Hütte, die nun ausgearbeitet, ausgedient hat, die verzehrt und kraftlos geworden und deshalb untüchtig; ich sehe es ja auch, daß ich niemand mehr nützlich bin.«

Das sagte Luther, der gleichzeitig einschärfte, wir sollten so arbeiten, als wollten wir ewig leben, doch müßten wir gesinnt sein, als sollten wir diese Stunde schon sterben.

Im äußerst kalten Winter 1546 brach er nach Eisleben auf, um einen Schlichtungsversuch im Erbstreit der mansfeldischen Grafen zu unternehmen. Als ein von vielen Krankheiten geplagter, in manchem tief verbitterter, dann aber auch wieder von erfrischendem Humor erfüllter, lebenssatter alter Mann starb er in seiner Geburtsstadt. »Wir sind Bettler, das ist wahr« – das ist der getröstete Vermächtnissatz eines Deutschen, der für jedermann nicht bloß die Zunge, sondern auch das Schwert seiner Zeit war. Wenn einer Luther in seiner ganzen Widersprüchlichkeit erfaßt und ihn zugleich leidenschaftlich idealisiert hat, dann war es Heinrich Heine: »Er war voll der schauerlichsten Gottesfurcht, voll Aufopferung zu Ehren des Heiligen Geistes, er konnte sich ganz versenken ins reine Geisttum; und dennoch kannte er sehr gut die Herrlichkeiten dieser Erde und wußte sie zu schätzen, und aus seinem Munde erblühte der famose Wahlspruch ›Wer nicht liebt Wein, Weiber und Gesang, der bleibt ein Narr sein Leben lang‹!«

Worauf es ankommt

In zwei anrührenden Texten steckt der Kern der Botschaft Luthers.

Jeder steht für sich

Mit einem theologischen Paukenschlag von kaum zu überbietender Eindringlichkeit beginnt Luther im März 1522 (am Sonntag Invokavit) seine berühmte Predigtreihe, mit der er ein reformatorisches Programm, das ganz und gar auf Gewaltfreiheit beruht, erläutert. Damit es keine Mißverständnisse gibt: Letztlich ist jeder für sich selbst verantwortlich und muß jeder für sich prüfen und klären, was ihn trägt. Der ins Leben geworfene einzelne Mensch, auf der Suche nach sich selbst, nach Liebe, nach Lebenssinn oder wenigstens nach einer Lebensaufgabe, bleibt letztlich immer ein einzelner, der sich von niemandem vertreten lassen kann, zumal nicht, wenn die Stunde schlägt, wo er dem Tod – Gott oder dem Nichts – ins Auge sieht.

»Wir sind allesamt zu dem Tod gefordert und wird keiner für den anderen sterben, sondern ein jeglicher in eigener Person für sich mit dem Tod kämpfen. In die Ohren können wir's wohl einander schreien, aber ein jeglicher muß für sich selber bereitet sein in der Zeit des Todes: ich werde dann nicht bei Dir sein noch Du bei mir. Hierbei muß jedermann selbst die Hauptstücke, so einen Christen angehen, wohl wissen und darin gerüstet sein.«

Steinernes Kreuzigungs-
bild an der Westseite des
Südportals von St. Marien
zu Wittenberg, 14.Jahr-
hundert. Foto: Friedrich
Schorlemmer

Keiner kann aus seiner Haut

Jeder steht für sich. Keiner kann aus seiner Haut. Jeder kann
durchkommen.

Beten, das ist Ehrlichkeit der Selbstbefragung, Erkenntnis der
eigenen Schwäche, Grund-Vertrauen in Gottes Hilfe.

Wer kann schon aus seiner Haut? Vor welchen Abgründen *leben*
wir und welche Abgründe *sind* wir? Luthers »Ich kann nicht anders« meint nichts Trotziges, es ist Ausdruck tiefer Demut.

Der »homo incurvatus in se ipse« (der in sich selbst verkrümmte Mensch) kann aufgerichtet werden und aufrecht leben.

> *Siehe, mein Herr Christus,*
> *da hat mir mein Nächster Schaden zugefügt.*
> *Er hat mich in meiner Ehre gekränkt.*
> *Er hat sich an meinem Eigentum vergriffen.*
> *Das kann ich nicht ertragen.*
> *Darum wünsche ich ihm den Tod an.*

78

Ach mein Gott, laß dir das geklagt sein!
Eigentlich sollte ich ihm verzeihen, aber ich kann es leider nicht!
Siehe, wie ich so ganz kalt, ja so ganz erstorben bin.
Ach Herr, ich kann mir nicht helfen!
Da stehe ich nun; machst du mich anders,
so kann ich nach deinem Willen und nach deiner verzeihenden
    Liebe handeln.
Wenn nicht, dann muß ich bleiben, wie ich bin.
Ich kann nicht anders.

Martin Pollich von Mellerstadts Rede
bei der Ankunft Martin Luthers 1508 / 2008
an der Elbe zu Wittenberg

Ich bin Martin Pollich von Mellerstadt, Rektor der ehrwürdigen Leucorea, Ratgeber und Leibarzt unseres verehrten Kurfürsten Friedrich III. Unsere Kurfürstliche Gnade hat einen Sinn fürs Geistige, eine Leidenschaft für Reliquien und einen ganz eigenen Kopf.

Er ist wichtig – und übergewichtig.

Ich bin Professor der freien Künste, der Künste der Freiheit.

Liebes Volk von Wittenberg!

Wir sind nicht so pompös über den Rhein geschifft wie der Papst von Rom jüngst in Köln, sondern bescheiden, wie es sich bei uns ziemt, in kleinem Boot über die Elbe nach Wittenberg gerudert!

Hier geht es nicht um mediale Repräsentanz, sondern um geistige Präsenz!

Ich seziere beruflich den Körper. Ihr, Martinus Luder, seziert den Geist – aber seid auch Ihr immer ganz vorsichtig. Und laßt Euch immer recht und rechtzeitig, klar und unmißverständlich hören.

Laßt Euch nicht davon beeindrucken, daß Ihr auch abgehört werdet. Die Ohren Roms sind überall.

Und Ihr Studenten, Ihr Bestallten und Bestellten, alle Ihr Ehrlich-Wißbegierigen, gebt weiter, was Ihr wißt, was Ihr gelernt habt und was anderen nützt. Aber petzt nicht weiter, was anderen schadet.

Wir sind hier zwar weit weg von Rom, aber überall gibt's gänzlich humorlose Scholastiker, überall wuseln Günstlinge der kleingeistigen Macht, die kaum zu einem eigenen Gedanken fähig sind, aber fremde Gedanken – und sei's gegen Geld – weiterverbreiten.

Ich sehe hier am Ufer stehen den Buchdrucker Lotter, dort den Professor Zieglerus. Auch der Bürgermeister ist an Bildung und Kultur interessiert und deshalb auch hier mitten im Volk. Und dahinten sehe ich auch den verdienten Juristen des Volkes Hieronymus Schurff sowie den Medizinprofessor Augustin Schurff. Und natürlich die Großen und die Kleinen aus dem Volk, jeder mit seinem Eigensinn und jeder mit seiner Begabung – mit dem Kopf oder mit den Händen.

Frauen und Männer, Jüngere, Ältere, Alte, Ärmere, Reichere.

Lieber junger Freund Martinus Luder,

wir haben uns eben an die Arbeit gemacht, Sie im Elbestrom über-zusetzen. Machen Sie sich nun an die Arbeit zu übersetzen.

Die alte Botschaft soll verstehbar gemacht werden.

Und zur Erkenntnis kommt man am besten, wenn man den Dialog mit anderen Gelehrten führt und zugleich auf das hört, was das Volk fühlt, denkt, sagt, hofft, fürchtet, glaubt.

Wir haben Sie eben ans andere Ufer gebracht – ins Ost-Elbische, nach Dunkeldeutschland –, und nun bringen Sie uns an andere, an neue Ufer!

Erwecken Sie uns geistige Horizonte, die bis ins alte Griechenland reichen, damit auch hier in dunkleren Landen Deutschlands Wissenschaft und Bildung gedeihen, der Wirtschaft und dem Wohl aller zu Nutz. Doch die Erkenntnis selbst ist schon ein Wert, zumal dann, wenn man Irrtümer ausräumen, Lügen entlarven und Unrecht beseitigen kann.

Wir sind eben gerudert gegen den Strom. Und wir haben uns tragen lassen vom Strom. Gelassen und zuversichtlich.

Bitte rudern Sie nun kraftvoll gegen den Strom, um zur Quelle zu kommen. Und lassen Sie sich auch tragen: mit Zuversicht, mit Gewißheit, mit Gottvertrauen.

Wir alle wollen hier in der Stadt, die Sie dort am Horizont sehen, glänzen durch den Geist, nicht durch die Rüstungen und nicht durch Aufrüstung, durch Dialog, nicht durch Dogmen.

Die Wittenberger Humanisten der jungen Universität warten

auf Sie. Und ich freue mich als Gründungsrektor und als ein Freund ihres geistlichen Vaters Johann Staupitz sehr, daß Sie hier nicht nur aushelfen, sondern helfen werden. Geburtshilfe ist immer spannend; keiner weiß, was wird; jeder hofft, daß Gutes heranwächst. Sehen Sie, unser gnädiger Herr, Kurfürst Friedrich, hat hier, wahrlich an der Grenze der Zivilisation, vor sechs Jahren die Universität, die Leucorea, auf dem »weißen Berg zu Wittenberg« gegründet. In karger Landschaft sollen und werden Kultur, Bildung, soziale Fürsorge und ziviler Fleiß gedeihen.

Ideen brauchen Träger; der Geist braucht einen Leib.

Wir freuen uns auf frischen Wind, begeisternde Ideen und geistliche Orientierung.

Seien Sie uns erwartungsvoll willkommen, Martin Luder, an den Ufern von Wittenberg, dem Ufer der LEUCOREA, die leuchten soll, nach Süden und Norden, nach Osten und Westen – und nach »ganz oben«.

Leuchte, mein Stern, leuchte!

Friedrich Schorlemmer im September 2008
aus dem Ruderboot mit dem jungen
Martin Luder vor dem freiwillig versammelten
Begrüßungsvolk auf einer Elbbune vor Wittenberg

Wir sind zum wechselseitigen Gespräch geboren. Freund Melanchthon

1502 gründete Kurfürst Friedrich der Weise in der ostelbisch ge-
legenen Kleinstadt Wittenberg eine Universität, die den Namen
Leucorea (auf Deutsch weißer Berg = Wittenberg) tragen und das
Gedankengut der Humanisten verbreiten sollte.

Der Mönch Martinus Luder wurde mit 25 Jahren von Johann
von Staupitz, seinem Ordensoberen, besonderen Beistand und
Förderer, nach Wittenberg entsandt, wo er das Theologiestudium
fortsetzte und erste Vorlesungen hielt. 1518 wurde der 21jährige
Philipp Melanchthon nach einer Empfehlung des berühmten
Gelehrten Johannes Reuchlin auf den Lehrstuhl für griechische
Sprache berufen. In seiner fulminanten Antrittsrede »Über die

Albrecht Dürer: Bildnis Friedrich
des Weisen. Kupferstich, 1524

Verbesserung der Studien der Jugend« entwarf er Pläne für eine Universitätsreform, die er bald effektiv mitgestaltete.

Luther und Melanchthon fanden schnell zueinander. Sie verband von Anfang an der Rückgriff auf die Quellen (ad fontes!). Beide erfüllte und bereicherte eine Umgangsform bei ihrem gemeinsamen Ringen: mutuum colloquium et consolatio fratrum (auf das wechselseitige Gespräch und die gegenseitige Beratung der Brüder). Im Vorspruch seiner 95 Thesen hatte Luther »aus Liebe zur Wahrheit und im Bestreben, diese zu ergründen«, zum Dialog mit den Gelehrten eingeladen. Später zeichnete er sich eher dadurch aus, daß er dekretierte, während Melanchthon sein Leben lang eher disputierte, diplomatisch und kompromißbereit war.

Für den Humanisten aus Bretten war das Gespräch das Mittel, um zur Welt-, Selbst- und Gotteserkenntnis zu gelangen und die Konflikte gütlich, also friedlich auszutragen. Keine falschen oder faulen Kompromisse, aber auch keine rechthaberische Kompromißlosigkeit mit allen Folgen. Luther hatte eher eine Neigung zum Dogmatischen und wandte sich gegen die Schar der Skeptiker, die entscheidungslos immer nur »hinterfragen«. Friedrich Hölderlin hat in seinem *Entwurf zur Friedensfeier* etwas aufgegriffen, was man Melanchthons Lebensmotto nennen könnte.

Viel hat erfahren der Mensch. Der Himmlischen viele genannt,
Seit ein Gespräch wir sind
Und hören können voneinander.

Beim Leben als Gespräch geht es Melanchthon letztlich darum, daß wir einander Gott bekannt machen und das Gute und Nützliche suchen. Wobei gerade dieses UND für Melanchthon kein zufälliges ist. Wie stünde es um uns, wenn wir einander nichts mehr zu sagen hätten? Wie steht es um uns in einer Kultur, in der viel geredet, aber wenig gesagt wird?

An der engen Verknüpfung seiner Lebensphilosophie mit dem antiken Symposionsgedanken mag man erkennen, wie tief die

Albrecht Dürer:
Philipp Melanchthon.
Kupferstich, 1526

Lektüre der griechischen Philosophen Melanchthon beeinflußt hat. Jene ars sermonis, die Kunst des Gespräches, zeichnet sich aus durch erholsame, gesellige Fröhlichkeit und rücksichtsvolle Konzilianz. Die Symposionskultur lebt vom Respekt vor dem anderen, der Hintanstellung der eigenen Bedürfnisse. Dazu gehört das Verbot der Rechthaberei. Oder auch Linkshaberei.

Die Ethiken des Cicero und Aristoteles bestimmen den Menschen als Zoon politikon. Als Sprechender kommt der Mensch zu sich, als soziales, politisches Wesen, das sich in der Gemeinschaft handelnd entfaltet, seine Redebegabung mit anderen zusammen einsetzt. Sei es im Parlament, sei es in der Volksversammlung, sei es im Theater. Manchmal ist alles dasselbe. Aristoteles hat in seiner Rhetorik die Freundschaft als erwiderte Freundschaft definiert. Freundlichkeit bestehe darin, daß man das Wohl des anderen um seiner selbst willen wünscht.

Wer an die Offenbarung des Wortes Gottes glaubt, dem geht es um das Miteinanderverstehen von Vorgegebenem. Wo es um Offenbarung geht, ist die Wahrheitssuche eben nicht mehr offen. Es geht nicht ums Überzeugen, sondern ums Glauben von Zeugnissen und das Vertrauen auf Zeugen. Mit anderen Worten: Solches Gespräch ist letztlich autoritär und nicht persuasiv. Luther sagte das schroffer. »Glaube ist Behauptung, und es ist die Behauptung dessen, was gewiß ist, die gewisse Behauptung.« Diesen Konflikt zwischen vorgegebener Wahrheit und Wahrheitssuche hat Melanchthon in seiner Person lebenslang auszutragen versucht – vor allem indem er zwischen induktivem und deduktivem Weg der Wahrheitserkenntnis vermittelte. Entweder etwas ist – etwa durch Offenbarung – vorgegeben, und ich versuche zu verstehen, oder ich suche die Wahrheit aus dem Leben heraus zu finden und komme zur Wahrheitserkenntnis durch eigene intensive Wahrheitssuche. Duce Spiritu, comite artium nostrarum cultu ad sacra venire licet. Also: Unter der Leitung des Heiligen Geistes, begleitet von der Pflege unserer Wissenschaften, kann man zum Heiligen kommen.

»Die Liebe ist langmütig und freundlich. Die Liebe eifert nicht. Die Liebe treibt nicht Mutwillen. Sie freut sich nicht der Ungerechtigkeit, sie freut sich aber der Wahrheit. Unser Wissen ist Stückwerk. Wir sehen jetzt durch einen Spiegel in einem dunklen Bild, dann aber von Angesicht zu Angesicht. Jetzt erkenne ich stückweise, dann aber werde ich erkennen, gleichwie ich erkannt bin.« (1. Korinther 13). Als ich mich intensiver mit Melanchthon beschäftigte, hat mich überwältigt, wie sehr dieses Paulus-Wort dem entspricht, was er gelebt hat.

Melanchthon stellte sich Gott als die langmütige, freundliche, nicht eifernde Liebe vor und den Menschen als einen, der endlich Gott so erkennt, wie er von Gott erkannt wird, und der keine Angst zu haben braucht. Warum er den Tod nicht fürchtete? Weil er dadurch von der Sünde und der Wut der Theologen erlöst sei, weil er Gott schauen und, den Sohn Gottes betrachtend, auch jene wundersamen Geheimnisse erkennen werde, die er im Leben nicht begreifen konnte. Warum wir so geschaffen sind und nicht anders.

Was es mit den zwei Naturen Christi wirklich auf sich hat. Worin das Geheimnis des Glaubens bei der Verwandlung von Brot und Wein besteht. Endlich werde er Gott gegenübersitzen und dieser Gott mit ihm ein akademisches und doch lustvolles Erkenntnisgespräch führen. Melanchthon, der große Schulmeister, kann fragen nach allem Warum und Wie und wird Antwort finden. Gott ist gewissermaßen ein genialer Professor. Natürlich einer, der die Wahrheit nicht nur kennt, sondern auch ist. Jedermann sehnt sich nach einem Gott, der seinem Lebensideal entspricht. Nicht von ungefähr entdeckten Frauen jüngst die Weiblichkeit Gottes. Zumal die hohen Herren Gott immer in ihrem Spiegelbild gesehen haben oder ihn zu ihrem Spiegelbild machten. Aus durchsichtigen Gründen.

Und während Melanchthon endlich mit Gott das Unerklärbare klären kann, hört Karl Barth im Himmel Mozart spielen. Ich vielleicht Alexis Korner. Ich will damit nur sagen, daß unser Bild von Gott immer auch von dem bestimmt wird, was uns das Ideal ist.

Uns kann auch das Ideal werden, was uns ein anderer bezeugt als solches. Melanchthon hat sich dabei vor allem auf die Heilige Schrift bezogen. Er hat alle Zeugen der Heiligen Schrift – von Adam angefangen – als Kirchenväter verstanden. Als große Lehrer. Er selbst war einer in der Reihe großer Lehrer, hat das aber selber nie so von sich gesagt.

Melanchthon schrieb am 28. April 1548 an den sächsischen Hofrat Christoph von Carlowitz:»Nichts ist so zart und wird leichter getrübt als die Verehrung Gottes im Herzen der Menschen. Und es gibt kein größeres Übel und keinen empfindlichern Schmerz als wenn diese Verehrung erschüttert wird.« Wann hat mal einer den Glauben, die Verehrung Gottes mit dem Wort »zart« verbunden? Und die Verletzung dieser Zartheit als den empfindlichsten Schmerz empfunden, und wo lebt das in unserem Herzen?

Je mehr ich mich mit Philipp Melanchthon beschäftige, desto liebenswürdiger erscheint mir seine Gestalt, die mir auch etwas von stiller Tragik vermittelt. Immer der zweite Mann. Immer im Schatten des Freundes. Und doch selbstgewiß. Er hat große Verdienste zum Beispiel um die erste evangelische Dogmatik, die »Loci communes«. Die enorme wissenschaftliche Bandbreite seiner Schriften und sein Beitrag zur Entwicklung des christlich-humanistischen Bildungswesens begründeten seinen Ruf als »Praeceptor Germaniae«.

Nichtsdestotrotz: Viel Vergeblichkeit, Mut und Wut, Enttäuschung hat er in sich hineingefressen, weil er nie »fressen« wollte. Luther hat es da leichter gehabt. Der hat lieber auch gefressen. Ich spiele jetzt nicht auf seine Leiblichkeit an, ich meine Gegner. Unermüdlich blieb Melanchthon dabei, friedliche Wege zu suchen, und wurde der geisttötenden theologischen Zänkerei so müde. Er wolle lieber sterben, als noch einmal an Religionsgesprächen teilzunehmen, hat er mehrfach erklärt. Wenn ich sagen sollte, was mir als Beschreibung dieses kleinen großen Mannes einfiele, so würde ich das Tischgebet meiner Kindertage Wort für Wort in meinem Herzen zergehen lassen: »Danket dem Herrn, denn er ist sehr freundlich und seine Güte währet ewiglich« (Psalm 107,1).

Dankbarkeit, Freundlichkeit, Güte. Der Freundlichkeit Gottes entsprechen und sich darüber Klarheit verschaffen mit dem ganzen Besteck der theologischen und philosophischen Wissenschaft. Das bezeichnet Paulus als die Frucht des Geistes: die Liebe, die Freude, der Friede, die Freundlichkeit, die Güte (Galater 5). Es ist das hohe Gut der Freundschaft, die gepflegt wird, wie man so sagt, von denen, die um Wesentliches und Unwesentliches wissen. Es ist schon ein Kunststück, lebenslang Freundschaft zu halten zu Luther wie auch zu Erasmus. Das ist Melanchthon gelungen. Das ruht in einem von Melanchthon entwickelten Bild von Gott, der zu den Menschen kam und sich freundlich mit uns unterhielt, wie er schreibt. Dies nenne ich den verborgenen Kernsatz seiner ganzen Theologie. Diesem Gottesbild entspricht seine Bestimmung vom Menschen.

Luther lobte neben dem Erwägen das Behaupten:

»Fern von uns Christen seien Skeptiker und Akademiker, willkommen aber die, die doppelt so hartnäckig als selbst die Stoiker ihre Sache mit Entschiedenheit vertreten … hebe die entschiedenen Behauptungen auf, so hast du das Christentum beseitigt. Der Heilige Geist ist kein Skeptiker und hat nichts Zweifelhaftes oder bloße Meinungen unserer Herzen geschrieben, sondern entschiedene Behauptungen, die gewisser und sicherer sind als das Leben selbst und alle Erfahrungen.« Man kann diese Sätze aus Luthers Streitschrift »Vom unfreien Willen« mit Kant auch das Apriori des Glaubens nennen, sie bedürfen keiner weiteren Begründung. Ganz ähnlich verhält es sich mit unseren Grundrechtsartikeln. »Die Würde des Menschen ist unantastbar.« Das muß fraglos gelten, oder es gilt nicht grundsätzlich.

Daß wir Menschen zum Gespräch geboren sind, war für Melanchthon geradezu eine anthropologische Grundaussage: Als DU-bezogene Wesen suchen wir die Gemeinschaft mit anderen, machen einander Gott bekannt, kommen der Wahrheit im Gespräch näher, wobei es unverzichtbar ist, eine Überzeugung zu haben und zu vertreten.

Symptomatisch dafür ist Melanchthons Haltung zu den Zwangsmaßnahmen, die man gegenüber dem Klarissenkloster in Nürnberg einleitete. Als er im November 1525 in der Stadt war, führte er mit der Äbtissin Caritas Pirckheimer ein Gespräch. Obwohl er wie Luther die Umwandlung der Klöster in Schulen gefordert hatte, setzte er sich für die Nonnen ein: »Es ist keinem Menschen, weder Vater noch Mutter noch irgendeiner geistlichen noch weltlichen Obrigkeit, nicht dem Papst zu Rom noch dem Kaiser und dem König, dem ehrbaren Rat der Freien Reichsstadt Nürnberg gestattet, irgendeinem Menschen in seinem Glauben und in seinem Gewissen Gewalt anzutun.« Ein wunderbar befreiender Satz, eine Toleranz, die ganz von innen her kommt. Die Äbtissin hatte nach der Unterredung mit Melanchthon notiert: »Wir stimmten in allen Punkten überein. Allein der Gelübde wegen konnten wir uns nicht einig werden. Er meinte ja, sie würden nicht binden, man wäre nicht schuldig, sie zu halten. Ich dagegen meinte, was man Gott gelobt habe, sei man mit seiner Hilfe schuldig zu halten. Er war in seiner Rede bescheidener als ich je einen lutherischen Mann gehört habe. – Es war ihm sehr zuwider, daß man die Leute mit Gewalt nötigte. Er schied in guter Freundschaft von uns.«

Ein frühes Beispiel für Melanchthons Klarheit und Unbestechlichkeit ist seine Antrittsvorlesung an der Wittenberger Universität, in der er eine Abkehr von herkömmlichen Auslegungsmustern forderte. Die scholastische Methode habe die biblische Botschaft verfremdet, die Studenten sollten befähigt werden, sich philosophische wie biblische Texte in der Originalsprache anzueignen und sich ein eigenes Urteil zu bilden. Sie sollten zunächst ein Grundstudium absolvieren: Sprachen (Latein, Griechisch und Hebräisch), logische Argumentation (Dialektik) und Rhetorik sowie Geschichte, aus der man Beispiele für menschliches Verhalten im öffentlichen und privaten Leben gewinne. Diese Basis sei eine wichtige Voraussetzung, um Philosophie, Medizin, Recht und vor allem Theologie zu betreiben. Erasmus würdigte 1519, daß Melanchthon in seiner Rede »energisch und geistdurchglüht« für die alte Bildung eintrat, und fügte hinzu, er sähe es »lieber, wenn Du mehr Wert darauf legtest, die Wissenschaft positiv zu vertreten, als ihre Feinde zu verfolgen«.

Welch Pathos ohne Falsch, wo Melanchthon seinen Studenten verspricht, mit ihnen zu schöpfen die Quellen des Wissens aus den besten Autoren oder ihnen die Schönheit und eigentliche Bedeutung der Worte zu erschließen. »Die Lehrer euch das auswählen werden, was zu wissen nützlich ist und das Wertlose aussondern.« Er gelobt, seine »Studenten freundlich und pflichtbewußt zu hüten und zu schützen«. Hier ist wieder das Grundmotiv: freundlich, aber nicht ohne Strenge.

In summa, was der Apostel Paulus im 2. Korintherbrief, Kapitel 6, als »Diener Gottes« beschreibt, findet sich im Lebensweg Melanchthons wieder: »Wir Diener Gottes erweisen uns in großer Geduld, im Mühen, im Wachen, in Erkenntnis, in Langmut, in Freundlichkeit, in dem Wort der Wahrheit, in der Kraft Gottes, mit den Waffen der Gerechtigkeit zur Rechten und zur Linken.« Zur Rechten und zur Linken vermitteln, doch die Wahrheit nicht auf der Strecke lassen. Melanchthons Bild vom Menschen war letztlich positiv. Er traute der Einsichtsfähigkeit, ja der Einsicht etwas, wenn nicht alles zu und meinte in seiner Antrittsrede, daß man das Gute mit weit geringerem Kraftaufwand erreicht als das Schlechte. Den anderen überwinden, aber nicht mit Gewalt. Da dachte er genauso prinzipiell wie Luther.

Und doch gibt es eine insgesamt recht unbegreifliche Facette in seiner Lebenshaltung: die unbedingte Obrigkeitshörigkeit. In Melanchthons Bericht über den Lebensweg und das Ende Thomas Müntzers spüre ich keinen Deut Erbarmen. Er ging nur auf das Wirken des Teufels und das gerechte Gericht ein, das die Obrigkeit an ihm ausübte. Auch die Art, wie er die Verbrennung Servets, der für das Dogma der Dreifaltigkeit in der Bibel keinen hinreichenden Grund sah, ausdrücklich guthieß, ist mit sonstigen Gedanken Melanchthons für mich sehr schwer zu vereinbaren.

In fünffüßigen Jamben pries Melanchthon seine verstorbenen Fürsten in Wittenberg als Freunde und Förderer des Friedens, der Wissenschaft und der Kunst. Über Friedrich den Weisen dichtete er:

Mit dem Schwert haben andere gekriegt, Du aber mit Weisheit,
und ohne Waffengewalt nannte sich mancher besiegt.
Lichten Triumph hast Du oft mit Deinem Geiste errungen
und ohne Kriegerschar hohe Trophäen erlangt.
Daß in den Städten die Kunst und die Wissenschaft blühten,
das danken sie Herzog Friedrich nur Dir, der Du den Frieden
geschirmt.
Du hast fast einzig die Musen geehrt, die man damals verachtet.
Dem Gelehrtenfleiß reichtest Du würdigen Lohn.
Hast mit freigiebiger Hand die Hochschule gegründet am Elbstrom,
daß sie der Wahrheit Bahn weise dem jüngeren Geschlecht.
Hier begann neu zu erstehen des Evangeliums Lehre.
Frei von verderblichem Rost strahlt sie in reinerem Glanz.

Hier auch gewann die Religion nach heftigem Ringen eigenes Antlitz und eigene Farbe. Dazu passen dann wahrlich nicht die Bilderstürmereien, denen Melanchthon und Luther nur schwer wehren konnten.

Wer in der Wittenberger Schloßkirche beim Abendmahl zum Altar tritt, steht auf einem roten Teppich, der die Bronzeplatten auf den Gräbern Friedrichs des Weisen und Johanns des Beständigen schützt. In diese Platten ist Melanchthons Preislied kunstvoll eingegossen. Solche Huldigung ist wahr, auch wenn sie nicht die ganze Wahrheit ist. Und das ist wieder typisch für Melanchthons Lebensklugheit. Wenn man jemand preist für das, was er gut macht, kann man ihn eher zu weiteren guten Taten anspornen, als wenn man ihm auftischt, was er schlecht gemacht hat.

Während Martin Luther alles dem Wort anvertraute, das, in die Welt geworfen, seine Wirkung tut, wo es von der Schrift getragen und vom Geist beflügelt ist, hat Philipp Melanchthon alles dem Gespräch über die Schrift anvertraut. Also der Hin- und Herrede auf der Suche nach Wahrheit und der Bewährung erkannter Wahrheit, der gefundenen Glaubenssätze im Disput. Unermüdlich, wenn auch manchmal sehr müde vom Leben im Sattel, von der Halsstarrigkeit von Freunden zumal, hat Melanchthon mit aufrichtiger Wahrheitssuche, wie er schrieb, verworrene Dinge zu klären versucht.

Immer wieder setzte er sich mit den Vertretern der römischen Großkirche auseinander, weil ihm die Einheit des Glaubens und der Kirche ein so wichtiges Gut war wie die Wahrheit selbst und weil ihm Krieg der Greuel schlechthin war, in dem das Menschsein ganz und gar verfehlt wird. So beteiligte er sich an Disputationen, endlosen Gesprächen mit den Abgesandten der Kurie und den ätzenden Auslassungen spätscholastischer Theologen. Alles das ging ihm nicht nur an den Geist, sondern auch an das Herz. Weshalb ihm bisweilen Tränen kamen, wenn die Arbeit getan war. Augsburg – Worms – Regensburg.

Nicht nur die Gegner machten ihm zu schaffen, auch die

Freunde im eigenen Lager. Wer heute in einer Partei Mitglied ist und etwas bewegen will, weiß, wovon Melanchthon redet. Sowohl die schwärmerischen Geistchaoten wie die rechthaberischen starren Lutheriker, also Flatius und die Gnesiolutheraner, in deren Tradition lutherische Orthodoxie entstand und Luther so verpapstete, daß die Gebildeten zu den Verächtern der Religion wurden, bis endlich ein Schleiermacher kam, der die Kunst der Konversation in den Reihen der Gebildeten in Berlin wieder pflegte. Dieser fand den Zugang zur Schrift auch durch die besondere Gelehrsamkeit, angereichert durch besonders charmante Geistigkeit der Frauen.

Am liebsten war und blieb Melanchthon das Lehr- und Lerngespräch in seiner Schola Domestica, seiner Privatschule, wo er sich um die Studenten hausväterlich kümmerte, und in seinen stets überfüllten Vorlesungen. Dieser kleine, leicht lispelnde Kräkulus hatte mehr Zuhörer als Luther.

Für ihn konnte kein Zweifel daran bestehen, daß der Lebensform des Lehrens und Lernens das größte Wohlgefallen Gottes gelte und den Schulen Vorrang vor Kirchen und Fürstenhöfen gebühre, weil man in ihnen mit größerem Einsatz nach der Wahrheit strebe. Wem es auf eine gottgefällige Lebensweise ankomme, der ziehe sich nicht in die Einsamkeit zurück, der halte keine andere Lebensform für heiliger, sondern bleibe in der Gemeinschaft der Lernenden. Er suche sich hier um die Menschheit verdient zu machen. Er lehre andere in dem Wissen, daß diese Tätigkeit der Erhaltung und Verbreitung der höchsten Güter nützt. Er unterweise zweifelnde Gewissen, gebe Auskunft über Recht und Gesetz sowie alle anderen Pflichten des Lebens und erforsche das Wesen der Dinge, die Heilung von Krankheiten und so fort. Melanchthon deutete Schule – auch die Universität – als etwas Paradiesisches für Lehrende und Lernende, das Paradies als eine himmlische Akademie.

Melanchthon hat methodische Regeln für das Lehren und Lernen aufgestellt, und zwar von der Elementarschule bis zur Universität. Bei zahlreichen Visitationen, die ihm den Basiskontakt erhielten, wirkte er auf eine Umsetzung seines Bildungsprogramms hin. Zudem formulierte er »einen Unterricht der Visitatoren«, in dem er einen Lehr- und Predigtplan für die Erwachsenen aufstellte und auch eine Kirchen- und Schulordnung verfaßte. Er gab mehrere akademische Lehrbücher heraus. Vielleicht, denke ich, ist Melanchthon für die Reformation gar wichtiger als Luther, weil er das Was und das Wie zusammenbrachte. Was ist eine Idee ohne Organisation, ohne die aktuelle wie strategische Umsetzung? Aber auch umgekehrt: Was ist eine Organisation ohne eine sie tragende Idee? Melanchthon war ein so leiser und sensibler wie zäher und mutiger Mann. Er war selber ein Beispiel für die Theorie, daß Bildung zur Menschwerdung und zum Frieden nicht nur beiträgt, sondern geradezu eine Bedingung für die eigene »Pazifizierung« ist.

Trotz anfänglicher Bedenken heiratete Melanchthon Ende 1520 die gleichaltrige Tochter eines Wittenberger Gewandschneiders. Zunächst hatte der junge Gelehrte gedacht, die Ehe würde ihn nur von seinem wissenschaftlichen Eros abhalten. Schließlich lebte er aber nicht zuletzt vom Gespräch mit seiner Frau Katharina, erfuhr darin innere Stabilisierung. Nach ihrem Tod bekannte er, daß sie durch ihre Worte sein Leid gelindert habe. Ich glaube, das ist das Tiefste, was ein Mensch braucht. Jemanden, dem er sich ohne Vorbehalt anvertrauen kann. Mensch bist du dort, wo du sagen kannst, was du denkst, wie dir zumute ist, was du tust, ohne Scham oder Angst, daß ein anderer dies ausnützt. Im Gespräch mit seiner Frau wird dieser Mann, dem es immer ums Ganze, also ums Schicksal der Welt – mindestens Sachsens – ging, um das Schicksal des Reiches und der Kirche, ganz persönlich und menschlich bewegend. Er teilte mit seiner Frau die Sorge um die Tochter Anna, die sich auf Veranlassung der Eltern mit 12 verlobte und mit 14 einen älteren Mann heiratete. Der Leidensweg seiner Tochter, die mit 26 Jahren nach der Geburt ihres sechsten Kindes starb, hat Melanchthon schwer belastet.

Sein gelegentlicher Jähzorn läßt sich auch als Ausdruck der übergroßen Selbstbeherrschung verstehen, aus der dieser disziplinierte, ordnungsliebende Deutsche sein Leben lang lebte. Schließlich ruht bei ihm alles in einer ganz tiefen Frömmigkeit und einem Gottesbild, das sich von dem Luthers letztlich darin unterscheidet, daß es, jedenfalls nach allem, was man erkennen kann, nicht von lebensgeschichtlicher, biographischer Angst geprägt war, sondern eher von Erkenntnisneugier. Das macht Luther so abgründig tief, aber auch so abgründig. Und Melanchthon so leicht, so frei.

Klarheit suchen und in der Gemeinschaft der Lernenden leben, einander Gott und alles, was sonst gut ist, bekannt machen, das ist der letztendliche, täglich bewährte Sinn eines Lebens im Gespräch. Dabei ist Melanchthon einem späteren, der dem orthodoxen Hirnpapst – Goeze – widerstand, sehr nahe, nämlich Lessing. Der wußte, daß Wahrheitsbesitzer toleranzunfähig sind, und spitzte die Frage nach der Wahrheit gleichnishaft zu: »Luthers Geist erfordert schlechterdings, daß man keinen Menschen in der Erkenntnis der Wahrheit nach seinem eigenen Gutdünken fortzugehen hindern muß.« Fortzugehen heißt, fortzuschreiten und voranzukommen. Daran soll keiner gehindert werden. Lessing präferierte nicht die Wahrheit, sondern die Suche nach der Wahrheit im Bewußtsein, daß Gott allein die Wahrheit ist. Doch für Melanchthon ist als Christ der Mensch nicht auf einer offenen Suche – seine Suche ist stets eine in der Gewißheit des Findens. Das ist der Unterschied. Wenn wir aber die Wahrheit nicht haben, sondern zu ihr auf dem Weg sind, dann braucht die Suche nach Wahrheit geradezu das ums Wesentliche streitende Gespräch. Dann braucht die Wahrheit um der Liebe und des Friedens willen auch den verantworteten Kompromiß. Das bedeutet praktisch, Nebenfragen nicht zu Hauptfragen werden zu lassen und sich nicht mit Wahrheitsansprüchen den Kopf einzuschlagen, sondern sich den Kopf denkend zu zerbrechen. Prinzipien zu haben heißt nicht, stur auf allem zu beharren, sondern Wesentliches von Läßlichem unterscheiden zu können. Frieden und Wahrheit im Gleichgewicht zu halten heißt, den anderen grundsätzlich zu respektieren und mit ihm das so verbindliche wie verbindende Gespräch zu führen. Solche Grundhaltung schließt Mut gegenüber den eigenen Freunden ein, die stets Verrat wittern, wo sich einer Gegnern gegenüber konziliant zeigt.

Melanchthon hatte viel mit Rechthabern zu schaffen, die unfähig sind, nach links und rechts zu sehen, nur auf sich und ihr Rechthaben starren und dabei geistig veröden. Das Denkmal auf dem Wittenberger Marktplatz zeigt ihn als einen auf andere zugehenden, zuversichtlich und freundlich in die Weite sehenden Verhandlungspartner mit der Schriftrolle in der Hand. Und dreißig Meter daneben Luther, der mit dem Finger aufs Wort weist. Er macht den Eindruck, daß er sehr fest steht, um nicht zu sagen, unbeweglich.

Melanchthon wollte nie ein Prinzipienreiter werden, weil Prinzipienreiter stets Streitwagen in die Schlacht führen, unfähig, im Florett des Geistes zu bestehen. Was wir heute in der Ökumene »die Einheit in der Vielfalt« nennen, beruht letztlich auf der Unterscheidung zwischen dem Wesentlichen und dem nicht so Wichtigen. Wer indes unwichtige Dinge genauso wichtig macht, wichtig nimmt wie die Adiaphora – die Mitteldinge –, wird stets das Trennende der Unterschiede betonen, statt in den Unterschieden eine unterschiedliche Ausprägung des gleichen zu entdecken. Wer nach dem Prinzip »alles oder nichts« denkt, hat Melanchthon zum Gegner. Um es zuzuspitzen: Lieber leisetreten als zuschlagen. In versöhnter Vielfalt Christ sein, sich gegenseitig seine ganz eigene Traditionen zugestehen –das kann zu befriedetem Miteinander werden, ohne alles zu nivellieren.

Es mag sein, daß frühe biographische Prägungen lebensentscheidend für Melanchthon waren. Er wußte von Kind an, was Krieg heißt: Seine Heimatstadt Bretten wurde zwei Wochen lang von Herzog Ulrich von Württemberg belagert, als er sieben Jahre alt war. Mit elf verlor er seinen Vater, der während eines Feldzugs

Wasser aus einem vergifteten Brunnen getrunken haben soll. Vielleicht hatte auch das ständige Verarbeiten giftiger Materialien zum Siechtum des kurfürstlichen Rüstmeisters Georg Schwartzerdt geführt. Philipp mußte nach dem Tod des Vaters und des Großvaters nach Pforzheim übersiedeln, wo er eine renommierte Lateinschule besuchte und bei einer Schwester seines Großonkels Johannes Reuchlin wohnte. Der angesehene Jurist, Hebraist und Dichter förderte ihn und verlieh ihm 1509 den Namen Melanchthon (die griechische Übersetzung des Familiennamens Schwartzerdt). Die gütige Geistigkeit seines geistigen Vaters blieb Melanchthon prägendes Vorbild für seine Toleranz. Beides zusammen macht seine Lebensprinzipien aus. Frieden ist ein zu hohes Gut, als daß man ihn wegen eines schnellen Rechthabens aufgeben dürfte.

Bildung ist eine Bedingung für Humanität, wenn nicht gar die Bedingung für Humanisierung. So ist Melanchthon einer der Väter der Aufklärung. Und es ist ein Jammer vor dem Herrn, daß die Kirche orthodoxe Wege ging und Reformation und Humanismus sich voneinander entfernten. Ich glaube, die Gegenreformation hätte nicht so viel Terrain zurückgewonnen, hätte der Protestantismus sich nicht so verengt.

Es gehört indes zu den Glücksfällen der Geschichte, daß zwei so unterschiedliche Menschen wie Martin und Philipp einander in Wittenberg so lange so nahe waren und so produktiv miteinander arbeiten konnten. Als souveräne Persönlichkeiten ließen sie einander in ihrer Unterschiedlichkeit gelten und waren gar zu Selbstironie fähig, wenn sie über ihre Veranlagung reflektierten.

Melanchthon fragte immer, wie etwas sich schickt und am besten nützt, ohne dabei sein Gesicht oder seine Überzeugung zu verlieren, aber er wollte auch dem anderen sein Gesicht lassen. Er hielt Taktik im Verhandlungsgespräch für nichts Ehrenrühriges. Aus Augsburg, wo er 1530 die Verhandlungen mit den »Altgläubigen« führte, schrieb er besorgt an Luther, der auf der Coburg ausharrte: »Ehe die Gegner antworten, müssen wir wohl festsetzen, worin wir nachgeben wollen. Also sogar in göttlichen Sachen läßt der auch mit sich handeln, einfach weil er weiß, daß Gott auch so ist. Wenn der nicht mit uns handeln würde, wenn der nicht ein bißchen nachsichtig wäre, wie stünden wir da. Also ich meine das Wort Nachsichtigkeit ist ein nicht zu hoch gestelztes Wort für Rechtfertigung. Gott hat Nachsicht mit uns. Wenns auf unsere Leistung ankäme, wo stünden wir da?«

Luther reagierte darauf: »Ich gehe Tag und Nacht mit der Sache um, ich denke, bewege und disputiere sie und durchlaufe die ganze Bibel. So wächst mir auch beständig die ganze Gewißheit unserer Lehre, und ich werde mehr und mehr darin befestigt, daß ich mir – so Gott will – nun nichts mehr werde nehmen lassen. Es gehe darüber, wie es wolle.« So dachte Melanchthon nicht. Ihr reger Briefwechsel legte die unterschiedlichen Temperamente und Standpunkte offen. Luther wollte bisweilen mit dem Kopf durch die Wand der Wahrheit, während Melanchthon immer eine Tür in der Wand suchte, durch die beide streitenden Parteien gehen könnten.

Viel mißdeutet wurde Luthers Bemerkung, er wisse an Melanchthons Entwurf der Confessio Augustana »nichts zu bessern noch zu ändern, würde sich auch nicht schicken, denn ich so sanft und leise nicht treten kann«. Dies kann man durchaus als Ausdruck der Hochachtung vor dem in Augsburg verhandelnden Kollegen und Freund lesen. Luther wurde nicht müde, bis in die Variationen seiner Anreden – fast Liebeserklärungen – seinen lieben Bruder Magister Philippus zu preisen: den Jünger und treuen Zeugen Christi, den Zeugen und wahren Bekenner Christi und seinen geliebten Bruder usw.

Das ist echt. Melanchthon ging weit, sehr weit, als er am 4. Juli 1530 dem Kardinal Lorenzo Campeggio schrieb: »Da ich die Eurer Weisheit eigene Abneigung gegen gewaltsame Beschlüsse kenne, glaube ich Euch schreiben zu müssen, damit Ihr erkennet, daß wir einzig nach Frieden und Eintracht streben und keine irgendwie erträgliche Bedingung zurückweisen, wenn sie dem Frieden dient. Wir haben kein von der römischen Kirche unterschiedenes Dogma. Sofern uns der Papst nicht von sich stößt, verehren wir die Autorität des römischen Bischofs.« Das ist feinste diplomatische Sprache.

Den Gegner gewinnen und ihm sagen, wo man bereit ist nachzugeben. Den Papst, den Bischof von Rom, für einen guten Mann zu halten, darin würde auch heute kein Problem bestehen, wenn er nicht mehr sein wollte. Der römische Bischof, das ist diplomatische Sprache, die dem römischen Bischof läßt, was er will, wenn er läßt, was er nicht darf: oberster Herr über den Glauben sein zu wollen. Man vergleiche Melanchthons Formulierungen mit den schmähenden Sätzen, die Luther seit 1520 über das Papsttum und den römischen Papst äußerte. Weshalb Erasmus meinte, Luther sei mit seinen haßerfüllten und gewaltverherrlichenden Schriften dem überhaupt nicht unberechtigten Anliegen hinderlich.

Genau das versuchte Melanchthon zu umgehen. Erasmus sah in ihm seinen Gefolgsmann, der zu ordnen sich bemühte, was jener durcheinandergebracht habe. Trefflich beobachtete Erasmus. Es gibt keine Wahrheit ohne Folgenabschätzung. Melanchthon hatte immer beides im Blick.

Aber um des Gewissens und der grundlegenden Wahrheit willen konnte er auch hart bleiben, dieser Sanfte. Das ist die Anstrengung, das ist das Kunststück seines Lebens, und darin liegt letztlich sein großartiges Scheitern. Einen Monat vor seinem Tod schrieb Erasmus von Rotterdam an Melanchthon: »Es war sehr willkommen, daß Du das Wölkchen des Argwohns, das sich gezeigt hatte, zur rechten Zeit durch Deine Briefe vertrieben und unserer Freundschaft das heitere Wetter zurückgegeben hast … Ich bin nämlich nicht so, daß ich wegen jedes beliebigen Anlasses aus einem Freund zu einem Feinde würde …« Was im Persönlichen gelang, scheiterte im Politischen. Großartig, weil Melanchthon nicht davon abließ, aus Freunden keine Feinde werden zu lassen. Aber aus Feinden Freunde zu machen. Freunde der Wahrheit.

Und er ahnte als ein Kenner geschichtlicher Abläufe wohl schon, was im Dreißigjährigen Krieg dann seinen verheerenden Lauf nahm.

An Martin Bucer (1491–1551) aus Schlettstadt, Reformator in Straßburg, schrieb Erasmus von Rotterdam am 11. November 1527, sehr zur Vorsicht und zum Maßhalten mahnend, in Angst um sein eigenes Leben und andererseits »weltpolitisch« und geradezu prophetisch aus Basel: »... Du stellst allerlei Vermutungen auf, warum ich mich nicht zu Eurer Kirche bekannt habe. Aber wisse: was mich an erster Stelle und hauptsächlich von jener Gemeinschaft zurückhielt, war mein Gewissen; wenn das davon hätte überzeugt werden können, die Sache stamme von Gott, so würde ich längst in Euren Reihen stehen. Der nächste Grund ist: ich sehe in jener Schar viele, die aller evangelischen Lauterkeit bar sind.«[2]

»Ich glaube ein kommendes grausames und blutiges Jahrhundert zu sehen, wenn die erregten Menschen wieder zur Ruhe kommen, und das ist jetzt der Fall. Du wirst sagen: Unruhen bringen immer Übel mit sich. Es war aber doch sicher Aufgabe der Führer, hauptsächlich für die Moral Sorge zu tragen, Lügner, Meineidige, Trunkenbolde, Hurer nicht einmal eines Blickes zu würdigen.«[3]

»Nur mit heftigem Schmerze rede ich davon, nicht nur weil ich den schlimmen Ausgang der falsch angefaßten Sache voraussehe, sondern auch, weil ich sie nachgerade ausbaden muß.«[4]

»Insbesondere hätten sie sich vor jedem Aufruhr hüten müssen. Wären sie ehrlich und maßvoll vorgegangen, so hätten sie die Gunst der Fürsten und Bischöfe gewonnen, denn nicht alle sind Jammergestalten. Man hätte auch nichts unüberlegt niederreißen sollen, ohne einen besseren Ersatz vorbereitet zu haben. Jetzt beten die, die die Horengebete beiseite geworfen haben, überhaupt nicht mehr.«[5]

»Jetzt gefällt gewissen Leuten überhaupt nichts Überkommenes mehr, wie wenn man plötzlich eine neue Welt schaffen könnte! Es wird immer Dinge geben, die fromme Menschen ertragen müssen. Glaubt jemand, man müsse deshalb die Messe ganz abschaffen, weil mancher sie mißbraucht, so müßte man auch die Predigt im Gottesdienst beseitigen, an der allein nahezu Ihr noch festhaltet.«[6]

»Ich höre, daß Du wohl befähigt bist, das Evangelium zu verkünden, auch gesitteter bist als viele. Daher möchte ich, daß Du in kluger Weise Dich bemühst, das begonnene Werk durch Standhaftigkeit, Maßhalten in der Lehre und Lauterkeit der Sitten zu einem des Evangeliums würdigen Abschluß kommen zu lassen. Dabei werdet Ihr mich, soweit es in meinen Kräften steht, auf Eurer Seite haben. Jetzt kann trotz aller Machenschaften und Angriffe der Mönchsscharen und gewisser Theologen nichts mich bewegen, vollbewußt mein armes Seelchen aufs Spiel zu setzen. Du wirst klug genug sein, diesen Brief nicht zu verbreiten, damit nicht Unannehmlichkeiten daraus entstehen.«[7]

Melanchthon, das ist der Diplomat der Wahrheit, Luther ist der Künder.

Melanchthon erläuterte seine Gedanken in einer »Rede über das unentbehrliche Band zwischen den Schulen und dem Predigtamt«: »Wir sind dazu geboren, um uns im Gespräch einander mitzuteilen. Weshalb das? Etwa, um nur Liebesgeschichten vorzulegen, auf Gastmählern zu wetteifern oder um darüber zu reden, wie man mit Verträgen, durch Kauf, Verkauf und so weiter am besten Geld scheffeln kann? Nein! Die Menschen sollen einander über Gott und die Aufgaben der Ethik unterrichten. Das wechselseitige Gespräch möge dazu in guter Gesinnung erfolgen, das heißt, es soll eine wirklich angenehme Auseinandersetzung über diese grundlegenden Dinge sein.« Melanchthon verzichtete aufs Apodiktische und verwies auf die Bedeutung der humanistischen Lehre und Bildung. Die Menschen sollen sich üben in der Kunst des Erörterns. Dazu gehöre die Neugier und daß man es gar als Lustgewinn erfahre, von anderen, gelehrteren Menschen zu hören.

Gespräch ist für Melanchthon aber nicht nur das, was mit Konfliktgespräch, theologischem Gespräch, Visitation, theologischer Erörterung zu tun hat, es ist auch das Gespräch mit den Zeugen und Zeugnissen der Schrift, mit antiken Denkern und Dichtern. Es ist das Gespräch mit Gott, wo wir endlich die unergründlichen Geheimnisse gelüftet bekommen. Es ist der Sermon, wobei wir uns klarmachen müssen, daß Sermo eben Gespräch heißt, also der fromme Sermon, aus dem Gespräch kommt und in das Gespräch führt, führen sollte. Gespräch, das ist das Zusammenbringen des Getrennten, der Versuch, zu vermitteln zwischen Wissen und Glauben, Bildung und Theologie, dem Tun Gottes an uns und unserem Tun füreinander.

Gespräch, das ist natürliche und alltägliche Unterhaltung, das Gespräch am Familientisch genauso wie das Streit- und Konfliktgespräch in Leipzig oder Regensburg. Es ist das Lehr- und Lerngespräch, der Freundesaustausch, das Vor- und Nachgespräch bei der Lösung gemeinsamer Aufgaben. Das ist der Austausch von Gedanken, Erkenntnissen und Gefühlen und eben weit mehr als Absprache über Warenaustausch, wo nur noch das zählt, was sich zählen läßt, nur das gilt, was Geld ist, nur das Wert hat, was sich in Mehrwert ausdrücken läßt.

Im Hebräischen gibt es sprachlich und sachlich eine wunderbare Einheit von Sich-Erkennen und Sich-Lieben. Erkennen wird zu gefährlicher Erkenntnisneugier durch Überschreitung von Grenzen, wozu listiges Fragen verlockt und Abschiebung, ja Leugnung von Verantwortung gehört. Der Erkenntnisapfel der Lüge mit unabsehbaren Folgen.

Und letztlich ist Gespräch Brief. Fast zehntausend Briefe, manches, was nicht alle wissen sollten, im Griechischen versteckt. Man stelle sich Melanchthon vor mit Handy und Smartphone, lateinisch parlierend im Internet und feinsinnig differenzierend in einer Talk-Show, empört über die Attraktivität der Primitivität eines Haß predigenden und Ressentiments schürenden Donald Trump, über die mögliche Totalüberwachung und genmanipulierte Naturprodukte, über den Verlust unserer schönen Muttersprache durch das »Denglisch« …

Was würde Melanchthon über den Zustand unserer Schulen und Hochschulen sagen, wo die Verwertung von Wissen zum entscheidenden Faktor wird und wo in der Massenuniversität der Kontakt zwischen Lehrenden und Lernenden fast gänzlich unterbleiben muß. Wie erschüttert *und* erfreut, wie erschüttert *oder* erfreut wäre er über die Bildung unserer Politikerinnen. Wie würde er heute über die Barbarei durch fortschreitende Unbildung denken, gerade bei explodierendem Wissen über alle Dinge, über die wir so herrschen, daß sie uns beherrschen. Also über unsere Macht, die zur Ursache unserer Ohnmacht wird.

Melanchthon, dieser beharrliche Vermittler, besonnene Gutachter, ordnende Vordenker, diplomatische Theologe, gläubige Beter, zielstrebige Lehrer, dieser Wahrheits- und Friedensapostel der Reformation ist am Ende seines Lebens auch am Ende. Woher soll eine Autorität kommen, die Einheit und Wahrheit zusammenbringt?

Viele Fragen Melanchthons sind auch unsere. Wenn wir, nachdem die Systemkonfrontation seit 27 Jahren zu Ende ist und wir die Infragestellung durch den offiziell atheistischen Gegner nicht mehr haben, uns fragen müssen, worin der innere Konsens unserer Gesellschaft besteht und wie wir ihn im Gespräch über wichtige Dinge miteinander begründen. Im Grunde ist die Frage nach der Einheit aus der Sicht Melanchthons immer auch eine Frage nach der Glaubenseinsicht jedes einzelnen und aller. Zuvörderst der Einsicht derer, die regieren und die Einsicht aller zu fördern haben und nicht darauf zu schauen, wie hoch das Türmchen ist, auf dem sie gerade in der Gunst stehen.

Melanchthon verglich die Gemeinwesen mit einer Laterne, die himmlische Lehre aber mit dem Licht. Er meinte, so wie die Laterne bei Dunkelheit ohne Licht nutzlos sei, so seien auch die festen Mauern der Städte unnütz, wenn die Erkenntnis Gottes und die Lehre von den guten Dingen erlösche. In vielen seiner Gebete taucht das Licht als ein Glaubens- und Hoffnungssymbol auf.

Glaube ist Erleuchtung im Sinne aller drei Glaubensartikel.

Das Licht der wunderbaren Schöpfung in Gott.

Das Licht der befreienden Wahrheit im Sohn.

Das Licht der erlösten Ewigkeit im Geist.

Kurz vor seinem Tod am 19. April 1560 notierte er auf einem Zettel: »du kommst zum Licht, du wirst Gott schauen und seinen Sohn«.

Melanchthon hielt dem Freund und Mitstreiter im Februar 1546 eine bewegende Trauerrede in lateinischer Sprache. »So Doktor Martin Luther die rechte, reine, nötige und heilsame Lehre in der Kirchen treulich gelehret und erkläret hat, daß Gott allezeit dafür hoch zu danken sei, daß er diesen Mann erweckt und daß sein Arbeit und Fleiß, Treu und Beständigkeit dagewesen sei, so er in seinem Lehramt erzeigt. Und andere Tugend billig zu loben und zu rühmen und daß allem Gottesfürchtigen billig sein Gedächtnis lieb und wert sein solle.«

Er rückte Luther in die Reihe der Väter des Glaubens, in die Reihe der Propheten, Apostel und großen Kirchenlehrer. »Gott hat durch ihn wieder Licht gebracht in die verdunkelt christliche Lehre«, betonte er. »Damit die reine christliche Lehre auch auf die Nachkommen fortgepflanzet und erhalten werden möge, hat er der Propheten und Aposteln Schrift in deutsche Sprache verdolmetscht, so licht und klar, daß diese Verdolmetschung viel mehr Lichts und Verstandes gibt dem christlichen Leser, denn viel ander große Bücher und Kommentare.« Melanchthon verschwieg nicht, daß Luther ein schwieriger Charakter war. »Was aber etliche, auch gutherzige Leute, die zu Zeiten geklagt, Doktor Luther war etwas zu hart und rauh gewesen im Schreiben, davon will ich nichts disputieren, weder ihn zu entschuldigen, noch zu loben, sondern lasse es bei der Antwort, die hier von Erasmus aufgegeben. Gott habe der Welt zu dieser letzten Zeit, darin schwer Seuche und große Gebrechen überhandgenommen, auch einen harten, scharfen Arzt gegeben. Und so Gott solch ein Werkzeug wider die Feinde des Evangelii, so mit großem Stolz, Frechheit und Frevel wider die Wahrheit laufen, erwecket, wie er zu dem Propheten Jeremia spricht, ›Siehe, ich habe meine Worte in deinen Mund gelegt, daß du ausreißen, zerbrechen, zerstören und verderben sollst und pflanzen und bauen‹ – also hat er mit Doktor Luthers harten Schriften schrecken wollen. So mögen sie Gott darum zur Rede setzen, werden aber vergeblich mit ihm darob rechten.«

Melanchthon hob die wichtigsten Resultate von Luthers Wirken hervor und resümierte: »Er lebte und lehrte das rechte Beten, er scheute nie die Gefahr, er fand guten Rat in verwirrten Zeiten, er wußte Bescheid, wie es um die Regierung steht. Er war gelehrt, aber er las begierig weiter und fleißig und wußte es anzuwenden. Daß nun ein solcher teurer Mann eines ganz hohen Verstandes, dazu trefflich gelehrt und durch lange Übung versucht und erfahren und mit vielen hohen christlichen besonderen Tugenden begabt und von Gott sonderlich der Kirchen wiederaufzuhelfen, erweckt und erwählt, zudem, daß er auch uns alle als ein Vater herzlich geliebet, aus diesem Leben und unserer Mitte und Gesellschaft hinweggefordert und abgeschieden ist. Des tragen wir unserthalben billig Kummer und Schmerzen, denn wir sind nun ganz wie arme, elende und verlassene Waisen, so einen teuren, trefflichen Mann zum Vater gehabt und des beraubt sind. Aber doch dieweil wir Gott Gehorsam schuldig und seinem Willen uns ergeben müssen, sollen wir doch ein ewig stetig Gedächtnis von diesem unserm lieben Vater behalten und aus unserm Herzen nicht lassen. Ja, wir sollen seinethalb Gott danken und uns mit ihm freuen, der ganz fröhlichen, seligen, ewigen Gemeinschaft, die er jetzt hat mit Gott und dem Sohn Gottes, unserm Herrn Jesu Christi und mit den Heiligen Vätern, Propheten und Aposteln. Zu denen hat er sich jetzt gesellt und freut sich, daß er ihre lebendige Stimme hören und mit ihnen reden soll. So sind sie auch wiederum dieses ihres Schulgesellen und Mitdieners herzlich froh, empfangen und grüßen ihn freundlich und sagen also beide Gott ewig Dank.«

Philipp wußte, was er an Luther hatte, was die Welt ihm zu danken hat und daß sein Werk weiterwirken würde. Er hatte es selber fortan nicht leicht. Sein liberaleres theologisches, sein eher dialogisches Konzept wurde von orthodoxen Lutheranern abwertend als »philippistisch« bezeichnet. Luthers »feste Behauptungen« ohne Melanchthons Gesprächsbereitschaft lieferte und liefert durchaus auch noch heute den Protestantismus einem dogmatisierten Luthertum aus.

Die Bibel übersetzen
Voraussetzungen und Wirkungen des Dolmetschens

Es ist Matthäi am letzten. Man muß ja mal deutsch mit euch reden, ihr Schlangen- und Otterngezücht. Ihr wißt nicht, was ihr tut, aber eure Sprache verrät euch. Euch wird noch Hören und Sehen vergehen an den Fleischtöpfen Ägyptens, denn der Mensch lebt nicht vom Brot allein, aber im Schweiße deines Angesichts sollst du es essen. Der Wein erfreut des Menschen Herz, darum bleibe im Lande und nähre dich redlich. Auch wenn ihr in diesem Lande lebt wie Fremdlinge und oft genug mit Furcht und Zittern von Pontius zu Pilatus laufen müßt. Euer ganzes Dichten und Trachten sei nicht länger wie ein Tanz um das Goldene Kalb, bis ihr in die Grube fahrt. Wer ist der Sündenbock? Wer kann seine Hände in Unschuld waschen? Wer geht nicht krumme Wege? Wer trägt nicht zur babylonischen Verwirrung bei? Ihr werdet in Sack und Asche gehen. Ihr seid wie Spreu im Wind. Vielleicht geht euch doch noch ein Licht auf. Wem seid ihr zu vergleichen? Dem alten Adam, dem weisen Salomon, dem barmherzigen Samariter, dem armen Lazarus, dem ungläubigen Thomas, einem schwankenden Rohr im Wind? Ihr werdet nicht so alt wie Methusalem. Man wird euch in diesem Jammertal auf Herz und Nieren prüfen. Am Schluß wird nur noch ein Heulen und Zähneklappern zu hören sein. Recht muß doch Recht bleiben. Die Lästermäuler werden in alle Winde zerstreut sein. Euch braucht nicht angst und bange zu werden. Ihr sollt euch nicht die Augen ausweinen. Euer Glaube steht nicht auf tönernen Füßen. Ihr werdet mit dem Leben davonkommen, einer wie der andere, denn ihr seid ja ein Herz und eine Seele und steht im Buch des Lebens.

Fünfzig Redewendungen, die der Lutherbibel entlehnt sind und nun in unserer Alltagssprache – mehr oder weniger, weniger oder mehr verstanden – herumgeistern. Vierhundertfünfzig geflügelte Worte sollen aus der Bibel Luthers stammen. Friedrich von Schlegel fand es bemerkenswert, daß in keine neuere Sprache so viele biblische Wendungen und Ausdrücke aufgenommen wurden wie in die deutsche. Wer deren Ursprungszusammenhang nicht kennt, dem geht der Anspielungs- und Verfremdungsreiz verloren. Unsere Sprache verarmt in dem Maße, in dem nicht mehr miteinander gesprochen wird. Was wird auf Dauer mit Menschen, die allabendlich vor dem Fernseher hocken oder nur noch Facebook-Freunde haben? Wir bringen unsere Abende zu wie ein Geschwätz vor bunten Laufbildern. Walther Killy meinte: »Das Fernsehen produziert Sprachunfähigkeit – Sprachunfähigkeit produziert Fernsehsucht«: Die Zumutbarkeit von Wortbeiträgen wird in Medien inzwischen oft bei 1'30 angesetzt. Obwohl die Zahl gedruckter Bücher noch beständig steigt, ist die der Publikationen und der gekauften Bücher längst kein Gradmesser für Leseintensität. Die Balkensprache der meistgekauften Zeitungen tut ein übriges. Politikerreden auf Substanz und Schönheit zu befragen verbietet sich in der Regel von vornherein.

Wer assoziiert bei »wahrer Jakob« oder »weiser Salomon« die mit Geschichte aufgeladenen menschlichen Widersprüche? Der »weise« Salomon war auch ein ganz gemeiner Hund, ein skrupelloser Machtusurpator, und der »wahre« Jakob ist auch ein falscher Esau, ein listiger Typ. Wer »Hiobsbotschaft« sagt, dem wird kaum noch deutlich sein, was der geplagte Hiob in seinem Ringen mit Gott durchlitten hat, was ihn verstört, fast zerstört hat. Das Bibelverständnis schwindet in dem Maße, wie wir uns nicht mehr der Mühe unterziehen, uns das zunächst Fremdklingende anzueignen. Mit dem Verlust alter überlieferter Bilder geht ein Verlust an Tradition, an sprachgewordener Erfahrung von Generationen einher.

In unserer täglichen Sprache ist vieles aus der »Lutherischen« Bibelsprache noch unbewußt präsent, aber deren Hintersinn ist weithin verlorengegangen, wie überhaupt die Sprache des Menschen in dem Maße verflacht, wie Sprache »zur Bierbestellung« wird, also ganz funktional und instrumentell.

Jede Revision des Textes, also die sprachliche Angleichung an die Gegenwart, schleift mit dem Sperrigen auch Lebendiges ab. Sie tilgt das Widersprüchliche, das in Luthers Übersetzung so trefflich gelingt. Wer das einfacher macht und gefällig glättet, der vereinfacht, macht eindeutiger und damit einseitiger.

Walter Jens schreibt: »Da wird eindimensional, was komplex ist ... Brüche werden gestopft, Widersprüche aufgehoben. Aus dem stammelnden, sich verheddernden, den Faden verlierenden Paulus wird ein akkurat schreibender Arbeiter Gottes.« Da wird eindimensional, was komplex ist; da wird Fremdes, in dudendeutscher Rede, als selbstverständlicher Besitz ausgegeben [...] Pedantendeutsch statt rhythmischer Prosa!«

Im Revisionsentwurf von 1975 heißt es zum Beispiel: »Die Geburt Jesus geschah aber so: Als seine Mutter Maria mit Josef verlobt war, stellte sich heraus, bevor sie geheiratet hatten, daß sie schwanger war vom Heiligen Geist.«

Wer die Version von 1956 liest und nicht genau hinhört, merkt die Unterschiede nicht sofort: »Die Geburt Jesu Christi geschah aber also: Als Maria, seine Mutter, dem Josef vertrauet war, erfand sich's, ehe er sie heimholte, daß sie schwanger war vom Heiligen Geist.« Um auf die wesentlichen Unterschiede einzugehen. 1975 heißt es: »Mutter Maria war mit Josef verlobt.« In der älteren Fassung steht: »Sie war dem Josef vertrauet.« »Es stellte sich heraus« ersetzt die Wendung: »Da erfand sich's.« »Bevor sie geheiratet hatten« gilt als Modernisierung von »ehe er sie heimholte«. Der Mehrsinn ist weg und die Verständlichkeit einer Familienannonce hergestellt. Der Mehrsinn von »vertrauet« zu »verlobt«, von »Heimholen« zu »Heiraten« verringert sich. Da »fallen die Jünger von Jesus ab«; in der älteren Version kommen sie »zu Fall«. Statt

Bibelpathos versucht sich die neue Version in gehobener Mittelstandssprache. Was sogleich verständlich ist, lohnt sich nicht. Was ich eh schon weiß, brauche ich gar nicht mehr zu lesen. Dem Leser das Lesen schmackhafter zu machen scheint die Devise der meisten Revisionen zu sein. (Davon hebt sich wohltuend und der Sprachkraft Luthers entsprechender die Lutherbibel ab, die 2017 als Jubiläumsausgabe vorgelegt worden ist.)

Wortinhalt und Wortgestalt gehören zusammen, wo es um ganzheitliches Verstehen geht. Luther war bewußt: Die Masse der erklärenden Wörter tut es nicht. Er hat an Worten gefeilt bis an sein Lebensende. Er verstand sich lebenslang als Schüler der Schrift – und wurde so und nur so zu einem Lehrer der Schrift. Luther ist als Meisterschüler der Schrift ein Meister der Sprache geworden. Er arbeitete, bis er unter den Wörtern *das* Wort fand. Er empfahl bereits 1520 allen: »Sollte nicht billig jeder Christ mit seinen neun oder zehn Jahren das ganze heilige Evangelium kennen, da doch sein Namen und Leben darin enthalten ist? Lehrt doch eine Spinnerin und Näherin ihre Tochter das eigene Handwerk in jungen Jahren.« In einer Tischrede bemerkt er: »… mancherlei Bücher lesen machet mehr Verwirrung, denn daß man etwas Gewisses und Standhaftiges daraus lernet. Weniges und Gutes soll man oft lesen, so daß es in Fleisch und Blut übergehe.« Alles andere wäre wie ein Umherirren zwischen vielen Orten, ohne zu Hause zu sein, wie das Suchen immer neuer Freunde, ohne einen Freund zu haben.

Sprache haben und sprechen können war für Luther das entscheidend Menschliche. In seiner Zweiten Vorrede zum Psalmenbuch schrieb er: »Es ist ja ein stummer Mensch gegen einen redenden schier als ein halbtoter Mensch zu achten. Und kein kräftiger noch edler Werk am Menschen ist als Reden, sintemal der Mensch durchs Reden von andern Tieren am meisten unterschieden wird, mehr als durch die Gestalt oder andere Werke, weil auch wohl ein Holz kann eines Menschen Gestalt durch Schnitzerkunst haben, und ein Tier sowohl sehen, hören, riechen, singen, gehen, stehen, essen, trinken, fasten, dürsten, Hunger, Frost und hartes Lager leiden kann wie ein Mensch. Zudem / tut der Psalter noch mehr / Daß er uns nicht schlechte gemeine Rede der Heiligen darstellt / Sondern die allerbesten / so sie mit großem Ernst in der allertrefflichsten Sache mit Gott selber geredet haben.« Die Redefähigkeit macht also den Menschen zum Menschen, nicht die bloße Sprachfähigkeit. Sprechen und Aussprechen sind die Fähigkeiten, durch die der Mensch Wirklichkeit sachentsprechend zu benennen versteht und sich zueinander, zu sich selbst und zu Gott verhält. Weil Menschsein an das Redenkönnen gebunden ist, ist Luther auch für Mitsprache und Mitsprechen. So hoch er das Predigen und Zuhören schätzt, so sehr verabscheut er das endlose »Anpredigen«.

Luther hat, als er die Bibel verdeutschte, sich Satz für Satz laut vorgesprochen und die Texte mit einem sicheren rhythmischen und melodischen Gefühl überprüft, bis er zu einem sinnentsprechenden Wohllaut gelangte. Die Psalmen waren ihm besonders ans Herz gewachsen, da sie »nicht allein die Werke der Heiligen erzählet, sondern auch ihre Worte, wie sie mit Gott geredet und gebetet haben«. Sogar in ihr »Herz und gründlichen Schatz ihrer Seele« können wir »sehen«, schrieb er in der Zweiten Vorrede auf den Psalter. Ein jeglicher könne in dieser »kleinen Biblia« Worte finden, »die sich auf seine Sache reimen und ihm so sind, als wären sie allein um seinetwillen also gesetzt«. Als »feinen, hellen, reinen Spiegel, der dir zeigen wird, was die Christenheit sei«, charakterisierte er die Psalmen. »Ja, du wirst auch dich selbst drinnen und das rechte ›Erkenne dich selbst‹ finden, dazu Gott selbst und alle Kreaturen.«

Der Bibel durch Sprache und Mitsprechen verwandt werden, sie sich einverleiben, daraus Leben schöpfen – das war das Ziel seiner Übersetzung, gewonnen aus eigener Erfahrung.

Sprache läßt immer auch ein Geheimnis, wo es um mehr und anderes geht als um Instrumentelles, wo sie also der Selbstverständigung des Menschen in der Welt dient. Da kommt sie aus Tiefen und reicht in Tiefen. Wenn unsere Ohren nicht verkrustet und unsere Herzen nicht kalt geworden sind, dann erfahren wir solches. Die Herrschaft des bloß Funktionalen würde auch den Menschen auf bloßes Funktionieren reduzieren. Ohne das Lebensgeheimnis zu verletzen, macht Sprache etwas erkennbar von uns – und doch sehen wir »jetzt durch einen Spiegel in einem dunklen Bild« (1. Korinther 13,12). Ganze Aufmerksamkeit kann indes zum Genuß werden, gerade weil ein Rest des Unverstandenen, des Undeutbaren und Viel-Bedeutenden bleibt.

Ich gebe einige Beispiele: Psalm 126 übersetzte Luther: »Wenn der Herr die Gefangenen Zions erlösen wird, so werden wir sein wie die Träumenden. Dann wird unser Mund voll Lachens und unsre Zunge voll Rühmens sein. ... Die mit Tränen säen, werden mit Freuden ernten. Sie gehen hin und weinen, streuen ihren Samen und kommen mit Freuden und bringen ihre Garben.« »Weinen« und »Freuden« entsprechen hier einander nicht nur in Halbreimen, ebenso kunstvoll die anderen Entsprechungen: Samen – Garben, weinen – streuen, kommen – bringen. Eine moderne Übersetzung bietet an: »Es wird uns vorkommen wie ein Traum, und unser Mund wird sich mit Lachen füllen und unsere Zunge wird verzückt jubeln. Wer mit Tränen sät, kann mit Freude ernten. Wir sind weinend weggezogen und haben die Saat ausgestreut: wir kommen jubelnd zurück und richten unsere Garben auf.« Hier erweist sich der Unterschied zwischen direkter und erklärender Poesie.

Oder im Psalm 85 heißt es: »Daß uns auch der Herr Gutes tue und unser Land seine Frucht gebe.« Eine neue Übersetzung sagt: »Der Herr wird uns Glück verleihen, unser Acker wird vollen Ertrag bringen«. Das ist sachlich völlig richtig, aber »das Land gebe seine Frucht« – damit ist viel mehr gemeint als »Ertrag«, das spürt jeder aufmerksame Leser.

Luther spielt mit Sprache, manchmal geht es mit ihm durch. Im

Psalm 55 heißt es: »Wirf dein Anliegen auf den Herrn. Er wird dich versorgen.« In der Kurzauslegung Luthers heißt es: »Ach, wer dieses Werfen wohl lernen könnte, der würde erfahren, daß es gewiß also sei. Wer aber nicht lernt solches Werfen, der muß bleiben ein verworfen, zerworfen, unterworfen, abgeworfen und umgeworfen Mensch.« Das ist Wortspiel mit starken und schönen Verben in deutscher Sprache, aber keine bloße Aufzählung von Gleichem, denn jedes Wort »sagt« etwas. Das Natürlichste wird ihm zum Kunstvollen: »Es ging ein Sämann aus, zu säen seinen Samen.« Oder: »Lasset euer Licht leuchten vor den Leuten.« Das ist doch etwas ganz anderes als zu sagen: »Macht mal das Licht an!« In Psalm 86 übersetzt er: »Weise mir, Herr, deinen Weg, daß ich wandle in deiner Wahrheit.« Das singt: Weise, Weg, wandle, Wahrheit.

Eine Drohrede übersetzte er so: »Nein, auf Rossen wollen wir dahinfliegen, sprecht ihr. Darum werdet ihr dahinfliehen. Und auf Rennern wollen wir reiten, sprecht ihr. Darum werden euch eure Verfolger überrennen.« Der Inhalt der Prophetie wird sprachlich verstärkt: »dahinfliegen – dahinfliehen«. Die Lautverschiebung verdeutlicht die tragische Wirklichkeitsdifferenz: Macht euch den Irrtum eurer Rüstung klar! Das war 700 Jahre vor der Zeitrechnung. Luther hat dem Leser geraten, sich ein genaues Bild von den historischen und geographischen Verhältnissen zu verschaffen: »Denn es ist vonnöten, wenn man die Weissagung verstehen will, daß man wisse, wie es im Lande gestanden, ... wes die Leute gesinnet gewesen oder was sie für Anschläge gehabt haben mit oder gegen ihre Nachbarn, Freunde und Feinde, und sonderlich, wie sie sich in ihrem Lande gegen Gott und gegen den Propheten in seinem Wort und Gottesdienst oder Abgötterei gehalten haben ...«

Luther übersetzt so, daß das jetzt verstanden werden kann. Jesaja 40 heißt es: »Die auf den Herrn harren, kriegen neue Kraft, daß sie auffahren mit Flügeln wie Adler, daß sie laufen und nicht matt werden, daß sie wandeln und nicht müde werden.« Herrn – harren, kriegen – Kraft. Wir könnten auch sagen: »Die auf den Herrn warten, werden wieder stark, damit sie wie Adler fliegen können.« Das wäre bloße Mitteilung. Luther schafft große Poesie. Aus diesem Text kommt auch unsere Redewendung »müde & matt«. Oder: »Er zerstampft die Gewaltigen wie Lehm und wie der Töpfer, der den Ton tritt.« Wie kraftvoll die Alliteration! Der Psalm 90 schließt mit den Sätzen: »Und der Herr, unser Gott, sei uns freundlich und fördere das Werk unsrer Hände bei uns. Ja, das Werk unsrer Hände wollest du fördern!« Besonders hervorgehoben wird diese feierliche, verstärkende Wiederholung: »fördere das Werk unsrer Hände. Ja, das Werk unsrer Hände wollest du fördern!« In einer neueren Übersetzung hört sich das so an: »Lasse unsere Arbeit gelingen.« Welcher Unterschied zwischen »Werk unsrer Hände« und »Arbeit«! »Werk unsrer Hände« ist Ausdruck für ein lebensumfassendes Tun. Wenn man im Hebräischen nachprüft, muß man sagen: Das ist völlig zutreffend. Es geht um die Arbeit, Arbeit aber ist »umfassende Lebenstätigkeit«. Luther geht mit Vokalen in einer wahren Meisterschaft um. »Denn tausend Jahre sind vor dir wie der Tag, der gestern vergangen ist, und wie eine Nachtwache. Du lässest sie dahinfahren wie einen Strom, sie sind wie ein Schlaf, wie ein Gras, das am Morgen noch sproßt, das am Morgen blüht und sproßt und des Abends welkt und verdorrt. Das macht dein Zorn, daß wir so vergehen.« Man beachte die Reihung des a und des o: Jahre, Tag, vergangen, Nachtwache, Schlaf, Gras, abends. Strom, morgens, sproßt, verdorrt, Zorn. Er stellt eine melodische Spannung her, die der Spannung der benannten Wirklichkeit entspricht.

In einem Prophetenspruch Jeremias heißt es: »Heile du mich, Herr, so werde ich heil. Hilf du mir, so ist mir geholfen.« Die Gute-Nachricht-Bibel übersetzt: »Heile du mich, Herr, dann werde ich wieder gesund! Hilf mir, dann ist mir wirklich geholfen!« Das ist zwar auch richtig, aber in Jeremias Gebet geht es um mehr als ums Gesundwerden: »Heile du mich, Herr, so werde ich heil« ist nicht nur ein Sprachspiel von Aktiv- und Passivformen, sondern umfassender Lebensausdruck. Luther hat den Tiefensinn von Vokalen erkannt, als er die Abendmahlsworte übersetzte: »In der Nacht, da er verraten ward, nahm er das Brot, dankte, brachs, gabs seinen Jüngern und sprach: Nehmet hin und esset: Das ist mein Leib.« Erst die lange Kette der a, Ausdruck des Erhabenen, Herrlichen, Machtvollen. Es wirkt heute altertümlich, aber es gehört zum Sprachrhythmus: »Nehmet, esset.« Schließlich das weiche »ei« in »mein Leib«. Die Musikalität der Sprache Luthers hat kaum einer so elementar erfaßt und in Musik gebracht wie Heinrich Schütz.

Luther folgt manchmal der stammelnden Rede des Apostels Paulus und kommt dann zu dieser Apotheose. »Nun aber bleibt Glaube, Hoffnung, Liebe, diese drei. Aber die Liebe ist die größte unter ihnen.« Nach den Regeln der Grammatik müßte es heißen »bleiben«, und zwischen Hoffnung und Liebe gehörte ein »und«. Wenn Luther »bleibt« einsetzt, verdeutlicht er, daß es sich nicht um eine Summierung handelt. Es sind drei Wirklichkeiten, die ganz und gar für sich und doch nicht zufällig nebeneinanderstehen. In der Einheitsbibel heißt es: »Bleibenden Bestand haben wird ...«

Am bekanntesten ist bei denen, die die Bibel nicht lesen, daß Luther eine schlichte bis deftige Alltagssprache übernimmt. Aber das steht bei ihm zum Erhabenen in keinem Gegensatz, sondern er holt das Erhabene durch Deftigkeit und Sinnlichkeit geradezu heraus. In Johannes 11: »Herr, er stinkt schon, denn er ist vier Tage gelegen.« Das trauen sich manche Übersetzer heute nicht mehr und schreiben: »Herr, er riecht schon.« Über sich selber sagte Luther öfter: »Ich armer, alter stinkender Madensack.« Er fand kühne Formulierungen, zum Beispiel übersetzte er das Wort »Passa« einfach mit »Ostern der Juden«. Das ist religionswissenschaftlich nicht korrekt, aber »theologisch« richtig. In unserer Übersetzung steht immer ein Sternchen: Luther übersetzt »Passa« mit »Ostern der Juden«. Warum macht er das? Damit es sofort verständlich wird und man nicht erst im jüdischen Lexikon nachschlagen muß.

In seiner Vorrede zum Neuen Testament schreibt er: »Evangelium ist ein griechisch Wort und heißt auf Deutsch gute Botschaft, gute Märe, gute neue Zeitung, gut Geschrei, davon man singet, saget und fröhlich ist ...« In neueren Ausgaben steht statt »gute neue Zeitung« »gute Neuigkeit« und statt »gut Geschrei« »gute Verkündigung« oder »neue, gute Nachricht«. Welch ein Unterschied zu »gut Geschrei«?!

Schließlich ein Beispiel für Pamphletpoesie. »So hat der Herr gesprochen: Weil die Töchter Zions stolz sind und gehen mit aufgerecktem Halse und mit lüsternen Augen, trippeln daher und tänzeln und haben kostbare Schuhe an ihren Füßen, deshalb wird der Herr den Scheitel der Töchter Zions kahl machen, und der Herr wird ihre Schläfe entblößen. Zu der Zeit wird der Herr den Schmuck von den kostbaren Schuhen wegnehmen und die Stirnbänder, die Spangen, die Ohrringe, die Armspangen, die Schleier, die Hauben, die Schrittkettchen, die Gürtel, die Riechfläschchen, die Amulette, die Fingerringe, die Nasenringe, die Feierkleider, die Mäntel, die Tücher, die Täschchen, die Spiegel, die Hemden, die Kopftücher, die Überwürfe. Und es wird Gestank statt Wohlgeruch sein und ein Strick anstatt eines Gürtels und eine Glatze statt lockigen Haars und statt des Prachtgewands ein Sack, Brandmal statt Schönheit« (Jesaja 3,16–22).

Sodann die Wehrufe über die Männer: »Weh denen, die des Morgens früh auf sind, um dem Saufen nachzugehen, und sitzen bis in die Nacht, daß der Wein sie erhitzt ... Weh denen, die das Unrecht herbeiziehen mit Stricken der Lüge und die Sünde mit Wagenseilen. Weh denen, die Böses gut und Gutes böse nennen, die aus Finsternis Licht und aus Licht Finsternis machen, die aus sauer süß und aus süß sauer machen!« (Jesaja 5,11–20)

Goethe meinte, »er würde es allenfalls etwas zarter machen als Luther«.

Wie lieblich kann die Poesie Luthers sein! »Fürchte dich nicht, du Würmlein Jakob, du armer Haufe Israel.« Welche mitschwingende Liebenswürdigkeit, Sprache gewordenes Mitgefühl.

Über die Übersetzungsarbeit und -prinzipen könnte man in heutiger Sprache sagen: Ein Team (Experten fürs Griechisch, Hebräisch und Latein wie Melanchthon, Matthäus Aurogallus, Johannes Bugenhagen, Georg Spalatin) unter einem genialen Leiter setzte sich das Ziel, die Bibel zum Volkseigentum zu machen. Wenn alle Menschen gleichgeliebte Geschöpfe sind, wenn »Priester heißt, was aus der Taufe gekrochen«, dann müssen alle an der Quelle des Lebens trinken dürfen. Luther strebte eine völlig klare deutsche Rede an. Man müsse »die Mutter im Hause, die Kinder auf der Gassen, den gemeinen Mann auf dem Markt darum fragen, und denselbigen auf das Maul sehen, wie sie reden und darnach dolmetschen, so verstehen sie es denn und merken, daß man deutsch mit ihnen redet«.

Luthers Bibelübersetzung ist einseitig, ja »parteilich«, würden wir heute sagen. Denn Luther meinte, die Intention der Schrift sei klar: sie will auf Christus hinaus, muß von Christus her und auf ihn hin gelesen werden. »Was Christum treibet«, die hermeneutische Kurzformel, die Luther über alle Bibeltexte legt, wird nicht nur Maßstab unterscheidenden Verstehens, sondern auch inhärenter Maßstab der Übersetzung. Was bringt Christus voran? Wie ist in der ganzen Schrift das Verhältnis zwischen Gesetz und Evangelium, zwischen Anspruch Gottes an uns und seinem Zuspruch? So schafft er ein Werk aus einem Guß, in dem er alles Fremdartige, Orientalische, Hebräische in den eigenen Kulturzusammenhang bringt. Es zeichnet Vergangenes entschlossen in seine Zeit und Umwelt ein. Intentional richtig, historisch-philologisch bisweilen durchaus fraglich. Als Goethe später das deutsche Sprachgenie wurde, sagte er: »Luther, dieser treffliche Mann, hat ein in den verschiedensten Stilen verfaßtes Werk uns in die Muttersprache wie aus einem Guß überliefert und hat die Religion mehr gefördert, als wenn er die Eigentümlichkeit des Originals im einzelnen hätte nachbeten wollen.«

Fleiß, Vernunft, Verstand, eigenes Erleben, am eigenen Leibe erfahrene Angst und geschenktes Vertrauen waren für Luther existentielle Voraussetzung des Übersetzens. Er hat theologisch und sprachlich sorgsam gearbeitet. Er hatte den Mut, Texte aus früheren oder ferneren Kontexten gegenwärtig zu machen, also in Gegenwart einzutragen. Vor allem aber hat er mit dem Herzen geschrieben. »Es gehört ein recht fromm, treu, fleißig, furchtsam, christlich, gelehrt, erfahren, geübet Herz zum Dolmetschen.« Deutlich soll werden: »Meine Sache wird verhandelt. Um dich geht es. Du bist der Mann.«

Luther verwandelte Sprachmöglichkeiten in Sprachwirklichkeiten. Er sammelte, reiste, beobachtete, las. Was dabei herauskam, ist so mühsam ertüftelt wie spontan und inspiriert.

Im »Sendbrief vom Dolmetschen« erklärte Luther: »Im Hiob arbeiteten wir also, Magister Philips, Aurogallus und ich, daß wir in vier Tagen zuweilen kaum drei Zeilen kunnten fertigen.« Manchmal suchten sie Wochen nach *einem* Wort. Welche Wertschätzung des Wortes bei dieser Arbeit und welche Wertschätzung alltäglichen Lebens und aller Arbeit!

Aus der Sprache des Volkes hat er mit einem genialischen Gespür den direkten Sinn und den Hintersinn der Alltagssprache herausgefunden. Für ihn gab es zunächst nichts Banales. Das Konkrete verweist bei ihm auf Allgemeines, das Einzelne auf ein Ganzes, das mir Geschehene auf ein alle Betreffendes. In der Emmaus-Geschichte findet sich die Zeile: »Herr, bleibe bei uns, denn es will Abend werden und der Tag hat sich geneiget.« Er hätte auch übersetzen können: »Herr, bleib doch noch ein bißchen. Draußen wird es schon dunkel.« Luther erinnert eben nicht an einen speziellen Abend in einem Hinterstübchen im Dörfchen Emmaus, sondern zugleich an den Abend meines Lebens und den Abend der Welt. Trotzdem wird die konkrete Situation des Emmaus-Abends nicht verlassen. Einschränkend muß man allerdings sagen, daß die Lutherübersetzung für uns so viel Archaisches hat, daß wir manchmal im Alten etwas Poetisches sehen, was es zur Zeit Luthers gar nicht hatte. Immerhin: diese Sprache konnte bildhaft, lebensumfassend, zupackend werden. Die Worte müssen klingen, die Sätze

Martin Luther und Kurfürst
Johann Friedrich unter
dem Kreuz, Titelblatt des
von Hans Lufft gedruckten
Neuen Testaments.
Wittenberg 1546

müssen fließen, die Sache muß zu Herzen gehen. Luther verstand das Evangelium als eine viva vox, eine lebendige Stimme. Er übersetzte also nicht Wort für Wort oder ein Dokument in eine andere Sprache, sondern er suchte die Stimme, aus der und in der geredet wurde, damit die, die es fortan lesen, die Stimme hören, die jetzt zu ihnen spricht. Die Bibel ist nicht toter Buchstabe, sondern heutiger Zu-Ruf. So hat er übersetzt. Deshalb hat er alles, was er übersetzt hat, vor sich hin gesprochen. Wie klingt es? Er hat also keine Schreibe verfaßt, sondern eine Rede.

Er »gebrauche der gemeinen deutschen Sprache, daß mich beide, Ober- und Niederländer, verstehen mögen. Ich rede nach der sächsischen Kanzlei, welcher nachfolgen alle Könige und Fürsten Deutschlands«, erklärte Luther in einer Tischrede. Dabei fand er die Mitte zwischen der Härte der südlichen und der Weiche der nördlichen Dialekte. Er wurde überall verstanden und schuf nun – im Effekt – die neuhochdeutsche Sprache. Durch die Verbreitung der Bibel ist es zu dieser Luther-Deutsch-Sprache ge-

119

kommen, so daß schon 1531 der erste deutsche Grammatiker aus seiner Übersetzung schöpfte. Herder urteilte, Luther habe die deutsche Sprache, einen schlafenden Riesen, aufgeweckt und losgebunden.

Luther sprach zwar nach der sächsischen Kanzlei, hat aber, so gut es ging, die »Hof-« und »Schloßwörter« gemieden und damit sowohl die Kirchen- als auch die staatsdienerische Sprache, überhaupt die Sprache der Leute, die *über* dem Volk stehen. »Dieses Buch [die Bibel] will nur auf gemeine und einfältige Art erklärt sein.« Weder die Funktionärssprache noch die der gelehrten Herren, auch nicht die ausgehöhlte Lehrsprache, die ausgeschossenen Worthülsen der Kirchenklassiker, sondern Funke des Geistes! Nicht des Geistes der Gelehrsamkeit, sondern des Geistes des Lebens.

Luther wollte »deutsch reden« und hat kundgetan: »Wer hier zu kritisieren hat, mache es besser.« Seine schärfsten Kritiker haben seine Leistungen anerkannt und (wie etwa Eck) vieles fast wörtlich übernommen. Bis an sein Lebensende hat Luther die Bibelübertragung weiterrevidiert. Die Größe der Vorlage sollte sich spiegeln in der Größe der Übersetzung. Der Funke sollte überspringen. Gebunden ans Wort – losgebunden der Mensch, der es liest.

Zu den Legenden gehört, daß ein Adler mehrfach an Luthers Fenster gekommen sei, als er auf der Wartburg das Neue Testament übersetzte. Eines Tages habe er dem Luther gesagt: Wenn man so etwas vorhabe, könne man nicht bloß die Füße auf einen Fels setzen. Man müsse auch die Weite des Himmels und der Erde in sich haben. Der Legende zufolge überließ er Luther eine Feder und sagte: »Gib acht, daß die Sprache, in der du schreibst, nicht die Sprache der Zaunkönige wird.« Nur gut, daß der Adler sein Auge darauf hatte!

Die Luther-Sprache ist in der Theologie kaum mehr zum Tragen gekommen. Wenn man die orthodoxen Lutheraner liest, kann man verstehen, daß Luther keine Lutheraner wollte! Doch im evangelischen Kirchenlied ist seine Sprache weiterentwickelt worden, vor allem von Paul Gerhardt. »Wie soll ich dich empfangen«, »Ich singe dir mit Herz und Mund«, »Ich weiß, mein Gott, daß all mein Tun und Werk in deinem Willen ruhn« – das ist geschöpft aus der Sprache Luthers.

Der Sprachphilosoph Hamann urteilte im 18. Jahrhundert: »Was für eine Schande für unsere Zeit, daß der Geist dieses Mannes, der unsere Kirche gegründet, so unter der Asche liegt. Was für eine Gewalt der Beredsamkeit, was für ein Geist der Auslegung, was für ein Prophet.«

Und die Spottdrossel des deutschen Dichterwaldes, einer der bissigsten Kritiker der Kirchen, Heinrich Heine, schrieb in seiner »Geschichte der Religion und Philosophie in Deutschland« (1834): »Martin Luther gab uns nicht bloß die Freiheit der Bewegung, sondern auch das Mittel der Bewegung. Dem Geist gab er nämlich einen Leib. Er gab dem Gedanken das Wort und schuf die deutsche Sprache.«

In der neueren Literatur findet man vielfältige assoziative Bezüge zu Luthers Sprachmaterial und unterschiedlichste Verfremdungen. In der »Hauspostille« Bert Brechts, in der Poesie des Nichts bei Gottfried Benn, in der Trauer des Georg Trakl, im Klagegestus der Nelly Sachs, im Aufleuchten des alten Glaubens in gebrochener Zeit bei Johannes Bobrowski.

Luther bemerkte in einer Tischrede: »Wenn die Bibel ein mächtiger Baum wäre und alle Worte wären Ästlein und Zweige, so habe ich an allen angeklopft und alle Zeit ein paar Äpfel oder Birnen heruntergeklopft.« Wer am großen Baum der Lutherschen Übersetzung klopft, geht nie leer aus. Und wer nur einzelnes herausgreift, dem geht es wie mit einer Rose: Jedes Blatt ist schön, aber nur das Ganze ist die Rose.

Die Hoffnung, daß bei der Übersetzungsrevision 2017 wieder der altbekannte Luther hörbar wird, ist nicht unberechtigt gewesen, weil die 70 Experten als Grundlage die Revision von 1912 zu Rate gezogen haben.

Die evangelische Kirche hat im übrigen eine hohe Mitverantwortung dafür, daß unsere schöne deutsche Sprache nicht weiter verarmt und eine ganze Generation durch noch »wischt« – und dabei unsere Sprache unversehens verwischt.

Man kann es nicht oft genug sagen: Martin Luther hat auf geniale Weise den Deutschen ihre eigene Sprache geschenkt, so klar, so poetisch, so verständlich, so hintergründig, so einprägsam. Die Sprache bringt uns zusammen. Die Sprache verrät uns. Die Sprachverkümmerung sagt etwas über unsere eigene Verkümmerung. Der Bergmannssohn Martin Luder wurde in Wittenberg gräzisiert Martin Luther. Er hat die beiden Hochsprachen Lateinisch und Griechisch mit der Sprache des jüdischen Testaments, dem Hebräischen, verbunden und darin ein Konglomerat von Bedeutungsvielfalt des Deutschen hervorgebracht, das seinesgleichen sucht. Das hat nun schon seit 500 Jahren Bestand. Einige Jahrzehnte lang hatten die Bibelausleger beziehungsweise Prediger geglaubt, sie müßten verständlicher reden und die Luthersprache sei den Menschen nicht mehr zugänglich. Das stimmt wohl. Gerade deshalb kommt der evangelischen Kirche die Aufgabe zu, sie neu zugänglich zu machen.

Wir leben in einer Zeit der Verarmung unseres alltäglichen Sprachschatzes und der achtlosen Aufgabe eigener Idiome bis hin zum Verlust traditioneller sinnreicher Begrüßungsformeln. Das fällt leider kaum noch jemandem auf, und man kommt selber in den Sog bestimmter Sprechklischees. Hallo, also: Hello, gut drauf alle? Und gut aufgestellt, wenigstens hingesetzt? Es ist ja supercooles Wetter und eine total gute Stimmung. Mit vielen Specialeffekts wird das Luther-Married-Festival vorbereitet. Ich finde das total spannend, zu hören, wer die Charts vor 450 Jahren erobert haben will.

Statt unsere Sprache der Computersprache und der allfälligen Denglisierung anzupassen, gilt es, sie in ihrer Vielfalt und ihrem Form- und Bildreichtum zu erhalten. Dazu gehört zu allererst wohl die Pflege der Poesie in deutscher Sprache und der Versuch, die Reduzierung auf *ein* Wort für komplexe Sachverhalte zu überwinden. Also ich denke vor allem an das Wort »cool«.

Da hatten wir im Deutschen ein schönes Wort, dessen Ursprung Luther auch mit Gott verband: Gott und gut hätten die gleiche Sprachwurzel. Wie gut ist es, daß wir über ca. 150 Worte für das Wörtchen »gut« verfügen (können): dienlich, heilbringend, lohnend, nützlich, rentabel, vorteilhaft, angenehm, erfreulich, günstig, kostbar, meisterhaft, schätzenswert, wertvoll, wohltätig, wünschenswert, bewährt, echt, frisch, gediegen, gesund, kräftig, natürlich, rein, unbefleckt, unbeschädigt, unverdorben, unverfälscht, unverwelkt, ersprießlich, förderlich, heilsam, segensreich, unschuldig, wohltuend, anständig, ausgezeichnet, bewundernswert, brillant, edel, einwandfrei, erstklassig, fabelhaft, fein, glänzend, hervorragend, himmlisch, hochwertig, hübsch, köstlich, lecker, makellos, blendend, dufte, prächtig, prachtvoll, saftig, schmackhaft, schön, solid, stark, tadellos, unbezahlbar, unschätzbar, unübertrefflich, unvergleichlich, vollkommen, vortrefflich, vorzüglich, wundervoll, nonplusultra, prima, brauchbar, empfehlenswert, nicht übel, nicht mit Gold aufzuwiegen, über alles Lob erhaben, klasse, vom Guten nur das Beste, klein, aber oho, gern, bekömmlich, charaktervoll, delikat, einwandfrei, erfrischend, erklecklich, erlesen, erprobt, gediegen.

Der Dichter Johannes Bobrowski fing in vier Zeilen ein, was Sprache uns ist, uns sein kann:

> Sprache
> abgehetzt
> mit dem müden Mund
> auf dem endlosen Weg
> zum Hause des Nachbarn[8]

Bauernkrieg, Gerechtigkeitsutopien
und friedlicher Widerstand

Der Bauernkrieg, 1524 in Süddeutschland ausgebrochen, griff im April 1525 auch auf Thüringen über. Müntzer hatte nach seiner Flucht aus Allstedt in der freien Reichsstadt Mühlhausen ein Zentrum des thüringischen Aufstandes geschaffen. Für Luther bedrohliche Nachrichten – die ihn erreichten, als er am 16. April zu einer Schulgründung nach Eisleben reiste. Ohne Zögern verfaßte er seine »Ermahnung zum Frieden auf die zwölf Artikel«, die noch Anfang Mai in Wittenberg gedruckt wurde. Eine Schrift, aufs Papier gebracht mit dem Atem der Dringlichkeit. Gedanken der moralischen Strenge, der gebieterischen Dynamik, der konsequenten Festlegung. Die Schuld am Aufruhr gab Luther den weltlichen Herrschern wie den klerikalen Oberen. Er schrieb Klartext, redete ihnen unmißverständlich ins Gewissen: »Erstlich mögen wir niemand auf Erden danken solchen Unrats und Aufruhrs, denn euch Fürsten und Herren, sonderlich euch blinden Bischöfen und tollen Pfaffen und Mönchen, die ihr, noch heutigentags verstockt, nicht aufhört zu toben und zu wüten wider das heilige Evangelium, ob ihr gleich wisset, daß es recht ist und auch nicht widerlegen könntet, dazu im weltlichen Regiment nicht mehr tut, denn daß ihr schindet und schatzt, eure Pracht und Hochmut zu führen, bis der arme gemeine Mann nicht kann noch mag länger ertragen.« Gewaltsamen Widerstand jedoch lehnte Luther entschieden ab. Er forderte statt dessen ein Schiedsgericht, das die Anliegen der Bauern prüfen solle. Noch obsiegte also der Vermittler, mühte sich der Brückenbauer.

Als jedoch auch in Thüringen der Aufstand ausbrach, verurteilte Luther mit unerbittlichem Haß die gesamte Erhebung als Werk des Teufels. Der Reformator wütete gleichsam – und wagte sich auch in die Höhle des Löwen, also in die Aufstandsgebiete. Er predigte in Stolberg, Wallhausen und Nordhausen, überall von massiven Unmutsbekundungen gegen ihn begleitet. Zunehmend meinte er, hinter den Bauern das Wirken des »Erzteufels« Müntzer zu erkennen, der in Mühlhausen mit flammenden Predigten und Manifesten zum Aufstand geblasen hatte. Nunmehr rechtfertigte der erboste Reformator nicht nur die fürstliche Gewalt gegen die aufrührerischen Bauern, er rief sogar zur offenen, gnadenlosen, kompromißlosen Niederschlagung auf. Am brutalsten steigern sich die enthemmten Töne in seiner Schrift »Wider die räuberischen und mörderischen Rotten der Bauern«, die bis heute die Geister scheidet: »Darum, liebe Herren, erlöset hier, rettet hier, helft hier! Erbarmet euch der armen Leute! Steche, schlage, würge hier, wer da kann. Bleibst du darüber tot – wohl dir! Einen seligeren Tod kannst du niemals erreichen.«

Als die thüringischen Bauern am 15. Mai 1525 in der Schlacht bei Frankenhausen hoffnungslos unterlagen, Müntzer verhaftet und später hingerichtet wurde, erblickte der Reformator in alldem ein fälliges Gottesgericht und also die höhere Bestätigung seiner harten Haltung gegenüber den vielen, die für soziale Gerechtigkeit, also in elender Not und existentieller Bedrängung ihre Sensen und Sicheln schwangen. Er schwelgt darin, gerechtfertigt zu sein. Er glüht in einer Ergebung, die frösteln macht, weil sie mit Geist und Wort die Fundamente einer rücksichtslosen Knechtungswelt befestigt. Aber zu Luther gehört auch hier unabdingbar der Widerspruch, die Kehrseite, das Innehalten, der Umkehrwille. Er wird unaufhaltsam zürnen – und dann die Sieger aufrufen, Gnade walten zu lassen. Dieser Aufruf verhallte ungehört. Wo Herrschaft derart blutig durchgreift, bleibt sie unfähig, sich selber besinnend ein menschliches Herz zu fassen. 1533 brachte Luther gegen sich selbst zum Ausdruck, was mancher seiner ehemaligen Anhänger schon lange empfunden haben mochte: »Ich, Martin Luther, habe im Aufruhr alle Bauern erschlagen,

TOMAS MVNCER PREDIGER ZV ALSTET IN DVRINGEN.

THOMAS MONETARIUS.

ANno post Christum incarnatum millesimo quingentesimo vigesimo primo & secundo pars quædam prodijt hominum seditiosorum, qui occultarum variarumque inter se sectarum autores erant et quorum plu-
rimi in Saxonia ad fluvij Salæ ripas habitabant. Mira Somnia et visiones iactabant, seque Dei colloquio
clam præmoneri aiebant, et pro divina veritate discipulis suis obtrudebant, se propediem fore conditores et in-
choatores novi cuiusdam regni mundani, in quo iustitia vigeret; sed primum opus esse ut omnes increduli prin-
cipes, Magistratus, et à sua secta alienie medio tollerentur. Ex istorum hominum execranda colluvie prodijt
Thomas Monetarius, qui huic igni oleum infudit: nam gladium Gedeonis sibi a Deo traditum esse confidenter
affirmabat, quo adversus tyrannos uteretur, et hac viâ circa Mulhusium et Franckhusium maximam Agricolarum copiam coëgit, qui adversus suos magistratus insurgentes Plurimos nobili genere natos paternis sedibus pel-
lebant, eorumque arces, vicos et pagos ferocissimè spoliabant nudabantque. Comes provincialis Hassiæ, et dux
Saxoniæ hisce seditionibus perterriti maximas coëgére copias, unoque die circiter quinque millia Agricolarum
profligârunt; quod cum Monetarius videret Franchusium confugit, ibique a cuiusdam nobilis ministro in lecto
simulans morbum deprehensus est, qui eum stricto gladio nomen suum confiteri coëgit: qua confessione intel-
lectâ Monetarius exemplô Vinculis constrictus ad Comitem provincialem perductus est, à quo rigidè exami-
nâtus et interrogatus, quâ de causa miseros homines fefellisset, respondit se exequutum esse ea, quæ Deus iusse-
rat. Ob hæc acriter tortus culpam confitebatur veniamque suorum delictorum rogabat: quibus peractis eius
caput, ut alijs exemplo terrorique esset, erecto stipiti infixum est.

Christoffel van Vichem: Thomas Müntzer. Kupferstich, 1608

denn ich habe geheißen, sie totzuschlagen. All ihr Blut ist auf meinem Hals.«

Viele wandten sich von ihrem großen Hoffnungsträger ab. Die Reformation hatte einen Scheideweg erreicht, der bis heute zwischen Fronten entlangführt. Fast in den Hintergrund ist dabei in der öffentlichen Wahrnehmung getreten, daß Luther und Müntzer in ihren Positionen zunächst gar nicht so weit voneinander entfernt lagen. Was sie vereinte, war der scharfe Protest gegen die soziale Lage der Bauern.

Thomas Müntzer hatte 1523/24 seine revolutionären Ideen entwickelt. In seiner »Hochverursachten Schutzrede« von 1524 wandte er sich direkt an Luther und erläuterte, wie er das Verhältnis von Glauben und sozialem Leben sah: »Sieh zu, die Grundsuppe des Wuchers, der Dieberei und Räuberei sind unsere Herrn und Fürsten, nehmen alle Kreaturen zum Eigentum. Die Fische im Wasser, die Vögel in der Luft, das Gewächs auf Erden muß alles ihr sein. Darüber lassen sie dann Gottes Gebot ausgehen unter die Armen und sprechen: ›Gott hat geboten, du sollst nicht stehlen.‹ Es dient aber ihnen nicht. So sie nun alle Menschen verursachen, den armen Ackermann, Handwerksmann und alles, das da lebet, schinden und schaben, so er sich dann vergreift am allergeringsten, so muß er hängen. Da sagt dann der Doktor Lügner (gemeint ist Luther): ›Amen.‹ Die Herren machen das selber, daß ihnen der arme Mann feind wird. Die Ursache des Aufruhrs wollen sie nicht wegtun, wie kann es die Länge gut werden? So ich das sage, muß ich aufrührerisch sein, wohlhin!«

Müntzer betrieb in seiner flammenden Schrift Ursachenforschung in Richtung der weltlichen Macht: Die Gewalt der Bauern kennzeichnete er als Folge systemischer Gewalt. Es ist der Herr, der den Knecht erst in die Verzweiflung, dann zum Aufstand bringt. Wahrlich »aufrührerisch«, also deutlich anstiftend wird er in seinem »Manifest an die Mansfeldischen Bergknappen«:

»Dran, dran, dieweil das Feuer heiß ist. Lasset euer Schwert nit kalt werden, lasset nit verlähmen! Schmiedet Pinkepank auf dem

Ambos Nimrod, werfet ihnen den Turm zu Boden! Es ist nit möglich, dieweil sie leben, daß ihr der menschlichen Furcht solltet leer werden. Man kann euch von Gotte nit sagen, dieweil sie über euch regieren. Dran, dran, dieweil ihr Tag habt. Gott gehet euch vor, folget, folget!«

Ernst Bloch hat über den Konflikt zwischen Müntzer und Luther in seiner Friedenspreisrede reflektiert und eine nicht unwichtige Unterscheidung von Kampf und Krieg vorgenommen. Unter Verweis auf biblische Zeugnisse sowohl bei den Propheten als auch bei Jesus legitimiert Bloch den bewaffneten Feldzug, stellt ihn aber jenseits der Verdammnis des Kriegerischen: »Kampf ist eine andere Kategorie als Krieg. Und Widerstand gegen Unrecht eine andere, als Unchristlichkeit schlechthin, sondern im Gegenteil: Christlichkeit steckt drin: ›Ich bin gekommen, daß ich ein Feuer entzünde auf Erden, was wollte ich lieber, es brennte schon‹, sagt der gar nicht so milde Jesus, der die Wechsler aus dem Tempel gepeitscht hat.«[9]

Auch Luther hatte ja zunächst, bei aller Mäßigungsethik, ein christliches Widerstandsrecht geltend gemacht, eben dann, wenn eine Konfliktsituation einträte, in der man Gott mehr gehorchen müsse als den Menschen. 1520 schreibt er in seiner Programmschrift »Die guten Werke«: »Wenn es aber dazu kommt, wie es oft geschieht, daß weltliche Macht und Obrigkeit, wie sie auch heißen, einen Untertanen dazu drängen, gegen die Gebote Gottes zu handeln, oder ihn daran zu hintern, sie zu tun, dann hört der Gehorsam auf, und die Pflicht dazu ist schon aufgehoben. Hier muß man so sprechen wie der heilige Petrus zu den Machthabern der Juden: ›Man muß Gott mehr gehorchen als den Menschen‹ (Apostelgeschichte 5,29). Er sagte nicht: ›Man muß den Menschen nicht gehorchen‹, denn das wäre falsch, sondern ›Gott mehr als den Menschen‹. Wenn zum Beispiel ein Fürst für eine offenkundig ungerechte Sache Krieg führen wollte, dem soll man überhaupt nicht folgen oder helfen, weil Gott geboten hat, wir sollen unseren Nächsten nicht töten noch ihm Unrecht tun. Ebenso, wenn er den

Befehl gäbe, eine falsche Aussage zu machen, zu rauben, zu lügen oder zu betrügen und dergleichen. Hier soll man eher Gut, Ehre, Leib und Leben opfern (als gehorchen), damit Gottes Gebot (in Geltung) bleibe.«

Luther bringt Begriffspaare in die Diskussion, die bis heute Spannungsfelder für Prüfung und Bewährung schaffen: Freiheit und soziale Gerechtigkeit; innere Freiheit und politische Freiheit; gerechtfertigte staatliche Gewaltausübung (»gerechter Krieg«) und individuelles Recht auf Gewaltverzicht. Besondere Polarität, besondere Herausforderung geht vom Geist des Utopischen aus. Es ist ein spielerischer, träumender Überschuß unseres Bewußtseins, und im Konfliktfeld von Religiösem und praktisch Sozialem bedrängt uns das Verhältnis von gesellschaftlichen Gemeineigentums- und Gleichheitsutopien – *in* dieser Welt sowie der Reich-Gottes-Hoffnung mit Gerechtigkeit und Frieden für alle – *nach* dieser Welt.

Es ist keinesfalls abwegig, hier den Begriff des Kommunismus anzuführen, ein Stück SED-Propaganda und Thomas Mann heranzuziehen. Kommunismus als Traumspiel ohne Grenzen. Spiritueller Glanz überm Grau. Geistiger Wärmestrom gegen die praktische Raserei der konkurrierenden Zwecke. Blochs Prinzip Hoffnung drängt als Beispiel herein. Die SED-Monatszeitschrift »Einheit« druckte im Juli 1946 unter der Überschrift «Der Antibolschewismus – Die Grundtorheit unserer Epoche« einen ideologisch folgenreichen Artikel ab, in dem laut Einleitung »Ausführungen von Thomas Mann enthalten« seien. So wurde also bereits am Beginn des Textes frech eine Nähe des Schriftstellers zu Ulbrichts Kader-Partei suggeriert.

Im Artikel wurden die Ansichten Thomas Manns gegen das stalinistische Sozialismusmodell kurzerhand eliminiert. Der Schriftsteller hatte indes 1944 in seinem Vortrag »Schicksal und Aufgabe« davor gewarnt, daß sich die östlichen Länder Europas »der Macht des Ostens zuwenden« könnten, »in deren Sozialismus die Idee bürgerlicher Freiheit keine Stätte mehr findet. Sie sehen, daß ich in einem Sozialismus, in dem die Idee der Gleichheit die der Freiheit vollkommen überwiegt, nicht das menschliche Ideal erblicke, und ich glaube, ich bin vor dem Verdacht geschützt, ein Vorkämpfer des Kommunismus zu sein. Trotzdem kann ich nicht umhin, in dem Schrecken der bürgerlichen Welt vor dem Wort Kommunismus, diesem Schrecken, von dem der Faschismus so lange gelebt hat, etwas Abergläubisches und Kindisches zu sehen, die Grundtorheit unserer Epoche.«[10] Und überhaupt war dieser Vortrag von Mann alles andere als ein Plädoyer für die aktuelle politische Spielart, sich kommunistisches Erbe anzueignen. Der Schriftsteller sagte: »Der Kommunismus ist ein scharf umschriebenes, politisch-ökonomisches Programm, gegründet auf die Diktatur einer Klasse, des Proletariats, geboren aus dem historischen Materialismus des neunzehnten Jahrhunderts, und in dieser Form stark zeitgebunden. Er ist aber als Vision zugleich viel älter und enthält auch wieder Elemente, die erst einer Zukunftswelt angehören.«

Älter als das Denk- und Tatwerk der Kommunisten sei Kommunismus deshalb, so Thomas Mann, weil bereits religiöse Volksbewegungen des ausgehenden Mittelalters einen endschicksalhaft-kommunistischen Charakter hätten, »schon damals sollten Erde, Wasser, Luft, das Wild, die Fische und Vögel allen gemeinsam gehören, auch die Herren sollten um das tägliche Brot arbeiten, und alle Lasten und Steuern sollten aufgehoben sein. So ist der Kommunismus älter als Marx und das 19. Jahrhundert.«[11]

Der Schriftsteller beschwört die Regierenden der kapitalistischen Welt, »wirklich eine neuere, freiere, gerechtere Welt, die soziale Demokratie, zu wollen«.[12] Er sagt im Vortrag von 1943 auch etwas zur Zukunft. Er sagt nicht, dem Kommunismus gehöre die Zukunft, er sagt: »Der Zukunft aber gehört er an insofern, als die Welt, die nach uns kommt … und die langsam ihre Umrisse zu enthüllen beginnt, schwerlich ohne kommunistische Züge vorzustellen ist: das heißt, ohne die Grundidee des gemeinsamen Besitz- und Genußrechtes an den Gütern der Erde, ohne fortschreitende Einebnung der Klassenunterschiede, ohne das Recht auf Arbeit und die Pflicht zur Arbeit für alle.«[13] Es ist ein Unterschied, ob man sagt, die Zukunft gehöre dem Kommunismus, oder ob eine Gesellschaft erträumt wird, welche auch das Kommunitäre beinhaltet. Begriffe, Bedeutungen, Benutzer. Ein Verstrickungsfeld. Gebrauchen, mißbrauchen: hauchdünne Grenzen. Jeder politische Eigennutz reißt diese Grenzen gern nieder. Sehr lebendige Grundtorheit. Mann betont: »Warum sage *ich* das alles? Weil ich finde, daß wir *uns nicht fürchten sollen*, nicht vor Wortgespenstern wie ›Kommunismus‹. Denn unsere Furcht ist die Quelle des Muts für unsere Feinde.«[14] Es ist wahrscheinlich, daß Thomas Mann hier an die zwölf Artikel der Bauern von 1524 angeknüpft hat.

In ganz anderer Weise greift Volker Braun in seiner Erzählung »Die hellen Haufen« (2011) frühere Sozialutopien angesichts der Schließung der ostdeutschen Kaligruben auf. Er bezieht sich auf die einstigen Konflikte und Proteste im Mansfeldischen von 1993. Und er fragt, was aus dem revolutionären Umbruch im Osten Deutschlands von 1989/90 geworden sei, und weist darauf hin, daß der Umbruch nicht beendet sei. Volker Braun aktualisierte die zwölf Artikel der Bauern:

DIE MANSFELDER ARTIKEL von den gleichen Rechten aller
 1. Die Arbeit ist gerecht zu verteilen, unter allen, die Anspruch haben.
 2. Die Belegschaft bestimmt, was und wofür produziert wird, nämlich was sinnvoll ist.
 3. Nicht den Gewinn maximieren, sondern den Sinn.
 4. Schädliche Arbeit und schädliche Produkte sind untersagt.
 5. Die Leiharbeit ist abgeschafft.
 6. Realeinkommen, für reale Personen. Gerechtigkeit ist das Brot des Volkes.
 7. Herrliche Lehrstellen. Lehrjahre sind Herrenjahre.
 8. Grundeigentum bleibt Volkseigentum. Das eigene Leben muß *angeeignet* werden.

9. Arbeitszeitverkürzung statt Kurzarbeit.
10. Verfügungsgewalt über gesellschaftliche Grundentscheidungen.
11. Es bleibt beim Du zwischen Belegschaft und Management.
12. Der Tod ist umsonst, d. h. der hinterbliebene Staat zahlt.[15]

Selbst wenn uns das revolutionäre Pathos eines Ernst Bloch nach dem Ende des kommunistischen Weltsystems gründlich vergangen ist, so bleibt doch seine Hoffnungsphilosophie weiterhin nachdenkenswürdig. Der Apotheose am Schluß seines Hauptwerkes »Das Prinzip Hoffnung« schreibt er eine innerweltliche Transzendenz zu:

»Der Mensch lebt noch überall in der Vorgeschichte, ja alles und jedes steht noch vor Erschaffung der Welt, als einer rechten. *Die wirkliche Genesis ist nicht am Anfang, sondern am Ende*, und sie beginnt erst anzufangen, wenn Gesellschaft und Dasein radikal werden, das heißt sich an der Wurzel fassen. Die Wurzel der Geschichte aber ist der arbeitende, schaffende, die Gegebenheiten umbildende und überholende Mensch. Hat er sich erfaßt und das Seine ohne Entäußerung und Entfremdung in realer Demokratie begründet, so entsteht in der Welt etwas, das allen in die Kindheit scheint und worin noch niemand war: Heimat.«[16]

Die Enkel sollen es besser ausfechten, und die Wahrheit beginnt mit dem Aussprechen dessen, was ist. Eine Rede, die nach oben zu den Mächtigen gerichtet sein muß. Luther war ein Prediger solcher Wahrheit und solcher Richtung. Auf den Straßen des DDR-Oktober 1989 waren uns Lutherworte maßgebend. Wir hatten Wut im Bauch, Kerzen in Händen, Lieder auf der Zunge – und wir trugen Plakate wie dieses: Nur geteilte Macht ist gute Macht.

An Luthers Denkmal in Wittenberg hatten wir ihm an 10. November 1983, nächtens in kleiner Gruppe, zu seinem 500. Geburtstag »unter Polizeischutz« gedankt: »Während wir unser Wittenbergisch Bier trinken, läuft das Evangelium«, war dort auf eine bauchige Flasche gemalt. Sechs Jahre später, am 31. Oktober 1989, waren es Zehntausende, die dies Lutherwort auf den Denkmalsstufen zu hören bekamen: »Der Obrigkeit soll man nicht mit Gewalt widerstehen, sondern nur mit dem Bekenntnis der Wahrheit« und nicht die Nachteile fürchten, die einem dadurch entstehen können.

Der friedliche Verlauf des gesellschaftlichen Umbruchs in der DDR von 1989/90 verdankte sich auch einem Geist, der aus der Historie lebendig herüberwehte. Aus vielen Quellen. Eine dieser Quellen war auch Luther, und sie speiste und nährte. Da war der Dialog, der mutig ins Offene, in die Öffentlichkeit drängte. Da war die Gewaltlosigkeit, die auch auf die Kultur der Herrschenden übergriff. Unterdrückte Wut wandelte sich ins befreite, angstlose Drängen der Argumente. Die erst in den Kirchen zu hören waren und dann in die Rathäuser fanden.

Das war ein langer Weg von der Eingabe zum Protest, vom kritischen Lied zur gewagten These (vgl. die »20 Wittenberger Thesen« vom Juni 1988: »Die Zeit des Schweigens ist vergangen. Die Zeit zu Reden ist gekommen«), vom geschützten Raum der Kirchen auf die Straßen und Plätze, nicht mit Knüppeln, sondern mit Kerzen. Endlich hatte Luther einmal recht. Denn aus geduckten DDR-Bürgern wurden selbstermutigte und einander ermutigende Bürgerinnen und Bürger, die das Wort ergriffen, ihrer öffentlichen Verantwortung, aus freier Entscheidung – mit allem Risiko! – nachkamen. Der Leipziger Pfarrer Christoph Wonneberger hatte den Appell zur Gewaltlosigkeit zusammen mit drei Leipziger Basisgruppen zum 9. Oktober 1989 verfaßt und öffentlich gemacht:

Appell

In den letzten Wochen ist es mehrfach und in verschiedenen Städten der DDR zu Demonstrationen gekommen, die in Gewalt mündeten: Pflastersteinwürfe, zerschlagene Scheiben, ausgebrannte Autos, Gummiknüppel- und Wasserwerfereinsatz.

Es gab eine unbekannte Zahl Verletzter, von Toten ist die Rede.

Auch der letzte Montag in Leipzig endete mit Gewalt. Wir haben Angst. Angst um uns selbst, Angst um unsere Freunde, um den Menschen neben uns und Angst um den, der uns da in Uniform gegenübersteht. Wir haben Angst um die Zukunft unseres Landes. Gewalt schafft immer nur Gewalt. Gewalt löst keine Probleme, ist unmenschlich. Gewalt kann nicht das Zeichen einer neuen, besseren Gesellschaft sein. Wir bitten alle:

- *Enthaltet Euch jeder Gewalt!*
- *Durchbrecht keine Polizeiketten, haltet Abstand zu Absperrungen!*
- *Greift keine Personen oder Fahrzeuge an!*
- *Entwendet keine Kleidung oder Ausrüstungsgegenstände der Einsatzkräfte!*
- *Werft keine Gegenstände und enthaltet Euch gewalttätiger Parolen!*
- *Seid solidarisch und unterbindet Provokationen!*
- *Greift zu friedlichen und phantasievollen Formen des Protests.*

An die Einsatzkräfte appellieren wir:

- *Enthaltet Euch der Gewalt!*
- *Reagiert auf Friedfertigkeit nicht mit Gewalt!*

Wir sind ein Volk. Gewalt unter uns hinterläßt ewig blutende Wunden.

Partei und Regierung müssen vor allem für die entstandene ernste Situation verantwortlich gemacht werden. Aber heute ist es an uns, eine weitere Eskalation der Gewalt zu verhindern, davon hängt unsere Zukunft ab!

Leipzig, 9. Oktober 1989 [17]

Dieser auf Ormig-Matrizen gedruckte Appell korrespondierte mit dem Aufruf, den der Gewandhauskapellmeister Kurt Masur über den Stadtrundfunk gesprochen hatte. »Keine Gewalt!« wurde zur überraschend wirksamen Parole des politischen Wechsels. »Auf Messers Schneide« gelang Gewaltvermeidung angesichts von ca. 70 000 friedlichen Demonstranten. Das sollte Signalcharakter für die ganze DDR bekommen. Man hat das, was in Plauen, Dresden und Leipzig begonnen hatte, mit Fug und Recht »die friedliche Oktoberrevolution« oder auch die Protestantische Revolution genannt. Politisierung und Demokratisierung gingen zur Überraschung aller – auch der frühen Akteure – Hand in Hand. Die brennenden Kerzenträger kamen aus den Kirchen und erleuchteten die Gesichter derer, die ihre Angst zu Hause gelassen hatten.

Die Duldermentalität mit protestantisch geprägtem Untertanengehorsam war für einen Wimpernschlag der Geschichte verschwunden. Ernst Bloch hatte 1967 in seiner Friedenspreisrede noch überall die vielen Duckmäuser gesehen, die sagten »nicht so und nicht so, damit es nachher nicht heißt, sie hätten so oder so gesagt. Leicht gibt sich bereits als friedlich, was mehr feig und verkrochen ist.«[18]

Der beschwerliche und wunderbare aufrechte Gang wurde geübt, und »der in sich selbst verkrümmte Mensch« richtete sich auf. Der Mut, sich seines eigenen Verstandes ohne Anleitung eines anderen zu bedienen, feierte an Runden Tischen die neugewonnene Freiheit und die aus ihr erwachsende Verpflichtung. Demokratie brauchte und braucht Demokraten, die ihre Prinzipien in eigener Verantwortung ausfüllen: ein-sichtig und freiwillig, engagiert und »kämpferisch«.

Das Spiel ist 500 Jahre danach nicht aus. Die Demokratie ist kein Selbstläufer.

Soziale und individuelle Menschenrechte beanspruchen regionale und internationale Geltung. Freiheit ohne Verantwortung wird leer. Wo es keine gemeinsame Zielutopie gibt, verlieren alle das Maß für das Menschliche. Kampf ist kein anderes Wort für Krieg, sondern ein Aufstand gegen Ungerechtigkeit. »Gerechtigkeit« erhöht ein Volk.

Und »die da oben« wirken zu abgehoben, und »die da unten« werden zu mäklig. Wo es keine Führung gibt, haben Verführer leichtes Spiel. Es genügt nie die einfache Wahrheit. Die Alternative ist nicht »für Deutschland« zu suchen, sondern für die *eine* Welt.

Den Frieden in den Völkern und zwischen den Völkern, zwischen Blöcken und Kulturen mit langem Atem und schöpferischer Ungeduld zu suchen steht neu an: Schwerter zu Pflugscharen, die Brot bringen für die darbenden Völker der Welt!

Die Gerechtigkeit sei das Brot des Volkes, schärft Bert Brecht ein. Reichlich. Bekömmlich. Täglich.

Die Judenverspottung – ein Wittenberger Schandmal und ein Mahnmal

Am Südostgiebel von St. Marien, der Stadtkirche in Wittenberg, befindet sich ein Relief der »Judensau«.

I.

Erst im Zusammenhang mit der Renovierung zum 500. Geburtstag Luthers 1983 wurde der Stadtkirchengemeinde wie der Wittenberger Öffentlichkeit erschreckend bewußt, welch ein steinernes Schandmal die Jahrhunderte überdauert hatte. (Es wurden etwa 35 solcherart bösartige Verspottungen in christlichen Kirchen ausfindig gemacht.) Ausgehend von der Erinnerung an vier-

Judenverspottung (1420) am Giebel der Wittenberger Stadtkirche St. Marien. Ein Rabbi schaut der kultisch unreinen Wildsau ins After, während die Jüdenkinder an den Zitzen der Sau saugen. Darüber einer der vielen (geheimnisvollen) Namen des für Juden unaussprechlichen Namens Gottes

zig Jahre Reichspogromnacht 1978, kamen evangelische Christen in Wittenberg zu einem fast zehnjährigen Diskussionsprozeß zusammen. Was tun? Die sogenannte »Judensau« abhacken, in ein Museum verfrachten, zumauern, eine Entschuldigungstafel ins Mauerwerk einbringen oder gar restaurieren, was saurer Regen beschädigt hatte. Besonders die Junge Gemeinde war für den radikalen Schritt: Weg damit! Ein guter Meißel tut's. Die evangelische Gemeinde kam jedoch in einem langen, kontroversen Abwägungsgespräch überein, dieses Relief nicht abzuhacken. Sie wollte sich diesem hochproblematischen Teil unserer christlichen – und deutschen – Tradition stellen mitsamt den erschreckenden Ausfällen Luthers. Der Gemeindekirchenrat unter Leitung von Superintendent Albrecht Steinwachs beschloß, ein Mahnmal ebenerdig als einen Stolperstein einzubringen. Direkt unter der mit einer Gottesverunglimpfung verbundenen Judenverspottung wurde am 8. November 1988 eine Grabplatte eingefügt, die nach einem Entwurf des Künstlers Wieland Schmiedel gestaltet ist.

Seit dem 13. Jahrhundert finden sich an und in vielen Kirchen bildhaft-drastische Schmähungen von Juden. Das Relief an der Fassade von St. Marien stammt etwa von 1420. Vielleicht ist es bereits viel früher entstanden. Es zeigt einen Rabbi, der einer Wildsau, dem für die Juden unreinen Tier, in den After gafft, als glaube er dort Erkenntnis zu gewinnen, während die kleinen Judenkinder an den Zitzen der Sau liegen. Schande, Schande, Schande! Luthers Ausfälle in der Schrift »Von den Jüden und ihren Lügen« (1543) beziehen sich ausführlich auf diese Plastik.

Sein Verhältnis zu den Juden hat Luther in allen Lebensphasen beschäftigt. Während des euphorischen reformatorischen Aufbruchs entdeckte er eine große Nähe zu ihnen, doch will er sie missionieren. Sie sollten endlich einsehen, daß Jesus aus Nazareth wirklich der erwartete Messias ist. Nachdem sich die Christen von den papistischen Lehrüberwachungen befreit haben und zur Heiligen Schrift als normativer Quelle der Glaubensüberlieferung zurückgekehrt sind, sollten die Juden sich den Christen anschließen, so Luther. Er hat den Schriften des Ersten Bundes, dem sogenannten Alten Testament, wieder den gebührenden Platz eingeräumt und sie auch sehr sorgsam übersetzt. Nach hoffnungsvollen Neuansätzen in der Beurteilung der Juden in den Jahren 1514 bis 1523 wandte er sich enttäuscht von ihnen ab, weil sie keine Christen werden wollten. Es gibt nur wenige Zeugnisse für direkte Kontakte Luthers zu Juden. Disputationen mit Juden lehnte er ab. Diese würden nach Luthers Urteil die neue evangelische Kirche bedrohen, ja, sie würden das Wohlwollen von Christen »schändlich mißbrauchen und solche Dinge fürnehmen, die uns Christen von ihnen nicht zu leiden, zu erdulden sind«. Bis auf Ausnahmen war freilich die Zeitstimmung insgesamt antijüdisch bis pogromgeladen, voller Vorurteile und Gerüchte.

Am Ende seines Lebens bricht aus ihm der ganze Antijudaismus seiner Zeit und aller vorangegangenen Jahrhunderte hervor. In bestürzender Weise polemisiert er gegen die »Jüden und ihre Lügen«. Diese Schrift kann wie eine Vernichtungsanweisung gelesen werden, die Judenpogrome anstachelt. Das ist der wohl dunkelste Fleck im Leben dieses »Deutschesten aller Deutschen«, dieses gebannten Durchbrechers eines Banns, der auf der Kirche Jesu Christi selbst gelegen hatte.

Der alternde Luther verfiel selber den Greuelmärchen über die Juden, die er 1523 noch ganz und gar abgewiesen hatte. Er riet in bedrohlich ausfälliger Sprache zu konkreten Gewalt- und Vertreibungsmaßnahmen gegen die Juden: daß man ihre Häuser, Schulen, Synagogen »mit Feuer anstecke, und was nicht verbrennen will, mit Erde beschütten solle, daß kein Mensch ein Stein oder Schlacke davon sehe ewiglich«.

Luthers Position entsprach damit der Stimmung auch in Mitteldeutschland, wo es indes nur wenige Juden gab, gegen die Kurfürst Johann Friedrich aus bisher unbekannten Gründen 1536 ein Mandat erlassen hatte, das ihnen zusätzlich zu dem bereits seit 1432 bestehenden Ansiedlungsverbot sogar einen zeitweiligen Aufenthalt sowie ein bloßes Durchzugsrecht untersagte. (Antijudaismus und späterer rassistischer Antisemitismus waren und sind nicht auf Christen beschränkt!) Wir haben es also mit einer im Zeitgeist liegenden furchterregenden deutschen Verunglimpfungs- und Verdammungsgeschichte gegenüber Juden zu tun.

In einer Kanzelabkündigung als Schluß der letzten Predigt des Reformators in Eisleben am 15. Februar 1546, drei Tage vor seinem Tod, findet man – so scheint es zunächst – Luthers Vermächtnis in bezug auf die Juden: Er forderte die Mansfelder Grafen auf, sie auszuweisen, falls sie sich nicht zu Jesus Christus als dem Messias bekehren.

Bereits in Luthers erster Psalmenvorlesung von 1513 bis 1515 finden sich Grundelemente seiner Judenfeindschaft: »Die« Juden tragen die Schuld an Christi Kreuzigung. Durch ihre Schriftauslegung kreuzigen sie Jesus symbolisch immerfort. So sind sie »ein Königreich des Blutes und eine Synagoge des Satans bis auf den heutigen Tag«. Rettung kann ihnen nur die Anerkennung Christi als Messias bringen. Es gibt auch schon einen – hier noch singulären – Ausfall: Bei der Exegese von Psalm 77 (Vulgata; Lutherbibel: Psalm 78) versteigt sich Luther zu der zynischen Bemerkung, den Juden würden die Rekta heraushängen, daher hätten sie wohl keine festen Wohnsitze. Hier drängt sich die Vermutung auf, Luther habe bereits in dieser frühen Phase »in Kopf und Herz ein Problem mit den Juden gehabt, das irrationaler ist, als es die rationale Linienführung seiner theologischen Distinktionen annehmen lässt« (Peter von der Osten-Sacken).[19]

In einer Auslegung des 109. Psalms für die Königin von Ungarn sind alle späteren schlimmen antijüdischen Urteile Luthers angelegt. Diese Urteile verstören den heutigen Leser tief, vor allem die wüsten Beschimpfungen, Unterstellungen und Ausfälle, in die sie mündeten. Gerade sie aber sollen hier der Ausgangspunkt sein, um deutlich machen zu können, daß sie nicht zwangsläufig aus der reformatorischen Theologie resultierten, daß Luther in früheren Jahren durchaus geradezu revolutionäre gedankliche Ansätze entwickelt hat, an die man heutzutage im christlich-jüdischen Dialog anknüpfen kann, ja anknüpfen muß. Er schreibt 1523, »daß Jesus Christus ein geborener Jude sei«. Er will sie für den neuen Glauben gewinnen. Dazu müßten sie aber zuvor fair behandelt werden.

Es sei nun seine Bitte und sein Rat, »daß man säuberlich mit ihnen umginge und aus der Schrift sie unterrichtete, so könnten ihrer etliche herbeikommen. Aber nun wir sie nur mit Gewalt treiben und gehen mit Lügengerede um, geben ihnen Schuld, sie müßten Christenblut haben, daß sie nicht stinken, und ich weiß nicht, was des Narrenwerks mehr ist, daß sie gleich wie Hunde behandelt, was sollten wir Gutes an ihnen schaffen? Ebenso, daß man ihnen verbietet, unter uns zu arbeiten, hantieren und andere menschliche Gemeinschaft zu haben, womit man sie zu wuchern antreibt, wie sollte sie das bessern?

Will man ihnen helfen, so muß man nicht des Papstes, sondern christlicher Liebe Gesetz an ihnen üben und sie freundlich annehmen, mit [uns zusammen] lassen erwerben und arbeiten, damit sie Gelegenheit und Raum gewinnen, bei und um uns zu sein, unsere christliche Lehre und Leben zu hören und zu sehen. Wenn etliche halsstarrig sind, was liegt dran?«

Luthers Judenfeindschaft zeigt sich vor allem in vier späten Schriften: 1538 erschien »Wider die Sabbater«[20], 1543 veröffentlichte er »Vom Schem Ha Mphoras und vom Geschlecht Christi«[21], »Von den letzten Worten Davids« und seine umfangreichste und erschütterndste antijüdische Schrift »Von den Jüden und ihren Lügen«, auf die ich mich hier beschränken will.

Eine jüdische Gegenschrift zu »Wider die Sabbater« hatte Luthers Zorn entfesselt. Wiederholt erklärt er nun die Juden kurzum zu Kindern des Teufels. Das zeige sich in Hochmut und Haß gegenüber anderen Religionen, vor allem einem falschen Messiasverständnis, in Verlogenheit, Blindheit, ja Verstocktheit. Gegen Ende seines Lebens hält er auch die bis dato zurückgewiesenen

Greuelmärchen von Brunnenvergiftung, Kinderraub und Ritualmord sowie Hostienschändung für möglich.

Seinen Höhepunkt fand Luthers Haß in den furchtbaren Ratschlägen vor allem an die Obrigkeiten: Verbrennung der Synagogen, Zerstörung der Häuser und Unterbringung der Juden in Ställen, Wegnahme der Gebetbücher und des Talmuds, Lehrverbot für Rabbiner.

Das ist tatsächlich der dunkelste Fleck im Leben dieses deutschen Reformators und bleibt für immer ein schmerzhafter Stachel im Leibe der evangelischen Kirchen.

Die Nazis nahmen solche rassistisch-antisemitisch ausdeutbaren Verdammungen gern auf. Auch in der damaligen Kirche grassierte ein von der Mehrheit der Deutschen unterstützter, geduldeter oder beschwiegener Antisemitismus. Dietrich Bonhoeffer trat dem im September 1933 im Umfeld der sogenannten »Reichssynode« in Wittenberg mit Flugblättern entgegen, ebenso wandten sich andere Mitglieder der Bekennenden Kirche gegen Judenvertreibung und -verfolgung. Den sogenannten Judenparagraphen, wonach die Ehe zwischen Deutschen und Juden als Rassenschande galt, wollten die Kreise um Bonhoeffer und Helmut Gollwitzer keinesfalls gelten lassen. Doch für die geschmähten, verfolgten, vertriebenen, vergasten jüdischen Mitbürger schrie fast niemand! Es gibt ein Foto, auf dem ein evangelischer Pfarrer Nazifunktionäre geradezu stolz auf die »Judensau« hinweist.

Das weitgehende Schweigen der Kirche wie der einzelnen Christen zu Verfolgung, Vertreibung und Ermordung der Juden in Deutschland seit 1933 gehört zu den finstersten Kapiteln des deutschen Protestantismus. Rückblickend wollen alle irgendwie wie Bonhoeffer gedacht haben, dem man einen inzwischen unvergeßlich gewordenen Satz zuschreibt: »Nur wer für die Juden schreit, darf auch gregorianisch singen.« Das hatte er seinen Vikaren im bald darauf verbotenen Predigerseminar in Finkenwalde ins Gewissen geredet.

Als Beispiel der Verirrung und der Mitschuld sei erwähnt, daß im April 1939 dreizehn deutsche Landeskirchen in der Lutherstadt Eisenach ein »Institut zur Erforschung und Beseitigung des jüdischen Einflusses auf das deutsche kirchliche Leben« gründeten. Als wissenschaftlicher Leiter fungierte bis 1945 Professor Dr. Walter Grundmann. Ausgerechnet vom Landesbischof der Evangelisch-Lutherischen Landeskirche in Thüringen Dr. Moritz Mitzenheim wurde der »entnazifizierte« Grundmann nicht nur in kirchliche Dienste wieder aufgenommen, sondern gar 1954 zum Rektor des Eisenacher Katechetenseminars berufen. Dort wirkte er zugleich als Dozent für Bibelauslegung.

Es ist mehr als eine Ironie der Geschichte, daß Grundmann zum allgemein geschätzten Exegeten des Neuen Testaments avancierte und auch in der DDR veröffentlichen konnte. Moritz Mitzenheim hatte bis 1936 zu den sogenannten Deutschen Christen gehört, bis er sich zur Bekennenden Kirche hielt. Den lutherischen Prinzipien betreffs »Obrigkeit« folgte er in der DDR weiterhin, indem er trotz antikirchlicher Propaganda und trotz aller Repressionen gegen Christen versuchte, ein gutes Verhältnis zum atheistischen Staat zu schaffen. Er erkannte den Ulbricht-Staat an und wollte in der Kirche keine politische Opposition dulden. Schlitzohrig entzog er sich der Kritik am erneuten Farbenwechsel der Thüringer Landeskirche mit dem Satz: »Man nennt mich einen ›roten Bischof‹. Das ist recht so. Denn es gibt auch ein ›Rotes Kreuz‹ – und das bringt Hilfe!«

Ein Schandmal unserer lutherischen Tradition – ein Entjudungsinstitut in Eisenach! Veranstaltungen, die rückblickend peinlich, grotestk und zynisch wirken, hatten zum Beispiel als Ausgangspunkt die These: »Jesu Eltern sind keine Juden gewesen«. Somit war Jesus kurzerhand auch kein Jude.

Zur Instituteröffnungsfeier auf der Wartburg am 6. Mai 1939 wurde auch das Nazilied »Über uns Gottes Befehle« gesungen. In der dritten Strophe heißt es dort:

Über uns Führer und Meister,
unter uns treu Kamerad.
Gegen uns Welten und Geister,
wir nur des Führers Soldat.
Ziehn wir in den Morgen
neuer Gotteszeit,
gläubig und tapfer!
Wir sind bereit.

Und wer hielt die feierliche Eröffnungsansprache? Prof. Dr. Walter Grundmann.

Die »Feier« schließt mit dem Lied:

Es gibt nur eine Parole,
die allen im Herzen brennt.
Es gibt nur eine Parole,
zu der sich jeder bekennt:
Gehorsam und Treue, Gehorsam und Treu'.
Es gibt nur eine Parole:
Gehorsam und Treu'.[22]

Mit einer solchen Gehorsams- und Treue-Ideologie sind Millionen deutscher Männer, Väter, Brüder und Söhne, in den verbrecherischen Zweiten Weltkrieg gezogen. Evangelische Christen haben sich dabei auch das Erbe Martin Luthers mißbrauchend angeeignet.

Wer Luther heute mit guten Gründen als jemanden verehrt, der gewissermaßen stellvertretend einen Durchbruch zum gewissensgeleiteten NEIN eines einzelnen in aller Öffentlichkeit gewagt hatte, muß sich vor Idealisierung und Überholung ebenso hüten wie vor einer Verteidigung seiner Irrtümer und historischen Verschuldigungen. Zugleich bleibt unbestreitbar, wie sein Mut Mut machte und noch heute Mut macht. Aber dieses dunkle antijüdische Kapitel unserer Geschichte darf nicht beschwiegen werden. Wer allerdings nur dieses Dunkle benennt, wird dieser Person mit der Einordnung in damalige Umstände nicht gerecht.

Die Barmer Erklärung von 1934 richtete sich gegen die das biblische Zeugnis verfälschende Theologie sowie gegen das Kirchenregime der Deutschen Christen, die damit begonnen hatten, die evangelische Kirche der Diktatur eines »Führers« anzugleichen. Das führte faktisch zu einer innerevangelischen Kirchenspaltung. Die Deutschen Christen hatten die Mehrheit, doch wirksam wurde 1934 die »Barmer Theologische Erklärung«, in der es unter der These 5 heißt:

»Die Schrift sagt uns, daß der Staat nach göttlicher Anordnung die Aufgabe hat, in der noch nicht erlösten Welt, in der auch die Kirche steht, nach dem Maß menschlicher Einsicht und menschlichen Vermögens unter Androhung und Ausübung von Gewalt für Recht und Frieden zu sorgen.

Die Kirche erkennt in Dank und Ehrfurcht gegen Gott die Wohltat dieser seiner Anordnung. Sie erinnert an Gottes Reich, an Gottes Gebot und Gerechtigkeit und damit an die Verantwortung der Regierenden und Regierten. Sie vertraut und gehorcht der Kraft des Wortes, durch das Gott alle Dinge trägt.«

Dem folgt die Verwerfung der falschen Lehre, daß der Staat über seinen besonderen Auftrag hinaus, nämlich für Recht und Frieden zu sorgen, die einzige und umfassende Quelle menschlichen Lebens sein könne. Die in Barmen versammelte Synode der Bekennenden Kirche fügte hinzu: »Wir verwerfen die falsche Lehre, als solle und könne sich die Kirche über ihren besonderen Auftrag hinaus staatliche Art, staatliche Aufgaben und staatliche Würde aneignen und damit selbst zu einem Organ des Staates werden.« (Vgl. die »Barmer Theologische Erklärung, EG 808). Jener Hitler-Nazi-Staat schickte sich an, auch über die Kirche und das Innere der Menschen zu herrschen.

Wir Nachgeborenen mögen in unserem Urteil so klar wie zurückhaltend bleiben. Der totale Staat herrschte total; der erforderliche Widerstand war eher marginal. Es bleibt schmachvoll zu wissen, wie nur einzelne Christen und organisierte Gruppen – wie der sogenannte »Pfarrernotbund« – in der Zeit des Nazismus Widerstand geleistet haben. Machen wir Heutigen es uns bewußt, welchen Mutes es bedurfte, in einer Denkschrift vom Mai 1936, gerichtet »an den Führer und Reichskanzler«, zu formulieren: »Das evangelische Gewissen, das sich für Volk und Regierung mitverantwortlich weiß, wird aufs Härteste belastet durch die Tatsache, daß es in Deutschland, das sich selbst als Rechtsstaat bezeichnet, immer noch Konzentrationslager gibt und die Maßnahmen der geheimen Staatspolizei jeder richterlichen Nachprüfung entzogen sind.« Wer dürfte 2017 den Verfassern dieser Denkschrift christlichen Mut und Widerständigkeit aus Glauben absprechen, wiewohl von den Verbrechen an den Juden darin kein Wort vorkommt?

In diesem Zusammenhang sei wenigstens an das umstrittene Widerstandszeugnis des SS-Sturmführers Kurt Gerstein erinnert, der bereits im Sommer 1942 dem Rat der Bekennenden Kirche Details über die Judenvernichtung in den Lagern des Ostens mitgeteilt hatte. Ein mutiger Mann »im Gewand des Teufels«, suchend nach den Christen, die dem Namen Christi mit allen Folgen zu folgen bereit seien. Rolf Hochhuth hat ihm, diesem wakkeren Christen mit seinem Wagnis, das System von innen zu bekämpfen und zugleich Schuld auf sich zu laden, ein Denkmal gesetzt.[23]

II.

Lange Zeit nach 1945 wurde peinlich verschwiegen, daß und wie Luther sich in seinen unerträglichen Ausfällen 1543 ausdrücklich auf das steinerne Schandmal an St. Marien bezogen hatte. Das am 11. November 1988 darunter eingeweihte Mahnmal nimmt Bezug auf den im Relief verrätselten Namen »Schem Ha Mphoras«. Die Umschrift auf den Grabplatten versucht in verdichteter Form zu verdeutlichen, worum es geht: »Gottes eigentlicher Name, der geschmähte Schem Ha Mphoras, den die Juden vor den Christen fast unsagbar heilig hielten, starb in sechs Millionen Juden unter einem Kreuzeszeichen«. Und dazu ist der Anfang des Psalms 130 in deutscher und hebräischer Schrift gesetzt: »Aus der Tiefe rufe ich, Herr, zu dir.«

Erinnerung quillt aus der Grabplatte herauf. Geschichte läßt sich nicht unterdrücken und begraben. Die vier Platten bilden ein Kreuzeszeichen: das Zeichen des gemarterten Juden Jesus. Das Kreuz als Todeszeichen und Zeichen neuen Lebens. Wir Wittenberger verstehen den Protest mancher Besucher nur zu gut. Wir teilen ihn. Und doch bitten wir zu verstehen, warum wir 1988 – und auch auf 2017 hin – nicht gesagt haben: aus den Augen, aus dem Sinn. Alljährlich gedenken wir am 9. November abends der Pogromnacht von 1938, auch der damals hier lebenden 72 jüdischen Mitbürger. Einige hatten seit 1933 in Angst und Schrecken Wittenberg verlassen oder waren bereits in Todeslager deportiert worden. Die in den letzten Jahren von einer ökumenischen Ge-

Mahnmal unterhalb der Judenschmähung vor der Wittenberger Stadtkirche, Umschrift von Jürgen Rennert: GOTTES EIGENTLICHER NAME DER GESCHMÄHTE SCHEM HA MPHORAS DEN DIE JUDEN VOR DEN CHRISTEN FAST UNSAGBAR HEILIG HIELTEN STARB IN SECHS MILLIONEN JUDEN UNTER EINEM KREUZESZEICHEN (Künstler Wieland Schmiedel)

meindeinitiative überall in die Stadt eingefügten Stolpersteine bringen die einzelnen Namen der aus unserer Mitte grausam Vertriebenen in Erinnerung.

Zu den unvergeßlichen und bewegenden Ereignissen von 1988 gehört, wie der damalige Gemeindeleiter der Magdeburger Jüdischen Gemeinde, Dr. Gunther Helbig, am 11. November in einer Bußandacht zu uns gesprochen hatte und uns in äußerst berührender Weise mit dem aaronitischen Segen entlassen hatte. Ein Jude segnet die Christgläubigen. Ein für Luther noch undenkbarer Vorgang:

»Es ist vermutlich die erste unter all den Judensaudarstellungen, die es noch gibt. Und es geht eine Symbolik davon aus, denn diese Kirche hier ist nicht irgendeine. Sie sagt etwas aus. Hätte Jesus in der Nazizeit in Wittenberg gelebt, er wäre mit Sicherheit in Auschwitz ermordet worden. Denkenden Christen ist das mit Entsetzen bewußt geworden. Uns Juden befällt nicht Triumph ob dieses Reliefs. ›Jedes Ding währt seine Zeit‹, werden wir nachher singen. Es war auch Hochmut, der die Judensau erdenken ließ. Auch die Mahnung des Paulus: ›So rühme dich nicht wider die Zweige. Rühmst du dich aber wider sie, so sollst du wissen, daß du die Wurzel nicht trägst, sondern die Wurzel trägt dich.‹ Es ist Zeit, es zu begreifen, es ist die Zeit, das Rechte zu tun. Möge es von allen, die hierherkommen, im rechten Sinne verstanden werden. Amen.«

Das Mahnmal soll zeigen: Wir haben gelernt. Wir bleiben – als Christen und Bürgergemeinde – wachsam gegenüber jeglichem Antisemitismus wie jeglichem Rassismus und Nationalismus.

Es gibt wieder Stimmen, vor allem außerhalb Wittenbergs, dieses Schandmal zu entfernen. So aber läßt sich Geschichte nicht »entsorgen«. Unsere besondere Sorge und Wachsamkeit gegen diesen wie gegen jeden Rassismus muß bleiben.

Jegliche Verachtung, Diskriminierung und Benachteiligung von Andersgläubigen und Andersdenkenden möge der Vergangenheit angehören. Gegen Vorurteile anzugehen bleibt Aufgabe aller. Besonders an dieser Stelle in der »Lutherstadt Wittenberg«.

Ich kann nicht anders

Martin Luthers Vermächtnis

Ob die »Hammerschläge, die durch ganz Europa hallten« und die Kirche und insbesondere Deutschland spalten sollten, wirklich eine Tür der Schloßkirche zu Wittenberg trafen, ist höchst unsicher. Was aber wäre diese Geschichte ohne diesen Thesen-Anschlag auf das mächtige Rom? Ein einzelner kleiner Mönch in einer Kleinstadt am Rande der Zivilisation nimmt es mit der Weltkirche auf. Halsbrecherisch, scheiterhaufenheiß! Sein Leben eine fortgesetzte Story bis heute, zwischen Wahrheit und Legende.

Auch die Suche nach dem Tintenfleck an der teuflischen Wand hat nicht aufgehört. Indes hat Luther mit Tinte die Welt verändert und mit Musik und Poesie den Teufel seiner apokalyptischen Ängste, seines konstitutionellen Trübsinns, seiner leiblich-sexuellen Anfechtungen vertrieben.

Die studentische Rebellion nach der spektakulären Verbrennung nicht nur der päpstlichen Bannandrohungsbulle im Dezember 1520, sondern auch der heiligen Bücher kanonischen Rechts vor den Toren der Stadt wurde makabres, mißdeutbares Vorbild anderer Bücherverbrennungen.

Der jugendliche Reformator hatte Mühe, die Geister zu bändigen, die er bei den jungen Frührevolutionären gerufen hatte. Sie gingen mit Äxten an die Bilder und machten tabula rasa mit der alten Welt, ersetzten dabei die alte Unfreiheit nolens volens durch neue Zwänge. Sie wollten zur Freiheit zwingen. Sie zweifelten am Wert jeder vorgegebenen staatlichen Ordnung und kamen in die Diktatur der Anarchie. Auch das machte Schule. Die Bauern schließlich mißverstanden seine neue Gerechtigkeit zuerst als soziale Gerechtigkeit, die Ablösung der geistlichen Herrschaft auch als Absturz der weltlichen Herrschaften. Ihnen genügte nicht das Schwert des Geistes, mit dem das sanftlebende Fleisch von Wittenberg wortgewaltig wirkungslos blieb, sie ergriffen geistgewiß das Schwert, während sich Luther – mit Bibelsprüchen stets abgestützt – auf die alten Ordnungen stützte. Der Held wurde bald zum Verräter gestempelt und verlor viel von seiner Basis.

Historische Wahrheit wird zur wirkmächtigen Legende; aber die Legende lügt nicht. Sie läßt lediglich außer acht, daß die Selbstgewißheit dieses Mannes mit Gottesgewißheit ebenso verbunden ist wie mit tiefen Zweifeln und Skrupeln. Die bronzenen Lutherstandbilder des 19. Jahrhunderts stellen ihn uns als ein Mixtum compositum tapferer Standhaftigkeit, finsterer Entschlossenheit und abstoßender Rechthaberei vor. Solche lernunfähige Trotzigkeit strahlte dieser Luther-Typ aus, der wohlbehalten bronzekalt auf dem Podest vor den imposanten Trümmern der Frauenkirche in Dresden stand. Dieser gerühmte »größte protestantische Sakralbau« versank nicht zuletzt im Gefolge protestantisch-preußisch-deutscher Tradition mit brauner Weltherrschaftsideologie 1945 in Trümmern. Luther dafür verantwortlich zu machen, war und ist töricht. Aber er war mißbrauchbar und hat Mißbrauchbares geschrieben.

Der erstmalig 1944 nachweisbare Aphorismus, der zum Bestsellertitel im apokalyptischen Szenario des 20. Jahrhunderts wurde: »*Und wenn ich wüßte, daß morgen die Welt unterginge, so würde ich heute ein Apfelbäumchen pflanzen*«, ist in den Werken Luthers unauffindbar. Und doch ist diese Formulierung ganz aus seinem Geiste und findet sich bei ihm dem Sinne nach durchaus wieder, etwa in seinem Glaubens-Imperativ: »*Man soll arbeiten, als wollte man ewig leben, und doch so gesinnt sein, als sollten wir diese Stunde sterben.*«

Alles, was über ihn erzählt wird, stimmt zu ihm. Auch was nicht »historisch« ist, ist geschichtlich wirksam geworden, Worte wie Geschichten. Er ist eine so streitbare wie umstrittene, eine so widersprüchliche wie zu Widersprüchen reizende, eine so begeisterte wie begeisternde Figur.

Lutherdenkmal vor der
Dresdner Frauenkirche,
Foto:
Friedrich Schorlemmer

Wer ist Martin Luther? Er ist eine Legitimations- und eine Inspirationsfigur der neueren deutschen und auch europäischen Geschichte geworden. Er ist Reformator und Ketzer, Interessenvertreter der Unterdrückten wie Fürstenknecht. Er ist der tiefernste Mönch wie der treusorgende, mitleidende Familienvater, der Sprachbildner und der Kirchenspalter, der schlichte Bergmannssohn und der Nationalökonom, der Tischgenosse und der Liederdichter, der erwartungsvolle Philosemit und der enttäuschte Antisemit. Er ist der Fröhlich-Depressive, der Polternd-Sensible, der Scharfsinnig-Grobe, der Angstbesetzt-Freie ...

Martin Luther, die Wittenberger Reformation und die protestantische Gewissensbindung: Das ist Freiheit des einzelnen mit Bindung an den Nächsten. Das ist der Aufstand der Provinz gegen das Zentrum, des einzelnen gegen die Institutionen, der Volkssprache gegen die Sprache des Imperiums, des gemeinen Mannes gegen die hohen Herren, des freien Gedankens gegen das festgefügte Dogma,

151

des Konkreten gegen das Allgemeine, des lebendigen Wortes gegen die abgespulte Litanei, der inneren Entscheidung gegen den äußeren Ritus, des gemeindlichen Mitredens gegen die episkopale Vorschrift, des Ursprungs gegen die Traditionen, der freien Gnade gegen die Käuflichkeit, der theologischen Konzentration gegen das religiöse Brimborium, der Stimme des Gewissens gegen die Forderungen des Gehorsams. Das ist die Religion des unfaßbaren Geheimnisses gegen den Reliquienkult eines materialisierten (Aber-) Glaubens, des Holzkreuzes von Golgatha gegen das Goldkreuz einer triumphierenden Kirche, des reinen Ursprungs gegen die verfälschende Tradition. Die Freiheit des Glaubens gibt es nicht ohne die Bindung in der Liebe. Aus solchem Frei-sein soll kein Müssen-sein werden – auch nicht zum Frei-sein.

Dieses »dunkeldeutsche« Provinznest Wittenberg in karger Landschaft sollte zum Rom des Protestantismus werden und den mächtigen europäischen Metropolen mit all ihrer äußeren Pracht trotzen, einzig mit dem Wort eines Wort-Mächtigen. »Die Schreibfeder soll Kaiserin sein«, sagte er ausgerechnet in der Schrift wider die Türken.

Es entspricht lutherischer Tradition, wenn über dem Eingang des Wittenberger Rathauses das Wort aus den Sprüchen Salomos steht: »*Fürchte Gott, ehre die Obrigkeit und sei nicht unter den Aufrührern*«. (Aus diesem Rathaus sollte 1933 der Reichsbischof Müller vor SA-Kohorten mit Hitler-Gruß heraustreten. Die Inschrift neu zu vergolden, beeilten sich indes selbst die Kommunisten.) Darüber stehen drei Frauengestalten mit Schilden, auf denen steht: »*religio, pax, justitia*« und als Inschrift um den Eingangsvorbau ein Wort aus Psalm 127: »*Wenn der Herr nicht das Haus baut, so arbeiten umsonst, die daran bauen. Wenn der Herr nicht die Stadt behütet, so wacht der Wächter umsonst.*« Dies ist eine eindringliche Warnung vor jeglicher Überhöhung menschlicher, auch staatlicher Gewalt und weist den Menschen auf seine kreatürliche Abhängigkeit ebenso, wie sie ihm ein kindliches Grundvertrauen einschärft.

Wie schwer es ist, selbst ein so kleines Gemeinwesen wie die dreitausend Bürger zählende Stadt zu leiten, hat Luther vielfach erfahren. Am Ende seines Lebens ist er am Verzweifeln, da das Volk wetterwendisch ist, ihm zujubelt und vergißt, wie sich alles um Eigennutz dreht. Luther selber fand höchste Freiheit im Loslassen und mußte erleben, wie Zank und Streit »um irdisch Gut« Menschen vernichtet, Familien zerrüttet, Nachbarschaften verfeindet. Seine letzte Tat ist der mühselige Versuch, einen Erbstreit zwischen zwei fürstlichen – evangelischen! – Herren zu schlichten. Darüber starb er hin, unterwegs.

Seine Angst um Käthe samt Familie schlägt sich in testamentarischen Äußerungen nieder: *»Die Leute sind grob, die Welt ist undankbar ...«*

Luther sah Geschichte als einen Prozeß von Werden und Neuwerden.

Das christliche Leben ist nicht Frommsein, sondern ein Frommwerden.
Nicht Gesundsein, sondern ein Gesundwerden.
Nicht Sein, sondern ein Werden.
Nicht Ruhe, sondern eine Übung.
Wir sind's noch nicht, wir werden's aber.

Aus Zuversicht kommt Selbstgewißheit.

»Aus Liebe zur Wahrheit und in dem Bestreben, diese zu ergründen«, hatte Luther 1517 seine 95 Thesen formuliert. Das ganze Leben des Christen, meinte er, ist eine Umkehr. Leben läßt sich nicht kaufen. Und mit Angst soll man Menschen nicht beherrschen oder erpressen, schon gar nicht religiös. So wie Umkehr eine lebenslange Übung darstellt, so geht Reformation weiter – oder sie ist nicht Reformation: Rückbesinnung und Verwandlung, getragen vom Vertrauen auf einen Gott, der auch vor düsteren Horizonten »ein Backofen voller Liebe ist«.

Keine Angst vor der Angst

Der junge Martin Luther hat sich angstvoll-defizitär erlebt und darunter furchtbar gelitten, da er meinte, er sei einer, der sich die Liebe Gottes, die gnädige Zuwendung Gottes verdienen müsse. Er empfand täglich sein Ungenügen und versuchte es mittels diverser Selbstkasteiungen zu besiegen – bis er den theologischen und existentiellen Durchbruch der Freiheitserkenntnis erlebte: Ich bin, wie ich bin – ein Geliebter, bin angenommen, gewürdigt und darf aufrecht gehen. Ich bin o. k. Nun kann ich auch mit dem umgehen, was nicht o. k. ist an mir. Und fortan aus freier Entscheidung tun, was recht ist – nicht aus Angst.

Was Luther mit Liebe meinte, läßt sich auch mit Verantwortung übersetzen. Oder Verantwortung läßt sich auch mit Liebe übersetzen. Sich den Selbstzweifeln tapfer stellen. In der Liebe leben, mit einer Selbstannahme, die erst zur Annahme des Nächsten werden kann:

Du sollst deinen Nächsten lieben wie dich selbst. Wie dich selbst! Eine wunderbare Ermunterung aus dem Munde unseres Herrn Jesus Christus.

»Strick ist entzwei, und wir sind frei.« Diese Zeile aus Luthers Lied »Wär Gott nicht mit uns diese Zeit« hab ich mir immer wieder hergesagt und mich damit befreit. In den letzten 25 Jahren auch von dem Strick, den die Vergangenheit um einen zu legen vermag, wenn man sich nicht von ihr verabschiedet.

Sieh zu, daß du nicht an die Vergangenheit gefesselt bleibst, sie aber auch nicht leugnest. Das heißt, die Vergangenheit in kritischer Selbstdistanz anzunehmen, sie so wahrzunehmen, daß die Erinnerung daran wachgerufen wird, wie mitten in aller Bedräng-

Titelblatt der Druckschrift
»Von der freyheyt eynes
Christenmenschen«,
Melchior d. J. 1520

nis gültiges – auch glückendes! – Leben möglich war. Schließlich
hat die Selbstbehauptung auch gestärkt.

Luther war dabei mehr als ein Stichwortgeber. Er war ein ermu-
tigter Ermutiger, ein befreiter Befreier, ein zweifelnd Glaubender,
ein getrösteter Tröster über die 500 Jahre seither geblieben. Alles in
allem. Ohne seine dunklen Seiten zu übersehen. Luther war und
bleibt ein seelsorgend Liebender und ein grob Dreinhauender, ein
poesievoller und ein scharfsinniger Denker, Briefschreiber und Prediger. Ein unübertroffenes Sprachgenie – einmal von Goethe abgesehen. Er behielt den Mut zur Angst und durchlebte Tiefen. Und
genau deshalb konnte er trösten und ermutigen.

In die nächtlichen Gewitterblitze hinein hatte er seine Angst
geschrien, die dunklen Wolken und die mächtigen Regengüsse fernerhin als Gottesruf an ihn persönlich gedeutet. Angst und Selbstzweifel, Vaterfurcht und Gottesangst, Gewissenspein und Einsamkeit trieben den jungen Martin Luder, brachten ihn fast um. (Er
sollte sich später in »Luther« umbenennen, den Befreiten, gemäß
seiner Schrift »Von der Freiheit eines Christenmenschen«, 1520.)

Das Grundthema seiner Theologie wie seiner Biographie war und blieb die Überwindung der Angst durch Gottvertrauen, ein Vertrauen, das sich gegenüber dem Zweifel, den persönlichen wie den apokalyptischen Ängsten, den Anfechtungen und diversen Phobien zu bewähren hatte. Dazu gehörten kindliche Koboldvorstellungen im Mansfeldischen sowie heftiges »Poltern« des Teufels auf dem Dachboden – ohne daß Luther solche Geräusche als Mardergezeter und Marderbalz »entmythologisieren« konnte.

All seine Lieder sind eigentlich Loblieder der Gottesgewißheit, des angstüberwindenden Gottvertrauens. Er besang darin die herzliche Zuwendung des »lieben Gottes«, nachdem er, aus der Erfahrung eines strengen Vaters herausfindend, ganz existentiell zur »herrlichen Freiheit der Kinder Gottes« (Römer 8,21) gelangt war.

»Ein feste Burg ist unser Gott«, Luthers Adaption des Psalms 46, sollte zum Trost- und Kampflied des Protestantismus werden – als ein Ausdruck von Spiritualität, nicht von Speerspitzen. In meiner Predigt zum Reformationstag 1980 in der Wittenberger Schloßkirche habe ich über Luthers bekanntestes Lied reflektiert:

> Ein feste Burg ist unser Gott,
> ein gute Wehr und Waffen.
> Er hilft uns frei aus aller Not,
> die uns jetzt hat betroffen.
> Der alt böse Feind,
> mit Ernst ers jetzt meint;
> groß Macht und viel List
> sein grausam Rüstung ist,
> auf Erd' ist nicht seinsgleichen. (EG 362)

ER ist ein feste Burg – ist unser Gott. Es geht nicht um Burgenbau, um Sicherungswälle, um Mauern. Es geht um den Gott, der mich zuversichtlich macht, daß ich als unverwechselbares Individuum in einer sicheren Burg Schutz finde. Er gibt das Gefühl von Geborgenheit. Gott ist das Wort für einen Ort, an dem ich mich

156

– wer immer ich sei – bergen kann, wo ich Kraft sammle, um wieder hinauszugehen. Ein Unterwegssein, ohne je anzukommen, hält der Mensch – halte ich! – offensichtlich nicht durch.

Gott – ein Fluchtpunkt meines Weges, ein Stein, auf dem ich ausruhe, aber nicht um hernach damit zu werfen. Wie anders wär die Welt, könnt ich, könnten wir alle sagen: Uns trägt eine tiefe Gewißheit hinaus in die Welt. Ganz gewiß geht es nicht um das Sichverschanzen hinter Mauern mit Schießscharten nach innen und außen. Wiewohl ich lese: »ein gute Wehr und Waffen« – oder ich lese: »ein *gute* Wehr und Waffen« – und denke, daß dieser Gott sich nicht eignet, um mit ihm (oder mit einer anderen höchsten Idee!) anderen den Schädel einzuschlagen.

Eine »Idee« wird so niedrig wie die Mittel, die zu ihrer Durchsetzung angewandt werden. Jede große Idee! Jedes höchste Wort! Ich lese weiter:

> Er hilft uns frei aus aller Not,
> die uns jetzt hat betroffen.

Ich bin nicht abgeschirmt, wahrlich nicht. Ich habe Angst, irr flattert mein Auge über die Zeitungsspalten. Ich kenne Not, Nöte, Nötigungen, Erniedrigungen, physische, psychische, geistige, soziale. Die Erde ist so klein, so eng geworden. Das Ferne kommt mir nahe.

In wie vielen Verkleidungen taucht das auf, was dieses Lied den »alt bösen Feind« nennt, der mit »groß Macht«, mit Großmacht und »viel List« auftritt? Verleumdung und Verlockung, Entstellung und Eifer.

»Mit unsrer Macht ist nichts getan«. Ja, so, ganz so fühle ich mich: ohnmächtig. Und höre vom Rad der Geschichte, das auf mich zurollt, auf andere zurollt. Etwas Unerbittliches hat dieses Rad – und die, die es drehen, auch.

Soweit aus meiner vor mehr als drei Jahrzehnten gehaltenen Reformationspredigt.

Jesus will mit seinem Wort Innerstes erreichen, damit wir im Äußersten bestehen können. Das letzte Wort Jesu in den sogenannten Abschiedsreden, wie sie der Evangelist Johannes etwa 100 n. Chr. aufgeschrieben hat, lautet: »Solches habe ich mit euch geredet, daß ihr in mir Frieden habet. In der Welt habt ihr Angst; aber seid getrost, ich habe die Welt überwunden.« (Joh. 16,33a–b) Wer diesen Vers nicht vollständig liest, hat nichts begriffen.

Das getröstete Leben wird möglich durch die innere Nähe zu dem, der die Welt mit all ihrer Angst, ihrer Zerrissenheit, ihren Brüchen und ihrer Finsternis überwunden hat. Für uns! Er ging uns voran, und – wie Bonhoeffer sagte – es gelte nun, »mit Gott Schritt zu halten«. Luther hat mit besonderer Intensität die expressivsten Lieder der Psalmen ins Deutsche übersetzt.

> Mein Gott, mein Gott, warum hast du mich verlassen?
> Ich schreie, aber meine Hilfe ist ferne.
> Mein Gott, des Tages rufe ich,
> doch du antwortest nicht,
> und des Nachts, doch finde ich keine Ruhe.
> (Psalm 22,2–3)

> Auf dich bin ich geworfen von Mutterleib an,
> du bist mein Gott von meiner Mutter Schoß an.
> Sei nicht ferne von mir, denn Angst ist nahe;
> denn es ist hier kein Helfer.

> Gewaltige Stiere haben mich umgeben,
> mächtige Büffel haben mich umringt.
> Ihren Rachen sperren sie gegen mich auf
> wie ein brüllender und reißender Löwe.
> Ich bin ausgeschüttet wie Wasser,
> alle meine Knochen haben sich voneinander gelöst;
> mein Herz ist in meinem Leibe
> wie zerschmolzenes Wachs.

Meine Kräfte sind vertrocknet wie eine Scherbe,
und meine Zunge klebt mir am Gaumen,
und du legst mich in des Todes Staub.
(Psalm 22,11–16)

Gott ist unsre Zuversicht und Stärke,
eine Hilfe in den großen Nöten,
die uns getroffen haben.
Darum fürchten wir uns nicht,
wenngleich die Welt unterginge
und die Berge mitten ins Meer sänken,...
(Psalm 46,2–3)

Der *Herr* ist mein Hirte,
mir wird nichts mangeln.
Er weidet mich auf einer grünen Aue
und führet mich zum frischen Wasser.
Er erquicket meine Seele.
Er führet mich auf rechter Straße
um seines Namens willen.
Und ob ich schon wanderte im finstern Tal,
fürchte ich kein Unglück;
denn du bist bei mir,
dein Stecken und Stab trösten mich.
(Psalm 23,1–4)

Das ABER des Glaubens hat Luther in den Schriften des Alten
wie des Neuen Testaments als kräftigende Glaubenszeugnisse von
Menschen freigelegt. Gott ist kein angstmachendes Über-Ich, sondern ein herzlich zugewandtes Du. Luther hat nicht nur Ängste
gehabt, wie sie alle Menschen plagen mögen, sondern war von
sehr existentiellen Ängsten geplagt. Er hat davon reden und er-
zählen können, wie schließlich die Angst überwunden wurde. Auf
eigene Kappe ritt er aus dem schützenden Versteck auf der Wartburg. In einem Brief an seinen Landesherrn kündigte er 1522 an,

sich selber aus dessen Schutz herauszubegeben. Er gedenke sich fortan in den Schutz eines »Höhern« zu stellen: »Nun ich aber sehe, daß meine zu *viele* Demut gelangen will zur Niedrigung des Evangelii, und der Teufel den Platz ganz einnehmen will, wo ich ihm nur eine Handbreit räume, muß ich aus Not meines Gewissens anders dazu tun. Ich hab E.K.F.G. genug getan, daß ich dies Jahr gewichen bin, E.K.F.G. zu Dienst. Denn der Teufel weiß fast wohl, daß ich's aus keinem Zag getan hab'. Er sah mein Herz wohl, da ich zu Worms einkam, daß, wenn ich hätte gewußt, daß so viele Teufel auf mich gehalten hätten, als Ziegel auf den Dächern sind, wäre ich dennoch mitten unter sie gesprungen mit Freuden.«

Jeder Mensch hat sich dem Bösen zu seiner Zeit und in seiner Zeit entgegenzustellen, dem Bösen überhaupt und dem Bösen in der Gestalt des Teufels. Luther hat sich gegen den Teufel als den großen Negierer der Frohen Botschaft wacker zu schlagen gehabt. Man müsse dem Teufel geradezu seine Verachtung zeigen, indem man ihm den Hintern zeige. Und wenn es nötig ist, hast du diesem Durcheinanderbringer, dieser Kraft, die dich in Versuchungen, in Glaubens- und in Selbstzweifel reißt, zu widerstehen. Und sei es mit einem Furz.

In einem Zeitalter der Angst lebte er. Das Schicksal des Jan Hus hatte er stets vor Augen, zumal bei seiner Reise nach Worms mit einem Unversehrtheitsversprechen, auf das sich Hus 100 Jahre zuvor verlassen hatte. (Recht still ist es beim 600jährigen Gedenken an die spektakuläre Verbrennung im Jahre 2015 gewesen.)

Wir Menschen leben mit dem Verlust des Paradieses. Wir sind Vertriebene, die ihr Leben auch mühselig fristen. Der Psalm 90 bedenkt das Ende des Lebens in Verbindung mit der Sinnfrage und resümiert: »Was daran köstlich gewesen ist, ist doch nur Mühe und Arbeit gewesen.«

Der Psychoanalytiker Erik Erikson hat in seinem 1958 erschienenen Buch »Der junge Mann Luther« eine nach wie vor bedenkenswerte Deutung vorgelegt: Das Bild vom Unschuldsparadies sei Teil der individuellen wie der Menschheitsvergangenheit. Das Paradies sei verlorengegangen, als der Mensch nicht mehr damit zufrieden gewesen sei, sich von den Bäumen zu pflücken, was er zum Leben brauchte. Er habe mehr begehrt, als er ausgerechnet das Verbotene haben und wissen wollte. Als er hineingebissen habe, hätte er das Gute und das Böse erkannt.

Hinterher habe er im Schweiße seines Angesichts gearbeitet. Es müsse aber – fügt Erikson an – ergänzt werden, daß er »Werkzeuge zu ersinnen begann, um der Natur mit Gewalt abzuringen, was sie nicht freiwillig geben wollte. Er ›wußte‹ und verlor nun seine Unschuld. Er wurde autonom und erkannte die Scham. Er entwickelte selbständige Tatkraft und wurde schuldig. Nächst dem Frieden ist deshalb Versöhnung eine starke infantile Quelle religiöser Vorstellung.«[24]

In Luthers volkstümlicher Vorstellungswelt sei der Hintern das magische Gesicht des Teufels. Dieses zeige er her, wenn er jemanden reizen wolle. Der Teufel hinterlasse den Eindruck dieses Körperteils geradezu als seine dienstliche Signatur. Er selbst könne es sehr schlecht vertragen, wenn man ihm das eigene Hinterteil (und die von dort ausgehenden Düfte) zu Gesicht bringe. Den Hintern zu zeigen sei demnach, wie viele entsprechende Redewendungen in Luthers reich entfalteter Rhetorik nahelegten, »die äußerste Herausforderung« für den Menschen auf dem vertrackten Weg zu seiner Freiheit, die ihn ohne Ent-fremdung leben lasse.[25]

Luther hat auf unnachahmliche Weise »Glaube und Existenz« als elementares psychologisches Problem formuliert. Er charakterisiert gelegentlich den Glauben als ein »Stehfest des Herzens«. Oder soll es heißen: »ein Standfest des Herzens«? Jedenfalls solle der Glaube nicht wanken, wackeln, beben, zappeln und zweifeln, sondern fest stehen und seiner Sache gewiß sein. Also mitten in allen Selbst- und Weltzweifeln seiner Sache gewiß bleiben aus einem Glauben, der aufrichtet.

1542 schrieb Luther eines seiner bekanntesten Kirchenlieder:

Erhalt uns, Herr, bei deinem Wort
und steur deiner Feinde Mord,
die Jesum Christum, deinen Sohn,
wollen stürzen von deinem Thron. (EG 193)

Im Original hatte es »im Geist der Zeit« geheißen: »und steur des Papsts und Türken Mord«.

Martin Luther redet viel vom Teufel und davon, in wievielerlei Gestalten er einem erscheint, dieser Diabolus, dieser Finsterling, dieses Arschgesicht. Er begegnet (in der Seelsorge für andere und bei sich selbst) dem Teufel des Trübsinns. Die Überwindung der Melancholie, des Zweifels und des Selbstzweifels ist zentrale Sache des Glaubens, der findigen Überlistung dieses Listigen schlechthin.

Der Teufel ist ein überaus listiger Durcheinanderbringer der menschlichen Beziehungen – sowohl in den zwischenmenschlichen, den gesellschaftlichen wie in den zwischenstaatlichen Bereichen. Er verwickelt den Menschen immer wieder in Disputationen, in Ausweglosigkeiten, in Lebensangst mit Gotteszweifel.

Es ist der »Reuel«, der Geist des Unfriedens und des mörderischen Krieges.

Der Teufel flieht am wirkungsvollsten und erfahrbarsten vor der Musik.

»Der Teufel ist ein trauriger Geist und macht traurige Leute, darum kann er Fröhlichkeit nicht leiden. Daher kommts auch, daß er vor der Musika aufs Weiteste flieht! Er bleibt nicht, wenn man singt, sonderlich geistliche Lieder. Also linderte David dem Saul seine Anfechtung mit seiner Harfen, als ihn der Teufel plagte ... Die Musika ist ein herrlich göttlich Geschenk ...

Ja, Musika ist aller Bewegung des menschlichen Herzens eine Regiererin. Nichts auf Erden ist kräftiger,
die Traurigen fröhlich, die Fröhlichen traurig,

die Verzagten herzhaftig zu machen,
die Hoffärtigen zu Demut zu reizen,
den Neid und Haß zu mindern,
denn die Musik.«

Erik Erikson hat die Person Luthers mit der Person und dem Geschick Sigmund Freuds verglichen: Beide würden eine gewisse Regelmäßigkeit im Wachstum einer bestimmten Art von Genie veranschaulichen. Zweifellos hatten sie eine charakteristische Eigenschaft gemeinsam: »die grimmige Entschlossenheit, die Schmutzarbeit ihres jeweiligen Zeitalters zu tun; denn für beide stand in einer Ära materieller und wissenschaftlicher Ausweitung das menschliche Gewissen im Mittelpunkt«.

Luther hatte seine frühe Arbeit »im Schlamm arbeiten« genannt. Er »klagte darüber, daß er damit zehn Jahre lang allein gestanden habe, während Freud, ebenfalls während eines Jahrzehnts Alleingänger, von Arbeit ›in der Tiefe‹ sprach und das Bild eines Bergmanns in finsterem Schacht beschwor, wobei er zarten Gemütern ›eine gute Auffahrt‹ wünschte«.[26]

In Freud'scher Terminologie ausgedrückt: Luthers Kampf sei der Kampf des erwachsen werdenden, des autonomen Ichs gegen die Urängste aus dem Es sowie aus den Ängsten vor der Fremdbestimmung durch das Über-Ich.

Gott-Vater entdeckt Luther in der Heiligen Schrift nicht mehr als ein angsteintreibendes Über-Ich, sondern als ein herzlich zugewandtes Du. Er dichtete das Vaterunser:

> Vater unser im Himmelreich,
> der du uns alle heißest gleich
> Brüder sein und dich rufen an
> und willst das Beten von uns han:
> gib, daß nicht bet allein der Mund,
> hilf, daß es geh von Herzensgrund.
> (EG 241)

Der sich als mündiges Subjekt erkennende, bestätigende, handelnde autonome Mensch bleibt dennoch – zu seinem Glück – an den liebenden Gott gebunden. Glaube impliziert einen Gehorsam, der in Freiheit versetzt.

Erik Erikson legt Luther auf die Freud'sche Couch und schreibt unter der Überschrift »Gehorsam – wem?«: »Auf ihrem Höhepunkt mündete Luthers Rebellion in die Frage nach der Gehorsamspflicht des Menschen gegenüber Gott, Papst und Herrscher – richtiger: gegenüber der Vielzahl von Herrschern, die damals Anspruch auf Gehorsam erhoben. Am Anfang seiner Bahn hatte ihn gleichsam als Vorbereitung auf diesen späteren ein anderer Zwiespalt gequält: der zwischen der Schuldigkeit gegenüber seinem natürlichen Vater, dessen Standpunkt stets brutal deutlich war, und dem Gehorsam gegenüber seinem Vater im Himmel, dessen dramatischer, aber unbestimmter Ruf an ihn ergangen war. Der frühere Zwiespalt verfolgte Luther bis weit in die theologischen Kämpfe seines Mannesalters hinein.«[27]

Aber er konnte so direkt, so zutraulich und zugleich respektvoll von Gott reden, wie er deftig vom Teufel redete. Vielleicht, so Erikson, habe nur ein solcher Mann die persönlichen Konflikte, die an seinen theologischen Entscheidungen mitwirkten, tief genug empfinden und die Ehrlichkeit aufbringen können, sich darüber zu äußern. »Luther war ein aufsässiger Theologe, kein Lehnstuhlpsychologe. Er beschrieb seine Konflikte in überraschenden, manchmal prahlerischen und oft unzuverlässigen Worten. Aber man kann sich des Eindrucks nicht erwehren, daß er oftmals gerade die Dinge öffentlich bekannte, die mehr als dreihundert Jahre später (als die Aufklärung psychologisch einen Punkt erreicht hatte, der keine Umkehr mehr zuließ) Freud offen anpackte und in Begriffe faßte, als er bei der Untersuchung seiner Träume die neurotische Komponente seiner geistigen Suche herausforderte und bändigte.«

Um Luthers Seelenleben zu verstehen, müsse man sich vor Augen führen, daß die Eltern Martin geschlagen haben. »Sie waren hart, sparsam und abergläubisch, die Schule eintönig und grau-

sam. Die Kirche beschäftigte sich (in Martins Vorstellung) aus-
schließlich mit dem Jüngsten Gericht. Elternhaus, Kirche (wie er
sie begriff) und Schule ließen in ihm eine schuldbedrückte, traurige Weltstimmung wachsen, die ihn schließlich ›in die Mönche-
rei trieb‹.«[28]

Niemand hat psychologische Beobachtungen, Analysen und Perspektiven so einleuchtend und tiefgründig auf den Glaubensweg
Luthers zu beziehen vermocht wie Erikson. Freud, Nietzsche und
Kierkegaard fließen wie selbstverständlich in seine Deutung ein
und machen Luther »exemplarisch«.

Das ganz innen verankerte Widerständige hat den Luther der
Jahre 1518–1524 getrieben. Lucas Cranachs Porträt des Mönchs
von 1520 wurde als zu aufrührerisch aus dem Verkehr gezogen.

Erikson kommt zu dem Schluß, Luthers theologisches Voran-
schreiten lasse sich mit bestimmten Stufen der psychologischen

Albrecht Dürer: Ritter, Tod
und Teufel. Kupferstich,
1513

Entwicklung vergleichen, die jeder Mann nehmen müsse: »das Verlegen der Vater-Sohn-Beziehung in das Innere, wobei gleichzeitig das Gewissen ausgeprägte Form gewinnt; die Begründung einer Identität als Mann und Schaffender, begleitet von einer Neubestätigung des Grundvertrauens. Anstatt am Rande von Raum und Zeit zu lauern, wurde Gott für Luther zu dem, ›der in uns wirkt‹. Der Weg zu Ihm ist nicht mühevolles Streben nach einem Ziel, wobei man tut, ›was man kann‹; vielmehr ist Sein Weg, was uns von innen bewegt: ›via dei est, qua nos ambulare facit‹.« (Es ist der Weg Gottes, auf dem er uns wandern läßt.)[29]

Luther ist nur als Mystiker wirklich zu verstehen. Gott ist, so Luther »der, der stets beginnt – in uns. Aus diesem Grunde wird Sein Sohn immer wiedergeboren, und deshalb müssen auch wir stets wiedergeboren, erneuert und umgestaltet werden …«

Erikson erörtert die entscheidende Frage: Im Grunde geht es darum, ob das VATER-Über-ICH die Gottesvorstellung dominiert oder das erwärmend Mütterliche, das nicht streng, sondern barmherzig ist, ohne das prüfende Gewissen außer acht zu lassen. Luther war eine Zeitlang ziemlich gefährdet. Er fand eine innere Lösung, die er nur mit Hilfe eines therapeutisch erfahrenen Superiors des Augustinerordens erreichen konnte.

Luther sucht Gott. Luther sucht sich. Gottessuche und Selbstfindung treffen auf befreiende Weise zusammen. Täglich meldet sich die Angst. Täglich steht dagegen die Grund-Vertrauenszeile, ein Jesuswort nach Johannes: »In der Welt habt ihr Angst; aber seid getrost, ich habe die Welt überwunden.« (Johannes 16,33)

Als Bild dafür galt nun 500 Jahre lang Albrecht Dürers Kupferstich »Ritter, Tod und Teufel«.

Zwei Tonlagen des Glaubens treffen bei Luther zusammen: die ruhige, tiefinnen getröstete, wie sie im Konterfei Luthers im Katharinenportal seines Wittenberger Hauses noch heute zu sehen ist: »Im Stillesein und Hoffen wird eure Stärke sein«, und sein Trutzpathos, das später in dem Lied »Jesu, meine Freude« (EG 396) und in der Motette von Bach herzbewegend aufgegriffen wurde:

> Trotz dem alten Drachen,
> Trotz dem Todesrachen,
> Trotz der Furcht dazu!
> Tobe, Welt, und springe;
> ich steh hier und singe
> in gar sichrer Ruh.
> Gottes Macht hält mich in acht,
> Erd und Abgrund muß verstummen,
> ob sie noch so brummen.
> (EG 396, 3)

»Daß der böse Feind keine Macht an mir finde«

Luther und der Teufel

Luthers Morgen- wie Abendgebet schließt mit der Bitte: »… dein heiliger Engel sei mit mir, daß der böse Feind keine Macht an mir finde.« Für ihn ist der Mensch ein Kampfplatz zwischen Gott und dem Teufel. Des Menschen Freiheit sei begrenzt; der Mensch könne nur bitten und acht-geben, daß das Böse und der Böse ihn nicht verschlingen. Wo es gelinge, sei es Gottes Gabe und Gnade.

Vom Teufel zu reden erscheint uns Heutigen zunächst zu mythologisch. Das gehöre ins Vormoderne bzw. in die Mythen- und Märchenwelt. Dabei ist der Teufel für Luther nur ein Sammelbegriff für vieles, was unfaßbar bleibt und überall zufaßt als das NEIN über der Welt, den Menschen und Gott. Der Teufel hat viele Namen: Diabolus, Mammon, Luzifer und Mephisto. Er steht für das schlechthin Bös-Artige, das sehr grob oder diffizil Hinterhältig-Gemeine, er ist der – bildlich benannte – Repräsentant der dunklen, der herabziehenden, der lebensverneinenden Kräfte.

Martin Luther redet ebenso unmittelbar von Gott wie vom Teufel. Jedem kann ein guter Engel oder ein böser Geist im Nacken sitzen. In seiner grundlegenden Auseinandersetzung mit Erasmus (»Vom unfreien Willen«, 1525) spitzt er zu: »So ist der menschliche Wille in die Mitte gestellt (zwischen Gott und den Satan) wie ein Reittier. Wenn Gott sich darauf gesetzt hat, will er und geht, wohin Gott will, wie der Psalm (73,22 f.) sagt: ›Ich bin wie ein Tier geworden und ich bin immer bei dir.‹ Wenn Satan sich darauf gesetzt hat, will und geht er, wohin Satan will. Und es steht nicht in seiner freien Entscheidung, zu einem von beiden Reitern zu laufen oder ihn sich zu verschaffen zu suchen, sondern die Reiter selbst kämpfen miteinander, ihn zu erlangen und zu besitzen.«

Sigmund Freud sollte 400 Jahre später feststellen, daß wir nicht »Herr im eigenen Hause« sind. Wer oder was reitet uns? Das ist hier die Frage ...

Auf den Menschen gesehen, ist Luther jedenfalls skeptisch – auf Gott hin gesehen, ist er ein erlöster und gelöster Mensch. Empfangen kommt grundsätzlich vor eigenem Tun. Aber das Empfangene verpflichtet auch zum Tun. Das Gleichnis »Von den anvertrauten Zentnern« in Matthäus 25,14–30 macht in aller Schärfe deutlich, daß der Mensch mit dem, was ihm jeweils anvertraut wurde, »mehrend« umgehen solle, statt ängstlich vor dem Risiko jeden Handelns zu verharren. Bert Brecht hat zu diesem Gleichnis ein ganzes Buch geschrieben, den »Dreigroschenroman«, und dabei insbesondere auf das kapitalistische Handlungsprinzip hingewiesen: »Denn wer da hat, dem wird gegeben werden, und er wird die Fülle haben; wer aber nicht hat, dem wird auch, was er hat, genommen werden.« (Matthäus 25,29)

In Brechts Roman von 1934 nahm es das Gericht als erwiesen an, daß von den Behauptungen des Angeklagten, der nichts gemehrt hatte, »zwei wahr seien, erstens, daß mit Pfunden gewuchert, das heißt Gewinne erzeugt werden können, und zweitens, daß diejenigen, die keine erzeugen, in eine Finsternis geworfen werden, wo da Heulen und Zähneklappern ist. Daß aber *alle* Menschen ein Pfund mitbekämen, das erklärte das Gericht als nicht erwiesen.«[30]

Wer die Gesamtbotschaft Jesu in den Blick nimmt, dem wird klarwerden, daß jene Brecht'sche Deutung irreführend ist, denn Jesus geht auf alle Menschen zu, besonders aber auf die, die im Finsteren leben, die ausgestoßen und sozial deklassiert sind.

Luther wendet in den Tischreden sein persönliches »Teufelserlebnis« ins Allgemeine, jedem Zugängliche und existentiell Erfahrbare. Täglich rückt der Teufel aus seiner Sicht dem Menschen buchstäblich auf den Pelz und versucht, ihn von Christus zu entfernen und zu entfremden. Der Bösewicht will alles ins Gegenteil verkehren. Luther gründet seine Sache nicht auf sich, sondern auf Christus. Belasten ihn Sorgen das Familienleben oder das Staatswesen betreffend, so kann ihm ein Psalm oder ein Wort des Apostels Paulus helfen, und er kann beruhigt einschlafen, »aber die Gedanken, so vom Teufel kommen, kosten mich etwas mehr; da muß ich einen starken Possen reißen, bis ich mich herausreiße«.

Der Bösewicht geht äußerst geschickt vor, ist arg-listig, jagt einen Schrecken ein, bis man nicht mehr ein noch aus weiß. Er pflegt »mir oft vorzuwerfen und mich zu plagen: ich bete nicht. In Summa, er ist ein geschwinder Geist, der einem nach dem Schwert greift und zuweilen auch aus der Hand reißet, wenn unser Herr Gott hinter das Thürlein tritt und sich ein wenig verbirget. Darum muß es immer gebetet sein: Ach lieber himmlischer Vater, hilf um Christi willen.«

Der Teufel verängstigt und plagt. »Was zum Tode führt, das ist des Teufels Instrument – was zum Leben dienet, das ist Gottes Gnade, Gabe und Wohltat.« Gottes Art ist es, in Christus das Niedrige anzusehen und zu erheben (wie die Magd Maria). Beim Apostel Lukas heißt es: »Was hoch ist unter den Menschen, das ist ein Greuel vor Gott.« Daraus schließt Luther: »Wer hoch will fahren, der nehme des Teufels eben wahr, daß er ihn nicht stürze: Denn seine Art ist, daß er erstlich in den Himmel führet, darnach in den Abgrund der Hölle stößet.«

Der Teufel »ist ein Herr des Todes, sonderlich wenn ein Mensch betrübt ist und ängstigt sich, als habe er einen ungnädigen Gott, so ist es gewiß des Teufels Werk und Getrieb, … denn Gott betrübt nicht, schreckt nicht, tötet nicht, sondern ist ein Gott der Lebendigen, hat auch seinen eingeborenen Sohn darum in die Welt gesandt, daß er die Sünder nicht schrecken, sondern trösten soll. Auch ist Christus darum gestorben und auferstanden, daß er den Tod, der des Teufels Werk ist, zerstörte, ein Herr darüber würde und uns lebendig machte. Daher in der Schrift diese und dergleichen Trostworte angezogen werden: ›Seid fröhlich‹, ›Freuet euch in dem Herrn‹, ›Fürchtet euch nicht‹, ›Seid unverzagt‹, ›Seid getrost, ich habe die Welt überwunden‹, ›Der Stachel des Todes ist an mir stumpf und schartig geworden, ja gar zerbrochen‹.«

Alle Traurigkeit ist teuflisch, »weil Christus, an den wir glauben, gekommen ist, um zu trösten und sich zu erbarmen … Gott ist nicht ein Gott der Traurigkeit und des Todes. Aber der Teufel ist dagegen ein solcher Gott. Der wahre Gott ist ein Gott der Fröhlichkeit, das ist Christus, der ist ein gnädiger Gott, er will nicht würgen. Ein Christ soll und muß ein fröhlicher Mensch sein. Christus sagt: ›Friede sei mit euch‹, desgleichen: ›Euer Herz erschrecke nicht, seid getrost, ich habe die Welt überwunden.«

Den Teufel als Teufel erkennen und ihm die kalte Schulter zeigen, ja mehr noch, auch wenn es lächerlich sei, »daß Gott uns, die wir Fleisch und Blut sind, in gegenseitigen Krieg und Kampf gestellt hat mit einem so starken und großen Geiste, als der Teufel ist, und daß er uns gegen eine so große Macht keine anderen Waffen in die Hände gegeben hat, als hier und da ein Wort der Schrift, welches wir im Glauben ergreifen sollen und seine so großen Übeltaten durch das Wort besiegen sollen. Das muß gewißlich den großmächtigen Geist von Herzen verdrießen. Aber in diesem Kampfe ist besonders schwierig, den Teufel als Teufel zu erkennen. Denn niemand kann mit Worten erlangen, wie mannigfalt sich jene verfluchte Majestät verwandelt. Wenn man aber den Satan kennt, daß es Satan ist, kann man leicht seinen Stolz zu Schanden machen, indem man spricht: Leck mich im Ars, oder: Scheiß in die Hosen und häng's an den Hals.«

Der Teufel, dieser Tausendkünstler und Durcheinanderbringer, weiß geschickt theologisch zu argumentieren. Er bedient sich einer Dummheit, die für kein Argument durchlässig ist. Er vermag es, Menschenmassen hinter sich zu bringen. Der Herr Omnes – die emotionalisierte Mehrheit mit geringer Sprachbegabung – ist ihm alsbald verfallen. Und das mit Lust. Man dürfe dem Pöbel nicht viel pfeifen. Seine Winkelzüge gilt es zu durchschauen und munter gegenzuhalten. Wenn gar nichts fruchtet, ist er auch mit Deftigkeit zu vertreiben. Luther weiß davon wieder und wieder zu berichten: »Heut, sprach D. M. Luther, da ich erwachte, kam der Teufel und wollte mit mir disputiren, objicirete und warf mir vor, ich wäre ein Sünder. Da sprach ich: Sage mir etwas Neues, Teufel, das weiß ich vorhin wohl. Ich habe sonst viel rechter, wahrer Sünden gethan; es muß rechtschaffene Sünde da sein, nicht gedichtete und erdachte Sünde, die ihm einer selbst auspeculiret, die Gott vergeben soll um seines lieben Sohns willen, der meine Sünden allzumal auf sich von mir genommen hat. Hast du aber nicht genug daran, du Teufel, so hab ich auch geschissen und gepinkelt, daran wische dein Maul, und beiße dich wohl damit.«

Da sage noch einer, den Teufel gäbe es nicht; er ist in all seinen Verpuppungen täglich in uns, über uns, zwischen uns, will uns verwirren, verlocken, vernichten, vergessen machen, was Gott Gutes an uns tut und über uns sagt: JA. Seinem NEIN widerstehen. Mit Ur-Vertrauen.

Wieder und wieder stellt sich Luther die Frage, wie man sich gegen die Anfechtung wehren kann. »Man sagt, und es ist wahr: Wo ein melancholischer und schwermütiger Kopf ist, der mit seinen eigenen und schweren Gedanken umgehet und damit sich frißt, da hat der Teufel ein zugerichtet Bad.« Er habe die Erfahrung gemacht, »wer mit Traurigkeit, Verzweiflung oder anderem Herzeleid geplaget wird und einen Wurm im Gewissen hat, derselbige halte sich erstlich an die Kraft des göttlichen Worts, darnach so esse und trinke er, und trachte nach Gesellschaft und Gespräch gottseliger und christlicher Leute, so wirds besser mit ihm werden.« Christsein ist ein Fröhlichsein, das die Traurigkeit – die Depression und die pessimistische Weltsicht – vertreiben kann. Gott habe »die Gesellschaft in der Kirche geschaffen, und die Brüderschaft gebeten, daß sich ihre Glieder sollen zusammenhalten, wie die Schrift sagt: Weh dem Menschen, der allein ist; denn wenn er fällt, so hat er nicht, der ihm aufhilft. (Prediger 4,10.) Auch gefällt

Gott die Traurigkeit des Herzens nicht, ob er wohl weltliche Traurigkeit zuläßt; er will aber nicht, daß ich gegen ihn betrübt sei, wie er spricht: Ich hab nicht Lust am Tode des Sünders usw. (Ezechiel 33,11.) Item: Freuet euch im Herrn. (Philipper 4,4.) Er will nicht einen solchen Diener haben, der sich nichts Guts zu ihm versieht. Wiewohl ich aber das weiß, doch werd ich einen Tag wohl hundert Mal anders gesinnet, widerstehe aber dem Teufel.« Schließlich sei die Freude doch der eigentliche Doktorhut des Glaubens.

Luther hatte bereits als Kind den Teufel als Teil der mittelalterlichen Volksreligiosität kennengelernt, in der alte heidnische Vorstellungen weiterlebten. Dazu gehörten Berggeister und Kobolde, Hexen und Zauberer als Werkzeuge des Teufels, die mit allerlei Gaukelspiel und Blendwerk die Menschen verwirren und sogar töten und in die Hölle führen. In seinen Tischreden wird diese mittelalterliche Welt lebendig: »Ich halte, wenn ein Teufel, der einmal ist totgeschlagen, das heißt, überwunden mit Gottes Wort und Geist, daß derselbige davon müsse und darf nicht wiederkommen mit derselben Anfechtung. Denn Christus sagt ›Hebe dich, Satan‹ etc. und ›Fahre aus‹ etc. Da sprechen diese Teufel: ›Laß uns in die Säue fahren.‹ Origines spricht, er glaube, daß die Heiligen im Kampf viele Teufel schlagen und würgen, ich aber glaube, daß aus den geschlagenen und überwundenen Teufeln Poltergeister werden, denn es sind verdorbene Teufel. Desgleichen glaube ich, daß die Affen eitel Teufel sind.«

Auffällig viele Teufels- und Zaubergeschichten aus Luthers Tischreden finden sich im »Volksbuch vom Doctor Faust« (1587) wieder, der Urform aller modernen Faust-Dichtungen, deren Druckfassung von einem Lutheranhänger stammt. Die Forschung hat herausgefunden, daß die nicht überlieferte Urform dieses Faustbuches eine römisch-katholische Satire auf Luther war: Mit Faust war also eigentlich Luther gemeint, der sich von Gott abwendet, mit den Mächten der Finsternis verbindet und schließlich vom Teufel geholt wird.

Besondere Anfechtungen durch den Teufel quälten den Reformator während seines Wartburgaufenthaltes 1521/22. In einem Brief klagte er, er sei »in dieser arbeitsarmen Einöde tausend Teufeln ausgeliefert«. Der Satan sei ihm in Gestalt eines schwarzen Hundes erschienen. Zuweilen habe er sich nachts durch Geräusche wie Poltern und Rascheln in Säcken voller Nüsse bemerkbar gemacht.

Unausrottbar ist die Legende, daß der Reformator auf der Wartburg mit einem Tintenfaß nach dem Teufel geworfen habe. Luther selbst notierte 1524, er hätte die Bibel nicht übersetzen können, »wenn mir nicht die Sprachen geholfen und mich der Schrift sicher und gewiß gemacht hätten ... Der Teufel achtet meinen Geist nicht so sehr wie meine Sprache und Feder in der Schrift.« Möglicherweise ließen solche Äußerungen die Vorstellung aufkommen, Luther habe den Teufel durch Tinte vertrieben.

Luthers theologische Lehre vom Teufel, die sogenannte Satanologie, blieb in den traditionellen Bahnen biblischer und mittelalterlicher Auffassungen: Der Teufel, der selbst ein von Gott abgefallener Engel sei, bewirke alles Böse und alle Übel, Leid, Not und Tod. Er sei der eigentliche »Herr der Welt«, aber durch Jesus Christus überwunden worden und habe keine Macht über alle in dessen Namen Getauften und Glaubenden.

In seiner Schrift »Vom unfreien Willen« schrieb Luther: »Es gibt zwei Reiche auf dieser Welt, die sich gegenseitig aufs heftigste bekämpfen: in dem einen herrscht der Satan, der deswegen von Christus ›der Fürst dieser Welt‹ und von Paulus ›der Gott dieser Welt‹ genannt wird. Alle hält er an seinen Willen gefesselt, die ihm nicht durch den Geist Christi entrissen sind, wie der gleiche Paulus bezeugt, und er läßt sie sich auch durch keinerlei Kräfte als eben durch den Geist Gottes entreißen ... In dem andern Reich herrscht Christus. Es leistet unablässig Widerstand und kämpft mit dem Reich des Satans. In dieses Reich gelangen wir nicht aus eigener Kraft, sondern durch die Gnade Gottes, durch die wir von dieser argen Welt befreit und der Macht der Finsternis entrissen werden. Die Kenntnis dieser beiden sich dauernd mit so viel Kraft und Leidenschaft bekämpfenden Reiche und das Bekenntnis würden allein genügen, um die Lehre vom freien Willen zu widerlegen, da wir im Reiche des Satans zu dienen gezwungen werden, wenn wir ihm nicht durch göttliche Kraft entrissen werden.«

In einer Tischrede ergänzte Luther: »Was nun zum Tode dient und hilft, es sei und heiße wie es wolle, das ist des Teufels Instrument und Handwerk, das er ohne Unterlaß in der Welt übt und treibt. Anders herum, was zum Leben dient, das ist Gottes Gnade, Gabe und Wohltat. Zwar tötet er auch, aber zum Leben; wie Hanna in ihrem Liede singt: ›Der Herr tötet und macht wieder lebendig.‹«

Luther versuchte diese traditionelle Satanologie mit seiner reformatorischen Theologie zu verbinden: Der Teufel betöre nicht nur die Sinne, sondern verkehre auch den Geist. Er sei gewissermaßen der zweifelsäende Verwirrer in der Maske des Theologen. Das werde in falschen Lehren sichtbar, beispielsweise in denen der »Schwärmer und Rottengeister«, aber auch der muslimischen Türken und der Juden. Die Herzen der schwärmerischen Menschen, Wiedertäufer und Lästergeister, welche das Sakrament des Leibes und Blutes Christi angriffen, habe er »mit seiner Betrügerei so bezaubert, daß sie Lügen, Irrtum und erschreckliche Finsternis für die ganz gewisse Wahrheit und das hellste Licht halten, und sich durch keine Vermahnungen oder Aussprüche der Schrift von diesen ihren Träumen abbringen lassen, weil sie ganz fest überzeugt sind, daß sie allein klug seien und von den göttlichen Dingen den rechten Verstand haben; alle anderen Leute aber seien blind ... Auf diese Weise hat der Teufel zu unserer Zeit Müntzer, Zwingli und andere bezaubert, durch welche wieder andere in großer Zahl bezaubert worden sind.«

Die größte Tücke und List des Teufels sei, daß er aus dem Evangelium ein Gesetz mache. »Wenn ich die zwei, Gesetz und Evangelium, wohl unterscheiden könnte, wollte ich alle Stunden sagen, er solle mich im Arsch lecken. Auch wenn ich schwerlich gesündigt hatte, wollte ich ihm Trotz bieten und sagen: Wie? Soll man darum, daß ich gesündigt habe, das Evangelium Lügen strafen oder verleugnen? Noch lange nicht, die Gnade ist viel mächtiger denn die Sünde.« Der theologische Begriff »Gesetz« meint im engeren Sinne die Zehn Gebote, im weiteren Sinne alle Forderungen und Vorschriften, auch moralische Normen und Werte, mit denen die Menschen meinen, aus eigener Kraft Gutes tun zu können, wobei sie letztlich aufgrund ihrer Sündhaftigkeit scheitern. Dann aber, im völligen Scheitern des Menschen, ist die Rettung da: alleiniges Vertrauen auf Jesus Christus.

Das erfuhr Luther selbst. Anfechtungen, also Zweifel an Gott, waren der eigentliche Grund für seine neue Theologie. Der Teufel setzte ihn auch der schrecklichsten Anfechtung aus, die ein Christ erleben kann, dem Bad des Satans, wie das die Mönche nannten. Luther durchlitt tiefe Depressionen, in denen ihn die Frage marterte, ob Gott die Menschen nicht generell und ausnahmslos verworfen habe, der Mensch also nie, was er auch tun möge, der Gnade Gottes aus sich heraus teilhaftig würde. Wer so etwas durchlebt, dem wird schaudernd bewußt, daß solches Fragen die schlimmste Sünde, nämlich Gotteslästerung sein müsse.

In seiner 1535 gedruckten Galaterbrief-Vorlesung rekapitulierte er seine Anfechtungen. Wie häufig spricht er im Präsens: Der Teufel »ist ein wunderbarer Tausendkünstler, die Sünde groß zu machen und das Gewissen zu beschweren auch mit dem, was recht und wohlgetan ist – … daß er uns sogar mit der Person Christi zu schrecken pflegt. In dessen Gestalt verwandelt er sich, gibt unserem Herzen plötzlich einen harten Stoß und macht es ganz verzagt durch Anführung irgendeiner Schriftstelle oder eines Wortes Christi, und zeigt sich uns so, als wenn er der rechte Christus wäre, und läßt uns an diesem Trugbilde haften, so daß das Gewissen darauf schwören würde, er sei Christus, da er dessen Meinung oder Wort führe.«

Außerdem gebrauche der Verleumder die List, »daß er nur einen Teil Christi, nicht den ganzen Christus vorhält, nämlich, daß er Gottes Sohn sei, Mensch geboren von der Jungfrau. Sodann flickt er plötzlich etwas Fremdes daran, das heißt, er hält uns irgend ein Wort Christi entgegen, mit dem er die Sünder schreckt, wie Lukas 13,3: ›So ihr euch nicht bessert, werdet ihr alle auch also umkommen.‹ Indem er so die rechte Beschreibung Christi mit Gift besudelt und verderbt, bringt er das zuwege, daß, obgleich wir glauben, Christus sei unser Mittler, doch in der Tat das geängstigte Gewissen fühlt und urteilt, er sei ein Tyrann und ein Richter. Wenn wir auf diese Weise vom Satan betrogen werden, so verlieren wir leicht das überaus liebliche Bild des Hohenpriesters und Heilands Christi; wenn das aber verloren ist, so entsetzen wir uns vor ihm nicht weniger als vor dem Teufel selbst …

Der Teufel hat so große Begierde zu schaden, daß er … es auch versucht, durch seine Betrügereien diejenigen vom rechten Verstande abzubringen, welche gottselig und recht in Gottes Wort und der christlichen Religion stehen. Mich selbst greift er oft so heftig an und überschüttet mich dermaßen mit traurigen Gedanken, daß er mir Christum gänzlich verdunkelt und ihn mir fast nimmt. …

Darum laßt uns die Täuscherei und List dieses Zauberers recht erkennen lernen, damit er uns nicht sicher und schnarchend finde und uns mit seinem Blendwerk betrüge. Er kann zwar unserem Amte durch seine Zauberei keinen Schaden tun, doch ist er bei uns im Geiste, geht Tag und Nacht umher und sucht, wie er einen jeglichen in Sonderheit verschlinge, und wenn er uns nicht nüchtern und mit den geistlichen Waffen, das ist, mit dem Worte Gottes und dem Glauben gerüstet findet, so verschlingt er uns.

Darum fängt Satan einen Kampf nach dem anderen wider uns an, und dies ist uns sehr nütze, daß er uns mit seinen listigen Anschlägen so angreift und übt, denn auf diese Weise macht er uns fest in der Lehre und stärkt den Glauben in uns. Wir haben in diesem Kampfe zwar oft eine Schlappe erlitten, und dies widerfährt uns noch jetzt, aber wir verderben nicht, denn Christus hat immer den Sieg davon getragen und triumphiert durch uns …«

Die Macht des Teufels sei so groß, daß er der Lüge einen so großen Schein der Wahrheit gebe, und wenn er die betrübten Gewissen durch allzu große Traurigkeit zu Tode martern wolle, sich so »vollkommen in die Gestalt Christi zu verstellen wüßte, daß es dem Angefochtenen unmöglich ist, dies zu erkennen«. Daher gerieten viele in Verzweiflung und legten Hand an sich selbst, weil der Teufel sie so verblende, daß sie fest davon überzeugt seien, »von Christo selbst versucht und angeklagt werden«.

Er habe als Doktor der Theologie »schon eine Reihe von Jahren Christum gepredigt und wider den Teufel in seinen falschen Lehrern gekämpft«, aber er könne »den Satan nicht so wegtreiben, wie ich gerne wollte, ich kann auch Christum nicht so ergreifen, wie ihn die Schrift mir vorhält, sondern fort und fort will der Teufel mir einen falschen Christus aufdrängen. Gott aber sei Dank, der uns in seinem Worte, im Glauben und am Gebet erhält …

Gib dir deshalb alle mögliche Mühe, daß du in der Zeit der Anfechtung …, wenn der Teufel dich mit großem Ungestüm angreift, und dich mit der Wucht, der Flut, ja der Sündflut der Sünden überschütten will, damit er dich erschrecke, von Christo abziehe und dich in Verzweiflung stürze, daß du, sage ich, dann zuversichtlich sagen könnest: Christus, Gottes Sohn, ist nicht für die Heiligen und Gerechten gegeben, sondern für die Ungerechten und Sünder. Wenn ich gerecht wäre und keine Sünde hätte, so bedürfte ich des Versöhners, Christi, nicht. Warum willst du denn, o du in ganz verkehrter Weise heiliger Satan, mich zum Heiligen machen und Gerechtigkeit von mir erfordern, obgleich ich nichts anderes habe als Sünden, und zwar rechte und überaus schwere, nicht erdichtete oder nichtige Sünden? Derartig sind die Sünden wider Gott, nämlich der größte Unglaube, Zweifel, Verzweiflung, Gottesverachtung, Haß gegen Gott, Mangel an rechter Erkenntnis, Gotteslästerung, Undankbarkeit, Mißbrauch des Namens Gottes, Nachlässigkeit, Überdruß und Verachtung des Wortes Gottes etc.

… Da nun meine Sünden so ernstlich, wahrhaftig, groß, unendlich, erschrecklich und unüberwindlich sind, und meine Gerechtigkeit mir vor Gott nicht nützt, sondern vielmehr schadet, so ist deshalb Christus, Gottes Sohn, für dieselben in den Tod dahingegeben, damit er sie austilgte und mich und alle, die dies glauben, selig machte.«

Dies ist der Kern der Theologie Luthers. Der Mensch verlasse sich nie auf sein eigenes Gut-Sein, sondern auf sein Gut-Werden durch die Gnade und Güte Gottes.

Luther selbst machte auch in der Öffentlichkeit aus seinen inneren Auseinandersetzungen mit dem Teufel nie einen Hehl. In einer seiner Invokavit-Predigten verteidigte er 1522 die Beichte mit folgenden Worten: »Weil wir denn viel Absolution und Tröstung benötigen, wenn wir gegen den Teufel, Tod, Hölle und Sünde streiten müssen, so dürfen wir uns keine Waffen nehmen lassen, sondern müssen Harnisch und Rüstung ganz unverrückt bleiben lassen, die uns von Gott gegen unsere Feinde gegeben sind; denn ihr wißt noch nicht, welche Mühe es kostet, mit dem Teufel zu streiten und ihn zu überwinden. Ich weiß es aber gut, da ich wohl ein Stück Salz oder zwei mit ihm gegessen habe. Ich kenne ihn gut, er kennt mich auch gut. Wenn ihr ihn erkannt hättet, würdet ihr mir die Beichte nicht so verwerfen.« Luther hält das Beichtgespräch mit zugesprochener Vergebung »allein aus Gnaden« sehr hoch, da es den Menschen im Tiefsten ent-lastet.

Der Teufel bleibt für ihn grundsätzlich der Lügner. Er könne durchaus die klare Wahrheit aussprechen, den Menschen aber dann mit ihr, wenn sie bitter ist – und sie ist, zumindest ohne Trost und Zuspruch, immer bitter –, allein und verzweifeln lassen: »Es war die lautere Wahrheit, da er Judas ins Herz stieß, er hätte unschuldig Blut verraten; das konnte Judas nicht leugnen, es war die Wahrheit. Aber das war erlogen, daß er ihn verzweifeln hieß an Gott. Zusätzlich schärfte er solch Verzweifeln durch die Wahrheit so gewaltig, daß Judas mußte darüber hin und sich henken. Nein, lieber Bruder, da lügt der Teufel nicht, wenn er unsere öffentlichen bösen Werke und Leben uns vorhält; da hat er zwei Zeugen, die niemand strafen kann, nämlich Gottes Gebot und unser Gewissen. Hier ist mir nicht möglich, Nein zu sagen. Soll ich denn Ja sagen, wie ich tun muß, so bin ich des Todes und des Teufels; aber da lügt er, wenn er darüber hinaus mich treibt, ich solle verzweifeln, wie Kain sprach: ›Meine Sünde ist größer denn Gottes Gnade.‹ Und hier ist denn Zeit und aus der Not Rettens und Helfens oben vom Himmel herab, daß entweder ein Bruder bei dir sei mit einem äußerlichen Wort Gottes oder der Heilige Geist selbst im Herzen ...«

Die in der Welt bedeutendste Inkarnation des Teufels sah Luther in seinem Hauptgegner, der Papstkirche, in der er seit 1520 den in der Bibel geweissagten »Antichristen« zu erkennen glaubte. Aber sosehr er auch ein Leben lang gegen den »Antichristen« kämpfte, so unbedeutend schien ihm dieser Gegner im Vergleich zu den Angriffen des Teufels auf die menschliche Seele. »Der Kampf der Kirche ist von allen der schwierigste, weil er nicht mit Fleisch und Blut ist, sondern mit geistlichen Gottlosigkeiten. Das Fleisch nimmt den Leib, Äcker und Kinder weg, aber die geistliche Bosheit nimmt die Seele weg und Gott selbst, das ewige Leben und alle himmlischen Güter. Dieser Kampf hat gemacht, daß mir die Nachtstreite mit dem Teufel viel mehr Leids haben getan, denn die mit den Papisten und Schwärmern.«

Dem Christen Luther war klar, daß es nicht zwei gleichwertige, miteinander in ständigem Kampf liegende Urprinzipien, den guten Gott und den bösen Teufel, geben könne. Solche dualistischen Vorstellungen hatte das Christentum bereits in den ersten Jahrhunderten seines Bestehens überwunden. Dann aber stellt sich das Problem der Theodizee (von griech. »theos« – Gott und »dikä« – Rechtfertigung, Gerechtigkeit): Ist ein allmächtiger und gnädiger Gott angesichts der Übel in der Welt denkbar? Da es Übel und Böses gibt, ist Gott entweder selbst gut, aber nicht allmächtig, oder er ist allmächtig, aber ein böser und launischer Schicksalsgott. Beide Schlußfolgerungen sind für einen Christen nicht annehm-

Titelblatt der Flugschrift
»Die Luterisch Strebkatz«
(1524)
Gestützt auf das Kreuz,
bringt der Reformator den
Papst zu Fall, die tierköpfi-
gen Figuren sind promi-
nente Luthergegner.

Die Luterisch Strebkatz

bar. Luther unterschied zwischen einem »Deus absconditus« (ver-
borgenem Gott) und einem »Deus revelatus« (offenbartem Gott):
Gott in seiner eigentlichen Existenz habe sich selbst dem Menschen verborgen. Es sei deshalb geradezu eine Anmaßung, ja Gotteslästerung, ihn erkennen zu wollen. In Gott seien auch die vom
Menschen empfundenen Übel, der Teufel und damit das Böse
integriert. Wenn man aber über dieses »grausame Wesen Gottes«
weiter nachdenke, könne man nur verrückt werden. Der Christ
müsse sich gemäß dem Wort des Augustinus »Was über uns ist,
geht uns nichts an« solchen Gedanken einfach verweigern und
sich statt dessen an den in Jesus Christus und der Bibel geoffen-
barten Gott halten. Der uns also letztlich verborgene Gott hat den
verzweifelten Menschen gewissermaßen einen Spaltbreit die Tür
geöffnet, um ihnen ausschnittartig seine letztendliche Güte zu
offenbaren, an die man – gegen alle Vernunft und Erfahrungen in
dieser Welt – zu glauben habe. In diesem Kontext entfaltet sich
Luthers geniale und tiefe Dialektik: Alles Seiende wird dem angefochtenen Menschen sichtbar in seinem Gegenteil: der geoffen-

181

barte Gott im verborgenen Gott, das Evangelium im Gesetz (oder besser in der Erkenntnis, es nicht halten zu können), mithin Christus in Satan (wenn die Anfechtung am stärksten, ist die Rettung am nächsten), der Satan in Christus (oft verstelle sich Satan als Christus und martere den Angefochtenen mit aus dem Zusammenhang gerissenen oder falsch interpretierten Bibelstellen). Mithin erscheine Böses im Guten und umgekehrt. (Goethe läßt Mephisto in seinem »Faust« sagen: »[Ich bin] ein Teil von jener Kraft, die stets das Böse will und stets das Gute schafft …«)

Luthers Gottesbild verweist auf Fragen, die bis heute in keinem theologischen System restlos geklärt sind, ja vielleicht nie zu lösen sein werden, weil Gott, wenn er Gott ist, über aller menschlichen Vernunft steht. Der Reformator hat dazu in der Abrechnungsschrift mit Erasmus über den unfreien Willen (1525) dargelegt:

»Alles, was wir tun, alles, was geschieht, wenn es uns auch veränderlich und zufällig zu geschehen scheint, geschieht dennoch tatsächlich zwangsnotwendig und unwandelbar, wenn du den Willen Gottes ansiehst. Denn der Wille Gottes ist wirksam, er kann nicht gehindert werden, denn er ist Gottes natürliche Wirkungsmacht …« Luther beruft sich auf die Gewißheit des Glaubens. »Der Glaube aber hat es mit den unsichtbaren Dingen zu tun. Damit also dem Glauben Raum gegeben werde, ist es notwendig, daß alles, was geglaubt wird, sich unsichtbar mache. Er kann sich aber nicht gründlicher unsichtbar machen als unter dem Gegensatz zur Empfindung und Erfahrung, wie er hier vorliegt. So zum Beispiel: wenn Gott lebendig macht, tut er das, indem er tötet, wenn er gerecht macht, tut er das, indem er schuldig macht, wenn er in den Himmel bringt, tut er das, indem er zur Hölle führt … So verbirgt er seine ewige Güte und Barmherzigkeit unter ewigem Zorn, Gerechtigkeit unter Ungerechtigkeit. Hier liegt die höchste Stufe des Glaubens vor: zu glauben, daß er gnädig ist, der so wenige rettet und so viele verdammt, zu glauben, daß er gerecht ist, der durch seinen eigenen Willen uns notwendig verdammenswert macht, so daß es scheint, wie Erasmus sagt, daß er an den Qualen der Unglücklichen Gefallen habe und mehr Haß als Liebe verdiene. Wenn ich also auf irgendeine Weise verstehen könnte, wie dieser Gott barmherzig und gerecht sein kann, der so viel Zorn und Ungerechtigkeit an den Tag legt, wäre der Glaube nicht nötig ...

Vielleicht fragt man, wie es von Gott heißen kann, daß er Böses in uns wirkt, wie verstocken, den Begierden ausliefern, verführen und ähnliches? Man sollte fürwahr mit den Worten Gottes zufrieden sein und schlicht glauben, was sie sagen, da Gottes Werke ganz unerforschlich sind. Jedoch um der Vernunft zu willfahren, das heißt der menschlichen Torheit, mögen wir närrisch und töricht sein und stammelnd versuchen, ob wir irgendwie auf sie Eindruck machen können.

Als erstes: Auch die Vernunft und Erasmus geben zu, daß Gott alles in allen wirke und daß ohne ihn nichts geschehe oder wirksam sei. Denn er ist allmächtig und dies gehört zu seiner Allmacht. Nun können der Satan und der Mensch, die gefallen und von Gott verlassen sind, nicht das Gute wollen, das heißt das, was Gott gefällt oder was Gott will. Sondern sie sind fortwährend ihren eigenen Begierden zugewandt, so daß sie nur nach dem streben können, was das Ihrige ist. Darum sind dieser ihr so von Gott abgewandter Wille und Natur nicht etwa nichts. Denn weder sind der Satan und der gottlose Mensch nichts, noch haben sie keine Natur oder keinen Willen, mögen sie auch eine verderbte und verkehrte Natur haben. Jener Rest der Natur, von dem wir beim Gottlosen und beim Satan sprechen, ist, da er Schöpfung und Werk Gottes ist, nicht weniger der göttlichen Allmacht und Wirkung unterworfen als alle anderen Schöpfungen und Werke Gottes.

Sintemal demnach Gott alles in allen wirkt und schafft, wirkt und schafft er notwendig auch im Satan und im Gottlosen ...

Ich will ein Beispiel geben, ... um das nichtsnutzige Auge zu beschwichtigen, das Gott der Ungerechtigkeit verdächtig hält. Siehe, Gott regiert diese körperliche Welt in den äußeren Dingen so, daß Du, wenn Du auf das Urteil der menschlichen Vernunft schaust und ihm folgst, gezwungen bist zu sagen, entweder: es gibt keinen Gott oder: Gott ist ungerecht … Denn siehe, wie es den Bösen außerordentlich wohl ergeht, dagegen den Guten umgekehrt besonders übel; das bezeugen die Sprichwörter und die Erfahrung, die Mutter der Sprichwörter: ›Je größer der Schalk, desto besser das Glück.‹ ›Die Hütten der Gottlosen‹, sagt Hiob, ›haben die Fülle.‹ Und der Psalm klagt, daß die Sünder in der Welt Reichtum im Überfluß haben. Ich bitte dich, ist es nicht nach dem Urteil aller ganz ungerecht, daß die Bösen beglückt und die Guten heimgesucht werden? Doch so bringt es der Lauf der Welt. Hier sind auch die bedeutendsten Geister darauf verfallen, daß sie Gottes Dasein leugneten und sich einbildeten, daß das Schicksal alles blindlings wende, wie zum Beispiel die Epikureer und Plinius … Und dennoch wird diese außerordentlich glaublich scheinende und mit solchen Gründen, denen keine Vernunft oder kein Licht der Natur widerstehen kann, vorgetragene (scheinbare) Ungerechtigkeit Gottes überaus leicht durch das Licht des Evangeliums und die Kenntnis der Gnade aufgehoben …«

Der Kampf gegen den Teufel

Luther rang sein Leben lang mit dem Teufel. In seinen Tischreden riet der Reformator angefochtenen Christen schlicht zu Verachtung und Ignoranz: »In unserem Kloster zu Wittenberg habe ich den Teufel verschiedene Male gehört. Denn als ich … studierte und an meiner Vorlesung schrieb, da kam der Teufel und rauschte im Ofen drei Mal, gleich als wenn einer einen Scheffel aus der Hölle schleifte. Zuletzt, da es nicht aufhören wollte, raffte ich meine Bücher zusammen und ging zu Bette … So habe ich ihn sonst auch einmal über meiner Kammer im Kloster gehört, aber da ich vermerkte, daß er's war, achtete ich's nicht und schlief wieder ein.«

Erfahrung lehre, »wenn einer einen Hund, der feindlich bellt, verachtet und vorübergeht; so beißt er nicht allein nicht, sondern hört auch auf zu bellen. Aber wenn man ihn reizt mit Schlagen und Werfen, so ist zu besorgen, daß er dich anfalle und beiße und zerreiße.« Merke der Teufel, daß man sich vor ihm fürchtet, fördere und helfe man ihm »je mehr und mehr«.

Konnte Luther den Teufel mit der Heiligen Schrift und mit ernstlichen Worten nicht loswerden, so habe er ihn oft mit spitzen Worten und lächerlichen Possen vertrieben. Dem Teufel müsse man getrost den Christusglauben entgegenhalten; wenn das nichts helfe, dann »die Gedanken, so er uns eingibt, ausschlagen und wenden das Herz auf andere Gedanken, als daß man Kurzweil treibe mit Spazierengehen, Essen, Trinken, zu den Leuten gehe, mit ihnen rede und fröhlich sei. Mit mir ist also, wenn ich des Nachts erwache, so kommt der Teufel bald und disputiret mit und macht mir allerlei seltsame Gedanken, bis solange ich mich ermuntere und sage: Küsse mich aufs Gesäß; Gott ist nicht zornig, wie du sagst.«

Wollte der Teufel nachts sein Gewissen beschweren, habe er ihm entgegnet: »… ich muß jetzt schlafen, denn das ist Gottes Befehl und Ordnung, des Tags arbeiten, und des Nachts schlafen. Zum andern: Wenn er nicht ablassen will, und hält mir vor meine Sünde; so spreche ich: Lieber Teufel, ich habe das Register gehöret, aber ich habe noch eine Sünde gethan, die stehet nicht in deinem Register, schreibe sie auch an: ich habe in die Hosen geschissen, häng's an Hals, und wische das Maul dran. Zum dritten: Wenn er nun weiter anhält, dringet hart, und klaget mich an als einen Sünder; so verachte ich ihn und spreche: Lieber Teufel, bitte für mich, denn du hast nie übel gehandelt, bist allein heilig. Gehe hin zu Gott, und erwirb dir selbst Gnade; und so du mich willst fromm machen, so sage ich dir: Arzt, hilf dir selber.«

Auch tägliche Arbeit, das gesundmachende Sich-zu-schaffen-Machen in der Welt befreit von trüben Gedanken und Zweifeln. Überfallen sie einen dennoch, solle man nicht mehr allein herumgrübeln, sondern sich in Gemeinschaft begeben, einen guten Trunk zu sich nehmen und lachen. Oder man nehme sich »etwas Ehrliches und Ehrbares vor, darauf er heftig gedenke, so viel ihm möglich ist und er kann. Wiewohl das die höchste und beste Arznei ist, glauben an Jesum Christum; denn derselbige ist darum kommen, daß er trösten und lebendig machen will und die Werke des Teufels zerstören solle.«

Man müsse Gott um seinen heiligen Geist bitten, »welcher ein gar geherzter Verächter ist des Todes und der Fahr. Derselbige ist der Trotz. Wenn nun der Teufel mir diese Gedanken eingibt, wohlan, wie du willst, du mußt doch sterben, so gebe ich die Antwort und spreche: Nein, ich werde nicht sterben, sondern leben. Denn wo Christus ist, da ist Freude, Friede und Leben.«

Bei schlechtem Schlaf, den Kopf voller Gedanken und Probleme, Selbstzweifel und Versagensängste, in Sackgassen und Labyrinthen des Geistes und der Seele gefangen, müsse man bisweilen diesen bösen Geist einfach einmal anstinken. So sagte Luther 1533: »Alle Nacht, wenn ich erwache, so ist der Teufel da, und will an mich mit dem Disputiren; da hab ich erfahren, wenn die Argumente nicht helfen, … so weise man ihn flugs mit einem Furz ab.«

Luthers »Sündenlehre« und Ablehnung der Gewissensfummelei ist in der folgenden Tischredenpassage zusammengefaßt: »Heute, als ich erwachte, kam der Teufel und wollte mit mir disputieren und warf mir vor, ich wäre ein Sünder. Da sprach ich: ›Sage mir etwas neues, Teufel, das weiß ich wohl. Ich habe sonst viele rechte wahre Sünden getan: … Hast du aber nicht genug daran, du Teufel, so hab ich auch geschissen und gepinkelt, daran wische dein Maul, und beiße dich wohl damit.‹«

Wahrlich keine feine, aber eine sehr einleuchtende Theologie. Die uns befremdende Fäkalsprache ist kein Beleg für eine von Psychoanalytikern vermutete Nichtüberwindung der analen Phase bei Luther oder für sein vermeintlich primitives und grobianisches Wesen. Sie wurzelt in der bis auf Augustinus zurückgehenden Ansicht, die Toilette sei ein beliebter Aufenthaltsort von Dämonen und Teufeln. Und denen begegnet man am besten mit der höchstmöglichen Verachtung: auf sie zu scheißen. In diesem Zusammenhang gehört auch Luthers Bemerkung, er habe seine reformatorische Entdeckung auf der Cloaca, also der Klostertoilette, gehabt: Gemäß seiner Dialektik wirkt der Geist Christi gerade dort am stärksten, wo die Macht des Teufels schier unüberwindlich erscheint. Beispiele dafür finden sich vor allem in den Tischreden: »Auch mißfällt Gott die Traurigkeit des Herzens … Das weiß ich zwar, aber ich werde wohl zehn Mal am Tag anders gesinnt. Und dennoch widerstehe ich dem Satan. Jag ihn auch oft mit einem Furz hinweg.«

Was soll der angefochtene Christ beachten? »Es soll auch niemand sich unterstehen, mit ihm zu kämpfen, er bete denn zuvor mit großem Ernst. Er ist ein Christus, der uns viel zu stark und mächtig ist, denn er ist der Welt Fürst und Gott. So ist er uns auch viel zu klug und listig, und er hat sein Handwerk, Lügen, Trügen, Verführen und Morden, lange Zeit getrieben ... Darum sollen wir immerdar mit Beten und Wachen anhalten, daß wir nicht in Anfechtung fallen.«

Luther fährt fort:

Wenn ihr traurig seid und die Traurigkeit überhand nehmen will, so sprecht: ›Auf! Ich muß unserem Herrn Christus ein Lied spielen ... Denn die Schrift lehrt mich, daß er gern fröhlichen Gesang und Saitenspiel hört.‹ Und greift frisch in die Tasten und singt dazu, bis die Gedanken vergehen, wie es David und Elisäus taten. Kommt der Teufel wieder und gibt euch eine Sorge oder traurige Gedanken ein, so wehrt euch frisch und sprecht: ›Teufel aus! Ich muß jetzt meinem Herrn Christus singen und spielen.‹«

Das tat Luther sehr gern. Er schuf viele Texte für geistliche Lieder, die bis heute zum Repertoire evangelischer Gesangbücher gehören. Ein Lied hat er nachweislich auch komponiert, nämlich seinen berühmtesten Choral »Ein feste Burg ist unser Gott«. Die Bearbeitung des 46. Psalms war ein Trostlied für die Christenheit wie für den erneut angefochtenen Reformator selbst. 1527 wurde er nämlich wieder von schwerer Krankheit und seelischen Bedrückungen geplagt. In Wittenberg war die Pest ausgebrochen. In Bayern war wieder ein Anhänger, Leonhard Kaiser, zum Blutzeugen der Reformation geworden. Mit diesem Text schuf Luther das eindrücklichste Resümee seiner lebenslangen Auseinandersetzung mit »dem Teufel«:

> Ein feste Burg ist unser Gott,
> ein gute Wehr und Waffen.
> Er hilft uns frei aus aller Not,
> die uns jetzt hat betroffen.
> Der alt böse Feind,
> mit Ernst ers jetzt meint;
> groß Macht und viel List

sein grausam Rüstung ist,
auf Erd' ist nicht seinsgleichen.

Mit unsrer Macht ist nichts getan,
wir sind gar bald verloren;
es streit' für uns der rechte Mann,
den Gott hat selbst erkoren.
Fragst du, wer der ist?
Er heißt Jesus Christ,
der Herr Zebaoth,
und ist kein andrer Gott,
das Feld muß er behalten.

Und wenn die Welt voll Teufel wär
und wollt uns gar verschlingen,
so fürchten wir uns nicht so sehr,
es soll uns doch gelingen.
Der Fürst dieser Welt,
wie saur er sich stellt,
tut er uns doch nicht;
das macht, er ist gericht'.
Ein Wörtlein kann ihn fällen.

Das Wort sie sollen lassen stahn
und kein' Dank dazu haben;
er ist bei uns wohl auf dem Plan
mit seinem Geist und Gaben.
Nehmen sie den Leib,
Gut, Ehr, Kind und Weib,
laß fahren dahin,
sie habens kein' Gewinn,
das Reich muß uns doch bleiben.
(EG 362)

Die geradezu erlösende, frei und ledig machende Verbindung von ehrlicher Selbsterkenntnis und barmherzigem Zuspruch in der Beichte sowie das geschwisterliche Gespräch über die (Selbst-) Zweifel in einer angstfreien Kommunikation, die zur Selbstfindung und Selbstvergewisserung führen, haben Modellcharakter bekommen. Die christliche Seelsorge und die humanistische Psychologie (mitsamt ihrer psychotherapeutischen Praxis) sind sich darin sehr nahe, daß der Mensch voraussetzungslos angstfrei werden kann, wo er einem verständnisvollen Gegenüber begegnet. Und der Hilfesuchende vermag einen selbstbestimmten Weg – in aufrechtem Gang – zu finden, wobei er sich durchaus der für ihn und andere schmerzlichen Wahrheit stellen kann.

Benannte Versagensängste und Schuldeingeständnisse erniedrigen dann nicht, sondern heben auf. Der Teufel ist eine mythologische Umschreibung für alles, was Menschen durcheinanderbringt, niederdrückt und in Sackgassen führt und das mit allerlei (selbsterdachten) Künsten.

In der Mitte christlicher Pastorale steht – recht verstanden – die Einladung des Menschenbruders Jesus, der den Glaubenden zum Heiland geworden ist: »Kommet her zu mir alle, die ihr mühselig und beladen seid. Ich will euch erquicken.« (Matthäus 11,28)

Die Reformation als Medienrevolution
Bibel, Propaganda und Polemik

Ihre große Resonanz und ihren schnellen Erfolg verdankt die Reformation einer technischen Erfindung: dem Buchdruck mit beweglichen Lettern. Ohne Gutenbergs Leistung keine Reformation in Deutschland! Durch die Reformation wurde das gedruckte Buch zu einem Massenkommunikationsmittel und mit Hilfe des Buches die Reformation zu einer Massenbewegung. Die Freiheitsbotschaft konnte schnell wie ein Lauffeuer unter die Leute gebracht werden und wurde begeistert aufgenommen. Luther, dessen Bildnisse besonders werbewirksam eingesetzt wurden, avancierte zum Medienstar!

Bis 1500 hatte man in Europa insgesamt ca. 27 000 Bücher in ca. 10 Millionen Exemplaren gedruckt. Demgegenüber stieg die Zahl der Titel im 16. Jahrhundert um das Fünffache, die der gedruckten Bücher um das Fünfzigfache. Einen regelrechten Boom lösten Flugschriften zur Propagierung der neuen oder zur Verteidigung der alten Lehre aus, diese billigen ungebundenen Textausgaben in handlichem Format waren meist mit satirisch-polemischen und allegorischen Graphiken illustriert.

Zwischen 1500 und 1530 wurden über 10 000 Flugschriften gedruckt, überwiegend zwischen 1517 und 1525. Bei geschätzten durchschnittlich 1 000 Exemplaren pro Auflage kamen auf jeden lesekundigen Deutschen ca. 20 Flugschriften. Der Höhepunkt wurde 1524 erreicht: Die Zahl der Titel hatte sich gegenüber 1517 etwa verzehnfacht. Daran hatten die Drucker der mittelgroßen sächsischen Stadt Wittenberg im Gefolge der Reformation entscheidenden Anteil. Sie stellten etwa 15 Prozent aller Bücher in Deutschland her und überholten damit, ausgenommen Augsburg,

Johann Schöffer: Bildnis
Ulrich von Huttens als
Edelmann unter Baldachin.
Holzschnitt, 1517

VLRICHVS DE HVTTEN EQ. GERMA

die traditionellen oberdeutschen Druckzentren Basel, Straßburg
und Nürnberg. In den späten 1520er Jahren ging die Zahl der gedruckten Texte zurück, hingegen stieg die Auflagenhöhe. Inner-
protestantische Kontroversen traten neben die permanente Auseinandersetzung mit der römischen Kirche.

Sammelausgaben seiner lateinischen Schriften hatten Luthers
Gedanken über die Humanistenkreise hinaus in Europa bekannt
gemacht. Auf die erste dieser Ausgaben, im Oktober 1518 in Basel
erschienen, folgten weitere, die, jeweils ergänzt um die jüngsten
Schriften, ebenfalls reißenden Absatz fanden. Hatte er sich zunächst an die Regel gehalten, strittige Fragen nur auf Latein und
im Gelehrtenkreis zu erörtern, orientierte er sich seit 1520 auf ein
möglichst großes Publikum. Melanchthon übersetzte für ihn lateinische Schriften ins Deutsche, Justus Jonas wiederum deutsche
Texte ins Lateinische, und Luther selbst verfaßte wichtige Ab-
handlungen gleichzeitig in beiden Sprachen. In dem vierseitigen
Heft »Ein Sermon von Ablaß und Gnade« (1518) propagierte er

AETHERNA IPSE SVAE MENTIS SIMVLACHRA LVTHERVS
EXPRIMIT AT VVLTVS CERA LVCAE OCCIDVOS
· M · D · X · X ·

1 Lucas Cranach d.Ä.: Luther als Mönch. Kupferstich, 1520
Inschrift: »Ein ewiges Abbild seines Geistes brachte Luther selbst zum Ausdruck. Cranach zeichnete das vergängliche Gesicht.«

2 Der Wittenberger Marktplatz 2014 mit Regenbogen. Die Kirche ist immer eine sich reformierende Kirche ecclesia semper reformanda – das gilt für Kirche nach innen wie nach außen. Foto: Eva Löber

3 Gottesdienst zum Sonntag Invokavit 2015 in der Stadtkirche zu Wittenberg.
Foto: Johannes Winkelmann

4 Lucas Cranach d. Ä.: Bildnis Martin Luthers. Gemälde, 1526
5 Lucas Cranach d. Ä.: Bildnis der Katharina von Bora. Gemälde, 1526
Die Porträts entstanden im Jahr nach der Hochzeit.

6 Albrecht Dürer: Die Apostel Johannes und Petrus. Gemälde, 1526
7 Albrecht Dürer: Die Apostel Paulus und Markus. Gemälde, 1526

8 Wittenberg, Marktplatz: Denkmal von Philipp Melanchthon. Foto: Friedrich Schorlemmer

9 Tagungsteilnehmer der Evangelischen Akademie führen ein Gespräch mit rotem und schwarzem Luther auf dem Wittenberger Marktplatz im Juni 2003 Foto: Eva Löber

10 Der Kunstschmied Jörg Hinz aus Halle schmiedet im September 2003 einen Spieß zu einem Winzermesser (nach Jes 2, 2-5). Foto: Hans Schmidt

11 Lucas Cranach d.J.: Die Anbetung der Hirten.
Ölgemälde (1564) in der Stadtkirche zu Wittenberg

12 Lucas Cranach d. Ä.: Mitteltafel des Reformationsaltars in der Stadtkirche
zu Wittenberg, 1547

13 Lucas Cranach d. Ä.: Predella des Reformationsaltars in der Stadtkirche

14 Cranach-Hof, Markt 4: Zustand 1990 und 2007.
Fotocollage: Johannes Winkelmann

15 Die Kinder der Malschule der Cranach-Stiftung enthüllen am 27. November 2005 das aus Spenden finanzierte Cranach-Denkmal von Frijo Müller-Belecke (1932–2008), Foto: Johannes Winkelmann

16 Stadtkirche: Der Töpfer Volker Bohn arbeitet während des Gottesdienstes zum Töpfermarkt 2014 im Chorraum, Foto: Johannes Winkelmann

17 An der Elbe: »Luther kommt!« Eine Inszenierung 2008 zur Eröffnung der
Reformationsdekade, Foto: Johannes Winkelmann

18 Stadtfest: Luthers Hochzeit 2012. Das Lutherpaar sind Christiane Dalichow
und Günter Petermann, Foto: Johannes Winkelmann

19 Demonstration anläßlich des G8-Gipfels in Heiligendamm im Jahr 2007
vor dem Wittenberger Rathaus. Die gefährdeten Elemente Luft und Wasser
protestieren gegen die Herrschaft des Kapitals und Rüstung, Foto: Eva Löber

20 Uwe Pfeiffer: Tischgespräch mit Luther. Mittelteil des Triptychons. Öl auf Hartfaser, 1984

21 Lucas Cranach d. Ä.: Luther als Reformator (1532), Gemälde mit seinem
Wahlspruch »in silentio ...« Durch Stillesein und Hoffen würdet ihr stark sein.
Jesaja 30,15

seine Thesen massenwirksam auf Deutsch, innerhalb von zwei Jahren wurden 25 Auflagen gedruckt. Mit Bibelauslegungen und Schriften zur Glaubensunterweisung wandte sich Luther gezielt an »die einfältigen Laien«.

In den ersten Jahren dominierten seine Texte den Markt. 1519 einsetzende Verbote steigerten nur die Nachfrage. Seit dieser Zeit konnten auch andere Autoren mit publizistischen Erfolgen aufwarten, zum Beispiel Ulrich von Hutten oder der Luthergegner Thomas Murner.

Die Druckwerkstätten rissen Luther seine »nächtlichen Schreibereien« buchstäblich aus den Händen. Ein Honorar bekam er dafür nicht. Luther war in Wittenberg nicht denkbar ohne Cranach und Melchior Lotter. Cranach gab in seiner Hausdruckerei Luthers Schriften auch nach dem Wormser Edikt heraus, stattete sie mit Bildschmuck aus und sorgte für den Vertrieb. Seine Gemälde und Altartafeln prägten die protestantische Bildsprache für lange Zeit. Am wirksamsten wurden die diversen Bibeldrucke mit teils farbigen phantasievollen und volksnahen Holzschnitten.

Eine mediale »technische Revolution« hatte der Reformation den Weg gebahnt. Obwohl immer mehr Menschen lesen konnten, blieb die viva vox wichtig, die gehörte Zeugnis-Rede auf Kanzeln und Kathedern. Sie sollte münden in das bestärkende und tröstende Sprechen untereinander. Mutuum colloquium et consolatio fratrum blieb inneres Band zwischen Menschen, die die Botschaft der Freiheit, der Mündigkeit, der Verantwortung und Würdigkeit eines jeden im »Priestertum aller Gläubigen« ins Land trugen. Nahezu alle Stände und alle Schichten wurden davon erfaßt. Genauso ist Reformation ohne Musik nicht denkbar. Sie drang und dringt in die Tiefenschichten der menschlichen Seele. Es wurden nicht nur Freiheitslieder gesungen; das Singen machte frei.

Wir stehen 2017 mitten in einer neuen Medienrevolution durch digitale Medien, durch sogenannte »soziale« Medien und das zeitliche Ineinanderfallen von Ereignis und Bericht, die massenhafte Enthemmung per iPhone und Facebook und den bequemen Zugang zu Wissen. Wo aber bleibt die Orientierung und die Fähigkeit, zwischen Wissenswertem und Informationsschrott zu unterscheiden? Was werden die neuen Medien auf längere Sicht aus uns machen? Selbst die Zukunft des gedruckten Buchs ist offen.

»Böcke, Säue und Stiere«
Ein Kapitel christlich-unchristlicher Polemik

Es fällt nicht leicht, zu verstehen, wie Luther und seine Gegner miteinander disputieren. Das ist kein Spaß. Das ist bitterer Ernst. Luthers Streitpartner Emser fragt, ob das der Stil sei, der Christen geziemt. Zwei Sätze später fällt er in denselben abwertenden, böswilligen, ehrabschneidenden Stil. Das ist bei Menschen so. Wer angefangen hat, ist nicht die Frage, sondern wer aufhören kann. In Sachen Polemik steht es schließlich pari. Eine vertrackte ökumenische Veranstaltung; sie nehmen sich nichts im Ausklügeln von Gemeinheiten.

Hintergrund aller religiösen Auseinandersetzungen der Reformationszeit ist, daß man im jeweiligen Gegner schnell ein Werkzeug des Teufels oder, wie Luther es sah, des »Antichrist« zu erkennen meinte. Das machte Verständigung und Kompromißlösungen von vornherein sehr schwer.

Die Tiermetaphorik spielte in der uns oft bizarr erscheinenden Argumentation eine große Rolle. In der Bannandrohungsrolle gegen Martin Luther vom 15. Juni 1520 beginnt Papst Leo X. mit der vergifteten Anrufung Gottes: »Erhebe dich, denn es sind Füchse aufgestanden, deinen Weinberg zu verwüsten.« Das steigert sich noch. Der Leipziger Katholik Paul Bachmann verfaßte 1524 die antilutherische Schrift »Wider das wild geifernde Eberschwein Luther«, das im Weingarten des Herrn »kräftig wühlt, gräbt und sich untersteht, mit seinem besudelten Rüssel umzustoßen die Heiligsprechung des Heiligen Benno und aller Heiligenehrerbietung zu vertilgen«.

Solcher Metaphorik bedient sich besonders die protestantische Seite seit 1519 in diversen Flugschriften. Auf einem Holzschnitt von 1521 sehen wir auf der linken Seite eine Katze, die eine Maus im Maul hat, und drüber steht: »Dr. Murnarr argenturiensis«. Es handelt sich um Dr. Thomas Murner, der schon vor dem Erscheinen seiner Satire »Von dem großen Lutherischen Narren« (1522) einen Feldzug gegen den Reformator führte. Murner wurde von Kontrahenten mit Hohn und Spott förmlich überschüttet, Murnarr ist eine häufig auftauchende Verballhornung seines Familiennamens. Rechts daneben einer der Haupthelden der Polemik: Dr. Bock Emser lipsii – Hieronymus Emser als Ziegenbock mit großen Hörnern. Dann kommt gewissermaßen die Hauptperson Leo Papa anticristus, der als zähnefletschender Löwe dargestellt wird, sodann Dr. Eckzius (Johannes Eck) aus Ingolstadt, als Schwein dargestellt. Eckzius bezieht sich auf den Eckzahn, der einen Eber kennzeichnet. Ganz rechts der Tübinger Theologe Lemm, als Hund dargestellt. Das Spottblatt ist gewissermaßen die Zusammenfassung der antikatholischen Kollegen aus protestantischer Sicht.

Luther kreuzte in seinem Leben mit vielen Gegnern die Klinge. Dazu zählen so bekannte Theologen und Gelehrte wie Johannes Eck und Erasmus von Rotterdam. Ja, sogar gekrönte Häupter glaubten, in den theologischen Disput mit Luther eintreten zu müssen. Heinrich der VIII. von England verfaßte eine Schrift gegen Luthers Auffassung von der Messe, auf die Luther in einer eigenen Schrift antwortete. Der geschworene Doktor der Heiligen Schrift verteidigte seine Lehre mit geschliffenen theologischen Argumenten, aber er kannte auch Ironie und beißenden Spott. Bis zu poltrigsten Beschimpfungen reichte sein rhetorisches Waffenarsenal. Mit Hieronymus Emser (1478–1527) trug Luther eine besonders heftige Fehde aus. Diese Polemik war eine der intensivsten Auseinandersetzungen der Reformationszeit überhaupt, die Kontrahenten wechselten im Verlauf des Streits neun Schriften, die durch Anschaulichkeit und Sprachwitz viele Leser fanden.

Hieronymus Emser, nach dem Studium der Theologie und Jurispudenz zum Priester geweiht, wurde ein guter humanistischer

Reformatorisches Spott-
blatt »Der verdiente Lohn
für den teuflischen Papst
und seine Kardinäle«.
Holzschnitt mit hand-
schriftlichem Text,
16. Jahrhundert

Poet und Gelehrter. Er hielt zum Beispiel 1504/05 in Erfurt – als
Martin Luther dort studierte – humanistische Vorlesungen über
antike Autoren. Er selber rühmte sich später, daß der junge Luther
seine Vorlesungen besucht hätte. Von Luther kennen wir keine
Äußerungen, die das belegen.

Seit 1505 stand Emser in den Diensten Herzog Georgs von
Sachsen, der bekannt geworden ist als einer der entschiedensten
Vertreter einer Reform innerhalb der römischen Kirche, aber
gleichzeitig als einer, der jegliche Abweichung oder jegliche ketzerische Bestrebung entschieden ablehnte. Seit 1511 wirkte Emser
zudem als Universitätslehrer in Leipzig, wo er im Sommer 1519
bei der Pleißenburg-Disputation zugegen war. Hier bekannte sich
Luther erstmals öffentlich zu Jan Hus und einigen Lehren der Hussiten. Eck meinte, ihn damit festnageln zu können und endgültig
als Ketzer entlarvt zu haben. Von diesem Moment an war auch
Herzog Georg – der Schirmherr dieser Disputation – ein entschie-

Die von Luther angeblich gestohlenen Fahnen Evangelium, Wahrheit und Freiheit. Blatt 3: Freiheit. Holzschnitt aus Thomas Murners Verssatire »Von dem großen Luterischen Narren«, Straßburg 1522

dener Gegner der Reformation. Das hing damit zusammen, daß man sich im herzoglichen Sachsen noch voller Grauen an die blutrünstigen Feldzüge erinnerte, die die Hussiten ein reichliches Jahrhundert vorher von Böhmen aus durch das Land geführt hatten. Es kommt ein ganz persönlicher Grund hinzu: Einer von Georgs Vorfahren mütterlicherseits, der böhmische König Georg Podiebrad, hatte sich zu den gemäßigten hussitischen Werten bekannt. Der Herzog meinte, er müsse sich für diesen vermeintlichen Makel, der auf seiner Familie lastete, mit besonderer Papsttreue reinigen. Zudem sah er die Gefahr, daß sich die deutschen Protestanten, die Anhänger Martin Luthers, mit den Böhmen verbündeten. Emsers Ziel war es nun, eine solche Koalition zu verhindern. Er glaubte das am besten tun zu können, indem er eine Schrift verfaßte, in der er Luther nach der Disputation gegen Johannes Eck in Schutz nahm und also gerade deutlich machte, daß Luther kein Anhänger der hussitischen Lehren sei. Zweifelhaft ist, ob Emser hier einen Brückenschlag zu Luther versuchte oder ob er ihn eher in die Falle eines definitiven Bekenntnisses zu den »ketzerischen« Lehren des Jan Hus locken wollte. Letzteres mußte Luther vermuten. Die in lateinischer Sprache abgefaßte Schrift »De Disputatione Lipsiensi« wurde in 1000 Exemplaren gedruckt. Man sieht auf dem Titelblatt Emsers Wappen mit dem Vorderteil eines Steinbocks im Schild und im Helm. Darauf bezieht sich nun Luthers Polemik, wenn er an den Bock Emser schreibt:

»Aber die Hussiten möchten vielleicht sagen (wie es ja einige Leutlein gibt, die spitzfindig sind, ihre Irrtümer zu entschuldigen), sie seien durchaus nicht allein oder ohne einen Theseus (also einen beschützenden Helden), da sie ja sogar aus den Unsrigen einen Vertreter ihrer Partei hätten, den Doctor Martin Luther, einen vor allen hervorragenden Mann, der den verborgenen Sinn der heiligen Schrift (wie mit einem göttlichen Zauberstabe) sowohl allein treffe als auch nach ihrem Gefallen auslege, der auch im Stande wäre, den schärfsten Widersachern wirksam zu begegnen.) Deshalb hätten sie, als derselbe neulich zu Leipzig disputierte, öffentliche Gebete zu Gott und tägliche (wiewohl unheilige) Gottesdienste gehalten; dessen rühmen sie sich vor dem Volke.

O armseliger Luther, wenn er im Vertrauen auf ihre fluchwürdigen und abscheulichen Gottesdienste und nicht vielmehr auf die beständige Betrachtung der Schrift (worauf er von klein auf, wie man sagt, unermüdlichen Eifer verwendet hat) vertrauend mit dem Tapfersten der Theologen, Eck, in einen Kampf sich eingelassen hätte! Ja vielmehr dieser Martin wies nichts beharrlicher von sich ab, als diesen falschen Verdacht, den einige über ihn hegen, und nirgends hat dem Eck einer so ins Angesicht widerstanden, als da dieser, sei es nun im Scherze oder im Ernst (das ist ungewiß), nur etwas darauf anspielte, daß er ein Schutzherr der Böhmen sei. Mit eigenem Munde hat er ihre frevelhafte Trennung vom apostolischen Stuhle verdammt, und erklärte öffentlich und feierlich, hierin stimme er nicht mit ihnen überein und werde auch niemals mit ihnen übereinstimmen. Deshalb mögen die elenden Leute ablassen, den Himmel zu quälen oder mit Gebeten vergeblich anzugehen.«

Luther nimmt bereits im Titel seiner Gegenschrift vom September 1519 »Ad Aegocerotem Emserianum M. Lutheri Additio« (auf Deutsch: »Dr. Martin Luthers Zusatz zum Emserischen Bock«) auf jenes Wappentier Bezug. Der Ton dieser Schrift schwankt in erstaunlicher Weise zwischen scheinbarer Sachlichkeit und Friedensliebe einerseits und Aggressivität und subtiler Ironie andererseits.

»Martin Luther sendet Hieronymus Emser seinen Gruß. Wer hätte von dir, mein Emser, jemals geglaubt, daß du ein so gelehrter und scharfsinniger Theologe, ja darüber sich ein jeder wundert, ein so ehrlicher und treuer Verteidiger des Martin wärst, dessen Name du ungebeten und doch nicht zu Dank so eifrig und trefflich von der Schande der böhmischen Ketzerei rettest. Oh, der neuen Wunder! Ich, der ich von Eck in seiner Unsinnigkeit als ein Böhme ausgeschrien wurde, werde von Emser, der mir viel feindseliger ist, als Eck und seinesgleichen, gerechtfertigt. Er leugnet, daß ich ein Böhme sei! Wer hat diesen Wirbelgeist, dieses Trachten nach Uneinigkeit zwischen Eck und Emser angerichtet? Wer hat dem Emser diese gnädige Gesinnung gegen Luther eingegeben? Zumal so schnell? Und zwar nach einer so großen oder selbst ärgeren Gehässigkeit ... Sei sicher, mein guter Künstler, der Martin hat einen schweren Schnupfen und wüsten Kopf. Er versteht diesen Streich nicht. In Einfalt erkennt er Emsern als einen ebenso einfältigen Mann an, so daß er von Herzen glaubt, er [Emser] habe den Brief dazu geschrieben, damit Martin bei allen als guter Katholik bestens gepriesen würde, im Unterschied zu Eck zu Leipzig, der ihn nämlich als einen Schutzherrn der Ketzer und schändlichsten Feigling überwunden habe. Was soll ich für diese Gnade widervergelten?«

Die Ironie Luthers wird offenkundig, wenn er Emser mit Judas Ischariot vergleicht, der ja mit dem »Judaskuß« Jesus verraten hat. »Darum, mein Leser, wer du auch bist, gib indes einen Zuschauer ab, denn wir wollen diesen Bock zu jagen suchen. Vielleicht schenkt Christus unserem Bogen das edle Wildpret.«

»Noch eins. Wen alles, was den Böhmen gefällt, ketzerisch ist, so wird kraft des Schlusses aus dem Gegenteil alles katholisch sein, was ihnen mißfällt. Die Böhmen verabscheuen aber der Pfaffen Geilheit, Pracht, Geiz, Hoffahrt über die Maßen. Daraus folgt, daß die römische Kirche heut zu Tage grundkatholisch sei, in der das alles auf eine himmelschreiende Art herrscht.«

»O ihr unglückseligen und nichtswürdigen Theologen und Götzen der Welt! die ihr unwissend in der heiligen Schrift seid, und die kirchlichen Meinungen nicht mit anderen Waffen schützen könnt, als daß ihr fürchtet, entrüstet seid und argwöhnt, auf kindische und weibische Art, die Lehren möchten den Ketzern gefallen. Haltet ihr denn dafür, daß man mit Furcht, Argwohn und Unwillen wider die Ketzereien streiten müsse? So gebt ihr die Ritterschaft der christlichen Wahrheit dem Spotte Preis ...«

»Ich meine, o Leser! ich habe diesen Bock gefangen, obwohl ich nicht alle Bullenbeißer, ja nicht einmal alle Windhunde auf ihn losgelassen habe. Es ist die erste Jagd. Er ist noch zart, so mußte ich auch säuberlich mit ihm fahren; aber zu anderer Zeit, wenn er weiter fortfährt, soll er mit albanischen Hunden gehetzt werden.« (Diese galten in der Antike für so stark, daß sie selbst Löwen und Elefanten bezwingen konnten.)

Zunächst sollten die albanischen Hunde freilich noch Zeit haben. Emser war für Luther kein entscheidender Gegner mehr. Das änderte sich, als im Jahre 1520 Luthers Hauptwerk »An den christlichen Adel deutscher Nation von des christlichen Standes Besserung« erschien – eine entscheidende Schrift, die alle Bereiche des religiösen und gesellschaftlichen Lebens einer Reformnotwendigkeit unterzog.

Am 10. Dezember des gleichen Jahres hatte Luther bekanntlich vor den Toren Wittenbergs nicht nur die Bannbulle verbrannt – das war eigentlich nur ein Nebeneffekt –, sondern das römische Recht. Zudem wurden Schriften seiner Gegner, eben auch Emsers, in die Flammen geworfen. Die Aktion verbreitete sich natürlich mit Windeseile in Deutschland, in der Leipziger Thomaskirche hefteten Anhänger Luthers einen Anschlag gegen Emser an. Der Angegriffene fühlte sich erneut zur Polemik herausgefordert und verfaßte das voluminöse Buch »Wider das unchristliche Buch Martin Luthers Augustiners, an den deutschen Adel ausgegangen«. Wie schon die Inschrift auf dem Titelblatt signalisiert, war es gegenüber Luther mit dem Versuch eines Ausgleichs vorbei: »Hüt dich, der Bock stößt dich«. Im Vorwort kündigt Emser an, mit dem Schwert (der Bibel), dem Spieß (der Kirchentradition) und dem Degen (den Kirchenvätern) gegen Luther zu kämpfen. Er widerlegt über viele Seiten hin alle entscheidenden Sätze aus dessen Adelsschrift mit eigenen Worten. Er wählt eine Dialogform.

»Nun ist die Reihe (der Heimsuchungen) stillschweigend an uns Deutsche gekommen, wie vor vielen Jahren geweissagt wurde, daß zu diesen unseren Zeiten ein Mönch die deutsche Nation in großen Irrtum führen wird, wie uns auch Christus selber alle in der Gemeinde davor gewarnt hat, daß zu uns der Wolf im Schafsfell kommen wird ...«

Emser prangert Luther, der große Sympathien bei den Deutschen gewonnen hat (wie er sie nie wieder erreichen sollte), als den angeblich ketzerischen Zerstörer der Kirche an:

»Nun ist öffentlich zu Tage getreten, mit welchem heftigen Ernst und Vorsatz, Martinus Luther, Augustinermönch, sich nun eine lange Zeit unterstanden hat, jetzt durch viele fremde und neue Lehre, Disputationen, Predigten und Schriften die obersten Häupter und Prälaten der Kirchen zu verachten, Sünde frei zu erlauben und damit den gemeinen Mann einzunehmen und die deutsche Nation der Römischen Kirche abspenstig zu machen. Daher ist wahrlich zu befürchten, daß er nicht weit von dem, oder vielleicht selbst derjenige sei, von dem die Prophezeiung gesagt hat und uns Christus und die heiligen Apostel vorgewarnt haben ... (Gemeint ist der Teufel. Das ist eine offensichtliche Replik auf Luthers Diffamierung der Papstkirche als »Antichrist«.)

Was ist nun Ärgeres, Schädlicheres oder Giftigeres deutscher

Titelblatt von Johannes Agricolas Buch »Eyn kurtze anred zu allen mißgu(n)stigen Doctor Luthteers und der Christlichen freyheit« (1522) mit Karikaturen von Johannes Eck (mit Narrenkappe), Hieronymus Aleander (Löwe), Augustin von Alveld (Esel), Dam (Schwein), Thomas Murner (Kater), Hieronymus Emser (Ziegenbock).

Nation beigebracht worden als Luthers Lehre, Bücher und Schriften, die in kurzer Zeit ein solches Gezänk, Unruhe und Aufruhr eingeführt haben, daß kein Land, kein Staat, kein Dorf oder Haus mehr ist, darin man nicht parteiisch und je eins gegen das andere wäre, und das nicht wegen geringer Sachen, sondern um des heiligen christlichen Glaubens willen ...

Dieweil dann Luther in allen seinen Büchern und Schriften, vor allem in dem von der Reformation an den deutschen Adel, allem dem, was unsere Vetter geglaubt oder sie die Doctores der heiligen Christlichen Kirchen gelehrt haben, offensichtlich widerspricht, ihre Schrift und Auslegung verwirft, die heiligen Sakramente, Messe und priesterliche Würde tadelt, den Papst, das oberste Haupt der Christenheit, mit Füßen tritt, dazu das Evangelium und die bewährte Heilige Schrift durch falsche Auslegung woanders hin ziehen, die die gemeinen christlichen Kirchen bisher gehalten und uns alle zu Ketzern machen will ...«

Und nun fügt er, wie das häufig in zeitgenössischen Schriften (auch Luthers!) üblich ist, ein Gebet ein. Ein christliches Gebet und zwischendurch gibt's Hiebe! Polemik, in Frömmigkeit gepackt! Das ist die übelste Form der Auseinandersetzung: In das Sensibelste, Tiefste, Ernsteste, Befreiendste, was der Mensch erleben kann, im Gebet, wo er sich ganz öffnen kann und wo er alles sagen kann, wird solche Verdammung eingestreut.

»Nach all dem und weil dir, o Gott, heiliger Geist, Erleuchter der Gläubigen, ein Tröster der Betrübten, ein Erquicker der Arbeitenden und ein besonderer Liebhaber und Fürsprecher der Wahrheit, wohl bewußt ist, daß dies also wahrlich meine getreue Meinung ist und ich mich dieses Kampfes aus keinem anderen Grunde, Neid, Haß oder Mißgunst willen, sondern allein zur Stärkung und Rettung der christlichen Wahrheit unterfangen habe, so komme mir zu Hilfe und stehe mir bei gegen diesen offenbaren Feind der Christenheit, die du in Einträchtigkeit des Glaubens in der ganzen Welt versammelt hast und er durch Zwietracht wieder trennen und zerstreuen will. Hilf mir, du wahrhaftiger und lebendiger Sohn Gottes, heiliger Herr Jesus Christus, gegen den reißenden Wolf, der dir deine Schafe, welche du mit deinem rosenfarbenen Blut erkauft und erlöst hast, wieder abspenstig machen will. Hilf, allmächtiger ewiger Gott, Vater und Schöpfer des Himmels und der Erde, gegen den Verletzer deiner göttlichen Majestät. Hilf, du heilige ungeteilte Dreifaltigkeit, ein ewig wahrer Gott, und gib mir Kraft und Macht, Sinn, Witz und Kunst, deinen heiligen Glauben zu verteidigen. Hilf mir, du allerheiligste Jungfrau und Mutter Gottes Maria, die du allein alle Ketzerei in der ganzen Welt zerstört hast. Helft und bittet für mich, ihr lieben heiligen Väter im Himmelreich, deren Verdienst, Fürbitte, Heiligkeit und Wunderwerk Luther nicht allein verachten und verneinen, sondern auch daneben eure Bücher, christliche Ordnungen und Satzungen gegen Gottes Ehre und Recht öffentlich verbrennen darf, daß ich seine falsche Lehre dämpfen und überwinden mag, Gott dem Allmächtigen zu ewigem Lob, euch zu Ehren, der gesamten

Christenheit und besonders der werten deutschen Nation zu Nutzen und Frommen und ewiger Seligkeit. Amen.« Der Himmel wird mit den großen Begriffen christlicher Frömmigkeit – gegen den Ketzer – angerufen. Die ganze antireformatorische, antilutherische Litanei wird hier abgespult.

Im Juni 1520 ließ Luther eine erneute Gegenschrift des päpstlichen Hoftheologen Prierias mit eigenen Randbemerkungen drucken. In seinem Nachwort finden sich folgende Sätze: »Wenn wir Diebe mit dem Galgen, Räuber mit dem Schwert, Ketzer mit Feuer bestrafen, warum greifen wir nicht vielmehr mit allen möglichen Waffen diese Lehrer des Verderbens an, diese Kardinäle, Päpste und diese ganze Hefe des römischen Sodoms, welche die Kirche Gottes ohne Aufhörung verderbt – und waschen unsere Hände in ihrem Blut, um uns und die unsrigen gleichsam von einer gemeinsamen und allergefährlichsten Bande zu befreien?« (»Des Prierias Epitome [kurzer Inbegriff] einer Antwort an Luther; mit Glossen, Vor- und Nachwort von Luther«) Dies ist freilich weniger eine Aufforderung zum Blutvergießen durch Luther, sondern eher eine rhetorische Fragestellung. Wenn die anderen so weitermachen, dann hätten wir auch das moralische Recht, so zu handeln. Doch solch feine Unterschiede spielten in den heftigen Auseinandersetzungen keine Rolle.

Luthers Feinde stürzen sich voller diebischer Freude auf solche vermeintlich blutrünstigen Äußerungen Luthers. Auch Emser behauptet nun unter mißbräuchlicher Berufung auf Luthers rhetorische Frage, dieser habe bisher in seinen Büchern das gemeine Volk fleißig angehalten, daß sie ihre Hände in dem Blut der Geistlichen waschen sollen.

»Da er (Luther) aber merkt, daß sein Ansinnen nicht wirkt und die Furcht vor Gott noch, gottlob, bei den meisten Menschen so groß ist, daß sie Scheu haben, Hand an die Gesalbten Christi (die Priester) anzulegen, ermahnt er in diesem Buch unter dem Schein einer Reformation den deutschen Adel dazu … Luther verwandelt sich am Anfang des Büchleins in eine Larve, macht aus einem Mönch einen Stocknarren, aus dem geistliche Kleid eine Narrenkappe und hängt sich selber die Schelle an, damit er das Gift, das er unter der Kappe verborgen trägt, desto freier ausgießen und uns desto eher betrügen kann. Deshalb wäre es wohl richtig, daß man Narren mit Kolben lauste. Ich will mich aber nicht ihm, sondern Gott zu Ehren hier schimpflicher Worte enthalten …

Dieweil aber seine Bücher, gleich wie des Apothekers Büchsen außen am Titel Arznei anzeigen und inwendig voller Giftes sind und besonders diese Reformation, die, obwohl Jesus an allen Blättern oben angemalt ist, so ist sie doch im Grunde meistenteils nichts anderes denn des Teufels Gespenst und lauter Ketzerei, die er hiermit verbergen und bemänteln will …

Wiewohl nun alle Stände der Christenheit gebrechlich, und allen voran die Geistlichen, vom Obersten bis zum Niedrigsten, so sind, wie sich Gott über sie beklagt durch den Propheten Jesaja, der spricht: ›Ein jedes Haupt ist schwach und krank, und von den Fersen des Fußes bis zum Scheitel ist nichts gesund an ihm.‹ Doch dann wäre das kein Arzt, sondern ein Bube und Mörder, der, so er einem kranken Menschen helfen sollte, ihm erst das Haupt abschnitte. Danach wären ja alle Arzneien für die anderen Glieder sinnlos. Sehet, ihr lieben Deutschen, gleich so tut Luther, schickt sich sobald an, der Christenheit das Haupt abzureißen …«

In Luthers Schriften fände man laut Emser »kein Blättlein, in denen er nicht das Haupt der Christenheit, unseren heiligen Vater, den Papst, mit häßlichen, lästerlichen Scheltworten verletzt, und, soweit es ihm möglich ist, mit dem Schwert seiner giftigen Zunge zu Tode sticht. Denn jeder, der seinen Nächsten, geschweige seinen Obersten, niederschlägt, schändet und lästert, ist vor Gott ein Mörder und Totschläger …«

»Und dich, Luther, ermahne und bitte ich um der Liebe Christi willen, du wollest deine arme Seele bedenken, von deinem unchristlichen Schelten, verführerischer und ketzerischer Lehre Abstand nehmen und dem Volk Gottes wiederum helfen, es von dieser gefährlichen auf die rechte alte Bahn zu führen. Du hast in diesem Buch genug genarrt, so ziehe nun die Narrenkappe ab und lege dein geistliches Kleid wieder an, du kannst, so du willst, die Dinge alle wieder einbringen und dem Gecken die Schuld geben. Es haben auch etliche trefflicher und heiliger Männer vor Zeiten ebenso genarrt und geketzert, sie sind aber von ihrer Ketzerei wieder abgekommen, haben ihren Irrtum widerrufen und sich der Römischen Kirche als der Reglerin und Meisterin des Glaubens unterworfen. Tust du das, so habe ich dich so sehr nicht gescholten, ich kann dich noch viel mehr loben, neben dich treten und dir die anderen Mißbräuche, die in die Geistlichkeit eingefallen sind, helfen anzufechten. Wenn du aber auf deiner Meinung verstockst oder verharrst, so weiß ich wohl, daß du alle diese Irrtümer und Ketzerei noch viel schärfer zu beweisen dich unterstehen würdest, nicht aus deinem Köcher, sondern aus Wiclifs und Hussens Büchern, welche dir die Böhmen beigebracht haben ...«

Luther sind Teile der Schrift aufgrund einer Indiskretion noch vor der Drucklegung am 20. Januar 1521 bekanntgeworden. Er antwortet in einem knappen Brief mit »gleichen Waffen« der Niedermach-Rhetorik:

»Dem Bock zu Leipzig meinen Gruß!

Wenn ich dich hätte einen Bock gescholten, mein Emser, so hättest du gewißlich ein Buch oder zwei davon geschrieben, und mit allerlei Lügen, Läster- und Schmachworten, wie deine Art ist, mich überschüttet. Nun du selber, dazu mit groben Buchstaben, daß je jedermann wisse, dich einen Bock ausschreibst, und nicht mehr, denn zu stoßen drohst, und sprichst: ›Hüte dich, der Bock stößt dich‹; so mag ich dich wohl, hoffe ich, auch mit deiner Gunst und Gnade [als] einen Bock empfangen; wiewohl es dir ohne Not gewesen, [es] aufs Papier zu schreiben; man sieht es doch wohl in deinem ganzen Wesen, daß du ein Bock bist; dazu, daß du nicht mehr denn stoßen könnest, weisen überflüssig aus deine Büchlein und Rede. Meinst du aber nicht, daß ich deinem leichtfertigen Drohen antworten möchte und sagen: Lieber Esel, lecke nicht! Behüte Gott vor dem Bock die Geißen, die ihre Hörner in Seide geflochten tragen; mit mir hat's, ob Gott will, keine Not.

Hast du nie gehört die Fabeln, da der Esel mit dem Löwen um die Wette schrie, und etliche Tiere vor seinem Geschrei flohen, daß sich der Löwe zu ihm wandte, und sprach: Wenn ich nicht wüßte, daß du ein Esel wärest, ich hätte mich wohl selbst vor dir gefürchtet. Du siehst täglich, daß ich mich vor denen nicht fürchte, die mehr Kunst und Verstand in einem Haar haben, denn du an Leib und Seele; noch unterstehst du dich, mich zu trotzen und schrecken, damit du stark beweisest, daß du die Vernunft mit Unvernunft verwechselst und aus einem Menschen ein Bock worden bist ...

Du hast von Anfang meines Namens, ohne meine Schuld, einen solchen Haß gegen mich empfangen, daß mich's oft gewundert hat, wie ein Mensch möchte solchen Haß tragen und leben; wiewohl es deinem Leibe nicht wenig anscheinet, daß du auch desselben Hasses halben fast ein landrüchtig Sprichwort bist und aller Gehässigen ein Exempel.«

»So viel öffentlicher Lügen und ganze Fuder Schmähworte schüttest du aus, daß mich dein erbarmete und [ich] nicht antworten wollte.«

Luther weiß etwas von der destruktiven Gewalt des Hasses, der den Menschen zersetzt, den Hassenden wie den Gehaßten.

»Seit der Zeit kann dein unsäglicher Haß nicht satt werden, nicht still stehen, nicht aufhören, sich zu rächen; hast neben vielen bösen Briefen das dritte Buch wider mich geschrieben des Thomas Rhadinus; und daß dein giftig Herz niemand erführe, zu Rom lassen drucken mit einem erdichteten Titel. (1520 erschienen antilutherische Schriften des römischen Dominikaners Thomas Rhadinus, hinter denen Luther irrtümlich Emser vermutete.)

Daher sorge ich, dein Haß, und sonst nichts, wird dich noch töten, zuvor, wenn du siehst, daß du nicht schaffst und von mir verachtet wirst. Wie sollte, du elender Mensch, jemand glauben, daß du bei solchem unmenschlichen, unruhigen Haß könntest die reine, gütige Schrift verstehen, die du auch nicht liest, noch studierst? Hilf Gott vom Himmel, wie tief bist du verblendet. Willst du nicht einmal denken, daß Gott dein Herr und Richter ist, und dein durchbittert hässiges Herz wandeln?«

Luther weiß von der ansteckenden Kraft des Lügens und Schmähens, aber er schluckts nicht runter, sondern bedient sich der gleichen Gehässigkeitslogik. »Nur eins begehre ich, du wollest doch dein Lügen lassen und die Wahrheit schreiben. Denn daß du nichts in der Schrift weißt, ist mir nicht seltsam; daß du aber so gerne lügst, steht dir, Gottes Priester, übel an und gibt mir Unlust, dir zu antworten. Lästern und schelten will ich dir zwar zulassen, weiß doch wohl, daß deine Art und Haß nicht läßt.

Diesen ersten Bogen von Textblättern sollst du, mein Bock, nicht also vernehmen, als habe ich nicht können deines Büchleins Ende erwarten; sondern dieweil du schreibst, ich habe mich vor dir in die Flucht gestellt, und also überaus sicher herfährst, als würde ich nichts dazu tun, denn dich triumphieren lassen, daß du wissest, es soll sich anders finden, ob Gott will. Denn wo du dich verstanden hättest meiner Antwort, würdest du ohne Zweifel nicht so zotticht Lumpenwerk vorgetragen haben. Darum, dieweil deine Sicherheit dich zu hinlässig und unfleißig macht, daß du selbst nicht siehst, was du lallst und ausspeist, und ich im Sinne bin, nicht allein dir zu antworten, deß du nicht wert bist, sondern auch Ursache nehmen, christlichen Unterricht zu geben vom Geist und Buchstaben, da du nicht einen Tüttel von verstehst; will ich dich ermahnen und wecken, daß du aufwachest ...

Du hast's noch weit nicht, da du hin willst, lieber Bock.

Solltest du mir sagen, daß es an Gänsefedern hänge, was die Schrift lehrt, und sollte an Ketten hängen, was du aus den Lehrern, die vielmals geirrt haben, und [aus] deinem hornichten Kopf spinnst; das will ich, ob Gott will, auch vertreten, und deinem Lästermaul, welches Gottes Wort so leichtfertig schmäht und schändet, antworten. Sei nur frisch, nimm kleine und große Schwerter. Du hast drei Bücher und etliche Briefe zu verantworten, sonderlich etliche unchristliche Lügen, die dich deines Stoßens müde machen sollen, oder mußt noch mehr lügen. Ich will auch einmal Urlaub nehmen und meinen Geist frei an dich lassen laufen. Darum, lieber Bock, denke nicht, daß du allein auf dem Plan stehst.

Ich weiß wohl, daß mit einem unverschämten Lästerer und Lügner nicht gut ist zu handeln nach dem Sprichwort:

›Das weiß ich gewiß, daß wenn ich den Unrat bekämpfe, mag ich siegen oder besiegt werden, ich immer beschmutzt werde.‹

Noch muß ich, der Wahrheit zu Liebe, deines unmäßigen, unendlichen Schmähens und Lästerns gewarten. Könntest du etwas Anderes, so schriebst du es vielleicht. Darum muß ich Geduld tragen und herschlacken und schneien lassen, was dich dein unruhiger Haß lehren wird. Ich habe auch vielmals rumort; aber daneben meistenteils Gutes geschrieben ohne Rumor; du kannst aber nichts denn schelten und lästern. Doch laß hergehen, lieber Bock, es hilft bei dir kein Gutes suchen.«

Christliche Demut fliegt ihn – rudimentär! – an, daß beide Kontrahenten doch ablassen könnten von ihren tief innewohnenden Verletzungen und Gehässigkeiten. Aber das publizistische Klingenkreuzen hört nicht auf. Emser schreibt – gespickt mit Bibelzitaten! – »an den Stier zu Wittenberg«. Er spricht ihm alle Eignung zu einem geistlichen Vater ab. Und gegenseitiges »Allein-recht-Haben« läßt jede Verständigung unmöglich erscheinen.

»Daß du aber von mir begehrst, ich solle mein Lügen lassen und die Wahrheit schreiben, sollst du gewiß zur Kenntnis nehmen, daß ich keinen verlogenen Mann mein Leben lang anerkannt habe, und daß mir kein Frommer nachsagen kann, daß ich ihn irgendwann belogen habe. Daß ich hingegen die Wahrheit bisher geschrieben und gerade jetzt schreibe und an ihr festhalten will, setze ich in eines jeden verständigen und unparteiischen Lesers Gemüt und Urteil ...

Begehre darauf andererseits auch einiges von dir, nämlich daß du dich gleicherweise an dieser Verhaltensweise befleißigst, mich nicht mit Unwahrheiten so jämmerlich durchscheltest (was niemals christlich ist und dir auch kein Frommer zugestehen kann), und wenn ich etwa in der heiligen Schrift als Mensch geirrt hätte, dasselbe mit schriftlicher, beständiger Begründung und nicht mit Injurien und Schmachworten widerlegen wolltest ... Dein Name Luther ist nicht lauter, so weiß ich auch wohl, daß an dir als einem bösen Pfennig nicht viel zu gewinnen ist. Derhalben ist meine Meinung nie gewesen, mich weiter mit dir zu schelten, da solches nicht gelehrter oder geistlicher, sondern leichtfertiger Leute Gewohnheit ist. Ich will dich aber mit der Schrift unterweisen, daß du dein Angesicht von deiner Mutter, der christlichen Kirche, abgewandt hast und in die Fußstapfen (solcher altkirchlicher oder mittelalterlicher Ketzer) wie Hus, Wiclif, Dolcinus, Faustus von Mileve, Pelagius, Vigilantius, Arius, Bardesanes, der Armenier und des Lampetius getreten bist und uns ihre lange verdammte Ketzerei und Irrtum wieder beibringen willst.« Luther hat das immer noch nicht gereicht. So antwortete er mit einer weiteren Schrift.

Luther kann freilich auch sehr versöhnlich und demütig reden und trotzdem seiner Sache bewußt bleiben: »Also will ich auch all meinen Feinden hiermit entboten haben, die noch nicht wissen oder erfahren haben, was die letzte Not und Angst lehrt. Ich weiß, was ich jetzt rede; die Zeit wird kommen, daß sie es auch wissen werden, Gott gebe, ohne ihr Verderben; und nimm dir nicht vor, daß ich einen Buchstaben widerrufen werde meiner Lehre, Gott gebe, du werdest Vetter, Schwester oder Schwager, du werdest Schaf oder bleibest Bock. Es gilt hier nicht widerrufen, sondern

Leib und Leben daran setzen, mein Emser; das und kein anders. Dazu helfe mir Gott mit seinen Gnaden. Amen.«

Offensichtlich kommen Menschen nicht ohne Konflikte miteinander aus. Und offensichtlich werden intrapersonale Probleme zu interpersonalen Problemen, wobei die in jedem selbst schlummernden aggressiven Triebüberschüsse Ausdruck suchen und ihren Ausdruck, ihren Ausbruch immer auch darin finden, daß sie sich aggressiv gegen andere verhalten. Mancher meint, sein eigenes angekratztes Selbstbewußtsein durch die Abwertung anderer stärken zu können.

Wer sich solch einem reflexiven Gedanken stellt, muß sich darüber klarwerden, daß das in der Konsequenz auch zur Rechtfertigung von Kriegen führen kann. Das zunächst gedankliche oder publizistische vorurteilsgeladene Trommelfeuer gegen andere wird zur Vorstufe von Kriegen in einem bald unsteuerbaren Eskalationsmechanismus.

Eine misanthropische Anthropologie läßt sich nicht davon abbringen, daß Kriege unvermeidlich seien, daß ein Freund-Feind-Schema im Menschen selbst ruhe, das unmöglich zu überwinden sei, daß geradezu von einer Krankheit befallen sei, wer glaube, der Mensch könne sich je ändern. »Nichts Neues unter der Sonne!« Solch »realistischer Fatalismus« trägt seinerseits dazu bei, daß es immer wieder Kriege geben wird.

Bis heute stehen einzelne Menschen und Menschengruppen, ja ganze Gesellschaften vor diesem Dilemma, da »das Böse« sich kaum bekämpfen läßt, ohne selber böse zu werden; auf Zerstörung, Ermordung, (Selbstmord-)Attentate wird mit Vergeltung reagiert, bis wir selbst »des Bösen« werden.

Max Frisch hat in seinem Tagebuch von 1946 bis 1949 klarsichtig das Dilemma beschrieben:

»Die Unmöglichkeit, sittlich zu sein und zu leben – oder man läßt eben beides im Halben ... Die Sittlichkeit, wie sie uns gelehrt wird, schließt immer schon die weltliche Niederlage in sich; wir retten die Welt nicht vor dem Teufel, sondern wir überlassen ihm die Welt, damit wir nicht selber des Teufels werden. Wir räumen einfach das Feld: um sittlich zu sein. Oder wir räumen es nicht; wir lassen uns nicht erschießen, nicht ohne weiteres, nicht ohne selber zu schießen, und das Gemetzel ist da, das Gegenteil dessen, was wir wollen ...

Man kann darauf bedacht sein, das Gute durchzusetzen und zu verwirklichen, oder man kann darauf bedacht sein, ein guter Mensch zu werden – das ist zweierlei, es schließt sich gegenseitig aus.

Die meisten wollen gute Menschen sein. Niemand hat größere Freude daran, wenn wir gute Menschen werden, als der Böse. Solange die Menschen, die das Gute wollen, ihrerseits nicht böse werden, hat der Böse es herrlich!«[31]

Lange Verfolgte, Unterdrückte, Gedemütigte sehnen sich danach, die Seite einmal wechseln zu dürfen und Entlastung dadurch zu suchen, daß sie andere leiden sehen. So können Opfer schnell zu Tätern werden – oder sie haben die persönliche, auch ins Gesellschaftliche hineinwirkende Großmut, die Haß bindend und Vergeltung minimierend wirken kann, wie Gandhi und Nelson Mandela, Sacharow und Kopelew, die beiden Präsidenten Václav Havel und Árpád Göncz, Ruth Klüger und Jorge Semprún, Yehudi Menuhin und Manès Sperber, Heinrich Albertz, Martin Niemöller und Marion Gräfin Dönhoff. Und gerade sie begegnen immer wieder dem Vorwurf, Versöhner oder, pejorativ, »Versöhnler« zu sein. »Versöhnlertum« war in der kommunistischen Ideologie eines der schwersten Verbrechen, das besonders mutigen und nachdenklichen Menschen aus »den eigenen Reihen« viel Leid zufügen sollte. Alexander Solschenizyn hat solche zerstörerischen Praktiken in seinem Buch »Der erste Kreis der Hölle« eindrücklich beschrieben.

Strukturverwandt und in den Auswirkungen nicht minder schrecklich wütete die nationalsozialistische Ideologie und Praxis. Günther Anders hat das Wagnis unternommen, als ein überlebendes Opfer nicht nur die Täter anzuprangern, sondern auch das menschliche Dilemma aufzuweisen, ohne das Grauen durch Verstehensbereitschaft zu verkleinern. Er schrieb in einem offenen Brief: »Und daß Sie Eichmanns Sohn sind, während diese Männer Judensöhne waren, das spielt hier keine Rolle; denn Ihre Mutter und deren Mutter ist ein und dieselbe. Sie alle sind Kinder einer und derselben Epoche.« Da spricht ein Überlebender davon, daß »wir Eichmanns Söhne« sind. Das ist für Holocaust-Überlebende wahrlich nicht leicht hinzunehmen, und dennoch ist es wichtig, nicht aus Gründen irgendeiner Rechtfertigung, sondern aus Gründen unserer Wachsamkeit und unserer Vorsorge, uns der schwierigen Wahrheit über uns selbst zu stellen. Es gibt heute nur wenige, die als Leidtragende der SED-Diktatur eine ähnliche Großherzigkeit walten lassen und statt dessen ihre Wut und ihren Haß geradezu hätscheln.

Max Frisch hat in seinem Theaterstück »Andorra« auf eine beklemmende und Einsichten vermittelnde Weise auf die zerstörerische und verlogene Funktion von Vorurteilen und Feindbildern mitsamt den alltäglichen abwertenden Redensarten verwiesen. Kein politisches System und keine Ideologie bzw. Religion scheinen dagegen gefeit zu sein.

Wer in der DDR aufgewachsen ist, hat über die Schule, über die Lektüre oder auch über die Begegnung mit Überlebenden auf eine so verständliche wie auch unangenehme Weise den Haß auf »die Faschisten« und den Antifaschismus als eine Rechtfertigung für eigene, politisch unterdrückende Praxis erlebt, wenn nicht gar im Kalten Krieg erlitten.

Der Antifaschismus hatte etwas Spiegelbildliches vom Faschismus. Und nur die lange und wechselvolle Selbstauseinandersetzung der Ost- wie der Westdeutschen mit der eigenen Geschichte und der Verzicht auf die Verlagerung des Problems auf »die alten Nazis« hat uns Deutsche in der Welt in eine allmählich anerkannte Position geführt, sogar so weit, daß man als später Geborener sich nicht so richtig vorstellen kann, daß diese Verbrechen von den Menschen, die um einen herum leben, wenn nicht begangen, so doch auch massenhaft geduldet oder schlicht übersehen worden waren. Und der Bolschewismus konnte herhalten für einen strammen Antikommunismus. Zum Kalten Krieg gehörten die gegenseitig abwertende Polemik und stramme Feindbilder. Die Zeit der Reformation und der Gegenreformation kann in ihrer gegenseitig, sich aufschaukelnden Polemik als ein historisches Exempel gelten.

Luthers Umgang mit den Feinden einschließlich der Katholiken Türken und Juden trägt manichäische Züge. Und manichäisches Denken reaktiviert sich fast überall, nämlich jene Rechtfertigung des eigenen Bösen im Kampf gegen das Böse bei den anderen sowie die Intoleranz gegen die Wahrheitsanmaßungen der je anderen Seite.

Der publizistischen Verrohung durch Diskreditierung und Niedermachpropaganda mit Verunglimpfung und Verachtung, mit Spaß auch am Zynisch-Destruktiven ist inzwischen eine neue massenhafte Niedermachorgie in den sogenannten »sozialen Medien« mit noch unabsehbaren Folgen für das Klima unserer (Welt-)Gesellschaft gefolgt. Es ist erschreckend, wie viele – besonders jüngere – Leute da so vieles medial »abrotzen«.

Das Böse ist niemals dadurch zu überwinden, daß man sich seiner destruktiven Mittel effizienter als die Gegenseite bedient, sondern durch Bändigung der Phobien und der aggressiven Triebüberschüsse in uns selbst, wie durch (langfristige) Strategien der Versöhnung und des Verzichts auf Vergeltung. Das schließt Strategien zur Verminderung von Konfliktursachen ein wie auch die bittere (Selbst-)Erkenntnis, daß Freund-Feind-, Wahrheit-Lüge-, Schwarz-Weiß-, Gut-Böse-Denken sich immer wieder einstellt und die Verminderung der Folgen solchen Denkens als Aufgabe vor jeder Generation neu steht. Luther hat aus seiner Zeit heraus und darüber hinaus seine ganz eigene Aktie daran.

Es geht – wieder! – um Zivilisierung der Umgangsformen! Und

das nicht irgendwo »weit hinten in der Türkei«, im Sudan oder in Korea, sondern in der bedrohlichen Neuauflage eines Kalten Krieges in Europa durch wiedererwachtes Mißtrauen, eine gegenseitig verhetzende Propaganda.

Daß der Mensch »die Hölle in sich« habe, wußte Luther schon. Daß eine solche Erkenntnis auch auf ihn selbst zutraf, war ihm vielleicht im Blick auf seinen lieben Gott, dem er all seine Unzulänglichkeit und seine Sünde bekennen konnte, nicht bewußt, sobald es um seine Gegner ging. Er konnte trotz seines tiefen Glaubens und Vertrauens auf den gnädigen Gott selber ganz und gar ungnädig mit seinen Widersachern sein. Das Gericht überließ er nicht Gott. Statt dessen hielt er es für göttliches Gebot, »im Reich der Welt« Böses mit Bösem zu vergelten.

In einem seiner anrührenden Gebete ist er zu gewaltbefreiender Erkenntnis gelangt. Auch in seinen Auslegungen der Bergpredigt erweist er sich als ein realitätsbewußter Christ, der Glauben und Liebe immer miteinander buchstabierte: den befreienden Glauben an Gott und die an den Mitmenschen gewiesene und gebundene Liebe.

Ich bin gekränkt

Siehe, mein Herr Christus,
da hat mich mein Nächster
ein wenig geschädigt,
hat mich ein wenig an meiner Ehre gekränkt,
hat mich ein wenig übervorteilt:
das kann ich nicht ertragen,
darum wollte ich ihn gern tot haben.

Ach, mein Gott, laß dir das geklagt sein:
ich wollte ihm gerne gut sein,
aber ich vermag's leider nicht.

Siehe, wie ich so ganz kalt,
ja so ganz tot bin.

Ach, Herr, ich kann mir nicht helfen,
da versage ich.
Machst du mich anders,
so bin ich fromm,
sonst bleibe ich,
wie ich vorher gewesen bin.
(Matthäus 5,43-48)

Ein Nachtrag.
Die Trecksau und die Trucksau

Ein Fundstück aus einem alten, längst ungenutzten Kellergewölbe in der Wittenberger Collegienstraße. Es handelt sich vermutlich um eine Mitschrift aus Luthers Tischgesprächen. Der Text läßt sich als eine Reaktion auf Luthers ungebührlich schmähende Druckschriften deuten, aber auch als eine Verteidigung Luthers gegenüber Gemeinheiten, die ihn selbst betrafen:

»Wenn du nun siehest das teutsche Landschweyn, das im Kote wühlet, so maggst du wohl sagen: Siehe da, eine *Trecksau*. Doch sie ist's nicht. Es ist ihr natürlich Wesen. Gemeyn ist ess, sie altzo zu titulieren. Sie wühlet im Drecke und fühlet sich wohl, item sie sich selber schmutzt. Stolz zeigt sich eyne solch redliche Trecksau. Sie grunzet und quieket, wird fett und zufrieden, bis sie geschlachtet wird. Da wird sie nun auch gekocht, geräuchert und gepöckelt und schmecket in Maßen sehr wohl.

Die *Trucksau* ist nur gemeyn. Sie wühlet im Drecke stetiglich, um zu beschmutzen ander Geschöpf. Sie fühlet sich gar sauwohl, wenn sie wie eine Saubersau dastehe, die ander Geschöpf mit Schmutz beworfen, bespritzet, besudelt hat. Zu nichts ist ihrer nütze.

Will tu sie schlachten? Es würde dich reuen; ihres Fleisches Gestank käme über deiner Küchen. So siehe nun zu, dass du sie erkennest, bevor sie auch dich beschmutzet hat und hüte dich, sie zu füttern. Sie frissest alles, was sie bekommen kann und verdienet daran gross Geldes.

Wenn ich nun geben sollt ein ander Gleichnis, so müsst ich sagen, sie ist wie ein Bitterling und gleichet doch dem Steinpilze. Ein einziger Bitterling verdirbt das gantz Essen.«

Das Gehorsamsgebot
in lutherisch geprägten Ländern

Das Gebot aus der Confessio Augustana von 1530, daß der Mensch der Obrigkeit untertan zu sein habe, sollte in landesherrlich-protestantischen Ländern eine äußerst fatale Wirkung haben. Eingeschärft wurden nicht die Freiheitstradition, die Berufung auf das Gewissen, das Wagnis eigener mündiger Entscheidung, sondern der Untertanengeist, Kadavergehorsam, Drill, strikte Befehlserfüllung, Mut und Tapferkeit im Kriege. Als besonders problematisch hat sich der bereits zitierte Artikel 16 erwiesen, wo es heißt:

»Von der Polizei (Staatsordnung) und dem weltlichen Regiment wird gelehrt, daß alle Obrigkeit in der Welt und geordnetes Regiment und Gesetze gute Ordnung sind, die von Gott geschaffen und eingesetzt sind …

Deshalb sind es die Christen schuldig, der Obrigkeit untertan und ihren Geboten und Gesetzen gehorsam zu sein in allem, was ohne Sünde geschehen kann. Wenn aber der Obrigkeit Gebot ohne Sünde nicht befolgt werden kann, soll man Gott mehr gehorchen als den Menschen.«

Das Treue- und Gehorsamsgebot prägte auch die Fürbittgebets-Agende, die vom preußischen König bzw. deutschen Kaiser im deutschen Lande vorgegeben war.

Am deutlichsten wird jener Geist in der Kirchenagende, die mit seiner königlichen Majestät in Preußen allergnädigster Approbation von neuem im Jahre 1740 in Magdeburg aufgelegt wurde. Da wurde in den Fürbitten ausführlichst für die Obrigkeit gebetet:

»Absonderlich laß dir o Gott! in deinen Schutz und Gnade befohlen seyn, Ihro Römische Kayserliche Majestät auch alle Könige, Churfürsten, Fürsten und Stände des Römischen Reichs.

Fürnehmlich aber, laß deine Gnade und Barmherzigkeit groß wer-
den, über unsers allergnädigsten Königs und der Königin Majestäten,
über des Cron-Printzen, der Cron-Printzeßin, der 3. andern Königlichen
Printzen, und der Printzeßinnen Hoheiten, über der Herrn Markggra-
fen und Marggräfinnen, wie auch dero Printzen und Printzeßinnen
Hoheiten, über das sämmtliche Königliche Haus und alle Anverwand-
ten. Setze sie bey gesundem und langem Leben zum beständigen
Seegen, und Christlichem Fürbilde deinem Volke für und für.

Sonderlich wollest du o Herr, bey diesen verworrenen Zeiten, un-
serm Könige zu seiner Regierung geben und verleihen ein weises Hertz,
Königliche Gedancken, heilsame Rathschläge, gerechte Wercke, einen
tapffern Muth, starcken Arm, verständige und getreue Räthe zu Krie-
ges- und Friedens-Zeiten, sieghafte Krieges-Heer, getreue Diener und
gehorsame Unterthanen, damit wir noch lange Zeit unter seinem
Schutz und Schirm ein geruhiges und stilles Leben führen mögen, in
aller Gottseeligkeit und Ehrbarkeit …

Der Mensch habe im Konfliktfall eher Gott zu gehorchen als allen
anderen, also weltlichen Autoritäten. Nach einer devoten Litanei
für das ganze Königshaus wird Untertanengehorsam nicht nur
nicht eingeschärft, sondern Gehorsam sollte auf diese Weise religiös verinnerlicht und autorisiert werden.

Bis 1918 war in dieser Tradition ein landesherrliches Kirchenregiment wirksam, und der deutsche Kaiser galt als Summus Episcopus. Und so kämpften die deutschen Männer »mit Gott« für
Kaiser und Vaterland.

Besonders schwarze Pädagogik wurde in skandinavischen Ländern üblich, wie sie in Ingmar Bergmanns Film »Fanny und
Alexander« oder in »Das weiße Band – Eine deutsche Kinderge-
schichte« von Regisseur Michael Haneke äußerst bedrückend ge-
schildert wird. In diese nachträglich aufklärerische Tradition gehört der tragikomische Politthriller »Der Untertan« nach Heinrich
Manns gleichnamigem Roman.

In der Lebensbeschreibung eines im Jahre 1900 Geborenen heißt es in entwaffnender Offenheit: »Von meinen Eltern war ich so erzogen, daß ich allen Erwachsenen und besonders Älteren mit Achtung und Ehrerbietung zu begegnen hätte, ganz gleich, aus welchen Kreisen sie kämen. Überall, wo es notwendig ist, behilflich zu sein, wurde mir zur obersten Pflicht gemacht. Ganz besonders wurde ich immer darauf hingewiesen, daß ich Wünsche und Anordnungen der Eltern, der Lehrer, Pfarrer usw., ja aller Erwachsenen bis zum Dienstpersonal unverzüglich durchzuführen bzw. zu befolgen hätte und mich durch nichts davon abhalten lassen dürfe. Was diese sagten, sei immer richtig. Diese Erziehungsgrundsätze sind mir in Fleisch und Blut übergegangen.«

Der Verfasser dieser Zeilen, Rudolf Höß, hat eine streng christliche Erziehung genossen, deren wesentlicher Gehalt hier angegeben ist. An anderer Stelle betont er, er sei »von Jugend auf zu unbedingtem Gehorsam, zu peinlichster Ordnung und Sauberkeit erzogen« worden.[32]

Das alles hat sich in das allgemeine Volksbewußtsein tief eingeprägt und ist auch unter atheistischen Vorzeichen weitergeführt worden. Die Redewendung »Befehl ist Befehl« macht praktisch alle Verbrechen möglich, zumal dann, wenn der Befehlsempfänger sich stets auf den Befehlenden beruft, dem er alle Verantwortung zuschiebt. Er selber habe ja nur einem Befehl gehorcht. Zugespitzt erscheint dies in dem Gehorsamseid, den Soldaten zu sprechen hatten. Die höhere Autorität muß nicht religiös sein; sie kann auch Geschichte oder Nation heißen.

Mein Großvater, gefallen im August 1914, schwor den Fahneneid auf Kaiser Wilhelm. Im Artikel 1 hieß es zu seiner Zeit:

»Ich schwöre vor Gott, dem Allwissenden und Allmächtigen, einen leiblichen Eid: Daß ich seiner Majestät Wilhelm II., unserem allergnädigsten Landesherrn und dem gesamten königlichen Hause treu und redlich dienen und in allen und jeden Vorfällen zu Wasser und zu Lande, in Krieg und Friedenszeiten, an welchen Orten es auch immer sei, Schaden und Gefahren von ihnen abwenden und mich so betragen *will, wie es sich für einen pflicht- und ehrliebenden Soldaten eignet und gebühret, so wahr mir Gott helfe durch Jesum Christum und seinem Heiligen Evangelium.«*

Im »Dritten Reich« lautete der Soldateneid auf den »Führer« als unbefragbare Autorität:

»Ich schwöre bei Gott den Heiligen Eid, daß ich dem Führer des Deutschen Reiches und Volkes, Adolf Hitler, dem Oberbefehlshaber der Wehrmacht, unbedingten Gehorsam leisten und als tapferer Soldat bereit sein will, jederzeit für diesen Eid mein Leben einzusetzen.«

Ich las den Schwur und sagte NEIN zum »Ehrendienst« bei der Nationalen Volksarmee und war bereit, alle Konsequenzen auf mich zu nehmen. Die Bausoldatenverordnung gab es erst seit 1964. Im NVA-Vereidigungstext hatte es geheißen:

»Ich schwöre, ein ehrlicher, tapferer, disziplinierter und wachsamer Soldat zu sein, den militärischen Vorgesetzten unbedingten Gehorsam zu leisten, die Befehle mit aller Entschlossenheit zu erfüllen und die militärischen und staatlichen Geheimnisse immer streng zu wahren... Sollte ich jemals diesen meinen feierlichen Fahneneid verletzen, so möge mich die harte Strafe der Gesetze unserer Republik und die Verachtung des werktätigen Volkes treffen.«

Unbedingter Gehorsam und Selbstverfluchungsschwur ... In mir sagte alles NEIN, NEIN, NEIN.

Mit dem Schwur unbedingten Gehorsams ließen sich all die Kriege in allen Jahrhunderten führen. Und Vater Luther stand Pate.

»Ein ruhiges und stilles Leben« für die Untertanen – diese Formulierung findet sich in unsäglicher Traditionskette bis in die mehrfach überarbeitete Agende von 1995. Da hieß es: »Wir bitten für unsere Obrigkeit, daß Gott sie leiten möge, und wir unter ihrem Schutze ein ruhiges und stilles Leben führen in aller Gottseligkeit und Ehrbarkeit«; und in einer anderen Fassung des sogenannten Allgemeinen Kirchengebets: »... und wir im Gehorsam gegen Dich ein ruhiges und stilles Leben führen können. Gewähre in Deiner Barmherzigkeit Frieden unter den Völkern. Bewahre uns vor Aufstand und Blutvergießen und gib, daß wir einträchtig beieinander wohnen.« Mit dem Wort Ehre hantierten die Mächtigen jahrhundertelang.

In der Agende, die seit 1999 in den lutherischen wie in den unierten Kirchen gilt, heißt es ganz im biblischen Sinne:»Für die Mächtigen in der Welt: Daß ihre Entscheidungen Leben bewahren, daß sie kein Volk und keinen Menschen unterdrücken und ausbeuten, sondern dem Wohl und dem Frieden der Menschen dienen, laßt uns zum Herrn beten.« Oder in einer anderen Fassung:»Laßt uns beten für die Menschen, die Macht haben in dieser Welt, und für alle, die berufen oder gewählt wurden, um zu regieren und zu verwalten, daß sie das Leben sichern, der Gewalt nicht weichen und dem Mißbrauch der Macht nicht nachgeben, sondern sich einsetzen für Recht und Gerechtigkeit. Laßt uns zum Herrn beten.«[33]

Davon, daß man »der Obrigkeit untertan sein« soll, ist nirgendwo mehr die Rede.

Der Weg der Kirchen war lang, ehe sie sich aus einer Theologie befreiten, in der bis in die Gebete hinein Christsein mit Untertanengeist und Passivität, Rückzug ins Stille verbunden war. Die Kirchen in der DDR haben sich im sogenannten »Konziliaren Prozeß für Gerechtigkeit, Frieden und Bewahrung der Schöpfung« politisch engagiert, demokratisch agiert und sich im Dienst für Frieden und Gerechtigkeit ermutigt, orientiert und verpflichtet gefühlt. Insbesondere das Franz von Assisi zugeschriebene Gebet hat auf die Friedensbewegung konfessions- und religionenübergreifend gewirkt.

O Herr, mache mich zu einem Werkzeug deines Friedens,
daß ich Liebe übe, wo man sich haßt,
daß ich verzeihe, wo man sich beleidigt …

Das Gute tun – nicht nur das Böse vermeiden

Es gibt eine schier unausrottbare deutsche Gehorsamstradition, in der man Gesetze befolgt, sich an alle Verbote hält und dann meint, ein »anständiger Bürger« zu sein. Das ist die Verweigerung eigener, freier, vorausschauender Verantwortlichkeit, in der ein Mensch fragen muß, was er tun kann, daß das Böse in der Welt zurückgedrängt wird. Bert Brecht läßt die fromme Johanna sagen: »Sorgt doch, daß ihr die Welt verlassend / Nicht nur gut wart, sondern verlaßt / Eine gute Welt!«

Luther hat die Zehn Gebote als eine hilfreiche Grundregel für menschliches Zusammenleben mehrfach interpretiert. Er legt sie mit den Intentionen der Bergpredigt aus: es komme nicht bloß auf die Tat, sondern auch auf die Gesinnung an, nicht bloß auf das Tun, sondern auch auf das Denken, Reden, Wünschen, Begehren.

Luther vollzieht noch einen weiteren maßgeblichen Schritt bei der Auslegung der menschlichen Lebensregeln. Die Gebote sind negativ formuliert: nicht töten, nicht ehebrechen, nicht stehlen, nicht falsch Zeugnis reden. Es geht jedoch um die aktive Für- und Vorsorge. So schreibt Luther über das fünfte Gebot: Es übertrete dieses Gebot nicht allein der, der Böses tue, sondern auch der, der *»dem Nächsten Gutes tun, zuvorkommen, wehren, schützen und retten kann, daß ihm kein Leid noch Schaden am Leibe widerfahre, und tut es nicht. Wenn du einen Nackten gehen läßt und könntest ihn kleiden, so hast du ihn erfrieren lassen. Siehst du jemand Hunger leiden und speisest ihn nicht, so läßt du ihn Hungers sterben. Ebenso: Siehst du jemand zum Tode verurteilt oder in gleicher Not und rettest ihn nicht, obwohl du Mittel und Wege dazu wüßtest, so hast du ihn getötet. Und es wird nicht helfen, daß du vorwendest, du habest keine Hilfe,*

Rat noch Tat dazu gegeben; denn du hast ihm die Liebe entzogen und
ihn der Wohltat beraubt, dadurch er bei dem Leben geblieben wäre.«
Es geht um eine aktive Gebotsethik. Der eigentliche Wille Gottes ist nach Luther, *»daß wir keinem Menschen Leid widerfahren*
lassen, sondern ihm alles Gute und Liebe beweisen, und das ist – wie
gesagt – besonders gegen die gerichtet, welche unsere Feinde sind. Daß
wir Freunden Gutes tun, ist noch eine gewöhnliche heidnische Tugend,
wie Christus Matthäus 5,46 sagt.«

Luther verfaßt eine Art Bußkatalog zur Selbstbefragung des einzelnen und listet auf, wer gegen das fünfte Gebot verstößt: *»Wer*
seinem Nächsten zürnt, wer zu ihm du ›Nichtsnutz!‹ sagt und was es
dergleichen Zeichen des Zorns und Hasses gibt. Wer zu ihm sagt, ›du
Dummkopf und ...? Narr!‹ oder was es an Schimpfworten, Flüchen,
Verlästerungen, bösen Nachreden, Richten, Verurteilen, Hohnreden
u. s. w. gibt. Wer die Sünden und Mängel seines Nächsten hervorhebt,
statt sie (vor den anderen) zu verdecken und zu entschuldigen. Wer
seinen Feinden nicht vergibt, nicht Fürbitte für sie tut, nicht freundlich
und gut mit ihnen umgeht. Hierein gehören alle Sünden aus Zorn und
Haß, wie Morden, Kriegführen, Rauben, Niederbrennen, Zanken, Ha-
dern, Trauern über des Nächsten Glück, sich freuen über sein Unglück.

Wer nicht auch gegenüber seinen Feinden die Werke der Barmherzigkeit übt, wer die Leute gegeneinander aufhetzt oder (durch
Hetzreden und Lügen) miteinander verstrickt. Wer Zwietracht sät
zwischen den Menschen. Wer die Zerstrittenen nicht versöhnt,
wer sich Zorn und Haß nicht entgegenstellt und ihnen nicht zu-
vorkommt, wo er nur kann.«

Dies ist das Ferment einer neuen Mitmenschlichkeit, das durch
Christen in die Welt kommen soll. Dazu ist jeder Getaufte aufgefordert. Zugleich wird jedermann erkennen, daß er solchem Gebot nicht wirklich oder umfassend gefolgt ist. Er wird sich seiner
Schuld und seiner Vergebungsbedürftigkeit bewußt. Deshalb sollen – und können! – Menschen auf die Gnade Gottes trauen und
neu beginnen, stets darum bittend, daß der neue Geist ihnen Kraft
und Zuversicht zur Erfüllung dieser Gebote gibt, ohne daß sie sich

im Falle der Erfüllung gerechtfertigt bzw. im Falle ihres Zurückbleibens verdammt sehen.

Luther drückt sich viel polemischer und schroffer aus: »*Wo dir ein unnützes Maul vorkommt, das einen anderen austrägt und verleumdet, so rede ihm frisch unter die Augen, daß er schamrot werde, so wird mancher das Maul halten, der sonst einen armen Menschen ins Geschrei bringt.*«

Entsprechende Bußkataloge für den einzelnen entwickelt Luther auch im Blick auf die Gebote »Du sollst nicht stehlen«, »Du sollst nicht unkeusch sein«, »Du sollst nicht falsch Zeugnis reden«, »Du sollst nicht begehren«.

Der Gemeine Kasten – eine reformatorische Sozialordnung

Der Gemeine Kasten von Leisnig war zunächst eine Truhe mit vier Schlössern, in der Stadtkirche sicher aufbewahrt. Mit dem dort verwahrten Geld wurden schulische und kirchliche Einrichtungen sowie die Bedürftigen versorgt, aber auch Gebäude unterhalten. Luther hat 1523 die sogenannte »Leisniger Kastenordnung« unterstützt und als ein Beispiel für den Umgang mit dem Gemeindeeigentum nach dem Vorbild der Apostel gewürdigt (Apostelgeschichte 4,34 f.). Was sollte etwa mit Klöstern und Stiften und all dem verwaisten kirchlichen Eigentum geschehen? Luther meinte: »Ich will es doch nicht auf mir sitzen lassen, wenn einige habgierige Wänste diese geistlichen Güter an sich reißen und mich als den, der die Ursache dazu gegeben hat, zum Schein vorschieben – denn die Habsucht ist ein ungehorsamer, glaubensloser Bösewicht –, will ich doch das Meine tun, und mein Gewissen entlastet und ihr Gewissen belastet haben, damit niemand sagen kann, ich hätte geschwiegen oder hätte mich zu spät hören lassen. Es nehme nun an oder verachte meinen gutgemeinten Rat, wer will, ich bin unschuldig.«

Freilich läßt sich mit Gesetzen und Artikeln nicht alles regeln, und man muß darauf gefaßt sein, daß die Habgier sich immer ihren Teil holt. Es geht Luther um einen allgemeinen sozialen Ausgleich und um eine gemeinschaftliche Ordnung und Kontrolle über die finanziellen Mittel der Gemeinde. Die Gemeinden, die ihre Pfarrer frei wählen, ein- und absetzen können, sollen für deren Unterhalt ebenso sorgen wie für den der Schulmeister und Küster. In die Gemeindekasse sollen Zinsen, Güter, Abgaben, Gelder und Besitzungen, Buß- und Strafgelder sowie die Gelder aus den Opferstöcken einfließen. Dazu kommen Sachmittel, Brot,

Käse, Eier, Fleisch und andere Speisen, die »unverzüglich, so weit es nötig ist, unter die Armen ausgeteilt werden«, und schließlich die Testamente, die begüterte Gemeindeglieder zugunsten der Gemeinde machen. Die Gemeindekasse soll von zehn gewählten Personen verwaltet werden, die mit »gutem christlichen Gewissen, ohne Rücksicht auf Gunst, Neid und Nutzen, Furcht oder irgendeine schändliche Ursache nach ihrem besten Vermögen ... über Einnahmen und Ausgaben treu und unparteiisch auszuüben verpflichtet seien«. Die Kasse braucht Kontrolle. Deshalb wird sie verwahrt mit vier verschiedenen Schlössern und Schlüsseln; der Adel, der Rat, die Gemeinde in der Stadt und die Bürgerschaft auf dem Lande haben je einen besonderen Schlüssel.

Der Bettel soll abgeschafft werden, und alle, die nicht mit Alter oder Krankheit beladen sind, haben zu arbeiten. »Die aber durch Unglücksfälle bei uns verarmen oder vor Krankheit oder Alter nicht arbeiten können, sollen durch die verordneten Zehn aus unserer Gemeindekasse in ausreichendem Maße versorgt werden.«

Außerdem sollen mit den Gemeindegeldern »arme, verlassene Waisen ... mit Erziehung und leiblichem Bedarf, bis sie ihr Brot verdienen oder arbeiten können, durch die Vorsteher aus der Gemeinde versorgt werden«, zur Schule geschickt, ernährt und »zur Arbeit, zum Handwerk und angemessenen Gewerbe gefördert werden«. Nicht nur Einheimische kommen in den Genuß von Hilfe: »Fremden Ankömmlingen, gleichgültig, ob sie Männer oder Frauen sind, die christliche und brüderliche Zuversicht zu unserer Gemeinde haben und innerhalb der Stadt oder der Dörfer in unserem Kirchspiel mit der Mühe und dem Fleiß ihrer Arbeit ihren Lebensunterhalt suchen, sollen die zehn Vorsteher aufrichtig fördern.«

Die zehn Vorsteher sollen »mit großem beständigen Fleiß Erkundigungen und Nachforschungen anstellen«, damit diese Gelder den Bedürftigen zugute kommen und nicht Schmarotzertum und Mißbrauch bezahlt werden. Wer ohne eigene Schuld in Armut gerät, soll einen ansehnlichen Vorschuß erhalten, der zu einem festgelegten Termin zurückzuzahlen ist. »Denen aber, die

Gemeiner Kasten der Stadt Wittenberg, Eisentruhe mit drei voneinander unabhängigen Schlössern, um 1520

trotz treuer Arbeit und Fleiß dies nicht zurückgeben können, soll es zu ihrem Bedarf und um Gottes willen erlassen werden.«

Schließlich wird mit Hilfe der Gemeindekasse Vorratswirtschaft betrieben: Die Verwalter sollen »eine ansehnliche Menge und Anzahl von Korn und Erbsen für die Magazine, die dem Rat und dem gemeinsamen Kirchspiel gehören, einkaufen und dafür sorgen, daß dieser Vorrat in Jahren, in denen das Getreide billig zu kaufen ist, nicht angegriffen, sondern vielmehr vermehrt und vergrößert wird«.

Die Leisniger Kastenordnung ist Vorbild für städtische Sozialordnungen bis hin zu Sozialgesetzgebungen in demokratischen Staaten geworden.

Es gibt keinen größeren Gottesdienst, schreibt Luther, »als die christliche Liebe, die den Bedürftigen hilft und dient, wie Christus selbst am Jüngsten Tag bekennt und richten wird« (Matthäus 25,31ff.).

Soziale Fragen haben Relevanz für jeden einzelnen, für lokale und globale Ungerechtigkeit und für den »Jüngsten Tag« – der ist heute.

Gebildete Leute braucht das Land

Luther hat befürchtet, daß sich keiner der Bildung der Heran-
wachsenden annimmt, nachdem die Klöster als Orte der Bildung
weggefallen sind. Deshalb fordert er 1524 »die Ratsherren aller
Städte deutschen Landes« auf, christliche Schulen einzurichten
und zu erhalten. Die Kommunen sollten ihrer Verantwortung für
ein gedeihliches Zusammenleben der Menschen nachkommen,
dafür seien nicht nur Berufe notwendig, die das leibliche Wohl
oder äußere Macht sichern. Für die Erziehung der Heranwachsen-
den sollten keine Mittel gescheut werden. Das eklatante Mißver-
hältnis bei der Erfüllung öffentlicher Aufgaben fordert Luther zur
Polemik heraus: »Man fürchtet sich vor Türken und Kriegen und
Hochwasser, denn da versteht man, was Schaden und Nutzen ist.
Aber was hier der Teufel im Sinn hat, sieht niemand, fürchtet auch
niemand; es kommt still herein. Dabei, wenn man einen Gulden
gibt, um gegen die Türken zu kämpfen, wäre es doch hier, selbst
wenn sie uns im Nacken säßen, nur recht und billig, daß hundert
Gulden gegeben würden, und wenn man auch nur einen Knaben
damit erziehen könnte, damit ein rechter Christenmensch daraus
würde.«

Er beschwört die Autoritäten: »Liebe Herren, man muß jährlich
so viel aufwenden für Kanonen, Wege, Stege, Dämme und unzählige solcher Dinge mehr, wodurch eine Stadt zeitlichen Frieden
und Ruhe haben soll. Warum sollte man nicht viel mehr aufwenden für die bedürftige arme Jugend, jedenfalls aber so viel, daß
man einen geeigneten Mann oder zwei als Schulmeister unter-
hielte?« Selbst Tiere sorgten für ihre Jungen und lehrten sie, »was
ihnen gebührt – außer dem Strauß, der gegen seine Jungen so hart

ist, als würden sie ihm nicht gehören, und seine Eier einfach auf der Erde liegenläßt«. Würden Eltern ihrer Verantwortung nicht gerecht, weil es ihnen an Rechtschaffenheit und Pflichtbewußtsein fehle, könnten Vernunft und Christenliebe es nicht dulden, daß Kinder »unerzogen aufwachsen und für die anderen Gift und Geschmeiß sind, wodurch zuletzt eine ganze Stadt zugrunde geht, wie es denn Sodom und Gomorra und etlichen anderen Städten ergangen ist«.

Die Not zwinge dazu, Leute zur Unterweisung der Kinder einzustellen, denn die meisten Eltern hätten »selbst nichts gelernt, als den Bauch zu versorgen«, oder kümmerten sich vornehmlich um Geschäfte und Haushalt. Der einfache Mann könne keinen Hauslehrer bezahlen.

Luther appelliert an die soziale Verantwortung der Gemeinschaft, weil er Volksbildung als Garanten eines zivilisierten Zusammenlebens betrachtet. Das Gedeihen einer Stadt hänge nicht allein von großen Schätzen, festen Mauern, schönen Häusern und der Produktion von Kanonen oder Harnischen ab. »Vielmehr, wo es viel davon gibt und es kommt in die Hände wahnsinniger Narren, so ist das ein umso schlimmerer und umso größerer Schaden für diese Stadt. Vielmehr ist das einer Stadt Bestes und ihr aller prächtigstes Gedeihen, ihr Wohl und ihre Kraft, daß sie viele gute, gebildete, vernünftige, ehrbare und wohlerzogene Bürger hat, die dann sehr wohl Schätze und alle Güter sammeln können, sie recht erhalten und recht gebrauchen.«

Es mangle an fähigen Leuten für die öffentliche Verwaltung. »... soll man denn zulassen, daß lauter Flegel und Grobiane regieren, wenn man's wohl sehr viel besser machen kann? ... Da lasse man lieber doch gleich Säue und Wölfe zu Herren machen und über die setzen, die nicht darüber nachdenken wollen, wie sie von Menschen regiert werden. Ebenso ist es auch eine unmenschliche Bosheit, wenn man nicht weiter denkt als so: Wir wollen jetzt regieren. Was geht es uns an, wie es denen geht wird, die nach uns kommen? Nicht über Menschen, sondern über Säue und Hunde sollten solche Leute herrschen, die beim Regieren nichts mehr suchen als ihren Vorteil und ihre Ehre.« Wir sprechen heute von der »Nachhaltigkeit« der Politik.

Luther fordert, die Einübung in Sozialverhalten (also Erziehung) und weltläufige Bildung miteinander zu koordinieren. Die Menschen sollten Sprachen lernen, sich auf andere Wissenschaften sowie auf Geschichte konzentrieren, um ihre Urteilskraft zu bilden. Studieren und das Erlernen praktischen Handwerks müßten zusammengehen.

Erziehung sollte keinesfalls »Schwarze Pädagogik« sein, so wie er sie selbst in seiner Kindheit erlebt hat. »Nun muß das junge Volk hüpfen und springen oder jedenfalls etwas zu tun haben, woran es Vergnügen hat, und es ist ihm darin nicht zu wehren; es wäre auch nicht gut, alles zu verwehren. Warum sollte man ihm dann nicht solche Schulen einrichten und solche Wissenschaft vortragen, zumal jetzt durch Gottes Gnade alles so eingerichtet ist, daß die Kinder mit Vergnügen und Spiel lernen können, seien es Sprachen oder andere Wissenschaften oder Geschichtserzählungen? Es gibt jetzt nicht mehr die Hölle und das Fegefeuer unserer Schulen, in denen wir geplagt werden mit Deklinationen und Konjugationsübungen, wo wir doch rein gar nichts gelernt haben durch so viel Prügel, Zittern, Angst und Jammer. Nimmt man sich so viel Zeit und Mühe, um die Kinder Karten spielen, Singen und Tanzen zu lehren, warum nimmt man sich nicht auch so viel Zeit, um sie Lesen und andere Künste zu lehren, solange sie jung und frei von Arbeit sind, die Fähigkeit und Lust dazu haben? Von mir selber sage ich: Wenn ich Kinder hätte und es könnte, müßten sie mir nicht nur die Sprachen und Geschichtserzählungen hören, sondern auch singen und die Musik samt der ganzen Mathematik lernen.« Auch in wirtschaftlich schwierigen Situationen sollten Gemeinden »Fleiß und Kosten nicht sparen, um gute Bibliotheken oder Bücherhäuser zu schaffen«.

Die Deutschen seien »allzu lange deutsche Bestien gewesen. Laßt uns doch endlich einmal die Vernunft gebrauchen, damit

Gott die Dankbarkeit für seine Wohltaten erkenne und andere Länder sehen, daß wir auch Menschen sind und Leute, die etwas Nützliches entweder von ihnen lernen oder sie lehren könnten, damit auch durch uns die Welt gebessert würde.« Seine Warnung, die Deutschen würden in aller Welt Bestien genannt, »die nicht mehr können als Krieg führen, fressen und saufen«, erscheint im Hinblick auf kommende Jahrhunderte prophetisch. Gerade Deutsche sollten sich auf andere Fähigkeiten besinnen und aus der Fülle der geistigen Güter das Beste annehmen, bewahren und weitervermitteln. Dies setzt Urteilskraft voraus. Wieder findet Luther ein sprechendes Bild: »Eine Dohle brütet keine Tauben aus, und ein Narr zeugt keinen Klugen.«

Im Jahre 1530 hält er eine vielbeachtete Predigt darüber, »daß man Kinder zur Schule halten solle«. Darin führt er aus: »Wenn denn die Schrift und Gelehrsamkeit untergeht, was soll da bleiben in deutschen Landen als ein wüster, wilder Haufen, Tataren oder Türken, ja vielleicht ein Saustall und eine Horde von lauter wilden Tieren?«

Die Leute sollten nicht schweigen und schlafen, »so daß die Jugend so vernachlässigt wird und ihre Nachkommen wie Tataren und wilde Tiere werden, so wird es unseres Schweigens und Schnarchens schuld sein, und wir werden schmerzliche Rechenschaft dafür geben müssen«.

Auch aus pragmatischen Gründen hat er vor mehr als 500 Jahren eine allgemeine Volksbildung gefordert: »Wenn schon ein solcher Knabe, der Latein gelernt hat, danach ein Handwerk lernt und Bürger wird, so hat man ihn in Reserve für den Fall, daß man ihn einmal als Pfarrer oder sonst für das Wort brauchen sollte.« Nur so lassen sich lebensfremde Politik und politische Kastenbindung überwinden.

Luther polemisiert gegen die gegenseitige Verachtung von Kopf- und Handarbeitern und meint: »Kanzler, Stadtschreiber und Juristen und das Volk in seinen Ämtern müssen mit oben ansitzen, mitberaten und mitregieren.« Vor allem »die Juristen und die

Schreiberlinge« lobten sich derart, »daß sie andere Stände verachten oder verspotten, als wären sie es alleine und als taugte sonst niemand in der Welt als sie, wie die geschorenen Pfaffen das bisher auch getan haben, samt dem ganzen Papsttum. Man soll alle Stände und Handwerke Gottes aufs Höchste loben, wie man's nur immer kann und keinen um des anderen willen verachten.« Gott wolle auch hier zum Frieden und zur Einigkeit führen.

Jedermann müsse einen inneren Kompaß haben und ein sicheres Gespür für richtige Entscheidungen entwickeln, vor allem jene, die ein Regierungsamt ausübten, damit sie nicht völlig von ihren Räten abhängig würden. »Wie das Wort *Räte* nicht weit von dem Wort *Verräter* ist, so sind auch viele von ihnen nicht weit von der Tat: Sie raten zuweilen ihrem Herren mit solcher Treue, daß sie kein Verräter so gut verraten könnte.« Leute, die im Regiment sitzen, dienen aber Gott, weil sie helfen, seine Ordnung zu erhalten, für Recht und Frieden zu sorgen, und wissen, »was der liebe Fried' für ein unaussprechlich Gut ist«.

Wenn Menschen nichts weiter lernen, »als Nahrung zu suchen und wie eine Sau mit der Nase immer im Kot zu wühlen«, dann müßten wir »gewiß von Sinnen sein oder unsere Kinder nicht recht lieb haben«. Doch der gewöhnliche Geizwanst verachtet die Wissenschaft und will, daß die Leute nur das sehr schnell lernen, was sich in Geld umsetzen läßt: effektives Output! Die Leute tun alles, damit die Kinder in Kürze kirre werden. Aber, wendet Luther ein, ist es nicht so, daß »der Kaufmann nicht lange Kaufmann sein wird, wenn Predigt und Recht verfallen. Wo die Theologen verschwinden, da verschwindet Gottes Wort ... Wo die Juristen verschwinden, da verschwindet das Recht samt dem Frieden ... Was aber der Kaufmann erwerben und gewinnen wird, wenn der Friede verschwindet«, das kann ihm sein Gewissen zeigen.

Luther verweist auf die Notwendigkeit *aller* Tätigkeiten und Berufe: der Heilkunst, des Handwerks, der Bauern, der Kaufleute. Doch immer wieder hebt er die Schulmeister hervor.

»Ich weiß, daß der Beruf des Schulmeisters nächst dem Predigtamt der allernützlichste, wichtigste und beste ist. Ich weiß noch nicht einmal, welcher von beiden der bessere ist; denn es ist schwer, alte Hunde zahm und alte Bösewichte fromm zu machen, woran doch das Predigtamt arbeitet und viel vergeblich arbeiten muß. Aber die jungen Bäumchen kann man besser biegen und aufziehen, obgleich auch manche dabei zerbrechen. Lieber laß es der höchsten Tugenden eine sein auf Erden, fremden Leuten ihre Kinder treulich zu erziehen, welches gar wenige und fast niemand tut mit seinen eigenen.«

Er erhebt die Niedrigen

»Niemand lasse den Glauben daran fahren, daß Gott an ihm eine große Tat tun will.« Dieser Spruch in der Eingangshalle der alten Wittenberger Universität ist eine Würdigung und Ermutigung jedes einzelnen, ganz er oder sie selbst zu sein. Jeder soll wissen: Ich habe eine Begabung, die für andere brauchbar ist. An jedem von uns wird Großes getan. So tue nun auch selbst etwas, so klein es dir erscheinen mag! Weder äußere Würdigung noch die Vergütung sind entscheidend, sondern die Selbstgewißheit: Ich bin ein gewürdigter Mensch.

Die »Würde des Menschen« – jedes Menschen! – ist vorgegeben, über alles erhaben und »unantastbar«, heißt es im ersten Artikel unseres Grundgesetzes. Der Staat verpflichtet sich, sie zu schützen, und hat entsprechende Gesetzbücher (bis hin zum internationalen Recht) erlassen.

Doch ein Mensch muß sich sein Menschsein nicht beweisen – er *ist* es als Person wert, geachtet zu sein. Niemand lasse den Glauben daran fahren. Niemand! An der armen Magd Maria, die zur »Gottesmutter« wird, machte Luther dies deutlich. (Er schickte seine Auslegung des »Magnifikat« 1521 an den Kurfürsten.)

»Indem die heilige Jungfrau an sich selbst erfahren hat, daß Gott an ihr so große Dinge wirkte, obwohl sie doch gering, unansehnlich, arm und verachtet gewesen ist, lehrt sie der Heilige Geist diese reiche Kunst und Weisheit, daß Gott ein solcher Herr ist, der nichts anderes zu schaffen hat, als nur zu erhöhen, was da niedrig ist, zu erniedrigen, was da hoch ist, also kurz gesagt: zu zerbrechen, was da gemacht ist, und zu machen, was zerbrochen

Christus als Weltenrichter in der Mandorla. Sandsteinrelief, um 1310. Seit 1955 in der Sakristei von St. Marien zu Wittenberg

ist ... daß er aus dem, was nichts, gering, verachtet, elend, tot ist, etwas Köstliches, Seliges und Lebendiges macht ...

›Gott ist der Allerhöchste und sieht herunter auf die Niedrigen, und die Hochgestellten kennt er nur von ferne‹ (Psalm 138,6) ... *Aber die Welt und die Menschenaugen tun das Gegenteil: die sehen nur über sich und wollen sich um jeden Preis nach oben richten.«*

Die Mutter Christi »lehrt uns mit dem Beispiel ihrer Erfahrung und mit Worten, wie man Gott erkennen, lieben und loben soll. Denn weil sie nämlich mit fröhlichem, springlebendigem Geist sich hier rühmt und Gott lobt, er habe sie angesehen, obwohl sie niedrig und nichts gewesen ist, muß man glauben, daß sie arme, verachtete, geringe Eltern gehabt hat.

Sie hat nicht nur für sich selbst, sondern für uns alle gesungen, auf daß wir ihr nachsingen sollen ... Ja, es ist auch nicht genug, daß du glaubst, er wolle mit anderen und nicht mit dir große Taten tun und dich somit auf diese Weise von solcher göttlichen Tat ausnehmen, wie die tun, welche Gott nicht fürchten, solange sie mächtig sind, und kleinmütig verzagen, wenn sie in Drangsal kommen.

Denn solcher Glaube ist nichts und ganz tot, gleich einem Wahn, von einem Märchen empfangen. Du mußt dir vielmehr ohne alles Wanken und ohne alles Zweifeln seinen Willen über dich vor Augen stellen, so daß du fest glaubst, er wird und will auch mit dir große Dinge tun. Dieser Glaube lebt und bewegt sich. Er dringt durch und ändert den ganzen Menschen.

Die Eigennützigen und Selbstsüchtigen sehen krumm und scheel, wenn sie gewahr werden, daß sie nicht am höchsten und besten mit den Gütern dran sind, murren statt zu loben, daß sie anderen gleich sind …

Ein Vogel singt und ist fröhlich in dem, was er kann, und murrt nicht, weil er nicht sprechen kann. Ein Hund springt fröhlich und ist zufrieden, obgleich er nicht die Gabe der Vernunft besitzt. Alle Tiere lassen sich's genügen und dienen Gott mit Liebe und Lob. Nur das trügerische, eigennützige Auge des Menschen ist unersättlich. Es kommt wegen seiner Undankbarkeit und seines Hochmuts nicht wirklich dazu, daß es gesättigt werden kann. Es will obenan sitzen und der Beste sein. Es will nicht Gott ehren, sondern von ihm geehrt sein.

Der böse Geist hat ein leckerhaftes Maul, frißt gern das Allerbeste, das Appetitlichste, das Auserwählteste wie der Bär den Honig. Darum sind die Gelehrten, die heiligen Heuchler, die großen Herren und die Reichen des Teufels Leckerbissen. Hingegen was die Welt verwirft, die Armen, die Niedrigen, Einfältigen, Geringen und Verachteten, erwählt Gott.«

Hier haben wir »die ganze Theologie« Luthers vor uns. Gott erhöht uns. Er ist bei denen, die »in der Welt« niedrig sind. Die aus der Niedrigkeit erhobene Maria bringt das Höchste zur Welt: das Kind, auf dem der ganze Segen Gottes ruht und durch das alle selig werden sollen, die daran glauben. Aber es geht eben nicht um Maria allein, Maria ist ein Beispiel. *Jedem hat Gott eine besondere Gnadengabe zugewandt!* In diesem Glauben, mit diesem unermeßlichen Grundvertrauen handelt der Mensch. Zuversichtlich tut er etwas Richtiges, Gutes, Zuträgliches, Nützliches. Er tut es in Freiheit, nicht in Angst, nicht auf Lohn *hin*, sondern vom Geschenk *her*. Luther schreibt: »*Der Glaube bringt alsbald die Liebe, den Frieden, die Freude und die Hoffnung mit. In diesem Glauben werden alle Werke gleich, und es ist eines wie das andere; aller Unterschied zwischen den Werken fällt fort, sie mögen groß, klein, kurz, lang, viel oder wenig sein. Ein Christ tut, was ihm vor die Hand kommt, das tut er, und alles ist wohlgetan.*«

So ist der Christ gesinnt. Es ist die Gesinnung eines Freigesprochenen. Luther fährt fort: »*So weiß auch ein Christ, der Gott gegenüber in dieser Zuversicht lebt, alle Dinge, vermag alle Dinge, traut sich alle Dinge zu, die zu tun sind, und tut alles fröhlich und frei, nicht um viel gute Verdienste und Werke zu sammeln, sondern weil's ihm eine Lust ist, Gott auf diese Weise zu gefallen, und dient Gott ganz umsonst, damit zufrieden, daß es Gott gefällt.*«

Die Finger wund geschrieben –
die Briefe Luthers

Alles, was Luther will, ist in seinen Briefen enthalten. Bereits 1516 wird klar, wo sein «theologischer Kern» liegt: in der Absage an ein erschachertes »Gutmenschentum«, statt dessen in der Gewißheit von Gottes voraussetzungslosem Erbarmen. In den Briefen erörtert er nicht, da redet er an, spricht zu, richtet auf und zurecht, mahnt und tröstet. Luther ist als Person erkennbar mit seinem Glücklichsein und seinen Bekümmernissen, mit seiner herzlichen Liebe zu Frau und Kindern, in seiner Freundschaft wie in seiner unverwechselbaren Polemik gegen die Feinde, mit seiner unbeugsamen Fürsprache für andere.

Mehr als 2 500 seiner Briefe sind uns erhalten, die meisten lateinisch geschrieben. Mitunter wechselt er zwischen Deutsch und Latein. Deutsche Sätze enthalten bisweilen besondere Pointen. Luther hält sich in seinen Briefen an die »Hohen Herren« einerseits an die Regeln des Briefschreibens, durchbricht sie *zugleich* aber souverän. Sein Tonfall orientiert sich jeweils an der Stellung der Adressaten und an seiner persönlichen Beziehung zu ihnen. Seine Briefpartner sind Familienangehörige und Freunde, Pfarrer, Bischöfe und Päpste, Ratsherren und Bürgermeister, der Kaiser und die Landesherren, Städte und Länder. Am dichtesten sind seine Briefe an seine Freunde wie Melanchthon, Spalatin und Jonas, seine persönlichsten an seine Käthe, an Vater und Mutter.

Wie humorvoll Luther sein konnte, zeigt jene ironische »Klageschrift der Vögel an Lutherum« gegen seinen Diener Wolfgang Sieberger, der einen tückischen Vogelherd aufgestellt hatte. Die Drosseln, Amseln, Finken, Hänflinge und Stieglitze samt allen

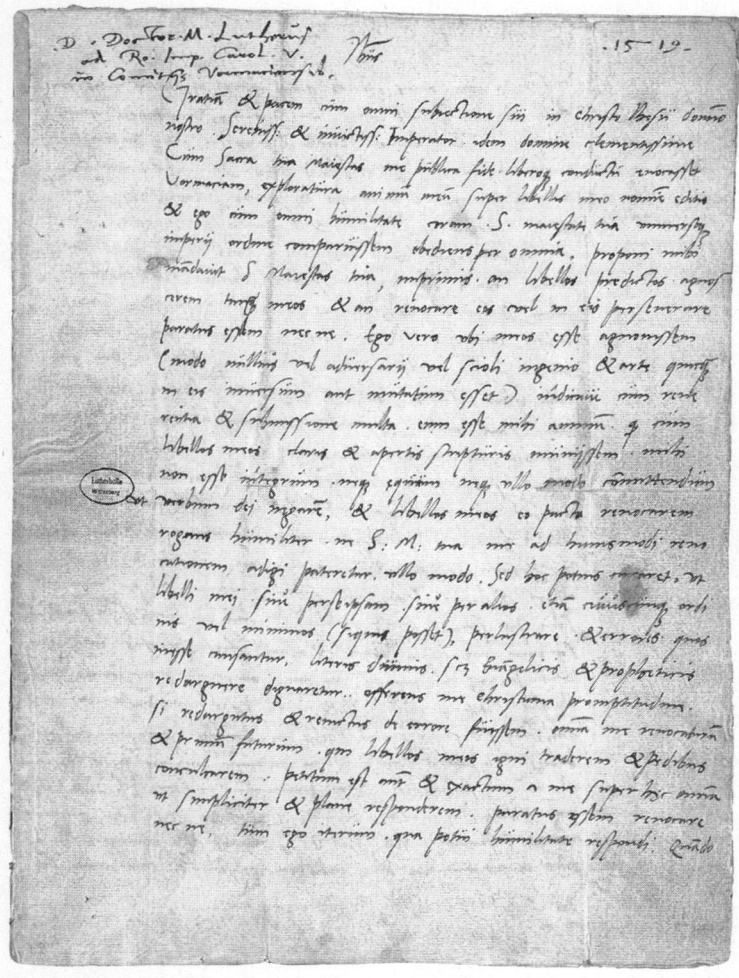

Erste Seite von Luthers Brief an Kaiser Karl V. nach dem Wormser Reichstag,
Friedberg, 28. April 1521

anderen frommen, ehrbaren Vögeln beschweren sich, daß dieser
sein Diener »nicht allein unsern lieben Freunden, den Finken,
sondern auch uns allen die Freiheit, zu fliegen in der Luft und auf
Erden Körnlein zu lesen, von Gott uns gegeben, zu wehren vornimmt, dazu uns nach unserm Leib und Leben stellt«. Und so

wollen sie Gott bitten, daß er seinem frevelhaften Tun eine Ende bereite und er eines Tages auf seinem Herde »Frösche, Heuschrekken und Schnecken« an unserer Statt fange und zu Nacht von Mäusen, Flöhen, Läusen, Wanzen überzogen werde.

Diese Satire geißelt des Menschen Hybris im Umgang mit der anderen Kreatur.

Luther geht es in seinen Briefen nicht nur um die *Lehre*, sondern darum, daß diese bei den Menschen ankommt – zu des Menschen Nutz, Trost und Gewißheit des Glaubens. So zeigen die Briefe ihn als den einfühlsamen und kräftig zurechtrüttelnden Seelsorger, Theologen und Professor, Berater und Gutachter. Vor den Feinden des Evangeliums will er warnen und ein glaubensschwaches Sich-Sorgen überwinden.

Als Melanchthon auf dem Augsburger Reichstag den Römern zu viel nachgeben will, schreibt er dem Freund in der Offenheit ihrer Freundschaft: »... es tut mir weh, daß Du unverbesserlicher Sorgen-Blutegel meine Gebete so vergeblich machst. ... Als ob Ihr mit Eurem unnützen Sorgen etwas ausrichten könntet! Was kann denn der Teufel mehr tun, denn daß er uns töte? Was noch? Ich beschwöre Dich, der Du doch sonst mit allen in allen Sachen kämpfst, kämpfe auch gegen Dich selbst ...«

Luther weiß variationsreich anzureden und ebenso seinen Schlußgruß zu formulieren. Er bleibt respektvoll gegenüber der Person – aber respektlos in der Sache, wo sie es erfordert. Der Polemiker ist Poet, der Unerschütterliche ein tief Empfindsamer, der Befreite ein Gebundener, der Hochgelehrte ein auf dieser Welt Verwurzelter. Der Reformator Europas ist der unscheinbare Nachbar in Wittenberg. Hochgebildet ist er, doch nie ein Eingebildeter. Keiner ist ihm zu klein, als daß er sich nicht um ihn kümmerte oder für ihn einsetzte. Selten bittet er für sich, dafür um so öfter für andere. Er schärft der Obrigkeit ein, wenn sie die Jugend vernachlässige, »wird ... das Land voll wilder, loser Leute, was nicht allein Gottes Gebot, sondern auch unser aller Not zwingt, hierin

Fleiß aufzuwenden. ... Nun ist kein nötiger Ding als Leute erziehen, die nach uns kommen und regieren sollen.«

Für Bildung zu sorgen heißt, für die Zukunft zu sorgen, für ein einträchtiges und gedeihliches Miteinander aller Bürger.

Luther ist ein freigebiger Mensch. Als sein Hausdiener Johannes wegzieht, schreibt er seiner Käthe »Darum denke Du, wie oftmals wir haben bösen Buben und undankbaren Schelmen gegeben, da es alles verloren gewesen ist. So greif nun hier in die Tasche und laß an einem solchen frommen Gesellen auch nichts mangeln, da Du weißt, daß es wohl angelegt und Gott gefällig ist. Ich weiß wohl, daß wenig da ist; aber ich gäbe ihm gerne 10 Gulden, wenn ich sie hätte, aber unter fünf Gulden sollst Du ihm nicht geben, weil er nicht neu eingekleidet ist. Was Du drüber kannst geben, das tue, da bitte ich drum.«

Ihn empört, daß man aus dem Kirchhof eine Müllhalde macht und damit die Toten schändet und »auch die Zimmerleute keine Predigt achten, ja hauen und poltern mit ihrem Zeug, daß kein Wort in der Predigt soll gehört werden; denken, es sei nötiger und billiger, eines Zimmermanns Beil zu hören, denn Gottes Wort«. Er moniert, daß zu einer Zeit, da er predigen muß, die Leute sich immer nur den Bauch vollhauen, alles in der Habsucht ersoffen ist und keiner fragt, wie es dem Nächsten gehe. Bisweilen rächen sich die Großhansen in der kleinen Stadt. Da kann der fromme Mann im Schwarzen Kloster zornig werden, wenn ihm der Zeugmeister zu Wittenberg den ganzen Mauerschutt in seinen Garten und vor sein Haus schmeißt. Und wenn er das nicht ändert, wünscht er ihn »gar kürzlich im Abgrund der Hölle«.

Von Glaubensmut und Glaubenszweifel, Liebe zum Leben und Todessehnsucht, Trost und Dankbarkeit, christlicher Toleranz und christlicher Rechthaberei, Freigebigkeit und Unterwerfung unter den Mammon, von Freundschaft und Feindschaft erfahren wir viel in seinen Briefen. Immer wieder bekräftigt Luther den Glauben, daß Christus der HERR ist, im Leben und im Tode, daß mitten in allem Gericht die Gnade Gottes das letzte Wort behält. Er kann markerschütternd von seinen körperlichen Leiden sprechen, insbesondere von den Nieren- und Blasensteinen und peinigenden Stuhlverhaltungen. »Der Herr hat mich am Hintern geschlagen (Psalm 78,66) mit großen Schmerzen. Der Stuhl ist so hart, daß ich ihn mit großer Kraftanstrengung, bis mir der Schweiß ausbricht, herausdrücken muß, und je länger ich es aufschiebe, desto härter wird er. ... Ich bitte Dich, bete für mich. Denn dieses Übel wird unerträglich werden, wenn es so weitergeht wie bisher«, schreibt er an Melanchthon.

1520 begegnet er brieflich dem Vorwurf, er sei ehrsüchtig: »Was sollt ich elender Mensch nach Ruhm und Ehren trachten? ... Es nehme meine Last, Mühe und Arbeit auf sich, wer da will; es verbrenne meine Bücher, wer Lust hat: ich frage, was kümmert es mich?« Luther will sich in seinem Amte nicht »schändlichen Schweigens, der Verachtung der Wahrheit und der Verführung vieler tausend Seelen schuldig machen«. Wenn die Gegner schweigen, so wolle auch er schweigen. Aber: »... wie mein Gemüt geartet ist, kann ich keine Drohung fürchten, durch keine Versprechungen mich bewegen lassen ...« »Wer etwas Göttliches vornimmt«, schreibt Luther am 12. Oktober 1527 an Kurfürst Johann, »der muß dem Teufel das Maul lassen, dawider zu plaudern und zu lügen ...«

Er begnügt sich nicht mit gläubigem Sich-Ergeben. Es ist jenes typische Kämpfen im Glauben, mit dem er etwa den melancholischen Fürsten Joachim von Anhalt (1534) vermahnt, »immer fröhlich zu sein, zu reiten, jagen und anderer guter Gesellschaft sich fleißigen, die sich göttlich und ehrlich mit Ew. Fürstl. Gnaden freuen können. Denn es ist ja die Einsamkeit oder Schwermut allen Menschen eitel Gift und Tod, sonderlich einem jungen Menschen.« In seinen Briefen bringt er sein inniges Verhältnis zur Musik zum Ausdruck. Die Liebe zur Musik »hat mir auch Hoffnung gemacht, daß Dir mein Brief keine Gefahr bringen wird. Denn wer wollte selbst einen Türken tadeln, wenn er die Kunst liebt und die Künstler lobt? ... Viele Samen guter Eigenschaften stecken in den Gemütern, die von der Musik ergriffen werden; die aber nicht von ihr ergriffen werden, sind, denke ich, Stümpfen und Steinen gleich. Denn wir wissen, daß die Musik auch den Dämonen verhaßt und unerträglich ist. ... Dafür ist ein klarer Beweis, daß der Teufel, der Vater der traurigen Sorgen und des unruhigen Umtreibens, bei der Stimme der Musik ebenso flieht wie beim Wort der Theologie.«

Der Glaube eines Christen kann zugleich die Lust am Leben steigern. Hier versteigt sich Luther zu den kühnsten Gedanken, die Ausdruck seiner Grundüberzeugung von der Freiheit eines Christenmenschen sind. Es ist für den Glauben nie das *gute* Gewissen, sondern das *getröstete* Gewissen, weil nicht die gute oder schlechte Tat den Menschen macht, sondern der Glaube im Menschen die gute Tat hervorbringt. Er soll sich nicht auf sein Guttun verlassen, als ob Gott ein argwöhnischer, peinlichst rechnender Krämer wäre, der gute Taten zählen und daraufhin seine Liebe uns zuwenden würde. Einem angefochtenen Freund, Hieronymus Weller, schreibt er im Sommer 1530: »Ich kenne diese List des Teufels: wenn er jemand im ersten Ansturm der Anfechtung nicht zu überwältigen vermag, dann sucht er ihn durch Beharrlichkeit zu ermüden und zu zermürben, bis er weicht und sich geschlagen gibt. ... Bei dieser Art von Anfechtung und Kampf ist Verachtung das beste und einfachste Mittel, den Teufel zu überwinden. Verlacht den Feind und sucht Euch jemand, mit dem Ihr plaudern könnt. ... so wie ich's tue – kräftiger trinke, zwangloser plaudere, öfter esse, als um den Teufel zu verspotten und zu plagen, der mich plagen und verspotten wollte? Wenn ich doch so etwas wie eine auffallende Sünde aufzuweisen hätte, nur um damit den Teufel zu foppen, damit er erkennt, daß ich keine Sünde anerkenne und mir keiner Sünde bewußt bin!«

Solche Art Übermütigkeit findet sich neben der Resignation

eines Kranken, Bittergewordenen, mit seiner Stadt Wittenberg tief Hadernden – im 60. Lebensjahr.

1544 schreibt er an Jacob Probst: »Ja, ich bin müde, matt und kalt, ein alter unnützer Mann. Ich habe meinen Lauf vollendet: es bleibt mir noch, daß Gott mich zu meinen Vätern versammelt und der Verwesung und den Würmern ihr Teil wird. Ich habe genug gelebt, wenn das ein Leben war. ... Die Fürsten haben nicht mehr den Mut und die Tugend von Helden, nur unseligen Haß und Zwietracht, Habsucht und Eigennutz.«

1542 schreibt er an die Grafen von Mansfeld, daß er täglich mit großer Betrübnis hören müsse, wie diese ihre Untertanen zwingen und dringen. Er selber sei ein *Landeskind* und müsse sein Vaterland und seine Landesherren lieben und ihnen immer das Beste wünschen, aber er sei eben auch ein öffentlicher *Prediger*, der schuldig sei zu vermahnen. Die Grafen möchten bedenken, daß es einreißen könnte, »den Untertanen zu nehmen, was ihr eigen ist: So wird zuletzt ein jeder Oberherr, dem Exempel nach, den Unterherrn auffressen, und wie der Edelmann den Bauer also der Fürst den Edelmann und Grafen. Denn ists hie recht, so ists dort auch recht, was will denn zuletzt werden ...« Besser sei es, reiche Untertanen zu haben, denn selbst reich zu sein. »Denn selbst reich ist bald vertan, reiche Untertanen können allezeit helfen.«

Bereits in der Auslegung zum ersten Gebot spitzt er im Großen Katechismus (1529) zu, daß das Geld der »allergewöhnlichste Abgott auf Erden ist«, woran der Mensch der Natur nach klebt und hängt bis ins Grab. Er warnt mehrfach die Fürsten, zu viele Steuern zu erheben, Klöster und Ländereien an sich zu reißen, statt darin Schulen zu errichten. Raffgier ist es, die das Gemeinwesen zerrüttet. In bewegenden Worten kann er davon schreiben, daß »mein kindlich Herz mir wehe tut. So fühlen Eure Gnaden selbst wohl, wie sie bereits kalt und auf den Mammon geraten, gedenken sehr reich zu werden, auch, wie die Klagen gehen, die Untertanen allzuhart und scharf drücken, sie von ihren Erbfeuern und Gütern zu bringen und schier leibeigen zu machen gedenken.«

Voller Lebensweisheit sind Luthers Briefe, zugleich politisch. Jede Regierung sollte beherzigen, was er zur Einführung neuer Gesetze sagt: »Denn ich wohl weiß, hab's auch wohl erfahren, daß, wenn Gesetze zu früh vor dem Brauch und Übung aufgestellt werden, selten wohl geraten. ... Es ist fürwahr Gesetze machen ein groß, gefährlich, weitläufiges Ding, und ohne Gottes Geist wird nichts Gutes daraus. Darum ist mit Furcht und Demut vor Gott hier zu verfahren und dieses Maß zu halten: kurz und gut, wenig und wohl, sachte und immer fort. Danach, wenn sie einwurzeln, wird des Zutuns selbst mehr folgen, als vonnöten ist ...«

Auf dem Höhepunkt des Konfliktes zwischen »Kirche« und »Ketzer« meint er 1521, daß er nichts mehr wünsche, als dem Wüten der Feinde entgegenzutreten und ihnen seinen Hals darzubieten.

Lebenslang registriert er äußerlich Kämpfe und innerlich Ängste. Mitten in der bedrohlichen Pest, vor der Luther nicht aus Wittenberg flieht, schreibt er Allerheiligen 1527: »... nachdem der Ablaß zu Boden getreten ist, zu dessen Gedächtnis wir in dieser Stunde trinken, ganz und gar getröstet.«

An Justus Jonas schreibt er 1542 nach dem Tod seiner Tochter Magdalena: »... so ist doch die Macht der elterlichen Sterblichkeit so groß, daß wir das nicht ohne Schluchzen und Seufzen des Herzens und nicht ohne Herzeleid vermögen. Denn tief im Herzen eingeprägt ist jeder Zug, jedes Wort, jede Bewegung dieses lebendigen und sterbenden, dieses folgsamsten und ehrerbietigsten Töchterleins, so daß selbst der Tod Christi, mit dem doch kein anderer Tod verglichen werden kann, die Trauer nicht ganz, wie es sein sollte, vertreiben kann ... sie hatte einen so milden, sanften, gutartigen Sinn.«

Trauer zulassen, ganz und gar. Da verstummt bisweilen die Stimme des Trostes.

Einige Tage vor seinem Tode schreibt er aus Eisleben an seine »Allerheiligste Frau Doktorin! Wir danken Euch ganz freundlich für Eure große Sorge, vor der Ihr nicht schlafen könnt. Denn seit der Zeit Ihr um uns gesorget habt, wollte uns das Feuer in unserer Herberge hart vor meiner Stubentür verzehret haben. Und gestern, ohne Zweifel aus Kraft Eurer Sorge, wäre uns schier ein Stein auf den Kopf gefallen und hätte uns zerquetscht wie in einer Mausefalle. Denn in unserm heimlichen Gemache rieselte wohl zwei Tage über unserem Kopf Kalk und Lehm ... Ich habe Sorge, wenn Du nicht aufhörst zu sorgen, es könnte uns zuletzt die Erde verschlingen und alle Elemente verfolgen. Lernst Du so den Katechismus und das Glaubensbekenntnis? Bete Du und lasse Gott sorgen.«

Nichts macht deutlicher als diese letzten Sätze, was es heißt, als ein gerechtfertigter, ein begnadeter Mensch zu leben und *als solcher* seine Pflichten zu tun, sich aber nicht auf die eigenen »Sicherheitsmaßnahmen« zu stützen! Leben im Glauben ist Leben im Vertrauen. Es wäre eine Irrlehre, zu meinen, der Glaube könne ohne Gut-Sein und ohne dem Nächsten nützlich zu sein, lebendig bleiben. Mit schärfsten Worten weist er Johannes Agricola zurück, der angeblich begonnen habe, »für den neuen Lehrsatz zu kämpfen und zu behaupten, der Glaube könne ohne gute Werke sein«.

Luthers Briefe sind weithin ein sprachlicher Genuß, sieht man von theologischen Spitzfindigkeiten und Gedankengängen der Voraufklärungszeit ab. Wer sie liest, bekommt nicht nur ein Sittenbild jener Zeit, sondern erfährt etwas über die menschliche Liebenswürdigkeit und Abgründigkeit überhaupt. Er kann sich entzücken lassen von der Art, wie Luther Freundschaft hält, wie natürlichste Vertraulichkeit sich äußert. An Spalatin schreibt Luther: »... ich will keine Überlastung vorschützen, da es keine gibt, die es nicht zuließe, an Dich zu schreiben, zumal ich mir Deiner bekannten Neigung sicher bin, daß Dir selbst Briefe willkommen sind, die ich beim Essen geschrieben habe.« Und dann schließt er seinen Brief: »Lebe wohl mit Deiner Rippe (1. Mose 2,21) im Herrn. Mein Hänschen grüßt Dich; er ist im Monat des Zahnens und fängt an, ›Tatta‹ zu lallen und sich mit allerlei niedlichen Anstößen vernehmen zu lassen. Auch Käthe wünscht Dir alles Gute, vor allem ein Spalatinchen, der Dich lehren soll, von ihrem Hänschen gelernt zu haben: die Frucht und die Freude der Ehe, deren der Papst mit seiner Welt nicht wert war.«

Geistes- und kulturgeschichtliche Wirkungen Martin Luthers

Es gibt kaum einen Denker, zumal in Deutschland, der sich nicht zu Luther geäußert hätte. Ist dieser doch – vielleicht wegen seiner Ambivalenz – eine Symbol- und Identifikationsfigur für Menschliches, für Christliches, für Deutsches, für Literarisches, für Politisches geworden. Er diente und dient als Projektionsfläche für vieles, auch sehr Widersprüchliches. Aus der Fülle der Themen und Stimmen, der vorwärtsweisenden und der retardierenden Tendenzen, der erfreulichen wie der unerfreulichen Wirkungen Luthers in 500 Jahren werden Beispiele herausgegriffen, die eigenes Weiterdenken oder Auseinandersetzungen anregen. Die Ambivalenz der von Luther ausgehenden Tradition soll beispielhaft sichtbar werden: Erhellendes steht neben Erschreckendem, Ermutigendes neben Deprimierendem, Reaktionäres neben Innovativem, Mündigmachendes neben Autoritärem. Das wird an Personen und deren öffentlichem Wirken demonstriert. Daß diese Auswahl subjektiv bleiben mußte, liegt auf der Hand. Im gesamten Buch kommt Luther mit seiner Freiheitsbotschaft selber ausführlich zu Wort.

Auf diese Weise wird eigene Meinungsbildung gefördert und nichts vor-geschrieben.

Gotthold Ephraim Lessing (1729–1781)

Der Pastorensohn schreibt 1753: »*Lutherus* steht bei mir in einer solchen Verehrung, daß es mir, alles wohl überlegt, recht lieb ist, einige kleine Mängel an ihm entdeckt zu haben, weil ich in der Tat der Gefahr sonst nahe war, ihn zu vergöttern. Die Spuren der Menschheit, die ich an ihm finde, sind mir so kostbar als die blendendste seiner Vollkommenheiten. Sie sind so gar für mich lehrreicher, als alle diese zusammen genommen; und ich werde mir ein Verdienst daraus machen, sie Ihnen zu zeigen.«[34]

In seiner berühmten Auseinandersetzung mit dem Hamburger Hauptpastor Goeze rühmt Lessing an Luther, daß er »uns von dem Joche der Tradition erlöst« habe. »Wer bringt uns endlich ein Christentum, wie du es *itzt* lehren würdest; wie es Christus selbst lehren würde! Wer − −«[35]

Lessing kritisiert freilich die zu enge Bindung, wenn nicht gar Einengung des menschlichen Geistes durch Luther, wenn dieser in der Bibel die einzige Quelle der Wahrheit sieht. Luther sei von der großen Freiheit des Geistes abgekommen und zu einem Wortklauber geworden. Daher sei Befreiung vom unerträglichen »Joche des Buchstabens« erforderlich. »Der wahre Lutheraner will nicht bei Luthers Schriften, er will bei Luthers Geiste geschützt sein; und Luthers Geist erfordert schlechterdings, daß man *keinen* Menschen, in der Erkenntnis der Wahrheit nach seinem eigenen Gutdünken fortzugehen, hindern muß.«[36]

Lessing versteht sich als der neue Luther, er bleibt gewissermaßen im Schritt einer Überwindung Diener eines Geistes – und nennt sich einen »ehrlichen Lutheraner«.[37]

Johann Gottfried Herder (1744–1803)

Der Freund und Anreger Goethes aus Straßburger Zeiten und danach Generalsuperintendent in Weimar weist auf die Befreiung hin, die durch Luther im europäischen Denken möglich geworden sei. »Er ists, der die Deutsche Sprache, einen schlafenden Riesen, aufgeweckt und losgebunden: er ists, der die Scholastische Wortkrämerei, wie jene Wechselertische, verschüttet: er hat durch seine Reformation eine ganze Nation zum Denken und Gefühl erhoben.«[38]

Die Aufklärung hatte ihre Wurzeln auch in den reformatorischen Schriften Luthers gefunden. Herder verweist auf die besondere Wirkung der alten Kirchenlieder, die mächtiger als die anderen Lieder seien. Er nennt ausdrücklich »Ein feste Burg ist unser

Gott«, »Gelobet seist du, Jesu Christ« und »Christ lag in Todes-
banden«. Dieser Theologe kann sich gut hineindenken in Luther,
den »gemeinen Mönch«, der sich durchzuwinden hatte. »Er
brannte von Eifer für das Wort Gottes! das hell und frei und gäng
und gäbe zu machen, war das Feuer, was er anzünden sollt auf
Erden, und woran Er bis an seinen Tod regete.«[39]

Herder war kein Nationalist, aber er trug dazu bei, daß die
Deutschen – verspätet – zu ihrer Identität finden konnten. Er
nennt Luther einen Lehrer der deutschen Nation: »... als Mit-
reformator des ganzen jetzt aufgeklärten Europa ist er längst anerkannt; auch Völker, die seine Religionssätze nicht annehmen,
genießen seiner Reformation Früchte. Er griff den geistlichen
Despotismus, der alles freie gesunde Denken aufhebt oder unter-
gräbt, als ein wahrer Herkules an ...«[40]

Johann Wolfgang Goethe (1749–1832)

In seinem »Brief des Pastors zu *** an den neuen Pastor zu ***«
von 1773 schrieb Goethe, gewissermaßen in großer Dankbarkeit
für den Wegbereiter Luther: »Luther arbeitete, uns von der geistlichen Knechtschaft zu befreien; möchten doch alle seine Nachfolger so viel Abscheu vor der Hierarchie behalten haben, als der
große Mann empfand. Er arbeitete sich durch verjährte Vorurteile
durch und schied das Göttliche vom Menschlichen, soviel ein
Mensch scheiden kann, und, was noch mehr war, er gab dem Herzen seine Freiheit wieder und machte es der Liebe fähiger ...«[41]

Aus Goethes späten Gesprächen mit Eckermann stammt fol-
gender Lobpreis auf Luther und die Reformation für die Geistes-
und Kulturgeschichte überhaupt: »Wir wissen gar nicht, was wir
Luthern und der Reformation im Allgemeinen Alles zu danken
haben. Wir sind frei geworden von den Fesseln geistiger Bor-
niertheit, wir sind in Folge unserer fortwachsenden Kultur fähig
geworden, zur Quelle zurückzukehren und das Christentum in
seiner Reinheit zu fassen. Wir haben wieder den Mut, mit festen
Füßen auf Gottes Erde zu stehen und uns in unserer gottbegabten

Menschennatur zu fühlen. Mag die geistige Kultur nun immer fortschreiten, mögen die Naturwissenschaften in immer breiterer Ausdehnung und Tiefe wachsen und der menschliche Geist sich erweitern, wie er will, – über die Hoheit und sittliche Kultur des Christentums, wie es in den Evangelien schimmert und leuchtet, wird er nicht hinauskommen!«[42]

Beim Erstaunen über solche Bemerkungen des altersweisen Goethe kann nicht vergessen werden, daß sein Prometheus-Gedicht einen Generalangriff auf jedes religiöse Bewußtsein und auf das Luthersche Menschen- und Gottesbild schlechthin darstellt. Prometheus als der Heros der Freiheit von jeglicher Bevormundung, zumal von jeder göttlichen, bringt den Menschen als sich vergöttlichende Gestalt ins Spiel und somit prometheisches Denken in die politische Debatte. Prometheus formt Menschen nach seinem Bilde, ein Geschlecht, das ihm gleich sei. Das ist nichts anderes als die Vergöttlichung des Menschen, der sein Dasein nicht als verdankt empfindet, sondern alles selbst schafft, zum Ziel führt, der Schöpfung alles Geheimnisvolle entzieht und sich der Natur bemächtigt, zum Selbstschöpfer und Neuschöpfer wird. Der Mensch als Demiurg gepriesen.

Goethe verbannt das Religiöse in die Kindheit als Ort der Unwissenheit und der Angst des prinzipiell Abhängigen und Kleingemachten. Die Emanzipation des Menschen ist für ihn im Grunde Emanzipation von einem Gott, der Menschen zur Abhängigkeit und Unterwerfung verdammt.

> Da ich ein Kind war,
> Nicht wußte wo aus noch ein,
> Kehrt' ich mein verirrtes Auge
> Zur Sonne, als wenn drüber wär'
> Ein Ohr, zu hören meine Klage,
> Ein Herz, wie mein's,
> Sich des Bedrängten zu erbarmen.

Wer half mir
Wider der Titanen Übermut?
Wer rettete vom Tode mich,
Von Sklaverei?
Hast du nicht Alles selbst vollendet,
Heilig glühend Herz?
Und glühtest jung und gut,
Betrogen, Rettungsdank
Dem Schlafenden da droben?

Ich dich ehren? Wofür?
Hast du die Schmerzen gelindert
Je des Beladenen?
Hast du die Tränen gestillet
Je des Geängsteten?
Hat nicht mich zum Manne geschmiedet
Die allmächtige Zeit
Und das ewige Schicksal,
Meine Herrn und deine?[43]

»Prometheus« war in der DDR das atheistische Gedicht par excellence. Ein rhetorisch gekonnter Rausschmiß des Gottesglaubens und eine Heroisierung des Menschen, der die Schöpfung nach seinem Gut-Dünken beherrscht.

Friedrich Schiller (1759–1805)

Es ist verwunderlich, daß sich der große Dichter der Freiheit, Friedrich Schiller, kaum über Luther geäußert hat. In seinem Gedicht »Deutsche Größe« nimmt er eindeutig auf die Pioniertat Luthers Bezug:

Schwere Ketten drückten alle
Völker auf dem Erdenballe
Als der Deutsche sie zerbrach
Fehde bot dem Vatikane

Krieg ankündigte dem Wahne
Der die ganze Welt bestach.
Höhern Sieg hat der errungen
Der der Wahrheit Blitz geschwungen,
Der die Geister selbst befreit,
Freiheit der Vernunft erfechten,
Heißt für alle Völker rechten,
Gilt für alle ew'ge Zeit.[44]

Die Freiheit der Vernunft erfechten – das sei das über Deutschland hinausgehende Erbe der Reformation. Schiller weiß wie Luther, daß das innere Freisein, das lebenspraktisch motivierende Freiheitsgefühl, die innerste Unabhängigkeit der anderen Freiheit entgegengestellt ist, nämlich der Tyrannei derer, die einst unterdrückt oder in Not gelebt hatten und nun – da sie Macht haben – bald selber das in jedem schlummernde Tyrannische ausleben.

Luther spricht vom losgelassenen Pöbel, von dem »Herrn Omnes« und von dem Tyrannen, der in jedem Menschen – fünffach! – stecken würde. Also ist innere Freiheit die Voraussetzung für die Bändigung der äußeren Freiheit, für eine Freiheit, die den je anderen ihre (Denk- und Gestaltungs-)Freiheit läßt. Nur wirklich Freie sollten Macht ausüben.

In dem Fragment gebliebenen Drama »Demetrius« gibt Schiller seiner Grundskepsis gegenüber einer Stimmungs- und Stimmendemokratie Ausdruck – wo nicht das Argument zählt, sondern die dumpfe Emotion.

Sein Argwohn gegenüber Mehrheitsbeschlüssen steht mit dem Abdriften der französischen Freiheitsrevolution von 1789 in den revolutionären Terror 1793 im Zusammenhang. Im »Demetrius« fügt Fürst Sapieha sich nicht in die Mehrheit:

Die Mehrheit?
Was ist die Mehrheit? Mehrheit ist der Unsinn,
Verstand ist stets bei wen'gen nur gewesen.

Bekümmert sich ums Ganze, wer nichts hat?
Hat der Bettler eine Freiheit, eine Wahl?
Er muß dem Mächtigen, der ihn bezahlt,
Um Brot und Stiefel seine Stimm verkaufen.
Man soll die Stimmen wägen und nicht zählen,
Der Staat muß untergehn, früh oder spät,
Wo Mehrheit siegt, und Unverstand entscheidet.[45]

Freiheit kann sich erst vollenden bzw. sich überhaupt erst ausdrücken, wenn soziale Gerechtigkeit hergestellt ist und die Welt nicht geteilt bleibt in Habende und Nicht-Habende, die als Abhängige leben, denken, sorgen und handeln. Kann einer, der über nichts verfügt und für nichts selber verantwortlich ist, sondern nur weisungsgehorsam ist, wirklich ein Freier sein?

Georg Wilhelm Friedrich Hegel (1770–1831)

Kaum zu glauben, aber wahr, daß sich der Philosoph Georg Wilhelm Friedrich Hegel geradezu zu einer Apotheose des Protestantismus hinreißen ließ: Es sei der große Eigensinn, der dem Menschen Ehre mache, »nichts in der Gesinnung anerkennen zu wollen, was nicht durch den Gedanken gerechtfertigt ist, – und dieser Eigensinn ist das Charakteristische der neuern Zeit, ohnehin das eigentümliche Prinzip des Protestantismus«.[46]

Hegel fährt in seiner Vorrede zu den »Grundlinien der Philosophie des Rechts« fort: »Was Luther als Glauben im Gefühl und im Zeugnis des Geistes begonnen, es ist dasselbe, was der weiterhin gereifte Geist im Begriffe zu fassen, und so in der Gegenwart sich zu befreien, und dadurch in ihr sich zu finden bestrebt ist.«[47]

Bei Hegel oszillieren Geist, Gefühl, Glaube und Vernunft. Luther habe mit seiner Bibelübersetzung dem Volke »ein Volksbuch in die Hand gegeben, worin sich das Gemüt, der Geist auf die höchste, unendliche Weise zurechtfinden kann«. Die Bibel sei »das Rettungsmittel gegen alle Knechtschaft des Geistes«.[48] Hegel spart nicht mit Superlativen. Für ihn ist Luthers Tat, den deutschen Christen das Buch ihres Glaubens in ihre Muttersprache übersetzt zu haben, eine der größten Revolutionen.

Reformation ist für Hegel das Zu-sich-selbst-Kommen des Geistes. Freiheit und Subjektivität seien das eigentliche protestantische Prinzip. Entzweiung zwischen Leib und Geist sei zu überwinden, indem der Mensch in sich zurückkehrt. Die Vernunft, dies an und für sich Allgemeine, sei Trägerin des Göttlichen. Das Religiöse müsse im Geist des Menschen seine Stelle haben, und in des Menschen Geist müsse der gesamte Prozeß der Heilsordnung durchlaufen werden.

Der Mensch höre auf sein Gewissen und trete so unmittelbar in Verhältnis zu Gott ohne Vermittlung einer Priesterschaft, die beansprucht, die eigentliche Heilsordnung in ihren Händen zu haben. Die Vermittlung zwischen Gott und Mensch bedürfe der Lehre und vor allem der kritischen Selbstbeobachtung des Menschen und seiner Handlungen. Im Katholizismus herrsche weiter jene eherne und eiserne Scheidewand, die die Laien von der Kirche trenne, indem dem geweihten Priester ein Character indelebilis (ein unauslöschliches Siegel oder unverlierbares, geistliches Prägemal) zuerkannt werde. »Der Geist Gottes ist es also, der im Herzen des Menschen wohnen … muß.«[49] Dieser Geist Gottes ist Sein *und* Werden, Bestand *und* Bewegung – dies wird zur innersten Glaubensgewißheit. Und das Innere strebt nach außen, will kenntlich werden als Beispiel. Du giltst, weil du bist und wie du bist. Aus dieser Selbst-Gewißheit heraus kannst du auch ein anderer werden, ein Mensch, der nicht glaubt an Abwesendes oder früher einmal Geschehenes, sondern die subjektive Gewißheit des Ewigen, »der an und für sich seienden Wahrheit« gewinnt.

Gott mache sich selbst «in meinem Gewissen, in meinem Herzen geltend«, schreibt Hegel. »Das Kriterium der Wahrheit ist, wie es sich in meinem Herzen bewährt und ergibt; daß *ich* richtig urteile, erkenne, ob das, was ich für wahr halte, die Wahrheit sei, muß sich an meinem Herzen ergeben. Was sie in *meinem* Geiste ist, das ist sie; und umgekehrt mein Geist ist nur dann recht daran, wenn sie darin ist, wenn er in dieser Weise in diesem Inhalte ist. ... Die Lehre hat sich zu bewähren durch den Zustand meines Herzens, durch die Buße, Bekehrung und Freudigkeit des Gemüts in Gott.«[50]

Der Mensch gewinnt die Freiheit von sich selbst, indem er in Gott ist und Gott in ihm. Hegel erweist sich geradezu als ein protestantischer Mystiker, wenn er klarmacht, daß die Reformation aus nichts anderem als dem Verderben der Kirche hervorgegangen sei. Nur aus diesem Verderben heraus sei dann der Protestantismus als Bindung an die Schrift erstanden – als eine ganz eigene Weise, mit der Welt in eine Kommunikation einzutreten, die den einzelnen erfüllt, trägt und justiert.

Glaube sei überhaupt nicht Glaube an Abwesendes, früher Geschehenes, längst Vergangenes, sondern »die subjektive Gewißheit des Ewigen«. Glaube ist Vergegenwärtigung. So macht Hegel deutlich, daß die Erzählung vom Weg des Volkes Israel durch das Rote Meer nicht als Historie und auch nicht bloß mit historischkritischer Vernunft beurteilt und verstanden werden könne. In dem vor ca. 3000 Jahren Geschehenen erwächst die Wahrheit, die mein eigenes Leben trifft. Das ist das lutherische »pro me« in philosophischer Diktion Hegels. Die Gleichzeitigkeit von Vergangenem und Gegenwärtigem. »Christus sei also nicht bloß als historische Person zu nehmen, sondern der Mensch habe zu ihm *ein unmittelbares Verhältnis im Geiste.*«[51]

Vor allem aber ist für Hegel die Reformation die Idee der Freiheit. Die Protestanten würden die christliche Freiheit so verstehen, »daß jedermann für würdig erklärt ist, sich mit seinen Gedanken, seinen Gebeten und seiner Verehrung Gott zuzuwenden«.[52] Der Mensch sei nach Gottes Willen mit ebendiesem Bewußtsein der Vernunft begabt und unterscheide sich dadurch von den unvernünftigen Lebewesen.

»Dem menschlichen Geist ist das Wissen von Gott die Quelle alles sittlichen Handelns, das sicherste und höchste Prinzip«, so Hegel.[53] Dies schließe auch alle Gebete und das praktische Handeln ein, die Grundsätze unseres Glaubens würden mit den Geboten der bürgerlichen Sittlichkeit übereinstimmen. »Freilich wird heute von vielen hochangesehenen und geistvollen Männern behauptet, daß die Trennung der Religion vom Staat erst die wahre Weisheit sei. Aber das ist ein schwerer Irrtum.«[54]

Hegel hat es vermocht, die Gemütskräfte und die Erkenntnisschärfe mit Gefühl und Verstand zusammenzuhalten. Zugleich gehört Hegel zu den Philosophen, die dem Preußentum eine philosophische Grundlage verliehen und dabei die lutherischen Prinzipien mit der Philosophie versöhnt haben.

Daß die wirkliche Welt die allerbeste Welt sei, wird wohl niemand mehr behaupten, der das 20. Jahrhundert betrachtet.

Heinrich Heine (1797–1856)

Diese geniale Spottdrossel des deutschen Dichterwaldes hinterließ uns die vielleicht schönsten Liebesgedichte in deutscher Sprache und damit die Wahrheit, wie gleichzeitig uns Zartheit und Zorn bewohnen. Mit spitzer Zunge hat Heine gegen die verknöcherten staatlichen und religiösen Institutionen angeschrieben, hat die Vernebelungs- und Vertröstungsideologie der Herrschenden gegeißelt, die sich der Religion gern bedienten, um ihre Macht zu legitimieren. Auch in der DDR wurde der Dichter weltanschaulich vernutzt; heruntergebogen aufs Kleinniveau der antireligiösen Propaganda wurde vor allem »Deutschland. Ein Wintermärchen«. Dabei greift er viel weiter und schont keine Ordnung. Er preist die Genüsse des irdischen Glücks und zwar für alle. Er entlarvt jene allfällige, sich christlich nennende Jenseitshoffnung, die zur Feier einer Vertröstung geworden war, bei der die Reichen im Jenseits schmachten, während die Armen dort gesichert, endlich und endgültig, am Wohlleben teilhaben. Eine Gerechtigkeit des »Eiapopeia«. Falsch und heuchlerisch. Heine ging es um die Feier des Irdischen, um die »Zuckererbsen für jedermann / sobald die Schoten platzen«. Den Himmel wollte er den Engeln überlassen, freilich auch den kleinen lustigen Spatzen, die oben und unten auf ihnen bekömmliche Weise verbinden: Sie können im irdischen Jammertal sehr wohl fliegen, also sich darüber erheben, aber ihr tägliches Auskommen finden sie – auf der Erde.

Als Jude nützte es ihm so gut wie nichts, daß er zum Protestantismus übergetreten war. Fliehen mußte er aus Deutschland. Er überwarf sich mit seinen neuen, ebenso dogmatischen linken Freunden, jenen »gottlosen Selbstgöttern« Marx und Engels. Heine bemerkte scharfsinnig: Wer sich über die Schlange im Paradies lustig macht, verfehlt den Sinn dieser ätiologisch-mythologischen Erzählung. Denn sie zeigt bildhaft die Dilemmata des Menschen auf – mit der tief in ihm wurzelnden Ambivalenz zwischen engelsgleicher und teuflischer Handlungsmöglichkeit. Himmel und Hölle: ein Ort – dein Tun erst macht zwei Welten daraus, deine Schritte erst, die einen Weg bilden, der das Gute und Böse voneinander scheidet, ohne daß die Gegensätze sich aufheben.

In seiner letzten, auch qualvollen Lebensphase schrieb Heine, gefesselt an seine Matratzengruft, »Bekenntnisse« auf, die seine ideologischen Freunde und spätere Interpreten einem pathologisch gewordenen Leiden zuschrieben, als sei das, was er wahrnahm und Wahrheit nannte, nur jener Folter der Schmerzen geschuldet, die den eben noch wachen Geist mehr und mehr umschatten kann. Dabei hinterließ der Dichter äußerst hellsichtige theologische Einsichten. »Ich kehrte zurück in die niedre Hürde der Gottesgeschöpfe, und ich huldigte wieder der Allmacht eines höchsten Wesens, das den Geschicken dieser Welt vorsteht, und das auch hinfüro meine eignen irdischen Angelegenheiten leiten sollte. ... Die Existenz eines Gottes war seitdem für mich nicht bloß ein Quell des Heils, sondern sie überhob mich auch aller jener quälerischen Rechnungsgeschäfte, die mir so verhaßt, und ich verdanke ihr die größten Ersparnisse.«[55]

Sein Leid wird ihm zu Selbsterkenntnis und Katharsis. Er gesteht, daß er froh sei, seiner angemaßten oder ihm von anderen eingeflüsterten Glorie entledigt zu sein. Die Gefahr für alle, die den Erfolg kennenlernen, die Verehrung, die Bestätigung. »Ich bin nur ein armer Mensch, der obendrein nicht mehr ganz gesund und sogar sehr krank ist. In diesem Zustand ist es eine wahre Wohltat für mich, daß es jemand im Himmel gibt, dem ich beständig die Litanei meiner Leiden vorwimmern kann, besonders nach Mitternacht, wenn Mathilde sich zur Ruhe begeben ...«[56]

Das kommt den letzten, den wohl demütigsten Worten Luthers schon sehr nahe: »Wir sind Bettler, das ist wahr.«

Die Schlange im Paradies nannte Heine die kleine »Privatdozentin, die schon 6000 Jahre vor Hegels Geburt die ganze Hegelsche Philosophie vortrug«.[57] Der Bibel-Lektüre verdanke er die Wiedererweckung seines religiösen Gefühls.

In seinem Buch zur »Geschichte der Religion« findet Heine zu einer Apotheose Luthers, die ihresgleichen sucht. Luther sei ein träumerischer Mystiker gewesen und zugleich ein praktischer Mann. »Seine Gedanken hatten nicht bloß Flügel, sondern auch Hände; er sprach und handelte.« So war er »nicht bloß die Zunge, sondern auch das Schwert seiner Zeit«.[58]

Heines Äußerungen changieren zwischen Lobpreisung und ironischer Respektlosigkeit. Seine Äußerungen zu Luther sind durchaus ambivalent. Zum Beispiel habe Luther mit der Glaubensfreiheit auch die bürgerliche Emanzipation begründet, andererseits »nicht begriffen, daß die Idee des Christentums, die Vernichtung der Sinnlichkeit, gar zu sehr in Widerspruch war mit der menschlichen Natur«. Die Lenden von Tizians Venus »sind viel gründlichere Thesen, als die, welche der deutsche Mönch an die Kirchentüre von Wittenberg angeklebt«.[59]

Aber auch Heine übersieht nicht, daß dieser Freiheitsherold Luther beides war: ein »begeisterter, gottberauschter Prophet« und ein »kalter scholastischer Wortklauber«. »Wenn er des Tags über mit seinen dogmatischen Distinktionen sich mühsam abgearbeitet, dann griff er des Abends zu seiner Flöte und betrachtete die Sterne und zerfloß in Melodie und Andacht. Derselbe Mann, der wie ein Fischweib schimpfen konnte, er konnte auch weich sein wie eine zarte Jungfrau. Er war manchmal wild wie der Sturm, der die Eiche entwurzelt, und dann war er wieder sanft wie der Zephyr, der mit Veilchen kost.«[60]

Der Zephyr, das ist der sanfte Westwind als Frühlingsbote. Dieser Vergleich war sicher auch politisch zu verstehen, und noch im höchsten Lob verzichtet ein Heine nicht auf Ironie, und sei es auch nur ein Hauch. Luther als kompletter Mensch, und komplett bedeutet: Das eine relativiert das andere. Er kommt vor Begeisterung ins Stottern: »Wie soll ich sagen, er hatte etwas Ursprüngliches, Unbegreifliches, Mirakulöses, wie wir es bei allen providentiellen Männern finden, etwas Schauerlich-Naives, etwas Tölpelhaft-Kluges, etwas Erhaben-Borniertes, etwas Unbezwingbar-Dämonisches.«[61]

Diese Vielschichtigkeit und Widersprüchlichkeit haben es Heine angetan, daß er gar ausruft: »Ruhm dem Luther! Ewiger Ruhm dem teuren Manne, dem wir die Rettung unserer edelsten Güter verdanken, und von dessen Wohltaten wir noch heute leben! Es ziemt uns wenig, über die Beschränktheit seiner Ansichten zu klagen.«[62] (Sagt er als Jude, dem die antijudaistischen Ausfälle Luthers nicht ganz unbekannt geblieben sein dürften.) Er nimmt ausdrücklich Bezug auf die Standhaftigkeit des Reformators, der sich die Freiheit genommen hatte, sich vor Kaiser und Reich, trotz großen Drucks, seiner eigenen Ansichten und Einsichten öffentlich zu bedienen. Als Luther den Satz ausgesprochen hatte, er könne nicht widerrufen, weil dies gegen das Gewissen verstoße, da war für Heine »der menschlichen Vernunft das Recht eingeräumt, die Bibel zu erklären, und sie, die Vernunft, war als oberste Richterin in allen religiösen Streitfragen anerkannt. Dadurch entstand in Deutschland die sogenannte Geistesfreiheit oder, wie man sie ebenfalls nennt, die Denkfreiheit.«[63]

Heine knüpft ausdrücklich an Lessing an, an das Gebot der Aufklärung, aus deren Vergeblichkeit der immerwährende Auftrag wächst, sie nicht zu verleugnen und nicht von ihr abzulassen. In jeder Zeit galten – und gelten der aufrechte Gang und das offene Wort. Der Impuls geht auch auf Martin Luther zurück: Haltung zu zeigen, dem Gewissen zu folgen, öffentlich von seiner ureigenen Einsicht Gebrauch zu machen. Ein Gebot nicht nur in Diktaturen und unabhängig davon, auf welcher gesellschaftlichen Stufenleiter der einzelne steht und in welchem politisch-philosophischen Zusammenhang er sich sieht. Heine weiß sehr wohl, daß Luther mit Recht auch auf Widerspruch stieß, Kritiker achtet er, Kritikaster aber nimmt er scharf aufs Korn: »Der Zwerg, der auf den Schultern des Riesen steht, kann freilich weiter schauen als dieser selbst, besonders wenn er eine Brille aufgesetzt; aber zu der erhöhten Anschauung fehlt das hohe Gefühl, das Riesenherz, das wir uns nicht aneignen können. Es ziemt uns noch weniger, über seine Fehler ein herbes Urteil zu fällen; diese Fehler haben uns mehr genutzt als die Tugenden von tausend andern.«[64]

Es gibt auch im Umkreis des 500jährigen Reformationsjubiläums diverse Zwerge. Jeder Anlaß gebiert Wichtigtuer in eigener Sache. Der Experte ist eine inflationäre Erscheinung im Meinungsgestöber geworden. Luther ist umstellt von solchen Leuten, die sich recken und recken und doch am Grundarrangement nicht rütteln können: Luther ist der Riese, sie bleiben die Zwerge.

Jacob Grimm (1785–1863)

Wer der fortschreitenden Sprachverarmung entgegentreten will, wird auf das Bibeldeutsch Luthers zurückkommen können, ja müssen. Jacob Grimms Einlassungen von 1822 können dabei bedenkenswert und hilfreich sein. Luthers Sprache müsse in ihrer edlen, fast wunderbaren Reinheit bewahrt werden. »Man darf das Neuhochdeutsche in der Tat als den protestantischen Dialekt bezeichnen, dessen freiheitsatmende Natur längst schon, ihnen unbewußt, Dichter und Schriftsteller des katholischen Glaubens überwältigte. Unsere Sprache ist, nach dem unaufhaltbaren Lauf aller Dinge, in Lautverhältnissen und Formen gesunken …, was aber ihren Leib und Geist genährt, verjüngt, was endlich Blüten neuer Poesie getrieben hat, verdanken wir keinem mehr als Luthern.«[65]

Luthers geniale Bibelübersetzung wird trotzdem kein Vehikel der deutschsprachigen Ökumene 2017 werden.

Karl Marx (1818–1883) und Friedrich Engels (1820–1895)

Die größte Wirkung hatte wohl die von Karl Marx und Friedrich Engels vorgetragene grundlegende Kritik an Luthers Religiosität. Er gebe ein sinnfälliges Beispiel für Religion als falsches Bewußtsein; er verlege gesellschaftliche Probleme in das Innere des Menschen, so erledige sich auf verhängnisvolle Weise die Aufgabe des frei sich einmischenden Individuums, das aus eigener Einsicht und aus ökonomischem Interesse auf die gesellschaftlichen Verhältnisse einwirkt, um sie zu verändern.

Marx schreibt in der Einleitung zu seiner »Kritik der Hegelschen Rechtsphilosophie« mit nicht zu überbietender Direktheit und Konzentration: »Luther hat allerdings die Knechtschaft aus *Devotion* besiegt, weil er die Knechtschaft aus *Überzeugung* an ihre Stelle gesetzt hat. Er hat den Glauben an die Autorität gebrochen, weil er die Autorität des Glaubens restauriert hat. Er hat die Pfaffen in Laien verwandelt, weil er die Laien in Pfaffen verwandelt hat. Er hat den Menschen von der äußern Religiosität befreit, weil er die Religiosität zum innern Menschen gemacht hat. Er hat den Leib von der Kette emanzipiert, weil er das Herz in Ketten gelegt.«[66]

Marx, der als Sechsjähriger zusammen mit all seinen Geschwistern im hochkatholischen Trier protestantisch getauft worden war, wurde nicht religiös erzogen. Im Protestantismus sah er nicht die Lösung für die Probleme, aber just die Existenz des Protestantismus offenbare die Aufgabe, vor der die Menschheit und der einzelne stünden. Es genüge eben nicht, daß der Gedanke zur Verwirklichung dränge, nein, die Wirklichkeit müsse sich selbst zum Gedanken drängen. Und dem folgt dann die später marxistisch normierte weltbildprägende Kurzformel, das Sein bestimme das Bewußtsein und niemals umgekehrt. Marx stellte so einen neuen kategorischen Imperativ auf, er widerspricht damit dem nach innen, in den Glauben verlegten Freiheitsbegriff Luthers. Religionsfreiheit – und wie weiter mit dem Menschen? »Er wurde nicht vom Eigentum befreit. Er erhielt die Freiheit des Eigentums. Er wurde nicht von dem Egoismus des Gewerbes befreit, er erhielt die Gewerbefreiheit.«[67]

Die Hauptkritik von Marx am Christentum besteht im Vorwurf, seine sozialethischen Prinzipien hätten die antike Sklaverei gerechtfertigt, sogar die mittelalterliche Leibeigenschaft. Nun habe das Christentum teil an der Unterdrückung und Ausbeutung des Proletariats. Die sozialen Prinzipien des Christentums würden die Feigheit predigen, »die Selbstverachtung, die Erniedrigung, die Unterwürfigkeit, die Demut, kurz alle Eigenschaften der Kanaille, und das Proletariat, daß sich nicht als Kanaille behandeln lassen will, hat seinen Mut, sein Selbstgefühl, seinen Stolz und seinen Unabhängigkeitssinn noch viel nötiger als sein Brot. Die sozialen Prinzipien des Christentums sind duckmäuserisch, und das Proletariat ist revolutionär.«[68]

Dies ist Marx' grundlegende Kampfansage. Sie richtet sich nicht nur gegen die kapitalistische Wirklichkeit des 19. Jahrhunderts, sondern betrifft den Kapitalismus als Lebensprinzip. Das Leid und die Unterdrückung würden religiös gedeutet, dem hiesigen Jammertal ein himmlisches Versprechen entgegengesetzt. Das eigentliche menschliche Wesen erscheine erst dort, wo der Mensch sich nicht mehr nur zum »Privatpöbel« degradieren lasse, sondern sich als soziales Wesen erfahre und sich verändernd verhalte. Dabei müsse die Waffe der Kritik auch eingesetzt werden als Kritik der Waffen. Die Theorie würde zur materiellen Gewalt, sobald sie die Massen ergreife.

Die Kritik der Religion sei somit Kritik an einer Gesellschaft, deren geistiges Aroma die Religion sei. Die Kritik der Religion münde nach Marx in die Lehre, daß der Mensch das höchste Wesen für den Menschen sei, fern aller religiösen Spekulationen. Wenn aber der Mensch das höchste Wesen für den Menschen ist und nicht irgendein Gott über ihm existiert, dann endet die Kritik der Religion mit dem kategorischen Imperativ (im Anklang an den Kantschen kategorischen Imperativ), »*alle Verhältnisse umzuwerfen*, in denen der Mensch ein erniedrigtes, ein geknechtetes, ein verlassenes, ein verächtliches Wesen ist«[69]. Das ist ein Fanal, das über ein Jahrhundert lang Menschen, die eher auf der Schattenseite ihr Leben fristen mußten, motiviert hat. Ein Fanal, das Philosophen inspirierte, politische Führer der Arbeiterklasse getrieben, begleitet und justiert hat. Kirchen – aber auch weitgehend die Theologie – fanden zu keiner wirklich geistigen Energie, sich dieser Auseinandersetzung zu stellen. Man machte es sich sehr einfach: Der marxistische Atheismus wurde zum Feind erklärt – bis an den verheerenden Punkt, daß lutherische Theologen im Bolschewismus eine größere Gefahr für den Glauben sahen als im Nationalsozialismus. Als sei auch dieser von Gott eingesetzt. Und gemäß Luther dürfe man die von Gott eingesetzte Obrigkeit nicht in Frage stellen.

Es ist im nachhinein schwer begreiflich, warum die Theologie sich dieser Gesellschaftskritik nicht stellte, zumal Marx nichts weniger war als ein Apologet des Plumpen. Schon in seinen Thesen zu Feuerbach verwies er darauf, daß nur die Verbindung von Weltveränderung und Selbstveränderung eine wirkliche Veränderung bewirken könne. Indem er die Religion als das Opium des Volkes bezeichnete, offenbarte er tiefes Verständnis für ein schmerzlinderndes Mittel: Denn Menschen würden in der Religion Zuflucht suchen, weil sie an den Verhältnissen litten. Auch die Betäubung ist eine Opposition gegen die reale Welt, wenn nichts anderes mehr zu helfen scheint. Marx nennt die Religion »den Seufzer der bedrängten Kreatur« und das »Gemüt einer herzlosen Welt«. Sie sei geradezu »der Geist geistloser Zustände«. Gegen diese geistlosen, also ausbeuterischen Zustände, deren Unhaltbarkeit sich in der trostsuchenden, also nachvollziehbaren Zuwendung zur Religion äußere, setzt Marx freilich im nächsten Schritt die Aufhebung der Religion, die ein illusorisches Glück verspreche. Marx fordert das wirkliche Glück. »Die Kritik hat die imaginären Blumen an der Kette zerpflückt, nicht damit der Mensch die phantasielose, trostlose Kette trage, sondern damit er die Kette abwerfe und die lebendige Blume breche.« Es sei die Aufgabe der Geschichte, »nachdem das *Jenseits der Wahrheit* verschwunden ist, die *Wahrheit des Diesseits* zu etablieren«.[70]

Das Urteil über die vernebelnde Funktion der Religion ist im übrigen nur zu verstehen vor dem Hintergrund der das Proletariat geradezu versklavenden Verhältnisse im 19. Jahrhundert. Man führe sich das eindrückliche Heine-Gedicht »Die schlesischen Weber« vor Augen.

Ein wirklich »christlicher Staat« – und darin ist sich Luther mit Marx ganz eins – ist in Wirklichkeit unerreichbar. Aber die Bedingungen können so verändert werden, daß der Mensch im anderen Menschen sein Glück und seine Erfüllung finden kann. Liebe, Verständnis, Mitgefühl machen den Menschen als Menschen aus.

Der Apostel Paulus hatte davon gesprochen, daß einer, der »in Christus« sei, eine »neue Kreatur«, eine neue Schöpfung sei (2. Korinther 5,17). Der jüdische Philosoph Martin Buber definierte den Menschen als ein Du-bezogenes Wesen. Und Marx kennzeichnete den reichen Menschen als einen, der zugleich der »einer Totalität der menschlichen Lebensäußerung bedürftige Mensch« sei.[71]

Es sei dem Menschen, der sich von seiner Entfremdung von anderen Menschen befreit, ein Bedürfnis, reich zu werden im Reichwerden seines Gegenübers. Nicht von ungefähr sind solche anthropologischen Grundsätze aus den »Ökonomisch-philosophischen Manuskripten« – diese Dialektik von gesellschaftlichem Auftrag und gleichberechtigter individueller Handlungsfreiheit – bis 1968 in der DDR unter Verschluß gewesen.

Neben der Kritik an der Religion als verkehrtem Bewußtsein und als Projektion eines überirdischen Wesens spielen das Eigentum und die Gewaltanwendung bei der revolutionären Befreiung der Menschen (und der Menschheit!) eine bisher nicht ausdiskutierte und vielleicht gar nicht ausdiskutierbare Rolle. Luther hatte es in seinem Großen Katechismus als Knechtschaft angesehen, wenn ein Mensch sich an »Geld und Gut« binde und die »Dinge des Lebens« zu seinem Gott mache.

Eine grundlegende Differenz zwischen Marx und Luther tut sich auf, wenn Marx behauptet, daß ein Mensch, der von der Gnade eines anderen lebt, sich als ein abhängiges Wesen betrachten müsse. »Ich lebe aber vollständig von der Gnade eines anderen, wenn ich ihm nicht nur die Unterhaltung meines Lebens verdanke, sondern wenn er noch außerdem mein *Leben geschaffen* hat, wenn er der Quell meines Lebens ist ...«[72]

Luther nimmt direkt auf den Apostel Paulus Bezug: »Aus Gnade bin ich, was ich bin.« (1. Korinther 15,10) »Laß dir an meiner Gnade genügen.« (2. Korinther 12,9) »Wir haben verschiedene Gaben, je nach der Gnade, die uns gegeben ist.« (Römer 12,6) Verdanktes Leben ist für ihn ein befreites Leben vom Zwang, sich beweisen zu müssen oder sich zum Selbstgott aufzuspielen.

In der Auslegung des 1. Gebotes in seinem Großen Katechismus hatte Luther formuliert: »Denn mag uns auch sonst viel Gutes von Menschen widerfahren, so gilt doch alles als von Gott empfangen, was man auf seinen Befehl und seine Anordnung hin empfängt. Unsere Eltern und alle Obrigkeit, ferner überhaupt jedermann seinem Nächsten gegenüber haben ja den Befehl, daß sie uns Gutes aller Art tun sollen. Wir empfangen es also nicht von ihnen, sondern durch sie von Gott. Denn die Geschöpfe sind nur die Hand, der Kanal und die Vermittlung, wodurch Gott alles gibt, wie er der Mutter Brüste und Milch gibt, um sie dem Kinde zu reichen, und wie er Korn und Gewächs aller Art aus der Erde zur Nahrung gibt: lauter Güter, deren keines ein Geschöpf selbst machen kann.« Leben ist verdanktes Leben und aufgetragenes Leben. Diese verdankte Existenz Mensch ist deshalb nicht unterwürfig, sondern bedürftig, und Gott handelt in anderen Menschen und auch in der Keimkraft der Natur an uns. Dabei bringt Luther einen kühnen Gedanken auf, daß man nämlich Gott als den versteht, von dem man selber alles Gute empfängt und durch den man »von allem Unglück erlöst wird«. Das ist nach Luthers Überzeugung der Grund, daß »wir Deutschen ›Gott‹ eben mit diesem Namen von alters her nennen – feiner und treffender als irgendeine andere Sprache nach dem Wörtlein ›gut‹, weil er ein ewiger Brunnquell ist, der von lauter Güte überfließt und von dem alles, was gut ist und gut heißt, ausströmt«. Das zielt nicht auf einen devoten Menschen, sondern der Mensch ist ein durch Gott selbst orientiertes, getragenes, so demütiges wie selbstgewisses Wesen.

Ja, von der Gnade eines anderen lebt der Mensch, der sich nicht als (Allein)-Herrscher über die Welt versteht, sondern als Mit-Verantwortlicher.

Marx nimmt indirekt, aber doch deutlich Bezug auf eine für Luther zentrale Glaubensaussage: sola gratia – das heißt: Ich lebe ganz und gar aus Gnade und bin eine Existenz, die sich jemand anderem verdankt, der im Vaterunser vertrauensvoll, dankbar, aber nicht unterwürfig angesprochen wird.

Ausdrücklich zitiert Marx den Wittenberger Reformator. Marx hatte sich nämlich in einer historischen Schrift ausführlich mit der gesamten Reformations- und Renaissancezeit beschäftigt. Er fand dabei einen für Luthers Theologie zentralen Satz: »In Gott und seinem Sohn Jesu Christo sollen wir keck sein. Denn was wir nicht können, das kann er; was wir nicht haben, das hat er. Können wir uns nicht helfen, so kann er helfen und will es sehr gern und willig tun ...«[73] Dasein ist aus Luthers Überzeugung ein verdanktes Sein und zugleich ein aufgetragenes Sein. Das ist im Grunde Kennzeichen christlicher Theologie. Marx zitiert Luther im ersten Band des »Kapitals« ausdrücklich zustimmend: »Wucher ist ein groß und ungeheur Monstrum, wie ein Beerwolff, der alles wüstet, mehr denn kein Cacus, Gerion oder Antheus etc. Und schmückt sich doch und wil fromm sein, das man nicht sehen sol, wo die Ochsen ... hinkommen ... Cacus heisst ein Bösewicht, der ein frommer Wucherer ist, stilet, raubet, frisst alles. Und wils doch nicht gethan haben ...«[74]

Privateigentum als Herrschaftsinstrument der kapitalistischen Weltgesellschaft wird nicht erst seit 2017 zum Problem, wo das Eigentum nicht zugleich dem Gemeinwohl dient, wo sich die Finanzwirtschaft nicht nur von der Realwirtschaft trennt, sondern auch von allen anderen Lebensbereichen geradezu herrschaftlich absondert. Die Faszination des Reichtums hat dahin geführt, daß »die ganze Welt in der Habsucht ersoffen ist wie in einer Sintflut«.

Im dritten Band seines Hauptwerks reflektiert Marx bereits die Problemstellungen der globalisierten Welt und entwickelt eine Überlebensethik für die Menschheit. »Selbst eine ganze Gesellschaft, eine Nation, ja alle gleichzeitigen Gesellschaften zusammengenommen, sind nicht Eigentümer der Erde. Sie sind nur ihre Besitzer, ihre Nutznießer, und haben sie als boni patres familias (gute Familienväter) den nachfolgenden Generationen verbessert zu hinterlassen.«[75]

Diese Erde zu bebauen und beim Bebauen zu bewahren, das ist für eine breitere Öffentlichkeit seit dem Bericht »Grenzen des Wachstums« (Club of Rome 1972) zu einem der Grundgebote der Menschheit geworden. Entweder die Menschheit entschließt sich, überall Nachhaltigkeit zum Handlungskriterium zu machen, oder sie steuert auf das globale Unglück zu.

Gewalt, Gewaltverzicht, Gewaltprävention und religiöse Rechtfertigung von Gewalt bis hin zur religiösen Stimulierung von sogenannten gerechten bzw. gerechtfertigten Kriegen und blankem Terror sind zu einer fundamentalen Herausforderung geworden, die als dumpfe Angst in jedes Wohnzimmer gekrochen kommt. Wir stehen in Zeiten des sogenannten Islamischen Staates in erschreckender Weise vor einem erneuten, chaotisch sich ausbreitenden Zivilisationsbruch mit gänzlich ungewissem Ausgang. Welch eine Horrorvorstellung, diese Terroristen würden ein Atomkraftwerk gewaltsam besetzen oder auch nur in den Besitz von Plutonium gelangen. Günther Anders sprach vom »antiquierten Menschen«, der der Verantwortlichkeit gegenüber den von ihm geschaffenen Werkzeugen nicht mehr nachkommen kann.

Friedrich Engels hat sich intensiv mit dem Bauernkrieg als »Frühbürgerlicher Revolution« beschäftigt. Der Bauernkrieg des 16. Jahrhunderts sei an der Theologie gescheitert. »Die kräftige Bauernnatur Luthers« habe in der ersten Zeit die Fahne für die Befreiung geschwungen, dann aber die Freiheit des Menschen auf den innerlich-religiösen Bereich reduziert und den Obrigkeiten die Gewaltanwendung reserviert. Der revolutionäre Feuereifer, der auch Luther stimuliert habe, habe nicht lange gedauert. Und dennoch sei, so Engels, der Bauernkrieg die radikalste Tatsache der deutschen Geschichte gewesen.[76]

»Das ganze deutsche Volk geriet in Bewegung.« Selbst Fürsten seien zunächst vom Strom der Erhebung mitgerissen worden. Wobei die »einen glaubten den Tag gekommen, wo sie mit allen ihren Unterdrückern Abrechnung halten könnten, die andern wollten aber nur die Macht der Pfaffen, ... die Abhängigkeit von Rom, die katholische Hierarchie brechen und sich aus der Konfiskation des Kirchengutes bereichern«, schreibt Friedrich Engels klarsichtig.[77]

Luther hatte befürchtet, daß durch Aufruhr Gewalt und Chaos hereinbrechen würden, und sich mit einer schwer begreiflichen Wucht auf die Seite der Fürsten geschlagen, gegen die rebellierenden Bauern. Er predigte die friedliche Entwicklung und den passiven Widerstand.

»Ich möchte nicht, daß man das Evangelium mit Gewalt und Blutvergießen verfechte. Durch das Wort ist die Welt überwunden worden, durch das Wort ist die Kirche erhalten, durch das Wort wird sie auch wieder in den Stand kommen und der Antichrist ... wird ohne Gewalt fallen.« Luther suchte im Grunde immer eine vermittelnde Stellung einzunehmen, begab sich zwischen die Fronten mit dem tragischen Resultat, daß er in den folgenden Jahrhunderten gar als »Fürstenknecht« tituliert wurde.

Die Kirchen – zumal im östlichen Teil des neuvereinigten Deutschland – haben sich bei der Vertreibung der roten Macht, die alle Anmaßung damit rechtfertigte, sie geschehe in »höchstem Namen«, nämlich im Namen der Geschichte, stets auf die Gewaltfreiheit Luthers berufen, nicht auf die Marx-Engelssche Gewaltrhetorik.

Marx hat betont, daß »wir nicht der Welt doktrinär mit einem neuen Prinzip entgegentreten: hier ist die Wahrheit, hier kniee nieder!«. Schließlich hätte die Welt längst den Traum von einer Sache, »von der sie nur das Bewußtsein besitzen muß, um sie wirklich zu besitzen«.[78] Marx und Engels gehen strikt von ihrer dialektischen Argumentationsfigur von Sein und Bewußtsein aus, wobei das neue Bewußtsein die Voraussetzung sei, um Wirklichkeit tatsächlich zu verändern, ohne dabei die eigenen Prinzipien zu verraten. Aber jedes Bewußtsein erwachse aus dem gesellschaftlichen Sein.

Das Verhältnis von Weltveränderung und Selbstveränderung ist in Luthers und Marx' Denken zentral, aber jeweils anders akzentuiert. Luthers Grundpositionen ließen sich auf folgende Postulate verdichten:

Nur von Erlösten kann Erlösung ausgehen.
Nur von Gewaltlosen kann Gewaltlosigkeit ausgehen.
Nur von Befreiten Befreiung,
nur von Wahrhaftigen Toleranz,
nur von Friedfertigen Frieden.
Das alles gilt immer unter der Voraussetzung, daß man sich täglich seiner Ursprünge und Prinzipien durch praktisches Handeln erinnert, vor allem sobald man endlich selber »an der Macht« ist. Nach aller Erfahrung sind Aufständische in der Gefahr, alsbald das zu praktizieren, wogegen sie angetreten waren.

Jacob Burckhardt (1818–1897)

Der schweizerische Historiker Jacob Burckhardt reflektiert über die Massen, deren Motive und Konsequenzen. »Es mag den Reformatoren im Ganzen sehr übel zu Mute gewesen sein, in der Mitte zwischen lüsternen Volksmassen, gierigen Regierungen, elenden Kollegen« zu wirken und sich in den öffentlichen Streit zu begeben. »Wer sind wir eigentlich, daß wir von Luther und den übrigen Reformatoren verlangen könnten, sie hätten *unsere* Programme erfüllen sollen?!«[79]

Jacob Burckhardt gehört zu den schärfsten Kritikern der Religion, sowohl in der katholischen wie in der protestantischen Ausprägung. Denn beide Kirchen seien drückend dogmatisch und verlangten, daß die Menschen alle wieder einseitig werden, »nachdem die Vielseitigkeit und Freiheit den Anfang des 16. Jahrhunderts charakterisiert hatte. Die protestantischen Länder wurden später Stätten der ›Geistesfreiheit‹ ...«[80]

Die Verinnerlichung des Glaubens führte zu einer protestantisch bestimmten Entweltlichung des Christentums. Denn »vom Christentum der *Reformation* wird das Heil auf einen innern Prozeß zurückgeführt, nämlich auf die Rechtfertigung und die Aneignung der Gnade durch den Glauben«.[81]

Burckhardt legt die Finger in die Wunde des Kirchentums, das bigott geworden sei. Aber: »Nicht jedes Volk ist ruhig oder stumpfsinnig genug, um einen dauernden Widerspruch zwischen einem Prinzip und dessen äußerer Darstellung zu ertragen. Die sinkende Kirche ist es, auf welche jene schwerste Verantwortlichkeit fällt, die in der Geschichte vorgekommen ist: sie hat eine getrübte und zum Vorteil ihrer Allmacht entstellte Lehre mit allen Mitteln der Gewalt als reine Wahrheit durchgesetzt und im Gefühl ihrer Unantastbarkeit sich der schwersten Entsittlichung überlassen; sie hat, um sich in solchem Zustande zu behaupten, gegen den Geist und das Gewissen der Völker tötliche Streiche geführt und viele von den Höherbegabten, welche sich ihr innerlich entzogen, dem Unglauben und der Verbitterung in die Arme getrieben.«[82]

Die Kirchen selbst also haben den Unglauben, die Verbitterung und die Entchristlichung zu verantworten?!

Und wir, die wir auf dem Hochsitz der Moderne auf fünfhundert Jahre zurückschauen? Wer sich 2017 ein Urteil bildet, der tue es bitte mit einem Quäntchen Verständnis für das Wissen und die Lebensumstände von 1517! Immerhin hatte ganz unabhängig von Luther Erasmus seine »Klage des Friedens« veröffentlicht.

Friedrich Nietzsche (1844–1900)

Der unglückliche Pfarrerssohn Friedrich Nietzsche hat Luther als einen untertänigen Mönch charakterisiert, der die Kirche kritisierte – und sie gerade dadurch wiederherstellte. Die Katholiken hätten also Grund, Lutherfeste zu feiern, denn Luther habe durch die Reformation die angreifbare Institution Kirche gerettet.

Nietzsche stellt Renaissance und Reformation heftig polemisierend einander gegenüber. Die italienische Renaissance betrachtet er als Geburtsstätte der positiven Kräfte der modernen Kultur, sie ist für ihn das Goldene Zeitalter dieses Jahrtausends – trotz aller Flecken und Laster. »Dagegen hebt sich nun die deutsche Reformation ab als ein energischer Protest zurückgebliebener Geister.«

Luther habe dem Christentum, das sich schon im Siechstadium befand, zu neuem Leben verholfen, denn er habe mit seinem wirkenden Geist die Gegenreformation auf den Plan gerufen, das heißt: ein katholisches Christentum der Notwehr – gegen die Protestanten.

Zugleich aber kann Nietzsche nicht umhin, die große literarische und auch musikalische Leistung Luthers zu würdigen: »So tief, mutig und seelenvoll, so überschwänglich gut und zart tönte dieser Choral Luther's (gemeint ist »Ein feste Burg ist unser Gott«), als der erste dionysische Lockruf, der aus dichtverwachsenem Gebüsch, im Nahen des Frühlings, hervordringt.«[83]

Nietzsche preist im 247. Abschnitt seiner Schrift »Jenseits von Gut und Böse« die Luthersche Bibelübersetzung als das Meisterstück der deutschen Prosa. »Gegen Luther's Bibel gehalten ist fast alles Übrige nur ›Litteratur‹ ...«[84]

Nietzsche kommt zu einer Kurzfassung des epochalen Ereignisses, das sich seit 1520 mit Luther ergeben hatte: »Was geschah? Ein deutscher Mönch, Luther, kam nach Rom. Dieser Mönch, mit allen rachsüchtigen Instinkten eines verunglückten Priesters im Leibe, empörte sich in Rom *gegen* die Renaissance ... Statt mit tiefster Dankbarkeit das Ungeheure zu verstehn, das geschehn war, die Überwindung des Christentums an seinem *Sitz* –, verstand sein Hass aus diesem Schauspiel nur seine Nahrung zu ziehn. Ein religiöser Mensch denkt nur an sich. – Luther sah die *Verderbnis* des Papsttums, während gerade das Gegenteil mit Händen zu greifen war: die alte Verderbnis, das *peccatum originale* (also die Erbsünde), das Christentum sass *nicht* mehr auf dem Stuhl des Papstes! Sondern das Leben! Sondern der Triumph des Lebens! Sondern das grosse Ja zu allen hohen, schönen, verwegenen Dingen! ... Und Luther *stellte die Kirche wieder her*: er griff sie an. ... Die Renaissance – ein Ereignis ohne Sinn, ein grosses *Umsonst*! – Ah diese Deutschen, was sie uns schon gekostet haben! Umsonst – das war immer das *Werk* der Deutschen. – Die Reformation; Leibnitz; Kant und die sogenannte deutsche Philosophie; die Freiheits-Kriege; das Reich – jedesmal ein Umsonst für etwas, das bereits da war, für etwas Unwiederbringliches ...«[85]

Luther hätte – nach Nietzsche – das Zeug gehabt, der dämmenden, dämpfenden, die Menschen fesselnden christlichen Religion den Garaus zu machen und das sinnliche Lebensglück des »starken« Menschen in den Mittelpunkt zu stellen.

Heinrich von Treitschke (1834–1896)

Der neben Ranke bedeutendste Historiker des 2. Kaiserreichs, Heinrich von Treitschke, hat sich für seine nationalistische Sichtweise kräftig bei Luther bedient. Er meint einen Gegensatz romanischer und germanischer Empfindung ausmachen zu können, wenn er die Seelenkämpfe Luthers vergleicht mit jenen inneren Anfechtungen, welche späterhin der Rittersmann der wiederhergestellten alten Kirche – Ignatius von Loyola – zu überwinden gehabt habe. Luther habe die Erkenntnis gewonnen, daß Gott keinen erzwungenen Dienst wolle und über das Gewissen niemand richten könne als Gott allein. Luthers Buch »Von der Freiheit eines Christenmenschen« nennt er den mächtigen Hymnus der evangelischen Freiheit. Der Christ sei niemandem mehr untertan in seinem Glauben, und eben darum sei er jedermanns Knecht, sei dem geringsten seiner Brüder zum Dienst der Liebe verpflichtet. Gute Werke würden nimmermehr einen guten Mann machen, sondern ein guter Mann mache gute Werke. Das sei eine zugleich freiere und strengere Auffassung des sittlichen Lebens, zu dem ein Christenmensch verpflichtet sei. Luther knüpfe wieder an die Kämpfe Jesu gegen die starre Gesetzlichkeit der Pharisäer an und finde damit den »Schwerpunkt der sittlichen Welt im Gewissen des Menschen«.[86]

Treitschke gehört zu denen, die im 19. Jahrhundert die Apotheose Luthers betrieben. Er nennt ihn einen historischen Helden. »So gewaltig die Kühnheit des schlichten Mannes, der sich selber nur eine Gans unter den Schwänen nannte und dennoch sich vermaß gegen die stärksten politischen und sittlichen Mächte der Zeit in die Schranken zu treten, ebenso erstaunlich erscheint von Haus aus seine Mäßigung.«[87]

Luther habe – ganz fest der Kraft des Wortes trauend – den Bilderstürmern in Wittenberg mit Erfolg zugerufen: »... macht mir nicht aus dem Frei sein ein Muß sein!« Das, was wir heute Toleranz – also die Duldung des anderen – nennen, das sei nur auf dem Boden des Protestantismus möglich geworden, der »den hochmütigen Wahn einer alleinseligmachenden Kirche grundsätzlich verwirft. Wir danken ihr, daß der Deutsche zugleich fromm und frei empfinden kann ...«[88]

Sprachgewaltig wie seitdem nur noch einer, nämlich Goethe,

sei Luther zum volkstümlichsten all unserer Schriftsteller geworden. Der Denkende finde im Nachsinnen über seine Gedanken kein Ende, aber auch dem Einfältigen gebe die Bibel in Luthers Sprache genug. »In Kämpfen geboren, kann diese Sprache des Freimuts und der Wahrhaftigkeit bis zum heutigen Tage die Zeichen ihres Ursprungs nicht verleugnen. Gewaltig vermag sie zu zürnen, übermütig zu spielen in toller Laune, zu den Höhen des Gedankens steigt sie kühn empor, für jedes holde Geheimnis des Herzens findet sie ein liebliches Wort.«[89] Das köstlichste Vermächtnis, das Luther unserem Volk hinterlassen habe, sei die »lebendige Macht seines gottbegeisterten Gemüts«.[90]

Dieser Vortrag Treitschkes zum Gedenkjahr 1883 fand große Aufmerksamkeit im wilhelminischen Deutschland.

Ignaz von Döllinger (1799–1890)

Mitten im Kulturkampf, der sich insbesondere gegen die Katholiken im Deutschen Reich (nach 1871) richtete, konnte der katholische Theologe Ignaz von Döllinger Luther gerecht werden und ihm sogar die Funktion als des einzigen deutschen Religionsstifters zumessen. Er sei »auch in seinem ganzen Wesen, seinem Trachten und Tun, in seinen Vorzügen und Fehlern, der echte Volksmann, der wahrste Typus des deutschen Wesens«.[91]

Vom »deutschen Wesen« mag 2017 wohl niemand mehr reden – außer den verwirrten neonationalistischen AfD-Adepten.

Franz Mehring (1846–1919)

Der führende historische Schriftsteller der Sozialdemokratie schrieb 1888 über die deutsche Reformation und den Dreißigjährigen Krieg: »Luthers mönchische Beschränktheit und pfäffische Unduldsamkeit, seine Fürstendienerei und Knechtseligkeit, der schmähliche Verrat dieses Bauernsohnes an den Bauern haben in erster Reihe dieses dreihundertjährige Wandern durch die Wüste verschuldet ...«[92]

Der Dreißigjährige Krieg (1619–1649) mit seinen Zerstörungen von apokalyptischem Ausmaß hatte machtpolitische Ursachen und war auch von religiöser Rivalität gekennzeichnet. Katholische und evangelische Kirchen standen einander unversöhnlich gegenüber. Sie wüteten im Namen ihres Begründers Jesus von Nazareth. Diesen Krieg muß man als fortwirkendes Trauma Europas werten.

Adolf von Harnack (1851–1930)

Der stark auf das Denken seiner Zeit einwirkende »liberale Theologe« Adolf von Harnack meinte, Luther sei in den Jahren von 1519 bis 1523 »die Reformation gewesen, sofern sich alles in ihm zusammenfaßte, was die Rückkehr zum paulinischen Christentum und die Begründung eines neuen Zeitalters zugleich bedeutete«. Harnack schrieb in seiner »Dogmengeschichte«, die christliche Religion sei die lebendige Zuversicht zu dem lebendigen Gott, der sich in Jesus Christus offenbart und sein Herz aufgetan habe. Und nichts anderes.

Objektiv sei sie, die christliche Religion, »Jesus Christus«, seine Person und sein Werk; »subjektiv ist sie der Glaube; ihr Inhalt aber ist der gnädige Gott und deshalb die Sündenvergebung, welche Kindschaft und Seligkeit einschließt. In diesem Ring ist für Luther die ganze Religion beschlossen. Der lebendige Gott – nicht die philosophische oder mystische Abstraktion –, der offenbare, der gewisse, der jedem Christen erreichbare gnädige Gott.«[93]

Politisch gehörte Harnack mit der großen Mehrheit deutscher Hochschullehrer zu denen, die den Krieg, den man später den Ersten Weltkrieg nennen sollte, geradezu gepriesen hatten. Der »teure Kaiser« habe das Volk im Kampf mit dem einen Satz geeint: »Ich kenne keine Parteien mehr; ich kenne nur Deutsche«. Der Krieg sei »die Probe des Friedens«.

In militanter Sprache erwartet er den ganz natürlich kommenden Sieg Deutschlands. Er geißelt in einer am 29. September 1914 in Berlin gehaltenen Rede die vierte Großmacht, mit der es Deutschland aufnehmen müsse, nämlich »die Großmacht der internationalen Lügenpresse«. Diese habe wie eine Riesenschlange den Erdball umzogen, und sie habe zugleich versucht, uns selbst, unser Vaterland mit einem Stacheldraht zu umziehen. »Festen Fußes stehen wir in den Ländern unserer Feinde nach großen Siegen und stoßen ihre Lügen in ihren Hals zurück.« Die Reparationen nach der Niederlage der Gegner Deutschlands vor Augen, erklärt er drohend: »Der Wahrheit wollten sie nicht glauben, nun müssen sie unsern Waffen glauben! Ich schlage vor, daß beim Friedensschluß noch eine besondere Milliarde wegen Lügen eingesetzt wird.«[94] Alles müßten die Deutschen tun, um das Gift der Lüge und der Verleumdung aus dem Parteiwesen zu entfernen.

Harnack glaubt mit der großen Mehrheit der Deutschen an die Überlegenheit der deutschen »Kultur«, die in einem Kampf läge mit der westlichen »Zivilisation«. Er gehört zu den 93 Unterzeichnern des Aufrufs vom 4. Oktober 1914 »An die Kulturwelt!«, in dem maßgebliche deutsche Wissenschaftler und Künstler »Protest erhoben gegen die Lügen und Verleumdungen, mit denen unsere Feinde Deutschlands reine Sache in dem ihm aufgezwungenen schweren Daseinskampfe zu beschmutzen trachten«.[95] Sie behaupteten allen Ernstes, ohne den deutschen Militarismus wäre die deutsche Kultur längst vom Erdboden getilgt worden; die Deutschen seien ein »Kulturvolk, dem das Vermächtnis eines Goethe, eines Beethoven und eines Kant ebenso heilig ist wie sein Herd und seine Scholle«.

Welche Verblendung, wenn erst einmal die Furie des Krieges über ein Volk kommt! Und es ist nicht nur die Blindheit, es sind auch die Blinden.

Auch daran ist zu erinnern, wenn an diesen Bestseller-Autor seiner Zeit erinnert wird, der 1899/1900 vor etwa 600 Studierenden aller Fakultäten über »Das Wesen des Christentums« Vorlesungen gehalten hatte. 1933 waren die 16 Vorlesungen bereits in 73 000 Exemplaren verkauft worden (erste Auflage 1900). Für Harnack war die Reformation Erneuerung des Protestantismus in bezug auf den Kern der Sache selbst, »in Bezug auf die *Religion* und darum auf die Heilslehre«.[96] Dieser Kern der Sache lag »in der bestimmten Fassung des ›Wortes Gottes‹ und des ›Erlebnisses‹. Jenes ›Wort‹ war ihm nicht die Kirchenlehre, auch nicht die Bibel, sondern die Verkündigung von der freien Gnade Gottes in Christus, die den schuldigen und verzweifelnden Menschen fröhlich und selig macht, und das ›Erlebnis‹ war eben die Gewißheit dieser Gnade.« Im Sinne Luthers faßt er beides in einem Satz zusammen: »*Der zuversichtliche Glaube, einen gnädigen Gott zu haben.* Damit – so hat er es erfahren und so hat er es gepredigt – ist der innere Zwiespalt im Menschen gehoben, der Druck jeglichen Übels überwunden, das Schuldgefühl ausgetilgt und trotz der Unvollkommenheit der eigenen Leistungen die Gewißheit, mit dem heiligen Gott untrennbar verbunden zu sein, gewonnen ...«[97]

Harnack meint, die Reformatoren hätten ein starkes Gefühl dafür gehabt, »daß die Welt mit ihrer Lust vergeht; man darf sich Luther wahrlich nicht als den modernen Menschen vorstellen, der mit freudigem Gefühl und sicher auf der Erde stand; er hatte vielmehr, wie die mittelalterlichen Menschen, eine lebhafte Sehnsucht darnach, diese Welt los zu werden und aus dem ›Jammerthal‹ abzuscheiden. Aber weil er davon überzeugt war, daß man Gott nichts bieten könne und dürfe als Vertrauen, so kam er in Bezug auf die Weltstellung des Christen zu ganz anderen Thesen als die ernsten Mönche der vergangenen Jahrhunderte.« Luther habe aus Dankbarkeit für die Schöpfung »eine Freudigkeit und Zuversicht zu den irdischen Ordnungen gewonnen, die im Kontrast steht zu seiner weltflüchtigen Stimmung«, und habe diese wirklich überwunden. Harnack betont weiter, nicht mit vielen Künsten sollten die Christen eigene Wege suchen, sondern Geduld und Nächstenliebe beweisen innerhalb des gegebenen Berufs.

Von hier aus habe Luther die Vorstellung von dem selbständigen Recht aller weltlichen Ordnungen und Gebiete entwickelt: »sie sind nicht bloß zu dulden und empfangen erst von der Kirche eine Art von Recht der Existenz – nein, sie haben ihr eigenes

Recht und sind das große Gebiet, auf denen der Christ seinen Glauben und seine Liebe zu bewähren hat«. Sie seien selbst dort zu respektieren, wo Gottes Offenbarung im Evangelium noch ganz unbekannt geblieben sei.[98]

Harnack fährt fort: Luther »hat dadurch recht eigentlich das Leben einer neuen Zeit begründet; er hat ihr die Unbefangenheit zurückgegeben in Bezug auf die Welt und ein gutes Gewissen bei aller irdischen Arbeit«.[99] So sei Luther in seiner Art, das Evangelium zu erklären, zu einer prägenden Persönlichkeit geworden.

Grundsätzlich kritisch setzt sich Harnack in seinem »Lehrbuch der Dogmengeschichte« mit Luthers Rückkehr zur altkirchlichen Christologie auseinander. »Luther ist vom Mittelalter zur alten Kirche zurückgekehrt, indem er den ungeheurn Stoff der Glaubenslehre wieder auf die Christologie reducirt hat. Allein er unterscheidet sich von der alten Kirche darin, dass er es unternommen hat, den Glauben an die Offenbarung in Christus so zu gestalten, dass diese nicht nur als Bedingung unserer Seligkeit erscheint, sondern ... als der allein wirksame Faktor.«[100]

Nicht zu unterschlagen ist, daß Harnack wie die übergroße Mehrheit in den nationalistischen Rausch des Krieges gezogen, ja gerissen wurde und dies theologisch untermauert hat.

Otto Dibelius (1880 – 1967)

Eine den Protestantismus in Deutschland – zunächst vor allem in Preußen – prägende Persönlichkeit war Otto Dibelius. In seinem 1930 erschienenen Buch »Friede auf Erden?« hat er – gegen die geläufige evangelische Interpretation des Krieges als etwas Gottgewolltes – die Ansicht vertreten, der Krieg sei Menschenwerk und müsse als solches verhindert werden: »Nein. *Krieg soll nicht sein, weil Gott den Krieg nicht will!*«[101] Und so forderte er die Kirche auf, für Kriegsdienstverweigerer aus christlicher Gewissensbindung einzustehen. Denn der Glaube begründe doch ein höheres Recht als staatliche Anordnungen.

Das paßt ganz und gar nicht mit dem zusammen, was Dibelius

als Generalsuperintendent der Kurmark beim Machtantritt Hitlers am 21. März 1933, dem sogenannten »Tag von Potsdam«, in der Nikolaikirche sagte. Er lobte in seiner Festpredigt die neuen Machthaber für die Maßnahmen nach dem Reichstagsbrand. Wörtlich hieß es da: »Durch Nord und Süd, durch Ost und West geht ein neuer Wille zum deutschen Staat, eine Sehnsucht, nicht länger, um mit Treitschke zu reden, ›eine der erhabensten Empfindungen im Leben eines Mannes‹ zu entbehren, nämlich den begeisterten Aufblick zum eigenen Staat.«

Dibelius berief sich mit Treitschke auf einen der besonders heftigen Antijudaisten des 19. Jahrhunderts. Und er gebraucht – in der damaligen Tradition üblich – ausdrücklich Martin Luther als seinen Gewährsmann: »Wir haben von Dr. Martin Luther gelernt, daß die Kirche der rechtmäßigen staatlichen Gewalt nicht in den Arm fallen darf, wenn sie tut, wozu sie berufen ist. Auch dann nicht, wenn sie hart und rücksichtslos schaltet. Wir kennen die furchtbaren Worte, mit denen Luther im Bauernkrieg die Obrigkeit aufgerufen hat, schonungslos vorzugehen, damit wieder Ordnung in Deutschland werde. Aber wir wissen auch, daß Luther mit demselben Ernst die christliche Obrigkeit aufgerufen hat, ihr gottgewolltes Amt nicht zu verfälschen durch Rachsucht und Dünkel, daß er Gerechtigkeit und Barmherzigkeit gefordert hat, sobald die Ordnung wiederhergestellt war.«[102] In Deutschland aber lief es ganz anders: Auf den am 1. April 1933 von der SA eingeleiteten Boykott jüdischer Geschäfte folgten weitere Schritte zur Ausgrenzung der Juden. Otto Dibelius rechtfertigte die »kleinen Ausschreitungen« in einem Berliner Sonntagsblatt: »Schließlich hat sich die Reichsregierung genötigt gesehen, den Boykott jüdischer Geschäfte zu organisieren, in der richtigen Erkenntnis, daß durch die internationalen Verbindungen des Judentums die Auslandshetze dann am ehesten aufhören wird, wenn sie dem deutschen Judentum wirtschaftlich gefährlich wird.«[103]

In einem vertraulichen Osterbrief schrieb er im April 1933 an seine Amtsbrüder: »Für die letzten Motive, aus denen die völkische Bewegung hervorgegangen ist, werden wir alle nicht nur Verständnis, sondern volle Sympathie haben. Ich habe mich trotz des bösen Klanges, den das Wort vielfach angenommen hat, immer als Antisemiten gewußt. Man kann nicht verkennen, daß bei allen zersetzenden Erscheinungen der modernen Zivilisation das Judentum eine führende Rolle spielt ...«[104]

Geradezu rechtfertigend schrieb er nach einer kurzen Zwischenzeit der besonderen Unterstützung der Maßnahmen der Nazis und der sogenannten Deutschen Christen in einem Brief an den Evangelischen Oberkirchenrat vom 26. Juli 1933: »Ich bin als junger Student Mitglied des Vereins Deutscher Studenten geworden und habe schon während meiner Studienzeit im Kampf gegen Judentum und Sozialdemokratie gestanden.«[105]

Statt sich auf die Seite der verfolgten Juden zu stellen, beteuerte er, er sei doch auch gegen das Judentum – gegen die Linken sowieso.

Er vertrat wie andere rechtskonservative und republikfeindliche Kräfte die »Dolchstoßlegende« und sah die Ursache der Niederlage in »rücksichtslosem Materialismus sozialistischer Demagogie«. Die Deutschen Christen, die die Kirchenwahlen 1933 haushoch gewonnen hatten, schafften das Amt des Generalsuperintendenten ab und versetzten Dibelius im September 1933 in den Ruhestand. Dieser gehörte fortan zur Bekennenden Kirche.

Dibelius trug seit September 1948 den Titel »Bischof«. Er wirkte am Stuttgarter Schuldbekenntnis vom Oktober 1945 entscheidend mit. Aber in jenem wichtigen Dokument wird mit keiner Silbe die systematische Vernichtung der europäischen Juden erwähnt.

War das nun Rücksicht auf die Stimmung im Lande oder nicht auch eigene Überzeugung? Seinen Antikommunismus hat er jedenfalls bewahrt und in seiner Schrift »Obrigkeit?« (1959) dem DDR-System keinerlei Legitimation zugestanden. In einem Brief an Bischof Hanns Lilje schrieb Dibelius, daß der Gehorsam gegenüber atheistischen Regimen bereits bei den Verkehrsvorschriften enden würde. Und er meinte noch 1965, im Umgang mit Juden habe er »das Fremdartige in ihrem Wesen« gespürt.[106] Otto Dibelius verstand sich stets als ein von Luther in besonderer Weise geprägter Kirchen-Führer.

Martin Luther konnte ohne Zweifel durch die Jahrhunderte hindurch als Gewährsmann von Antijudaismus bis Antisemitismus, von Obrigkeitsgehorsam bis Obrigkeitshörigkeit dienen. Dibelius stand in der Bundesrepublik für Wiederbewaffnung und die Einführung der Militärseelsorge sowie für den Kampf des christlichen Westens gegen den atheistischen Osten – ganz anders als Martin Niemöller, der seit 1937 im KZ Dachau interniert worden war. Niemöller wurde 1945 Kirchenpräsident der Hessen-Nassauischen Kirche. Kein Bischof. Und er stand in der christlichen Friedens- und Ostermarschbewegung gegen Wiederbewaffnung der BRD, gegen die atomare Aufrüstung zumal.

Im Osten wurde er so sehr geschätzt, daß man ihm 1967 in Moskau den Internationalen Lenin-Friedenspreis verlieh.

Von Niemöller wird ein politisch-moralisches Geständnis, eine Selbstanklage überliefert, wie sie dem demütigen und seiner Schuldbeladenheit stets bewußten Martin Luther durchaus entspricht. Wenn Luther bei der Bibelauslegung als Schlüsselkriterium ausgab »Was Christum treibet«, so fragt Niemöller: »Was würde Jesus dazu sagen?« Ein vergleichbares persönliches Schuldbekenntnis ist von Dibelius nicht zu hören gewesen.

Als die Nazis die Kommunisten holten,
habe ich geschwiegen,
ich war ja kein Kommunist.
Als sie die Sozialdemokraten einsperrten,
habe ich geschwiegen,
ich war ja kein Sozialdemokrat.

Als sie die Gewerkschafter holten,
habe ich geschwiegen,
ich war ja kein Gewerkschafter.

Als sie mich holten,
gab es keinen mehr,
der protestieren konnte.[107]

Warum Niemöller in diese Aufzählung der Verfolgten die Juden
nicht einbezogen hat, bleibt sein Geheimnis.

Thomas Mann (1875–1955)

Thomas Mann hat sich zwar später von seiner großen, aber im
Grunde zutiefst antidemokratischen Schrift »Betrachtungen eines Unpolitischen« (1918) geistig und politisch distanziert, doch
hatte dieser Text fatale Wirkungen: Aus berufener Feder kamen
Impulse für die rechtsideologische Unterscheidung von »Kultur«
und »Zivilisation«. Der Kultur als einem speziellen, herausgeho-
benen Signum des Deutschen war der Vorzug gegeben worden,
und damit erfolgte der Schlag gegen die Säulen der Zivilisation:
Vernunft und politische Utopie wurden zusammen mit den demokratischen und menschenrechtlichen Idealen aufgegeben. Mann
zitiert in seiner Schrift zustimmend Johannes Scherr, der als Führer der Demokratischen Partei Süddeutschlands 1873 geschrieben
hatte: »Die Massen mündig? Ein knäbischer Traum! Die Völker
sich selbst bestimmend? Eine lächerliche Selbstbelügung! Reibt
euch doch endlich die Rousseau'schen Chimären aus den Augen
und seht euch die Dinge an, wie sie sind. Wo denn haben die Völker bewiesen, daß sie frei zu sein verständen? Ja, auch nur, daß sie
frei sein wollten? Nirgends! Selbst die scheinbar freiheitlichen,
freiheitlichsten Epochen erweisen sich bei näherem Zusehen und
unbefangener Untersuchung überall als Täuschungen … Nehmt
doch einmal für eine Weile Strafgesetzbuch und Polizei aus unserer hochgelobten modernen Zivilisation hinweg und ihr werdet
Menschlichkeiten erleben, deren Viehischkeit euch dartun wird,
was es mit dem ewigen selbstgefälligen Fortschrittsgeleier eigentlich auf sich habe.«[108]
Ohne die Begriffe der Lutherischen Zwei-Reiche-Lehre zu be-

nutzen, ist dies unzweifelhaft Ausdruck einer Zwei-Reiche-Lehre, verbunden mit einem tiefen Skeptizismus gegenüber der Herrschaft der Massen und mit folgerichtiger Beschwörung eines antidemokratischen, ja elitären Denkens. Der immerhin 43jährige Thomas Mann betont, der wahre Deutsche sei frei und ungleich, und das heißt eben: aristokratisch. »Die Reformation war freilich ein demokratisches Ereignis: denn die Emanzipation des Laien, das ist die Demokratie, und auf politischem Gebiet ist sie eben das, was Nietzsche ›ein literatenhaftes Mitgerede von Jedermann über Jegliches‹ nennt. Auch Luthers eigentliche und tiefste Wirkung war aristokratischer Art: er vollendete die Freiheit und Selbstherrlichkeit des deutschen Menschen, indem er sie verinnerlichte und sie so der Sphäre des politischen Zankes auf immer entrückte. Der Protestantismus hat der Politik den geistigen Stachel genommen, er machte sie zu einer Angelegenheit der Praxis.«[109]

Das knüpft an Luthers Gebot an, Freiheit sei zu verinnerlichen, aber nimmt auch die Kritik auf, mit der Marx auf Luther reagiert hatte – indem er meinte, es genüge nicht, daß der Christ innere Ketten abwerfe, auf die Sprengung der äußeren Ketten komme es an.

Demokratie sei »dem deutschen Wesen fremd und giftig«. Thomas Mann schreibt, er habe Deutschlands Berufenheit zur Politik »nicht in der – persönlich und sachlich genommen – lächerlichen Absicht« bezweifelt oder bestritten, seinem »Volk den Willen zur Realität zu verleiden, es im Glauben an die Gerechtigkeit seiner Weltansprüche wankend zu machen. Ich bekenne mich tief überzeugt, daß das deutsche Volk die politische Demokratie niemals wird lieben können, aus dem einfachen Grunde, weil es die Politik selbst nicht lieben kann, und daß der vielverschriene ›Obrigkeitsstaat‹ die dem deutschen Volke angemessene, zukömmliche und von ihm im Grunde gewollte Staatsform ist und bleibt.«[110]

Solches Denken war nach dem Ersten Weltkrieg in Deutschland noch immer virulent, es zeigte sich in gekräftigter Sehnsucht nach einer so erneuerten wie beständigen Monarchie. Und einher mit diesem weitverbreiteten Wunsch ging die Verachtung gegenüber dem ersten deutschen Demokratieversuch, der Weimarer Republik von 1919, die man abfällig »Systemzeit« nannte!

1915 veröffentlichte Thomas Mann den Artikel »Gedanken zum Kriege«, darin das euphorische Urteil: »Nach einem Jahr stellt sich heraus, daß Deutschland geistig gesiegt hat, bevor noch die Entscheidung der Waffen fiel ...«[111]

Wären diese Schriften im Jahre 2017 in womöglich zunehmenden Kreisen der Bevölkerung wieder zustimmungsfähig? Kommt solches – ausdrücklich völkisches – Gedankengut durch die Hintertür der AfD wieder herein? Wehe uns!

Es bleibt letztlich unbegreiflich, warum das deutsche Volk sich mehrheitlich nicht nur einem Obrigkeitsstaat unterwarf, sondern auch dem Anstreicher aus Braunau »in seiner unergündlichen Verlogenheit, seiner schäbigen Grausamkeit und Rachsucht, mit seinem unaufhörlichen Haßgebrüll, seiner Verhunzung der deutschen Sprache, seinem minderwertigen Fanatismus, seiner feigen Askese und armseligen Unnatur, seiner ganzen defekten Menschlichkeit, die jeden kleinsten Zug von Großmut und höherem seelischem Leben vermissen läßt, die abstoßendste Figur ist, auf die je das Licht der Geschichte fiel«.[112] Auch das sind Worte von Thomas Mann. Gesprochen im April 1941 in einer Radiosendung der BBC, gerichtet an deutsche Hörer. Der Schriftsteller ist längst ein von der deutschen Realität in die kritische Selbsterkenntnis Gestoßener, ein liberal-demokratischer Denker und Mahner. Obrigkeitsgehorsam, strikte Pflichterfüllung, unverletzbarer Treueschwur – für böseste Propaganda mißbrauchte, für grausamste Vernichtungstaten vernutzte Vokabeln. Worte, die an das erinnern, was Luther predigte.

Es ist gewiß ungerecht und wäre ein hanebüchener Kurzschluß, von Martin Luther eine schnurgerade Linie zu den Verbrechern des Nazitums zu ziehen und ihn auf diese Weise schuldig zu sprechen. Aber die Geschichte des deutschen Untertanengeistes und die Entwicklung der deutschen Gehorsamsideologie sind kaum denkbar ohne seinen über die Jahrhunderte wirkenden geistigen Einfluß. Fünfhundert Jahre Reformation zu feiern bedeutet, sich auch den problematischen und dunklen Seiten des verehrungswürdigen Martin Luther und der Duckmäusertradition des Protestantismus zu stellen.

Wer allerdings die prinzipielle Unterordnung unter Autoritäten als besondere Fehlhaltung zu identifizieren sich anschickt, die primär aus dem Protestantismus wuchs, der muß im Blick behalten, daß der Kommandant des KZ Auschwitz, Rudolf Höß, ebenso von katholischer Abkunft war wie der Reichspropagandaminister Dr. Joseph Goebbels und der abgewiesene Kunststudent Adolf Hitler.

Besagter Obrigkeitsgehorsam entfaltete in der Mitte Europas eine fatale menschenverachtende Kraft, einen verhängnisvollen Sog, einen friedensvernichtenden Druck – vor allem in einer speziellen, gerade militärisch ausgerichteten Auslegung des vierten Gebotes, wonach unbedingte Befehlsbefolgung alles galt und freie persönliche Entscheidung nichts. Aber es gehört zur Wahrheit, daß trotz Propaganda, Pression und populistischer Veruntreuung wahren Sinns – in wechselnden Zeiten – das Eigentliche und dessen Tradition nicht besiegt werden konnten: die herrliche Freiheit des Christenmenschen, seine Zivilcourage, seine Fähigkeit zu Hingabe und Opfer, seine Bereitschaft zur Verantwortung – vor Gott und den Menschen.

Wer im Jahre 2017 fünfhundert Jahre Reformation feiern will, kann dies getrost tun, sofern er sich selber, bereit zur tätigen Konsequenz, in die Freiheitstradition stellt. Das schließt ein, den Ruf des Gewissens höher zu stellen als jegliche Forderung von Autoritäten. Die Verantwortung des einzelnen kann nicht nur theoretisch benannt werden; sie ist, schlichtweg gesagt, an das Kriterium der Tat gebunden; als Kriterium allen Handelns und der kritischen Bibelauslegung kann Luthers Maxime gelten: Es gilt, »was Christum treibet«.

Alfred Dedo Müller (1890–1972)

Die nazistische Ideologie berief sich in ihrer allumspannenden Anmaßung auch auf die lutherische Tradition. Adolf Hitler hatte in seiner ersten Rede als Kanzler gesagt: »Die nationale Regierung sieht in den beiden christlichen Konfessionen die wichtigsten Faktoren zur Erhaltung unseres Volkstums.« Bis in die evangelische Ethik hinein drang nazistisches Denken, verbunden mit der Behauptung, daß nur der christliche Glaube den Menschen »hellsichtig und tragfähig für den ganzen Spannungsreichtum des wirklichen Lebens« mache. »Denn er allein nimmt, woran hier alles hängt, gleich ernst – das Sein des Menschen mit Gott und den Abfall des Menschen von Gott.« Die Ambivalenz des Menschen, gleichsam das Bitt- und Gebotsfeld des tätigen Christentums, erhob Hitler zum Grundmotiv seiner Staatsauffassung: Wegen der Sündhaftigkeit der Menschen sei eine geradezu gottgewollte Ordnung des Staates zu schaffen, zu festigen und aufrechtzuerhalten.

Luthers Deutung des 4. Gebotes, das zur Elternliebe verpflichtet, wird zur unmittelbaren Rechtfertigung für die »Notwendigkeit der unwidersprechlichen Beugung des Einzelwillens unter lebensnotwendige Ordnungen«. So formulierte es der Leipziger Professor der Theologie Alfred Dedo Müller, den man eher zu den gemäßigten Nationalsozialisten zählen mag und der nach 1945 weiter an der Universität lehren konnte. 1937 hatte er in seiner »Ethik« geschrieben: »So begreift denn Luther im Eltern-Kind-Verhältnis die Urform aller staatlichen Gewalt und im vierten Gebot die Grundform aller Bindung des Menschen an den Staat ...« Müller beruft sich unmittelbar auf Luthers Schrift »Von weltlicher Obrigkeit«, darin heißt es: »In dieses Gebot gehört auch weiter zu sagen von allerlei Gehorsam gegen Oberpersonen, die zu gebieten und zu regieren haben. Denn aus der Eltern Obrigkeit fließt und breitet sich aus alle andere.«[113]

Der Staat sei nach Müller »nötig, weil der Mensch nicht von selber tut, was er doch tun muß, wenn nicht alles drunter und drüber gehen und Gottes Weltplan in einem Kampf aller gegen alle untergehen soll«. Der Staat als legitime Zwangsgewalt, so wie es Luther vorgibt: »Denn jedermann ist schuldig zu tun, was seinem Nächsten nutz und not ist.« Und noch mehr gibt Luther vermeintlich paßgerecht vor: »das Schwert und die Gewalt als ein sonderlicher Gottesdienst ... den Christen zu eigen vor allen anderen auf Erden«. So kann Luther zum Gewährsmann für Hitler gemacht werden. Dessen sogenannte deutsche Revolution dürfe im direkten Wortsinne als Heil(s)-Ereignis gewertet werden. Denn eine geschichtsmächtige Bestätigung erfahre die »politische Bewegung ganz aus dem repräsentativen Erlebnis *eines* Mannes ..., der von sich sagen kann: ›Aus dem Volke bin ich gewachsen, im Volke bin ich geblieben, zum Volke kehre ich zurück‹.«[114]

Kommentarlos, aber zustimmend wird Hitler zitiert, der in einer Reichstagsrede erklärte, daß das »Blut, das auf dem europäischen Kontinent seit dreihundert Jahren vergossen wurde, ... außer jedem Verhältnis zu dem volklichen Resultat der Ereignisse« stehe.

Auch das Ausleseprinzip eines modernen Krieges würde keinen Nutzen bringen, denn es seien »immer die jeweils Tüchtigsten den stärksten Verlusten ausgesetzt: die Sturmtrupps, die Flieger, die Unterseebootsmannschaften, die Offiziere. Demgegenüber hatten im Weltkrieg alle Astheniker, Kurzsichtigen, Schwerhörigen, Hysteriker, auch ›Homosexuelle und andere weniger männlich Veranlagte‹ ›selbstverständlich unterdurchschnittliche Verluste‹. ›Man hat wohl gesagt, der Krieg sei ein ›Stahlbad‹ für die Nationen, aus dem diese gestählt und ertüchtigt hervorgingen. Die wahre Wirkung des Krieges als Züchter ist in der Gegenwart indessen die Züchtung auf Feigheit und Ehrlosigkeit. Die Feigen bleiben übrig und die, welche sich trotz der moralischen Mißbilligung ihrer Volksgenossen drücken. Eine entsprechend stärkere Vermehrung jenes Teils der Mutigen, die aus dem Kriege ungebrochen heimkehren, findet auch nicht statt.‹«[115]

Alfred Dedo Müller fügt bruchlos Sätze aus Luthers Schrift

»Von weltlicher Obrigkeit« in nationalsozialistsches Gedankengut ein und zitiert mehrfach aus Hitlers »Mein Kampf«. Er schließt sich somit direkt der nazistischen Ideologie an, obwohl er Wurzeln in der pazifistisch-theologischen Bewegung nach 1918 gehabt und in den 1920er Jahren im Internationalen Versöhnungsbund mitgewirkt hatte.

Günther Dehn (1882–1970)

Der bellende Zeitgeist schüchtert ein, brutale Herrschaft treibt in die Feigheit, geifernde Propaganda treibt Menschen ins Schweigen oder ins fanatische Mitmachen der Masse. Aber es gab unter Hitler auch mutige und tapfer klarsichtige, an der Botschaft Jesu Christi ungebrochen orientierte Theologen wie etwa den religiösen Sozialisten und promovierten Berliner Pfarrer Günther Dehn. Er war im Dezember 1930 einem Ruf an den Lehrstuhl für Praktische Theologie an der Theologischen Fakultät Heidelberg gefolgt. Als Dehn in den christlich-nationalistischen »Eisernen Blättern« als Befürworter der Kriegsdienstverweigerung und damit als Beleidiger der deutschen Weltkriegsgefallenen denunziert wurde, erklärte die Heidelberger Fakultät, er sei ungeeignet für ein Lehramt. 1928 hatte Dehn in Magdeburg in einem Vortrag über »Kirche und Völkerversöhnung« eine Gleichsetzung des Soldatentodes mit dem christlichen Opfertod theologisch für unmöglich und also nicht statthaft erklärt. Zudem sollte das Gedenken für Gefallene im öffentlichen Raum der Gemeinde, nicht jedoch im Raum der Kirche stattfinden. Aus Magdeburger völkischen Kreisen wurde daraufhin das Gerücht kolportiert, Dehn habe Soldaten als Mörder bezeichnet. Während der Theologe von der eigenen Kirchenleitung gemaßregelt wurde, hatte er Anfang 1931 immerhin noch einen Ruf an die Universität in Halle erhalten. Aber nationalsozialistische Studenten agierten erbost gegen diesen Kandidaten des ihnen verhaßten sozialdemokratischen Kulturministers von Preußen, Adolf Grimme. Die nazistisch gestimmte Studentenschaft griff mit Flugblättern an und drohte, geschlossen von Halle an die Universität in Leipzig überzusiedeln, wo auch Alfred Dedo Müller lehrte. Die Hochschulleitung und die Theologische Fakultät stellten sich zunächst mutig hinter Dehn. Doch als dieser am 3. November 1931 seine Antrittsvorlesung halten wollte, hinderte ihn der Tumult aufgebrachter Studenten daran. Rektor Gustav Aubin ließ die Polizei kommen. Ein offener Konflikt brach aus. Dehn, stark angegriffen von der Bezichtigung des »undeutschen Geistes«, wurde ein Urlaubssemester gestattet. 1933 wurde ihm aber von den Nazis ganz grundsätzlich die Lehrbefugnis entzogen. Er wurde aus Halle verjagt.

Der Streit um Günther Dehn wurde auch als politischer Streit unter der deutschen evangelischen Theologie ausgetragen, wie die Sympathiebekundungen für ihn zum Beispiel von Karl Barth und anderen Theologen, zeigen. Daneben gab es zahlreiche Zustimmungsbekundungen für die braun-fanatisiert revoltierenden Studenten, etwa vom Göttinger nationalsozialistisch angehauchten Theologen Emanuel Hirsch. Auch der renommierte lutherische Theologe Paul Althaus wurde in den Konflikt einbezogen und benutzt – gegen Dehn.

Günther Dehn befeuerte einen Spannungsherd, der bis in jüngste Zeit hinein für hitzige Debatten sorgt – es geht nämlich um die Frage, ob es ethisch und juristisch statthaft sei, Soldaten direkt oder indirekt als Mörder zu bezeichnen.

Mein Vater war Anfang der dreißiger Jahre Theologiestudent in Halle. Vom Aufruhr um Günther Dehn hat er mir nie erzählt. Auch während meines Studiums von 1962 bis 1967 war nichts über Dehn und die damalige Auseinandersetzung um ihn zu hören – obgleich die Halleschen Professoren tapfer zu ihrem Kollegen gestanden hatten.

Was bewegte damals so sehr die Gemüter?

Ignaz Wrobel (alias Kurt Tucholsky) hatte zu der unter anderem von Dehn ausgegangenen Debatte in der »Weltbühne« vom 4. August 1931 den Essay »Der bewachte Kriegsschauplatz« veröffentlicht. Darin wurden die Schlachtfelder als quasi abgegrenztes Areal von jener Welt bezeichnet, in der die zivilen Gesetze weiterhin galten:

»Da gab es ganze Quadratmeilen Landes, auf denen war der Mord obligatorisch, während er eine halbe Stunde davon entfernt ebenso streng verboten war. Sagte ich: Mord? Natürlich Mord. Soldaten sind Mörder.

Es ist ungemein bezeichnend, daß sich neulich ein sicherlich anständig empfindender protestantischer Geistlicher gegen den Vorwurf gewehrt hat, die Soldaten Mörder genannt zu haben, denn in seinen Kreisen gilt das als Vorwurf. Die Gendarmen aller Länder hätten und haben Deserteure niedergeschossen. Sie mordeten also, weil einer sich weigerte, weiterhin zu morden. Und sperrten den Kriegsschauplatz ab, denn Ordnung muß sein, Ruhe, Ordnung und die Zivilisation der christlichen Staaten.«

So weit der inkriminierte Text Tucholskys und sein Hinweis auf Günther Dehn und dessen Magdeburger Gemeindevortrag.

Es darf nicht unerwähnt bleiben, daß es stets auch mutige evangelische Geistliche und Theologen gab, die das Gemetzel des Krieges geißelten und versuchten, dem Friedensruf des gekreuzigten Pazifisten Jesus zu entsprechen, statt blind den mörderischen Gehorsamsgeboten in den Nationen hüben und drüben zu folgen.[116]

Die evangelischen Kirchen in der DDR haben sich seit Anfang der 1980er Jahre in einem längeren Diskussionsprozeß darauf verständigt, daß sie sich auf dem Wege zu einer Kirche des Friedens befinden. Sie sprachen eine »Absage an Geist, Logik und Praxis der Abschreckung« aus, förderten schulische Friedenserziehung und wiesen auf einen – inzwischen global zugespitzten – inneren Zusammenhang zwischen Frieden, Gerechtigkeit und Bewahrung der Schöpfung hin.

Der Abschied vom Untertanengeist war lang, er ist im Grunde nie zu Ende, Anpassung wächst stets schneller nach als Widerstand, so wie Scham langsamer nachwächst als das Gefühl der Schuld. Gedächtnis ist stets Verweis auf die Aufgaben der Gegenwart, und so bedeutet auch die Erinnerung an Günther Dehn: Bekräftigung einer Bewährungspflicht.

Dietrich Bonhoeffer (1906–1945)

Der Theologe Dietrich Bonhoeffer trat seit Januar 1933 aktiv im Kampf gegen völkische Ordnungstheologie auf und verfaßte an der Schwelle zum Jahr 1943 gewissermaßen ein Resümee der zurückliegenden zehn schrecklichen Jahre seit Hitlers Machtantritt.

Im Abschnitt »Civilcourage?« nimmt er auch Luthers Freiheitsgedanken auf und deutet die Perversion an, in die dessen Freiheitsbegriff von Nationalismus und Chauvinismus hineingetrieben wurde. (Was wäre aus den lutherisch geprägten Kirchen und Christen geworden, wenn es nicht wenigstens einzelne wie Dietrich Bonhoeffer oder Martin Niemöller gegeben hätte, die klarsichtig und mutig widerstanden haben?)

Bonhoeffer beschwört die Zivilcourage, indem er darauf verweist, wir Deutschen hätten »in einer langen Geschichte die Notwendigkeit und die Kraft des Gehorsams lernen müssen«. Es sei immer »ein Stück berechtigten Mißtrauens gegen das eigene Herz« gewesen, das die Bereitschaft weckte, »lieber dem Befehl von ›oben‹ als dem eigenen Gutdünken zu folgen«. Er fragt: »... wo ist in der Welt leidenschaftlicher von der Freiheit gesprochen worden als in Deutschland von Luther bis zur Philosophie des Idealismus?« Der eigene Wille und der Dienst am Ganzen hätten in Deutschland stets am einprägsamsten zusammengefunden. Aber der Deutsche habe nicht damit gerechnet, »daß seine Bereitschaft zur Unterordnung, zum Lebenseinsatz für den Auftrag mißbraucht werden könnte zum Bösen ... Es mußte sich herausstellen, daß eine entscheidende Grunderkenntnis dem Deutschen noch fehlte: die von der Notwendigkeit der freien, verantwortlichen Tat auch gegen Beruf und Auftrag. An ihre Stelle trat einerseits verantwortungslose Skrupellosigkeit, andererseits selbstquälerische Skrupelhaftigkeit, die nie zur Tat führte. Civilcourage aber kann nur aus der freien Verantwortlichkeit des freien Mannes erwachsen … Sie beruht auf einem Gott, der das freie Glaubenswagnis verantwortlicher Tat fordert und der dem, der darüber zum Sünder wird, Vergebung und Trost zuspricht.«[117]

Es gab außer Dietrich Bonhoeffer wohl kaum einen Theologen, dessen Wort und Weg nach 1945 so richtungweisend, so orientierend und tröstlich wurde, auch wenn die Kirchen sich noch bis in die späten Sechziger des vorigen Jahrhunderts schwertaten, seine Beteiligung an der Vorbereitung des Tyrannenmords an Hitler als eine christliche Gehorsamstat anzuerkennen. Ein Gehorsam gegenüber dem Gebot, keinen Gehorsam zu leisten, wo dieser Knechtung, Versklavung bedeutet. Bonhoeffer hatte seit 1933 Widerstand gegen die Nazis – insbesondere auch gegen die Verachtung, Vertreibung und Ermordung der Juden – geleistet. Er hatte widerständig geredet und ein verbotenes Predigerseminar in Pommern geleitet. Er machte ernst mit dem, was er geschrieben hatte – besonders in seinem 1937 erstmals veröffentlichten Werk »Nachfolge«: Das Wort Gottes »trifft uns als gnädiger Ruf in die Nachfolge Jesu, es kommt als vergebendes Wort zu dem geängstigten Geist und dem zerschlagenen Herzen«.[118] Plädoyer für eine mündige Welt, die keine Vor-Münder braucht und in der wir glauben lernen »in der vollen Diesseitigkeit des Lebens«.

»Widerstand und Ergebung« nannte Eberhard Bethge den von ihm 1951 herausgegebenen Band mit Aufzeichnungen und Briefen Bonhoeffers aus der Tegeler Haft. Das Buch erschien in vielen, mehrfach erweiterten Ausgaben. Die jüngste enthält sämtliche Briefe von und an Bonhoeffer, beginnend mit dem 11. April 1943, darunter erstmals seine gesamte Korrespondenz mit dem nahen Freund Eberhard Bethge, ferner alle Aufzeichnungen, Gebete und Gedichte Bonhoeffers aus der Haft. Texte, die man ein theologisches Tagebuch nennen darf, die bis heute viele Debatten ausgelöst haben, etwa über ein religionsloses Christentum, über eine Kirche, die nicht für sich selbst, sondern »für andere« da ist, über das »Teilnehmen am Leiden Gottes im weltlichen Leben«. Letzteres geschrieben am Tag, da bekannt wurde, daß das Attentat auf

Hitler am 21. Juli 1944 gescheitert war. In den erhaltenen Fragmenten für seine »Ethik« (1949 herausgegeben von Eberhard Bethge) beschreibt Bonhoeffer die bereits erwähnte Dialektik von Freiheit und Gehorsam: Theologie wird zur Existenz vor Gott und bewährt sich in der Nachfolge des freien Menschen, der Jesus folgt und der seine Rechtfertigung nicht bloß aus sich selbst erfährt … »Der Mensch der Verantwortung, der zwischen Bindung und Freiheit steht, der als Gebundener in Freiheit zu handeln wagen muß, findet seine Rechtfertigung … allein in dem, der … die Tat von ihm fordert. Der Verantwortliche liefert sich selbst und seine Tat Gott aus.«[119]

Damit ist Bonhoeffer Luther sehr nahe. »Jesus steht vor Gott als der Gehorsame und als der Freie. Als der Gehorsame tut er den Willen des Vaters in blinder Befolgung des ihm befohlenen Gesetzes. Als der Freie bejaht er den Willen aus eigenster Erkenntnis mit offenen Augen und freudigem Herzen, schafft er ihn gleichsam aus sich selbst heraus aufs neue … Der Gehorsam bindet die Freiheit, die Freiheit adelt den Gehorsam. … Gehorsam folgt blind, Freiheit hat offene Augen. Gehorsam handelt ohne zu fragen, Freiheit fragt nach dem Sinn. Gehorsam hat gebundene Hände, Freiheit ist schöpferisch. Im Gehorsam befolgt der Mensch den Dekalog Gottes, in der Freiheit schafft der Mensch neue Dekaloge (Luther).«[120]

Neue Dekaloge! Das wär doch was! Fürs Nach- und Vorausdenken anläßlich des Reformationsgedenkens nach 500 Jahren verschlungener Wege, schwerer Irrtümer, folgenreicher Mißbräuche und standhafter Bewährung des Glaubens.

Was Verbindlichkeit im Glauben und aus Glauben bedeutet, es kann durchaus zur existentiellen Zerreißprobe werden, wenn man das Wort, das man sagt, ernst meint und also ernst nimmt. Dietrich Bonhoeffer hat sich dem gestellt und ist dafür noch im April 1945 gehängt worden – auf Geheiß eines Richters, der bis zur letzten Regime-Stunde dem verheerenden Geist des Gehorsams treu blieb.

Zusammen mit vielen anderen kann ich mir meine christliche Existenz in der Freiheit und Bindung des Glaubens und mein theologisches Denken in fröhlicher Erdung ohne Dietrich Bonhoeffer nicht denken.

Das Lutherjahr 1983, die SED und die Friedensbewegung

Im März 1978 wurde vom Politbüro des ZK der SED beschlossen, 1983 eine staatliche Luther-Ehrung durchzuführen. Eine Gruppe von Historikern der Akademie der Wissenschaften und mehrerer Universitäten der DDR sollte eine wissenschaftliche Konzeption – die späteren Thesen – und ein umfassendes Programm ausarbeiten. Schon in den ersten Entwürfen der Thesen werden neue Akzente gegenüber einer bis dahin eher tendenziösen, auch polemischen Sicht auf Luther, das Wesen und die Bedeutung der Reformation deutlich. Diese gehöre »zu den fortschrittlichen Traditionen des deutschen Volkes, die ... das Ringen der Arbeiterklasse und ihrer Verbündeten um die Gestaltung einer neuen, der sozialistischen Gesellschaftsordnung, zutiefst beeinflußt haben und in der DDR zur vollen Entfaltung gekommen sind«. Die dann 1981 publizierten zwölf offiziellen »Thesen über Martin Luther« offenbaren eine schrittweise Öffnung hin zu bedeutenden geistigen, gar theologischen deutschen Traditionen weit vor dem streng materialistischen Kodex der Geschichts- und Gesellschaftswissenschaften. Auch Leben und Wirken Bismarcks und Friedrich des Großen erschienen seit Beginn der 1980er Jahre in einem neuen Licht.

In der DDR wurde ein staatsoffizielles »marxistisches Lutherbild« herausgearbeitet und propagiert. Es hatte seine Grundlage in der Konzeption der »frühbürgerlichen Revolution in Deutschland«, die im Gefolge der zunehmenden Absage der DDR an eine einheitliche deutsche Nation seit den 1970er Jahren »deutsche frühbürgerliche Revolution« genannt wurde.

Die Wurzeln fand man in den Aussagen von Marx und Engels, Karl Kautsky und Franz Mehring. Nach dem Zweiten Weltkrieg war die Auseinandersetzung mit der Reformation zunächst primär Teil der »Misere-Diskussion«, die versuchte, bei ihrer Suche nach den Ursachen der nationalsozialistischen Barbarei weit in die deutsche Geschichte, eben auch bis zu Martin Luther, zurückzugehen. Eine Diskussion innerhalb der sowjetischen Historiographie nach dem 20. Parteitag der KPdSU 1956 um das Wesen von Reformation und Bauernkrieg in Deutschland bewog auch die marxistischen Historiker der DDR, sich dem Problem systematisch zu stellen. Auf einer Historikertagung 1960 in Wernigerode stellte Max Steinmetz von der Karl-Marx-Universität Leipzig 34 Thesen zum Thema »Die frühbürgerliche Revolution in Deutschland (1476–1535)« vor. Daran schloss sich eine intensive Diskussion an, die angesichts der Jubiläen 1967 (450. Jahrestag des Beginns der Reformation), 1975 (450. Jahrestag des Bauernkriegs) und 1983 (500. Geburtstag Martin Luthers) intensiviert und spezifiziert wurde, zunehmend unter Integration von Erkenntnissen aus der kirchengeschichtlichen Forschung und im Dialog mit dieser. Grundlage bezüglich Martin Luthers waren die 1981 in dem SED-Organ »Einheit« veröffentlichten »Thesen über Martin Luther«[121], an denen Gerhard Brendler wesentlich beteiligt war. Seine 1983 erschienene Lutherbiographie popularisierte dieses Lutherbild im In- und Ausland. Hier wurden alle Reste der alten Auffassung getilgt, Luther sei bis zum Bauernkrieg 1524/25 eine »progressive« und danach eine »reaktionäre« Persönlichkeit, ein »Fürstenknecht« gewesen. Auch wurde nun Luthers Theologie als eigenständige Denkleistung jenseits aller zeitgenössischen und späteren Vereinnahmungen gewürdigt.

Mit der Integration Thomas Müntzers in dieses neue Gesamtbild anläßlich seines 500. Geburtstages 1989 sollte das Bild abgerundet werden. Die auch in der Forschung umstrittene Sicht auf Müntzer als Theologen ließ sich jedoch schwer öffentlichkeitswirksam umsetzen, und mit der Auflösung der DDR brachen die bisherigen Geschichtsdebatten ab.

Selbstredend verleugnete die unerwartete Aufgeschlossenheit

ihren staatlichen Einfluß nicht: die SED wollte Luther für sich beanspruchen, weil schließlich all seine Wirkungsorte auf dem Gebiet der DDR lagen. Neben der nationalen Erbepflege sollte die weltpolitische Bedeutung Luthers ins Blickfeld gehoben und damit die globale Wirkkraft der DDR selbst betont werden. Die Pflege der Luther-Gedenkstätten sei Ausdruck für die Achtung jener »geistigen Eigenart« der »kulturellen und ethischen Werte«, die mit der Reformation verbunden waren. Freilich wurden die ideologischen Haltegurte nicht aufgegeben: Die Reformation wurde in die Klassenkampf-Doktrin eingeordnet, soviel Zurechtbiegungsartistik das auch kostete. Besonders hob man Luthers Übersetzung des Neuen Testaments auf der Wartburg hervor – dieser Akt ganz aus Liebe zur Volkssprache galt fortan als plebejisches Bekenntnis, und die SED distanzierte sich damit faktisch, wenn auch nicht expressis verbis von der generellen Aburteilung Luthers als Fürstenknecht, die seit den achtziger Jahren differenzierter wurde. Religionspolitisch war die Hinwendung zu Luther durchaus mit einem Händereichen der SED verbunden: Die Partei gestand den Kirchen zu, der Verpflichtung zur Nächstenliebe in der Diakonie weiter nachzukommen, und akzeptiert wurde der aktive Drang der Kirchen, sich im Kampf um die Erhaltung des Friedens zu engagieren und sich für friedensstabilisierende Maßnahmen, für Entspannung und effektive Abrüstung einzusetzen. Das waren neue, belebende Akzente der DDR-Innenpolitik in der Schlußphase des Systems, gleichsam Punktsetzungen gegen die bisher bestehende, mit vielen Momenten der Unversöhnlichkeit verbundene Starrheit. Die Partei- und Staatsführung, so hieß es, sei »stets offen für die humanitären Anliegen der christlichen Kirchen«, sie hätte »immer Sorge getragen für eine Zusammenarbeit in diesem Geiste«.[122] Bis dahin undenkbar war eine ausdrückliche Würdigung des evangelischen Pfarrhauses als Institution. Pfarrhäuser hätten sich »als Pflegestätte von Bildung und Kultur« erwiesen.

Wie gesagt: Die SED öffnete sich einer neuen Sichtweise nicht ohne propagandistischen Eigennutz. Sie gestand christlichen

Menschen in neuer Toleranzbreite zu, in lutherischem Sinne zu leben, aber gleichzeitig wurde klargestellt: Das progressive Erbe Luthers wird in einer Nationalkultur bewahrt, die nicht schlechthin deutsch ist, sondern sozialistisch. Luther habe sich gegen Buchstabengelehrsamkeit einer erstarrten Orthodoxie gewandt. Und: Er habe mit der Betonung der inneren Religiosität gegenüber dem Buchstabenglauben bedeutenden Forderungen der Aufklärung nach Toleranz und Gewissensfreiheit den Weg bereitet.[123]

Das seien zweifelsfrei geistige Vorarbeiten für einen Freiheits- und Gerechtigkeitsbegriff, wie er sich im sozial grundierten System der marxistischen Weltanschauung vollende.

Vor allem mit der Beschwörung der Gewissensfreiheit habe sich eine »wichtige, mit dem Luthertum verbundene und im Wesentlichen aus diesem hervorgegangene geistige Strömung aus den starren Bindungen an die Obrigkeiten« gelöst, damit habe man sich den »Bedürfnissen der weiteren Aufwärtsentwicklung« geöffnet; Aufklärung schließlich habe diesen Prozeß im 18. Jahrhundert »vorangebracht«.

Marxistische Wissenschaftler nahmen sich auch der Wirkungsgeschichte der Reformation an. Literarisch sei die Forderung nach Toleranz – von Luther als einem Vorboten der Aufklärung erhoben – am wirkungsvollsten von Lessing gestaltet worden, im dramatischen Gedicht »Nathan der Weise«, insbesondere in der Ringparabel. Das im deutschen Kulturleben weiterwirkende Erbe der Reformation – mit stets erneuerter Rückbesinnung auf Luther – habe die Französische Revolution beeinflußt, und auch das lutherische Denken sei Nährboden für die Literatur und Philosophie der Klassik geworden. Das aufsteigende Bürgertum habe Luther weitgehend unabhängig von konfessioneller Polemik als Schrittmacher der Geistesfreiheit rezipiert, Herder habe sich mit seinen »Briefen zu Beförderung der Humanität« ein Denkmal gesetzt, und überhaupt sei Luther unter die großen Vorbilder des großen humanistischen Geistes einzureihen: Goethe, Schiller und nicht zuletzt Heinrich Heine.

Marx und Engels hatten in Reformation und Bauernaufstand die erste Entscheidungsschlacht des europäischen Bürgertums gegen den »Feudalismus« gesehen. Ein günstiger Fingerzeig für die SED: Luther wurde als ein Exponent der ersten frühbürgerlichen Revolution gekennzeichnet und »als historische Persönlichkeit begriffen, die im Rahmen der Erkenntnisse und Handlungsmöglichkeiten ihrer Zeit (wohlgemerkt: ihrer Zeit!) und ihrer Klasse wesentlich dazu beitrug, den Fortschritt durchzusetzen«. Die DDR-Wissenschaftler blieben bei den Grundsätzen des marxistischen Geschichtsschemas: Da war die klassenmäßige Begrenztheit Luthers, da war der reaktionäre Mißbrauch seines Erbes, da war die unheilige Allianz von Thron und Altar. Die Arbeiterbewegung habe »Luther weder heroisiert noch mißachtet, sondern seinen Platz in der Vielfalt der progressiven und revolutionären Bewegungen der deutschen Geschichte gewürdigt«.

In einer Publikation von 1978 war Brendler viel weiter vorgeprescht als in den Thesen. Er betrachtete Luthers Wirken nach 1525 unter völlig neuen Akzenten: Nachdem die revolutionären Schlachten geschlagen waren (Bauernkrieg), galt es, die wesentlichen Ergebnisse der Reformation nun auf partiell neugestalteter gesellschaftlicher Grundlage (Ausbau der Fürstenherrschaft) zu sichern und auszubauen.

Das 38seitige Thesenpapier enthält sich weitgehend der bis dato üblichen Polemik gegen Luther und gegen die Kirchen, die sich nur immer den jeweiligen Obrigkeiten ideologisch und praktisch angedient und unterworfen hätten. Es muß als Durchbruch in den Geschichtswissenschaften der DDR gekennzeichnet werden, was anhand von Luther geschah: Historie wurde aus dem Radius der jeweils handelnden Gestalten heraus betrachtet, deren Erkenntnis- und Handlungsmöglichkeiten wurden ernst genommen, statt alles Geschehen vom heutigen Standpunkt aus zu deuten und es in den Legitimationsrahmen für die eigene Machtpraxis zu pressen.

Stets galt in bezug auf die Bauernkriegszeit nicht Martin Luther, sondern Thomas Müntzer als Säulenheiliger der SED. Ironie der Geschichte: 1989, im Jahr des 500. Geburtstages von Thomas Müntzer, müntzerte es keineswegs in der gesamten DDR, nein, es ging lutherisch&gewaltlos zu – ganz so, wie es sich der Reformator als Handlungsethos für Christen vorgestellt hatte: der Obrigkeit die Wahrheit ins Gesicht sagen, aber nicht mit dem Schwert gegen sie antreten! Getreu dem Grundsatz: Sine vi, sed verbo! Freilich wäre es an der Zeit, Müntzer und Karlstadt kirchlicherseits Gerechtigkeit widerfahren zu lassen und ihre jahrhundertelang verteufelten »Mitbegründer« in ihren Anliegen zu würdigen. In kirchengeschichtlicher Forschung geschieht das längst.

Anfang jener achtziger Jahre habe ich mich allerdings gefragt: Hatte die SED vergessen, daß das Jahr 1983 auch als Gedenkjahr für den 100. Todestag von Karl Marx gefeiert werden müßte? Die SED schien so fixiert darauf zu sein, auf internationalem Boden als Hüterin international bedeutsamen kulturell-geistigen Erbes anerkannt zu werden, daß sie Luther vor Marx stellte. Vorbereitungen für das Marx-Jahr wurden erst 1982 nachgereicht, nachdem sich viele Genossen aus der SED darüber beschwert und verwundert die Augen gerieben hatten: den Fürstenknecht und Verbündeten der Reaktion Luther nun plötzlich so aufwendig ehren? Sie verstanden die Welt nicht mehr – mit dieser merkwürdigen Konkurrenz zwischen Marx- und Lutherjahr.

Die SED-Führung gestattete zudem die Vorbereitung und Durchführung von insgesamt sieben regionalen DDR-Kirchentagen, die aufmüpfigem lutherischem Geist ein Forum boten. In Wittenberg kam es zur »Hammeraktion«, die in keinem offiziellen Programm vermerkt war. Am glühenden Feuer wurde ein Schwert zu einer Pflugschar umgeschmiedet, erinnernd an den Propheten Micha, 4,3: »Sie werden ihre Schwerter zu Pflugscharen und ihre Spieße zu Winzermessern umschmieden, und es wird kein Volk mehr wider das andere Krieg führen.« Dazu muß man sich erinnern: Wer den Aufnäher »Schwerter zu Pflugscharen« ab 1982 öffentlich trug, wurde diskriminiert, zugeführt oder relegiert. Der Umschmiedeakt konnte indes nur stattfinden, weil wir uns als listiger erwiesen, als die Diener von »Horch und Guck« vermuteten. Und: Niemand verriet uns. Zudem war aufgrund eines protokollarischen Termins der designierte Bundespräsident Richard von Weizsäcker ganz in der Nähe.

Die Dokumentensammlung der Kirchentage mit dem Titel »Vertrauen wagen« (1984) enthielt keinen Hinweis auf die nach dem Ende der DDR 1989 einzig in der Öffentlichkeit für erwähnenswert gehaltene Umschmiedeaktion.

Ich war ohnehin bereits vor dieser Aktion eine Persona non grata: In den Studientexten »Mit Luther im Gespräch« (Berlin 1983) wurde mit keinem Wort erwähnt, daß ich ein eigenes Kapitel dafür geschrieben hatte.

Die Schlußversammlung mit Schlußgottesdienst auf dem Wittenberger Markt sollte nicht genehmigt werden, weil ich als Prediger dafür vorgesehen war. Wir einigten uns untereinander: Propst Treu wurde als Prediger benannt und den staatlichen Stellen angegeben. Im Schlußgottesdienst sprachen wir den von mir erarbeiteten und in der Gruppe verabschiedeten Text abwechselnd. In dieser Predigt sagten wir:

Treu
Das goldene Wort am Rathausportal sagt: Wenn der Herr nicht die Stadt behütet, so wacht der Wächter umsonst.
Eine Warnung steckt darin und ein Angebot.
Erinnern wir uns: Wie wurde diese Stadt geschützt, damals.
Mit mächtigen Mauern und tiefen Gräben ringsherum.
Auf den Toren und Türmen standen Wächter und wachten Tag und Nacht. Kanonen statt Kreuzen auf diesen Kirchtürmen. Und was nützte dieses Wachen und diese Bewachung?
Schorlemmer
Wie sieht es mit unserem Schutz aus, heute?

Schwenkende Radarflügel,
die tags und nachts den Himmel absuchen.
Geschosse, die in Minutenschnelle die Welt zur Wüste machen.
Aber haben wir Sicherheit durch d i e s e s Wachen und durch
d i e s e Waffen? Womit wir uns schützen, zerstören wir uns auch, uns
und alles.

Treu
So können wir nur hoffen, daß der GOTT DES FRIEDENS uns und
unsrer Häuser, unsere Länder und unsere Welt behütet.
Wir können nur bitten, daß wir selbst zu entschiedenen MENSCHEN
DES FRIEDENS werden, die helfen, daß über Grenzen hinweg Hände
sich öffnen und nicht Fäuste sich ballen.
Wir können nur das Unsere dazu tun, daß der Bogen nicht weiter ge-
spannt, sondern ENTSPANNUNG weitergeht.

Schorlemmer
Schauen wir uns hier um: um dieser schönen Stadt, um dieser vielen
Menschen, um der Kinder willen können wir nicht anders, als uns zu
wehren, unermüdlich, gegen alle neuen besternten Raketen über un-
serem bestirnten Himmel.
Sie können unser Leben nicht schützen, nur vernichten.
Ihnen können wir unser Leben nicht anvertrauen,
weil sie Furcht und nicht Vertrauen schaffen.
Wir vertrauen uns dem Mann mit den ausgebreiteten Armen und den
durchbohrten Händen an. Er ist die Stimme unbewaffneten Friedens
unter uns.
Wir brauchen, wir dürfen nicht stumm werden.

Gesprochen einen Tag nach dem »Friedensleuchtfeuer« im Lu-
therhof.

In der Langzeit-Erinnerung blieb neben dem Erlebnis des Um-
schmiedens mit dem Kunstschmied Stefan Nau das während des
Hämmerns gemeinsam gesungene Lied von Dieter Trautwein aus
Frankfurt am Main:

Abschlußgottesdienst des Wittenberger Kirchentages am 25. September 1983 auf dem Marktplatz, Foto: Hans-Joachim Herrmann

Ein jeder braucht sein Brot, sein' Wein,
Und Friede ohne Furcht soll sein.
Pflugscharen schmelzt aus Gewehren und Kanonen,
daß wir in Frieden beisammen wohnen.

Wir hatten auch einen fiktiven Dialog mit Luther geführt. Die junge Krankenschwester Karin Schumann aus unserem Gesprächskreis saß auf einer Leiter, die die Köpfe der Menschen überragte, und fragte über Lautsprecher Luther und Melanchthon. Beide antworteten mit tiefer Baßstimme aus dem nirgendwo, unvergeßlich für alle, die dabei waren.[124]

Im übrigen war diese symbolische Aktion nicht gegen den DDR-Staat im besonderen gerichtet, sondern zugleich gegen *alle*, die die weitere (atomare) Aufrüstung vorantrieben und die Militarisierung aller Lebensbereiche verstärkten. Wir traten offen und öffentlich der SED-Parole entgegen, die da hieß: »Frieden schaffen gegen NATO-Waffen«. Wir standen auf für eine offene Gesellschaft – gegen eine Militarisierung des Denkens, der Wälder und des Himmels. Die Friedensbewegung war grenzüberschreitend geworden. Globalisierung der Gegenwehr! Zahlreiche kirchliche Basisgruppen handelten in den folgenden Jahren ganz nach der Devise von Luthers Namensvetter aus den USA, Martin Luther King: sich »der Gewalt in Tat, Sprache und Gedanken«, also der Hand, der Zunge, des Kopfes«, zu enthalten – und doch zugleich unerschrocken das jeweils Nötige und Fällige zu sagen.

Vieles kam 1983 in Bewegung.

Nicht nur symbolische Bedeutung im »Lutherjahr« hatte auch die völlig neu konzipierte Ausstellung in der »Staatlichen Lutherhalle«, dem größten reformationsgeschichtlichen Museum der Welt, wie immer wieder hervorgehoben wurde. Luther wurde aus seiner Zeit heraus verstanden, und in den Mittelpunkt rückte der Theologe und christliche Reformator. Oder war solche freundliche Umarmung Luthers nur eine neue Finte für seine Vereinnahmung? Die Konzeption stammte von Elfriede Starke. Sie wurde erarbeitet auf der Grundlage und unter ständiger Mitwirkung von marxistischen Historikern (Gerhard Brendler, Siegfried Hoyer, Günter Vogler) und Kirchenhistorikern (vor allem Helmar Junghans und Joachim Rogge). Organisatorisches Hauptgremium war der Lutherhallenbeirat, in dem paritätisch Vertreter des Staates und der Kirchen saßen.

Ein didaktisches Grundprinzip der Wittenberger Ausstellung war, die Protagonisten mit Zitaten zu Worte kommen zu lassen und wertende Texte, darunter ideologische Beurteilungen, auf ein Minimum zu beschränken. Von (negativ) wertenden Erläuterungen sah man erstmals ab. Es fiel dann niemandem auf, daß der Begriff »frühbürgerliche Revolution« nicht auftauchte. Das Lutherzitat »Der Satan zu Allstedt« stand nur im Katalog, aus der Müntzervitrine hatte man es entfernt.

Ein fünfteiliger Film, gedreht für das DDR-Fernsehen unter der Regie von Kurt Veth mit Ulrich Thein als Luther, fand großes Interesse, da darin das bisherige Urteil über Luther korrigiert und ergänzt wurde.

Der Reclam-Verlag Leipzig brachte ein Faksimile der Lutherbibel von 1534 heraus, zusammen mit einem Begleitheft, das auch einen Essay von Franz Fühmann enthielt, geschrieben mit Ehrfurcht und Kritik, mit literarischer Tiefe und in verständlicher Sprache. Aus meiner Sicht ist »Meine Bibel; Erfahrungen« der beste Verstehens-Schlüssel für die Bibel, der uns aus dem 20. Jahrhundert an die Hand gegeben wurde.

Franz Fühmann berichtet, wie er als Junge die frommen Legenden gehört hatte, die ihm seine Mutter erzählte, »Legenden, die Ur-Vertrautes sagten, das mit dem Wahren zusammenfiel: Geborgensein in Sinn und Ordnung, Gerechtigkeit von Lohn und Strafe, das Vernünftig-Schöne des Guten und die Abscheulichkeit des Bösen, das immer von irgendwo außen kam. – In diesen Legenden fand ich mein Dasein bestätigt; ich war mit ihnen aufgewachsen, sie flossen mit meiner Erfahrung zusammen, und sie bauten, Welt spiegelnd, mein Bild der Welt mit: das eines herzensfrommen Kindes.«[125]

Satz für Satz werden die poetische und politische, die psychologische und ethische, die geistesgeschichtliche und gleichnishafte Rede der Bibel von Fühmann auf eine Weise benannt, daß man sich selbst in biblische Figuren so hineinversetzen kann, daß man sich identifiziert – also auch verborgene Seiten an sich selbst entdeckt, erfreuliche und erschütternde.

Fühmann lehrte, die Bibel existentiell zu verstehen. Wer dies liest, spürt: Tua res agitur. Deine Sache, dein Leben, deine Fragen, deine Ängste, deine Hoffnungen kommen zur Sprache. Fühmann schreibt: »Ich würde in der Grube liegen wie Joseph, mit dem Engel ringen wie Jakob, gleich dem Sklaven vom Fronvogt geschlagen werden, den geschlagenen Sklaven rächen wie Moses, und so einst vor Ruth: jener junge Mann, von dem ich erst viel später entdeckte, daß er gar nicht Boas war. … Es waren, die mich dergestalt bannten, die Bücher des Alten Testamentes; die Evangelien überstiegen mein Dasein. Ihre Bilder sah ich in stummer Ehrfurcht: Die Gestalt, die statt des Heiligenscheins den Glanz der lebendigen Sonne ums Haupt trug, war nicht mehr das liebe Jesulein, mit dem zu spielen man sich vorstellen konnte; sie verwehrte jede Identifikation. – Der Herr. – Er war nah, und doch gänzlich im Unnahbaren; zu seinem Bild die Augen aufzuschlagen war das Äußerste, was mir mein Frommsein erlaubte, und doch waren gerade diese Bilder so prall von Alltag wie keine andern, und manche bedrängten mich über die Maßen, etwa die Vertreibung der Wucherer aus dem Tempel, oder die Erweckung des toten Mädchens, oder das Schreiben in den Sand. Ich spürte unruhig, daß sie mich betrafen, allein auch um die herausforderndsten lag still jene sonnenhafte Aura, die mich nicht zu nahe treten ließ.«[126]

Mit der Veröffentlichung der Bibel in der Fassung von 1534 und den erklärenden Essays war in der atheistischen DDR ein würdiger Beitrag zum Lutherjahr geleistet worden.

Es ist im übrigen daran zu erinnern, daß Erich Honecker seit 1983 nicht mehr nur die Pershing II als »Teufelszeug« bezeichnete und deren Stationierung in Europa als »Selbstmord«, sondern das »Teufelszeug« auch nicht auf dem Gebiet der DDR wollte. Man muß diesem Saarländer zugestehen, daß er sich seit 1983 gegen die Verhärtung der Ost-West-Beziehungen wandte. 1983 traf er sich auch mit Hans-Jochen Vogel, und F. J. Strauß kam just in diesem Jahr in seinem Privatflugzeug angeflogen. Warum er der klammen DDR einen Milliardenkredit verschaffte, ist bis heute strittig. Wollte er die DDR in Wirklichkeit stabilisieren, um eine kostspielige Übernahme zu vermeiden?

Das Lutherjahr 1983 ist als Friedensbewegungsjahr in Erinnerung geblieben. Die Synode der Magdeburger Kirche hatte bereits im November 1981 in Halle einen Text zur Friedensfrage formuliert, verabschiedet und veröffentlicht, der sich deutlich gegen die Militarisierung aller Lebensbereiche aussprach und sich hinter die Idee eines »Sozialen Friedensdienstes« (SOFD) statt des Wehrdienstes gestellt hatte. Darin hieß es: »Wir müssen aber unsere

Das 1974 errichtete Panzerdenkmal neben der Schloßkirche in Wittenberg. Kampfgruppen, Sowjetarmee und Wittenberger Bürger erinnern am 8. Mai 1985 an den »Tag der Befreiung«. Foto: Achim Kuhn

Besorgnis darüber aussprechen, daß das Militärische im wachsenden Maße unser ganzes gesellschaftliches Leben durchdringt: von Militärparaden bis zum Kindergarten, von gesperrten Wäldern bis zu den Kriterien bei der Zulassung zu Ausbildungswegen, vom Kriegsspielzeug der Kinder bis zu den Übungen der Zivilverteidigung. Das alles dient nicht der wirklichen Sicherheit und Zukunft unseres Lebens; dadurch wird einerseits Angst erzeugt, andererseits aber an den möglichen Krieg gewöhnt; dadurch wird vielleicht Disziplinierung erreicht, nicht aber zu einer kreativen Gestaltung des Friedens befähigt.«[127]

Im Staats- und Parteiapparat gab es heftigen Streit über den weiteren Umgang mit einer Kirche, die es so offen gewagt hatte, der Militarisierung zu widersprechen, und forderte, Friede mit Mitteln des Friedens zu erreichen. Manche Öffnung des Jahres 1983 wurde wieder zurückgenommen. So konnte 1984 zum Beispiel die Kölner Rockgruppe BAP nicht einreisen, obwohl deren Einreise schon genehmigt war. Warum? Weil die Zensurgenossen zu spät entdeckt hatten, daß einer der Titel zu pazifistisch war und sich auf die Wittenberger Schmiedeaktion direkt bezogen hatte. In kölschem Dialekt war dies offenbar den Funktionären einfach durchgerutscht:

> *Und noch was, falls es nicht schon ohnehin bekannt,*
> *Das an die Clique, die sich »Volksvertreter« nennt:*
> *Uns bekommt ihr vor keinen offiziellen Karren gespannt,*
> *Hier, wo was anderes unter unsern Nägeln brennt.*
>
> *Denn wir haben Freunde hier, die haben keine weiße Taube auf*
> *   blauem Grund,*
> *Die haben 'nen Schmied, der macht ein Schwert zu 'nem Pflug,*
> *'ne SS-20 zu 'nem Traktor und 'ne Pershing zu 'ner Lok,*
> *Die haben vom Rüstungsschwachsinn so wie wir genug,*
>
> > *Das sind Pazifisten ohne Wenn und Aber,*
> > *Ohne Hintertür, die sagen: »Nein!«,*
> > *Die haben wie wir die Nase voll von dem Gelaber –*
> > *Ganz besonders für unsere Freunde spielen wir hier.*

(Udo Lindenberg sang indes im Palast der Republik und ließ es sich nicht nehmen, auch die SS-20 und den ganzen Rüstungsscheiß in seiner ganz eigenen Art aufs Korn zu nehmen.)

2017 müßte viel deutlicher wieder NEIN gesagt werden zur neuen Aufrüstungsspirale mit hochgefährlichen neuen Waffen, die im Konfliktfall eine unsteuerbare Eskalation verursachen würden.

Luther war sehr lebensklug und schärfte ein: »Du darfst nicht denken, daß dir der Friede nachlaufen wird; im Gegenteil: Zorn, Unfriede und Rache (werden dir nachlaufen), so daß du Böses mit Bösem zu vergelten bewegt wirst. Aber kehre dies Blatt um: suche du selbst Frieden; leide und tue, was du kannst. Du mußt dir selbst wehe tun, mußt ihm folgen und nachlaufen.«

Walter Jens (1923–2013)

Gibt es noch jemanden, der Luthers sprachliche Leistungen samt seinen gelegentlich verstörenden Entgleisungen so präzise und klug in den Kontext von Biographie und Zeit gestellt hat wie Walter Jens? In bestechender Weise arbeitete der Tübinger Rhetorikprofessor, ein profunder Gräzist und Germanist, am Beispiel Luthers heraus, wie jemand in einer Zeit verwurzelt ist und sich zugleich hinaushebt über sie, wie jemand sein Denken am Zeitgeist schärft und denkend den Geist der Zeiten erweitert.

Zum vielgefeierten und vieldiskutierten 500. Geburtsjahr Luthers im Jahre 1983 hielt Jens – kreuz und quer durch Westdeutschland reisend – einen Aufmerksamkeit erregenden Vortrag mit dem Titel »Luther als Prediger, Polemiker, Poet«. Ein Freund hatte mir einen Sonderdruck dieses Textes in die DDR geschmuggelt. Ich war fasziniert. So lebendig und aufwühlend, so anrührend und expressiv, so lobreich und kritisch, so wissenschaftskühl und poesievoll hatte wohl bislang noch niemand über Luther gesprochen.

Ich lud Walter Jens »persönlich« nach Wittenberg ein. Mit seiner Frau Inge kam er 1984 tatsächlich in die DDR, zu uns an die Hauptwirkungsstätte Luthers. Leider mußte ich ihm eröffnen, daß für ihn keine Redegenehmigung vorlag. Die habe nur für Greifswald gegolten, wo er tags zuvor seinen Vortrag in der Universität gehalten hatte. Natürlich war Jens enttäuscht, er brauste auf, irgendwelche Ersatzlösungen und halbherzige Varianten, das Verbot zu umgehen, lehnte er umgehend ab. Ein Mann der Direktheit, ein Geist des Geradeaus, auch ohne Rücksicht auf Verluste. Letztlich konnte ich ihn aber doch beruhigen und ihm überzeugend eröffnen, mit welcher List ich diesen Abend zu gestalten gedachte: »Herr Professor Jens, im Rahmen unseres Gesprächskreises, in dem es um Martin Luther gehen soll, werde ich Ihnen eine Frage stellen. Und Sie antworten. Wie lang diese Antwort ausfallen wird – wer mag das im voraus wissen …« Während des besagten Gespräches im Predigerseminar – gegenüber dem Lutherhaus in Wittenberg – bat ich ihn also bald zu Beginn, einige Gedanken und Positionen in die Diskussion einzubringen und uns etwas zu sagen über Luther als Poet, Polemiker und Prediger. Er meinte, das könne er nicht kurz darstellen, das müsse differenziert vorgetragen werden, und er holte sein Manuskript aus der Brusttasche.

So sprach Walter Jens 1984 auch in Wittenberg – ohne eine damals erforderliche Genehmigung der staatlichen Stellen. Er ließ vor uns einen zupackenden, vielbegabten, kraft- und humorvollen Menschen Luther erstehen – als Tischredner wie als Briefeschreiber, als Kirchenreformer wie als Sänger, als Disputanten wie als Fabeldichter, als heftig Schimpfenden wie als intellektuell Brillierenden, als Wortgläubigen und auch als störrischen Wortklauber. Jens stellte ihn uns als jemanden dar, den es vor Wut oder Freude bisweilen einfach hingerissen habe: »… aus Schimpfworten werden Schimpfwortreihen, aus Schimpfwortreihen Schimpfwortabsätze, die Invektiven überschlagen sich, Deutsch schwappt ins Lateinische über, Lateinisches in ein verballhorntes Italienisch-Französisch …«[128]

Gegen Roms Papsttum habe Luther gewettert, über hundert Druckseiten hinweg. Das sei eine einzige Eruption von Schimpfbrocken, Unflatgeschossen und Kotbatzen gewesen.

1985 kam Walter Jens offiziell auf Einladung von Propst Hans Treu nach Wittenberg und bot den PfarrerInnen der Propstei und den VikarInnen des Predigerseminars eine Homiletikvorlesung, das heißt eine Kunst-der-Predigt-Vorlesung, die mir für meine gesamte Arbeit als Dozent am Predigerseminar grundlegend, wegweisend wurde. Luther-Lektüre kennzeichnete er als fordernde Arbeit an einer eigenen Position, Luther ermächtige geradezu zu subjektiver Deutung der eigenen Stellung in Welt und Zeit. Der Prediger nicht als Historiker, nicht lediglich als Nachforscher und

Popularisator des Überlieferten, sondern als Entdecker von Gegenwart in jedem Bibelabschnitt. Das zu uns gekommene Wort und die eigene Ansicht als Paarung, die weiterführendes Denken auslöst. Gewissermaßen die Dreieinigkeit: *So* sagt der Text, *so* sage ich – und was sagt *ihr Hörer* dazu?

Jens ermutigte zum Ich-Sagen bei der Verkündigung, statt distanziert nur eine feststehende, gar autoritative theologische Lehre in dogmatischer Richtigkeit zu verkünden.

Zehn Jahre später – im Jahre 1994 – kam Walter Jens in der Themenreihe »Luther lesen« noch einmal in der Lutherstadt zu Wort. Er ließ keinen Zweifel daran, daß Luther eine Ausnahmepersönlichkeit war, und er fragte, ob jemals ein einzelner, und heiße er Thomas von Aquin, Galilei oder Marx, mit dem Mittel der magistralen Sprache derart viel erreicht habe. »Luther war ein Mann, dessen Stimme bis Rom und Madrid drang und der doch zur gleichen Zeit in Wittenberg – gelegentlich, nicht immer! – vor halbleeren Bänken predigen mußte: vor sich die Dösenden (›sie gehen so klug hinaus als hinein, schlafen und schnarchen in der Kirche‹), vor sich junges, unverständiges Volk, dazu aufsässige Burschen und Diebsgesindel – alles in allem eine höchst gemischte Gesellschaft (›Die sind zu kühn, jene zu blöde, die zu klug, die zu närrisch‹) … eine Gesellschaft, die selbst einem Luther die Grenzen seiner Wortkunst aufzeigte: Perlen vor die Säue zu werfen, hieße es, hat er gesagt, den ›Rohen und Frechen‹ zu predigen, die man mit den zehn Geboten und dem Sachsenspiegel treiben müsse wie Vieh und Hund!« In Rom sei er gefürchtet und in Wittenberg – auch wenn hier und da »ein großer Haufe« gekommen sei – als Prediger eher erfolglos.«[129]

Walter Jens hat in seinem Luther-Vortrag Theologie aus dem Korsett bloßer historisch-kritischer, Texte minutiös und scholastisch zerlegender Exegese herausgeführt und interpretatorisches Denken in den Bereich des Schriftstellerischen gebracht. Er hat damit jedem Prediger geholfen, einen biblischen Text nicht historisierend zu nehmen, sondern existentiell, nicht nur als immergültige Antwort aus der Vergangenheit, sondern vornehmlich als Frage an die Gegenwart. Die Evangelisten sind keine »Historiker«, sondern eher Erzähler. Also sind biblische Texte auch »germanistisch« zu interpretieren und literarisch zu lesen. Im Grunde sprechen die biblischen Texte für sich selbst. Der Text ist stets mehr als seine auch jeweils zeitgebundene Interpretation.

»Kein deutscher Schriftsteller hat es so wie Luther verstanden, ein Maximum von Seelen-Erforschung, Ich-Analyse, Gemüts- und Affekt-Beschreibung mit einem Höchstmaß an Welt-Erfahrung, dem Einbringen von Alltag, Realität und konkretem Leben zu vereinen. Luther, der Schriftsteller: Das ist zugleich der unermüdliche Ich-Erzähler, der, wenn er David, Jesaja, den Psalmisten, Paulus (und, natürlich, den Teufel) auftreten läßt, von sich selbst, den eigenen Anfechtungen, dem eigenen Pfahl im Fleisch spricht, *und* es ist auch der wortgewaltige Verfasser einer comédie humaine des 16. Jahrhunderts.«[130]

Jens hat öfter – an der Sprachkraft Luthers verzweifelnd – eigene Übersetzungen der Bibel vorgelegt, so etwa 1972 die Übersetzung des Matthäus-Evangeliums unter dem Titel »Am Anfang der Stall – am Ende der Galgen«, ganz aus dem Gedankenaustausch mit Ernst Bloch in Tübingen kommend. Mehrere Jahre brauchte Jens, um für sein Übertragungswerk Selbstvertrauen zu speichern. Zeit benötigte er, damit aus Demut eine wahre Anverwandlung werden und ein Adressat für sein mitschöpferisches Nachempfinden des Lutherschen Geistes gefunden werden konnte. Auf die Frage, an wen er bei der Übersetzung gedacht habe, hatte er geantwortet: »An die Jungen Gemeinden in der DDR«.

Auch den Gebildeten unter den Verächtern sollte das Evangelium hörbar werden können. Jens nahm sich die Sprachkraft Luthers und die Genauigkeit des Altphilologen zum Maßstab.

Auf mein mehrfaches dringliches Bitten hin nahm er sich doch noch des Römerbriefes an. Und schlug immer wieder bei Luther nach, ließ wiederholt eigene Versuche wieder in der Schublade verschwinden.

Jens kannte das Wagnis dieses Übersetzungsversuches. Seine Selbstzweifel lehrten ihn Demut und bestärkten ihn in seiner Hoch-Achtung vor der Sprach-Genialität des Bergmannssohnes aus Eisleben.

Walter Kardinal Kasper (geb. 1933)

Der vormalige Bischof der Diözese Rottenburg-Stuttgart war von 2001 bis 2010 Präsident des Päpstlichen Rates zur Förderung der Einheit der Christen. Er steht in der Phalanx katholischer Theologen, die von dem redlichen Bemühen bestimmt sind, Luther vorurteilsfrei zu verstehen, überlebte Konfrontation und Polemik hinter sich zu lassen und das Werk des Reformators heute auch als Impuls für die Einheit der getrennten Christenheit zu begreifen.

2016 hat Kasper das Büchlein »Martin Luther. Eine ökumenische Perspektive« vorgelegt. Er gehört zu denen, die inständig darauf hoffen, das Gedenken an 500 Jahre Reformation könne ökumenisch förderlich sein und aus Zukunftsfrieden eine Friedenszukunft vorantreiben. Dieser frühere Universitätstheologe steht dabei durchaus in der Tradition eines Otto Hermann Pesch oder eines Erwin Iserloh, die stets im »Römischen System« blieben und wirkten, anders als die von Rom verjagten oder abservierten Theologen wie Hans Küng, Hubertus Halbfas, Eugen Drewermann, Horst Hermann, Gotthold Hasenhüttl, Leonardo Boff, Ernesto Cardenal …

Kardinal Kasper läßt nirgendwo Zweifel daran aufkommen, daß er ein getreuer Diener seiner Kirche ist. Aber als ein tief im Inneren ökumenisch gesinnter katholischer Priester erklärt er zu Beginn seines Aufsatzes, die berechtigte Erwartung vieler Christen an 2017 dürfe nicht enttäuscht werden. Alle bisherigen Reformationsfeierlichkeiten hätten Luther als den Vorläufer und Wegbereiter der jeweiligen Zeit und deren prägender Stimmung in Anspruch genommen. Gegenwärtig mache man besonders in Deutschland den Versuch, Luther und die Reformation im Kontext der neuzeitlichen Freiheitsgeschichte zu deuten. Das Diktum »Ich kann nicht anders, hier stehe ich, Gott helfe mir« gelte als Ausdruck von Luthers Freiheit und Freimut, seines aufrechten Gangs und des erhobenen Haupts gegenüber kirchlicher sowie politischer Autorität.

Daran, so Kasper, sei viel Richtiges. Daß sich Luther in Worms auf das Gewissen berief, müsse zweifellos als ein wichtiger Schritt in der neuzeitlichen Freiheitsgeschichte bewertet werden, »auch wenn es sich bei ihm nicht um die Berufung auf ein autonomes, sondern auf das im Wort Gottes gefangene Gewissen handelte«.[131]

Das werfe die Frage auf, ob es überhaupt ein autonomes Gewissen gebe, ob nicht das Gewissen nur dann Orientierungs-, Unterscheidungs- und Handlungskraft im Menschen bewirke, wenn es von einer für alle geltenden Autorität, einem im Prinzip für alle geltenden Glaubensgrundsatz oder Weltanschauungsgrundsatz bestimmt werde.

In Jubiläen wie dem der Reformation sieht Kasper eine Anregung, wieder über ein im Glauben geschärftes Gewissen nachzudenken und sich beim Handeln im Konfliktfalle an seiner »inneren Stimme« zu orientieren und dafür diverse Nachteile in Kauf zu nehmen. Luther mache gegenüber Erasmus von Rotterdam »mit aller wünschenswerten Deutlichkeit klar, daß die von ihm proklamierte, durch Gottes Gnade befreite Freiheit des Christenmenschen nicht die optimistische selbstbestimmte Freiheit ist, die der Renaissance-Humanismus grundgelegt hatte und die sich in der neuzeitlichen Freiheitsgeschichte immer mehr durchsetzte«.[132]

Bei Kasper steht die lutherische Position dafür, daß alle theologische Theorie geerdet bleibe und sich der tiefen Ambivalenz des Menschen stelle. Kasper teilt eher Luthers als des Erasmus Position: »*De servo arbitrio* war der reformatorische Fanfarenstoß gegen die optimistische Illusion, der Mensch könne aufgrund seiner Freiheit selbsttätig das Heil erlangen. Damit war, zwar polemisch überspitzt, die alles entscheidende theologische Frage des

Verhältnisses von Theonomie und Autonomie gestellt und zugleich eine klare Grenze zum Humanismus gezogen.«[133]

Kaum jemand hat nach meiner Kenntnis so verdichtet, so tiefgründig und verständlich beschrieben, worum es in diesem Konflikt zwischen Erasmus und Luther ging und inwiefern das in Christus befreite und im Wort Gottes gefangene Gewissen eine Einheit bilden. Man könne fragen, ob am Ende wirklich Luther, der gegen Erasmus vehement für assertorische Aussagen eintrat, oder nicht eher Erasmus, dem Luther halbherzigen Relativismus vorwarf, den Sieg davongetragen habe. »*Spiritus sanctus non est scepticus* hielt Luther dem Erasmus entgegen (*De servo arbitrio*). Das würde er heute vermutlich auch manchen Theologen ins Stammbuch schreiben. Manchen postmodernen Ausprägungen der Freiheitsgeschichte würde er mit Nachdruck die theonome, gnadenhaft befreite und im Wort Gottes gefangene Freiheit des Christenmenschen entgegenhalten.«[134]

Kasper macht fernerhin klar, daß die Einheit der Kirche dem Frieden der Welt dient. Er plädiert für einen universalen Humanismus, der »in Jesus Christus als dem neuen und letzten Adam grundgelegt ist (1. Kor. 15,45)«.[135] Unabdingbar dafür sei, daß alle Kirchen ihre konfessionelle Selbstbezüglichkeit überwinden und sich als eine allumfassende Kirche ˙für die Welt und in der Welt engagieren. Freilich ist das für ihn unabdingbar eine katholische Kirche. Aber Kasper verweist darauf, daß das, was uns aufgrund der einen Taufe auf Jesus Christus verbindet, mehr bedeute als das, was uns trennt.

Die Einheit der Kirchen kann nur gelingen, wenn die Christen in versöhnter Vielfalt leben lernen. Wenn die Kirchen einander gelten lassen, kann jede in ihrer Eigenheit sich entfalten – ohne dabei immer wieder die abgelebten, abgenutzten Rituale der Polemiken zu wiederholen. Gemeinsame Aufgabe – inmitten der Unterschiede – ist die bewahrende, schützende Feier der uns anvertrauten Schöpfung, ist also die Arbeit am Bewußtsein, daß wir nicht Herren *über* die Schöpfung, sondern Concreatoren *in* der

Schöpfung sind. Niemand in jüngster Zeit hat diese Verantwortung energischer und liebevoller, leidenschaftlicher und mit größerer sachlicher Dringlichkeit beschworen als Papst Franziskus mit seiner Enzyklika »Laudato si« von 2015. Ein wahrhaft ökumenisches Dokument, das im Grunde aufruft, was auch den Kern des Reformationsjubiläums bildet: den universalen Horizont von Denken und Fühlen, von Glauben und Hoffnung, von Beten und Handeln.

Martin Luther

»Das christliche Leben besteht nicht im Sein, sondern im Werden,
nicht im Sieg, sondern im Kampf,
nicht in Gerechtigkeit, sondern in Gerechtsprechung.«

»Das christliche Leben ist nicht Frommsein, sondern ein Frommwerden, nicht Gesundsein, sondern ein Gesundwerden,
nicht Sein, sondern ein Werden,
nicht Ruhe, sondern eine Übung.
Wir sinds noch nicht, wir werdens aber.
Es ist noch nicht getan und geschehen, es ist aber der Weg.
Es glühet und glänzt noch nicht alles, es bessert sich aber alles.«

»Wir sind es doch nicht, die da die Kirche erhalten könnten.
Unsere Vorfahren sind es auch nicht gewesen.
Unsere Nachkommen werdens auch nicht sein; sondern der ists gewesen, ists noch und wirds sein, der da sagt:
›Ich bin bei euch alle Tage bis an der Welt Ende‹ (Matthäus 28,20).«

Eine fällige Glosse:

Ottmar Hörl, die Lutherzwerge und der Playmobil-Luther

Luther war Genie und Charakter, er befeuerte, und er schied die Geister, er hat Gewicht bis heute, und was stark und kräftig in die Landschaft ragt, ist immer auch Projektionsfläche. Ist Material –

für Mythen und Marketing und leider auch Mumpitz. Der inzwischen hunderttausendfach verkaufte Playmobil-Luther hat vielleicht noch etwas Putziges, während der Plastik-Luther, der 2010 in der seriellen Kunstwerkstatt des Nürnberger Ottmar Hörl ausgeheckt wurde, einfach nur entwürdigender Nepp ist. Achthundert in Kobaltblau, Moosgrün, Purpurrot, Schwarz und Bronze gefärbte, zirka ein Meter hohe Figuren verwandelten in der Lutherstadt Wittenberg den Marktplatz – das Lutherdenkmal befand sich zur Generalüberholung in einer Spezialwerkstatt – in eine peinliche Stätte des Zwergischen, die nichtsdestotrotz einigen Anklang fand. Welch niedriges Niveau, eine kleinwüchsige Lutherarmee auf Wittenbergs Marktplatz aufmarschieren zu lassen! (500 € pro Luther und 850 € pro *signierten* Lutherzwerg!) Jedes Jubiläum offenbart immer auch seine sehr eigenen Geschmacklosigkeiten. Bis heute begegnet man diesem Luther in der Drehtür des sogenannten Luther-Hotels, in der Superintendentur genauso wie im Thaimassage-Laden und zwischen dem Gemüse bei Edeka. Als Gastgeschenk wurden diese Ulkfiguren mitgeschleppt bis nach Amerika.

Da stand er nun, der arme Luther, und konnte sich nicht wehren. In den so titulierten Kunstausstellungen des Ottmar Hörl, eingemeindet in die Schar der Gartenzwerge mit Hitlergruß, der niederländischen Stierköpfe, der genetisch aufgeplusterten bunten Hühner, der Erdmännchen auf »Betriebsauflug«, Wagners Hund Russ sowie die kniehohen Plastik-Zwergspaniel in Bayreuth. Ebenfalls auf die mickrige Luthergröße getrimmt: Marxfiguren im knalligen Rot. Verhunzungskunstgewerbe für des großen Denkers Heimatstadt Trier. Marxfigürchen und Lutherleins – zu Vorzugspreisen wurden diese Nippes-Kreationen angeboten, und in mehreren Lockschüben wurde der Öffentlichkeit mitgeteilt, daß »nur noch ganz wenige Restexemplare zu erwerben« seien. Und manch Unbedarfter hat zugegriffen, wie er bei einer Schrift von Luther und Marx nie zugegriffen hätte.

Allen sei ins Stammbuch geschrieben, was Heine über die Zwerge gesagt hat, die auf des Riesen Schultern sitzen. Zwerg zu sein, ist gewiß kein Makel. Nur wissen muß der Zwerg, wem er Fortbewegungstempo und Weitsicht verdankt. Wer das negiert, wird nur um so kleiner, je eifriger er sich fremder Größe anheftet.

Ein Colloquium Erasmianum
in Wittenberg

Es gehört zu den Glücksfällen meines Lebens, daß ich Walter Jens nicht nur persönlich kennenlernen konnte, sondern sich aus unserer Beziehung eine herzliche Freundschaft entwickelte. Wie faszinierend für mich, Jugendlichen und Studenten aus Leuna und Buna seine Übersetzung des Matthäus-Evangeliums zu lesen. Sie war 1972 unter dem Titel »Am Anfang der Stall – am Ende der Galgen« erschienen. Auf die Frage, an wen er bei der Übersetzung gedacht habe, hatte er geantwortet: »An die Jungen Gemeinden in der DDR«. Kräftigend, beflügelnd, ermutigend, widerständig wirkte etwa seine Auslegung der Aussendungsgeschichte aus dem Matthäus-Evangelium im zehnten Kapitel.

> Habt keine Furcht!
> *Fragt nicht:*
> *Was soll ich sagen?*
> *Wie muß ich sprechen?*
> *Euch wird gegeben,*
> *wenn die Stunde kommt,*
> *wie ihr zu sprechen habt.*
> *Dann seid nicht ihr es,*
> *die reden:*
> *Es redet,*
> *Anhauch und Stimme,*
> *in euch*
> *der Geist eures Vaters.*
> Der spricht.

Nein fürchtet sie nicht!
Entdeckt werden wird:
das Versteck.
Erkannt werden wird:
das Geheimnis.
Was ich in der Dunkelheit sage,
zu euch,
sagt es am hellen Tag,
und schreit,
was euch ins Ohr geflüstert wird,
herab von den Dächern!

Fürchtet euch nicht vor den Menschen.
Sie töten den Leib.
Aber die Seele töten
können sie nicht.
Der aber Seele und Leib vernichten kann
in der Hölle:
den sollt ihr fürchten.

Es stürzt kein Spatz auf die Erde herab,
wenn euer Vater nicht will:
Und zwei Spatzen
kauft man für einen einzigen Pfennig!
Ihr aber seid mehr wert
als alle Spatzen zusammen!
Was soll euch geschehen,
da selbst die Haare gezählt sind,
auf eurem Haupt?
Nein, fürchtet euch nicht! [136]

Walter Jens pries Luthers Bibelübersetzung, indem er auch theologisch etwas eröffnete, was die Theologie bis heute nicht hinreichend beherzigt: die Bibel als Buch der Literatur und die Evangelisten als Schriftsteller zu verstehen, sie also auch in ihrer erzählerischen Individualität und Unterscheidbarkeit ernst zu nehmen.

Zum 100jährigen Jubiläum der (wiederaufgebauten) wilhelminischen Schloßkirche im Jahr 1992 führte ich mit Walter Jens ein öffentliches Gespräch vor dem Kaiserstuhl über Geist und Macht. Oberbürgermeister Naumann bat ihn, im Oktober 1993 aus Anlaß der Verleihung des Friedenspreises des Deutschen Buchhandels an mich eine Rede im Wittenberger Rathaus zu halten.

Was Jens damals anstoßen wollte, ist in dieser kleinen Stadt, die keine primäre wissenschaftliche Ausbildungsstätte mehr besitzt, schnell verhallt. Er hatte vorgeschlagen, in Wittenberg zu einem Colloquium Erasmianum einzuladen. Jens wollte den Gesprächsfaden wieder geknüpft wissen, der durch die Kontroverse Luther – Erasmus zwischen Humanisten und Reformatoren zerrissen war. Er träumte gewissermaßen vom dritten Weg zwischen kirchlicher – und sei es lutherischer – Dogmatik und einer sich vom christlichen Gedankengut entfernenden, absetzenden, dieses Gedankengut gar ablehnenden Philosophie.

Was der Tübinger ansprach, ist unerfüllt, bleibt aber eine drängende Aufgabe, zumal im Jahre 2017, genau 500 Jahre nachdem Erasmus seine »Klage des Friedens« publiziert hat. Erasmus' Traktat ist in Zeiten heftigster Kriege in ganz Europa als Auftragsarbeit entstanden, aus Anlaß einer für 1517 einberufenen Friedenskonferenz, der »Friedensliga von Cambrai«, die, Ironie des Schicksals, nie stattfand. 1424/25 kam es zum offenen Bruch zwischen Luther und Erasmus (Streit um die Willensfreiheit), damit war die Trennlinie zwischen der Reformation und dem Humanismus endgültig gezogen.

Erasmus wurde vielfach unterstellt, er sei ein Friedensutopist, der von Politik nichts verstanden habe. Er war in der Tat ein Verteidiger eines christozentrischen Pazifismus. Luther schrieb 1521 an Spalatin, daß Erasmus in all seinen Veröffentlichungen »nicht aufs Kreuz, sondern auf den Frieden« blicke. Jens widerspricht: »Nur auf den Frieden, nicht aufs Kreuz – die Antithese ist einprägsam griffig – und falsch: Welch ein Mißverständnis in Wittenberg! ... Als ob das Gebot, Frieden zu halten, nicht durchs Sakrament der Eucharistie besiegelt und im Aufblick zum Kreuz für unübertretbar erklärt worden wäre!«[137]

Luthers harsche, sehr harsche, durchaus schreckenerregende Reaktion auf den Bauernkrieg hatte der reformatorischen Bewegung einen ebenso schweren Schlag versetzt wie seine damit verbundene Unterwerfungsethik gegenüber den Obrigkeiten. Erasmus, so Jens, »führt Krieg gegen den Krieg, kämpft mit dem Schwert des *Geistes* gegen das *Mordschwert*«[138]. Die Klage der Friedensgöttin, die »von allen Nationen verbannt und niedergeschlagen wird«, ist eine Unheilsprophetie fast genau 100 Jahre vor dem Dreißigjährigen Krieg:

»Denn wenn ich da die Pax bin, die Götter- und Menschenstimmen lobten, die Quelle, die Mutter, die Amme, die Förderin und Beschützerin aller guten Dinge, die der Himmel und die Erde haben, wenn ohne mich nichts je blüht, nichts sicher, nichts rein oder heilig ist, nichts den Menschen förderlich noch den Göttern gefällig: wenn all diesem entgegen, der Krieg ein für allemal die Wurzel allen Übels ist, wenn durch seine Schuld die Blumen plötzlich welken, das Gediehene zerfällt, die Stützpfeiler wanken, das Wohlgegründete umkommt, das Süße verbittert, schließlich, wenn die Sache dermaßen unheilig ist, daß sie wie eine große Pest auf Frömmigkeit und Religion wirkt, wenn nichts für Menschen so unglückselig ist wie bereits ein einziger Krieg, nichts den Himmlischen verhaßter, ich frage beim unsterblichen Gott, wer glaubt, daß dies Menschen seien, wer glaubt, daß irgendein Körnchen gesunden Verstandes in denen sei, die mich in meiner Beschaffenheit mit solchem Aufwand, solchem Eifer, derartigen Anstrengungen, soviel Technik, Zahlleistung und Wagemut zu vertreiben trachten und so sehr wünschen, das Schlechte zum höchsten Preis zu erwerben?«[139]

Der Krieg erscheint in dieser Sicht nicht als Folge allen Übels, sondern als dessen Wurzel. Dies schreibt jener Erasmus, der zugleich fürchtet, mit der Spaltung der Kirche würde ein blutiges Jahrhundert heraufziehen.

Wer nach 500 Jahren Reformation nur Luther sagt, der läßt einen wichtigen Denker jenes Umbruchjahrhunderts außen vor: den Pazifisten Erasmus von Rotterdam. Es muß zudem neben der Erinnerung an die besondere Persönlichkeit Luthers von der gesamten Reformation die Rede sein: von den Reformierten der Schweiz, von den »Schwärmern« in Münster, von den Nürnberger Humanisten und Künstlern. Und wer von Luther redet, muß dies immer auch in Distanz zu seinen schreckenerregenden, kaum auszuhaltenden, verhängnisvoll wirkenden Sätzen in der »Ermahnung zum Frieden, auf die zwölf Artikel der Bauern in Schwaben« (1525) tun:

»Sie (die Bauern) haben ihrer Obrigkeit Treue und Ergebenheit geschworen, sie haben gelobt, untertan und gehorsam zu sein, so wie Gott es gebietet, wenn er spricht: ›Gebt dem Kaiser, was dem

Kaiser gehört‹ (Matthäus 22,21), und Römer 13,1: ›*Jedermann sei der Obrigkeit untertan*‹. Dadurch aber, daß sie den Gehorsam brechen, mutwillig und vermessen, und sich dazu noch gegen ihre Herren stellen, haben sie Leib und Seele verwirkt, wie treulose, meineidige, lügnerische, ungehorsame Spitzbuben und Verbrecher zu tun pflegen.«

Luther drängt seine Leserschaft bis heute immer wieder ins Widersprüchliche. Da fordert er Gerechtigkeit für die Unterdrückten, ja für jedermann ein – und dann wird er geradezu raserisch in seiner Zurechtweisung von empört und verzweifelt Aufständischen. Er differenziert, um im nächsten Schlage obrigkeitsversessen dreinzuhauen. All dies, um sich zuletzt doch wieder selbstkritisch zu bedenken. Ein großer Geist, der uns fordernd in Wechselbäder taucht. Und wo uns seine mangelnde Solidarität mit Kämpfenden erschüttern und erschrecken mag, so bleibt er uns doch gleichermaßen verständlich und wirkt nach wie vor redlich, nämlich in seiner Furcht vor Chaos und einer nicht mehr steuerbaren Gewalteskalation. Nach der Niederlage der Bauern bei Bad Frankenhausen mahnt er im offenen Brief »Zu der harten Schrift gegen die Bauern« eindringlich Nachsicht an und ruft »die Sieger« auf, von ihren Greueln, von ihrem Haß, dem Foltern und Quälen abzulassen.

»Die wütenden, rasenden, wahnsinnigen Tyrannen aber, die auch nach der Schlacht nicht satt vom Blut werden können und in ihrem ganzen Leben nicht viel nach Christus fragen, habe ich mir nicht vorgenommen zu unterrichten. Denn diesen Bluthunden ist es gleichgültig, ob sie Schuldige oder Unschuldige töten, ob es Gott gefällt oder dem Teufel. Sie tragen das Schwert nur, um ihre Lüste und ihren Mutwillen zu befriedigen. Die lasse ich ihren Meister, den Teufel, führen, wohin er sie führt. Zum Beispiel habe ich gehört, daß in Mühlhausen einer von diesen großen Hansen die arme Frau Thomas Müntzers, die nun eine Witwe ist und schwanger, zu sich gefordert hat, vor ihr auf die Knie gefallen ist und gesagt hat: Liebe Frau, laß mich dich N. Oh, wahrhaft eine ritterliche, adlige Tat, begangen an einer armen, verlassenen, schwangeren Frau! Und ein kühner Held, wohl dreier Ritter wert! Was soll ich solchen Schweinen und Säuen schreiben? Die Schrift nennt solche Leute Bestien (vgl. Titus 1,12), d. h. wilde Tiere wie Wölfe, Wildschweine, Bären und Löwen. Deshalb will auch ich sie nicht zu Menschen machen. Trotzdem muß man sie aber ertragen, wenn Gott uns durch sie plagen will. Ich habe mir in beiden Richtungen Sorgen gemacht: Würden die Bauern Herren, so würde der Teufel Abt werden, würden aber solche Tyrannen Herren, so würde seine Mutter Äbtissin. Deshalb hätte ich gerne sowohl die Bauern beruhigt wie die gerechte Obrigkeit unterrichtet.«

Raserisch und trefflich! Leidenschaftlich human, unerbittlich bös! Ein nahezu heiliger, (selbst-)gerechtfertigter Zorn! So hat Luther geistig den Boden mit gebaut und gefestigt, auf dem die Heere der Herren gegen jedweden sozialen Aufstand preschten, und es war ein Teufelsritt durch die Jahrhunderte. Luther hat den Krieg des Oben gegen das Unten göttlich abgesichert und gerechtfertigt. Das ist auch nach fünfhundert Jahren ein Anlaß für Scham und stets neues Bedenken dessen, was wir Protestanten nach langen friedenspolitischen Diskussionen einen »gerechten Frieden« nennen, statt uns erneut auf Kriterien für einen »gerechten Krieg« zu fixieren.

Es gehört zu den großartigen Wandlungen in unserer Gattungsgeschichte, daß sich nach 1945 in Deutschland allmählich ein anderes »Heldenbild« herauskristallisierte und nicht mehr der kriegerische Triumph, sondern die Stiftung von Frieden ins Zentrum ethischer Anerkennung rückte.

Zeichen dafür ist auch, daß seit 1950 alljährlich der »Friedenspreis des Deutschen Buchhandels« verliehen wird und im Laufe der Jahrzehnte immer wieder auch Theologen gewürdigt wurden – Visser 't Hooft vom Ökumenischen Rat der Kirchen, der Arbeiter-Priester und Lyriker Ernesto Cardenal, der Theologe Paul Tillich, der Philosoph und Theologe Martin Buber, Frère Roger aus Taizé, der Religionsphilosoph Romano Guardini, Kardinal Bea und natürlich Albert Schweitzer.

Walter Jens würdigte in seiner Rede vom Oktober 1993 im Wittenberger Rathaus die Christen aus der DDR und ihren Beitrag für die politische Emanzipation und die Ablösung der diktatorischen SED-Herrschaft. Revolutionär an dieser Bewegung war die Konsequenz der friedlichen, gewaltfreien Mittel, das Durchhaltevermögen, die Besonnenheit und eine tiefverankerte Zuversicht in die Kraft des Dialogs, in die Zukunft von Demokratie und Gewaltenteilung, in ein Europa, das sich selbst entfeindet.

Etwa fünfzehntausend Bürger hatten am 31. Oktober 1989 auf dem Wittenberger Markplatz, direkt vor dem Denkmal Luthers, dessen Mahnung zur friedlichen Lösung von Konflikten vernommen: *Man lasse die Geister aufeinander platzen und miteinander kämpfen. Aber die Faust haltet still, denn das ist unser (christlicher) Auftrag. ... Der Obrigkeit soll man nicht mit Gewalt widerstehen, sondern nur mit dem Bekenntnis der Wahrheit.*

Jens sagte, Luthers Gedanken aufnehmend:

Es wird Zeit, denke ich, daß wir Erasmus in die Lutherstadt Wittenberg heimholen, die Streitschriften dieses sanftmütigen Antibellizisten studieren und, zu Melanchthons Ergötzen, den Unterricht unserer jungen Lateinschüler nicht mit den martialischen Diktaten von Cäsars »De bello Gallico«, sondern mit den familiären Gesprächen jenes Mannes beginnen lassen, der Vater der Friedensbewegung in aller Welt ist, Freund der Sanftmütigen und Gegner jener verschlossenen Grobiane aus Deutschland, deren mangelnde Urbanität, Höflichkeit und Grazie wir gerade in diesen Tagen, da die Sieger das Geld zählen, statt des besonnenen Worts, nachdrücklich beklagen: »Wenn du in Deutschland ankommst«, so Erasmus im Lesebuch für unsere kleinen Lateiner zu Wittenberg »so grüßt einen kein Mensch. Das halten sie für unvereinbar mit deutscher Ernsthaftigkeit. Wenn du lange gerufen hast, steckt endlich einer den Kopf aus dem Fensterchen der Wärmestube – denn in diesen Stuben hausen sie fast bis zur Sommerswende –, es ist, als schöbe eine Schildkröte den Kopf aus ihrem Panzer hervor. Dann muß man fragen, ob man übernachten kann. Winkt er nicht ab (denn sprechen tut er nicht), dann ist noch Platz.

(…) Da wird es höchste Zeit, ausgehend – warum nicht! – von Wittenberg als einem Ort der Aufmüpfigkeit, in dem ein Mann den Glauben an die Autorität durch die Autorität des Glaubens ersetzte, jene offene Gesellschaft ins Blickfeld zu rücken, jene Sozietät Willy Brandts und Heinrich Bölls, Gustav Heinemanns und Günter Grass', der, über die Jahre hinweg, auch Friedrich Schorlemmers Vorträume galten, konkrete Visionen, die eingelöst werden können in einer »bürgernahen Basis-Republik«, wo man dem Kleinen beisteht, verläßlich, gelassen und solidarisch, und den großen Hänsen bedeutet: »Vergiß nicht, wir sind auch noch da.« Eingedenk sein – an den Aufbruch von 1968, an die Friedensbewegung, an den aufrechten Gang der Regel-Brecher in der DDR –, um zu verändern und, euch Beispiel im Sinne unserer wahren Nationalhymne, der Brecht-Eislerschen »Kinderhymne« (sie kann auch in Haydnischer Weise gesungen werden) und …, den Runden Tisch neu zu besetzen (warum nicht hier, in dieser Stadt) … das, denke ich, sollte das Gebot der Stunde sein. Heraus aus der Vereinzelung, Zusammenführung der bewegten Friedens- und Bürgerrechtler aus Ost und West sollte die Losung der Stunde heißen – und zwar schnell, es ist nicht mehr viel Zeit, die Resignation wächst, und das Faustrecht des Stärkeren fordert Hekatomben von Opfern. […] wir also bestimmen und nicht basisferne Regenten, die mit den Schultern zucken, wenn einer daherkommt und Worte wie »Solidarität«, »Moral« und »Friedfertigkeit« ins Zentrum der Überlegungen rückt, ein Land, man kann es nicht oft genug sagen, dessen Verfassung durch den Artikel 34 der französischen Revolutions-Verfassung von 1793 bestimmt wird: »Die Gesellschaft ist unterdrückt, wenn auch nur ein einziges ihrer Glieder unterdrückt wird.« Also ans Werk – am Runden Tisch in Wittenberg. […]
… wo verläßliche Visionen auf unverzichtbare Realisierungen warten: im Sinn des Lutherschen Satzes: »Verflucht sei das Leben, das einer allein für sich selbst lebt und nicht seinem Nächsten.«[140]

Für Walter Jens »war Erasmus der erste Christ der Neuzeit, der zeugnisgebend, konsequent und verläßlich Jesus als Inbegriff einer Friedensordnung beschrieb, in deren Zeichen sich der verhängnisvolle Gegensatz zwischen Christperson und Weltperson, innerem und äußerem Geschöpf, dem leidenden Frommen und dem handelnden Weltkind, dem Menschen ›für sich‹ und dem Menschen ›für andere‹ aufhob.« Keiner habe »die zumal vom Luthertum (aber auch vom politischen Katholizismus) oft grobschlächtig zugespitzte Antithese von Gottesreich und Menschenstaat, vom Privatbezirk des Gesinnungsethikers und öffentlichem, durch Ämter regierten Feld der Verantwortungsethiker so … außer Kraft gesetzt« wie er.[141]

Erasmus' »Klage des Friedens« soll das letzte Wort haben.

»Mit so vielen Mitteln lehrte die Natur Frieden und Eintracht, mit so vielen Lockungen lädt sie dazu ein, mit so vielen Stricken zieht sie, mit so vielen Gründen drängt sie dazu. Und nach all diesem: Welche der Furien pflanzte dennoch, um wirksam zu schaden, dies alles zerschlagend, zerstreuend, vereitelnd, eine unersättliche Kampfeswut in die menschliche Brust?«[142]

»Der gemeinsame Name Mensch müßte schon genügen, daß Menschen sich einigten. (S. 53) Von nun an widmet Euch in gemeinsamen Konzilien dem Studium des Friedens …(S. 96) Stellt nun dagegen auf die Probe, was Versöhnlichkeit und Wohltätigkeit vermögen. Krieg wird aus Krieg gesät, Rache verursacht wieder Rache. Nun möge Gnade Gnade gewinnen, Wohltat zu Wohltat einladen …(S. 98) Der christliche Name wird den Feinden des Kreuzes mehr Ehrfurcht einflößen. Endlich wird der einzelne dem einzelnen und alle werden allen zugleich lieb und wert sein und vor allem Christus willkommen sein, dem zu gefallen das höchste Glück ist.« (S. 99)

2017: 500 Jahre Reformation – 2017: 500 Jahre Klage des Friedens!

Was meinst du, lieber Dr. Martinus Luther?

Eine Befragung Martin Luthers zum Reformationstag

Über dem prächtigen Renaissancerathaus-Eingang in Wittenberg prangt ein vergoldeter Spruch, ein Zitat aus den Sprüchen des König Salomo (Sprüche 24,21):
Fürchte Gott, ehre den König und sei nicht unter den Aufrührern.
Was hältst du von den Aufrührerischen?

Wer sich der Aufrührerischen annimmt, gibt genug zu verstehen, daß er, wo er Raum und Zeit hätte, auch Unglück anrichtete …

Der Herr Omnes (die große Masse) ist zu Aufruhr geneigt, aber das sind keine Christen, die über das Wort hinaus auch mit Fäusten etwas tun wollen.

Wenn aber, lieber Luther, die sozialen oder politischen Verhältnisse für die Bürger unerträglich werden und wenn sich trotz allgemeinem Unmut nichts ändert – soll man da nicht dreinschlagen, gewissenlose Autoritäten auch mit Gewalt beseitigen, um sodann eine neue Regierung »von unten« mit ganz neuen Leuten einsetzen? Es heißt doch: Neue Besen kehren gut.

Man lasse die Geister aufeinander platzen und miteinander kämpfen. Aber die Faust haltet still, denn das ist unser (christlicher) Auftrag. Denn wir, die wir das Wort führen, dürfen nicht mit der Faust kämpfen. Unser Auftrag heißt predigen und dulden, nicht aber mit der Faust zuschlagen und sich wehren.

Der Obrigkeit soll man nicht mit Gewalt widerstehen, sondern nur mit dem Bekenntnis der Wahrheit. Kehret sie sich dran, ist es gut; wo nicht, so bist du entschuldigt und leidest Unrecht um Gottes willen.

*Wer unter Tyrannen gelitten hat, kann selber zu einem Tyrannen wer-
den. Was du sagst, das hat bereits der griechische Tragödiendichter
Sophokles erkannt: Man solle einen Menschen nicht beurteilen, bevor
man ihn vier Jahre in einem Regierungsamte erlebt habe. Wie sollen
wir bloß eine schlechte Regierung loswerden, zumal sich Herrschende
gewöhnlich an die Macht klammern? Ich höre zumal viele Enttäuschte
sagen: Die alten Gesichter müssen mal von der Macht. Neue Leute
braucht das Land, neuen Anfang, neue Verhältnisse, alles bessern und
alles beim Altbewährten lassen …*

Obrigkeit ändern und Obrigkeit bessern sind zwei Dinge, so
weit voneinander wie Himmel und Erde. Wenn's dann mag geschehen: Bessern ist mißlich und gefährlich. … Der tolle Pöbel
fragt nicht viel, wie es besser werde, sondern daß es nur anders
werde. Wenn's dann ärger wird, so will er abermals etwas anderes
haben. So kriegt er dann Hummeln für Fliegen und zuletzt Hornissen für Hummeln … Es ist ein verzweifelt, verflucht Ding um
einen tollen Pöbel, welchen niemand so gut regieren kann wie die
Tyrannen.

*Du warst dem Volk immer nah, hast dem Volk aufs Maul geschaut, und
das Volk hat dir anfangs zugejubelt. Kann man einem emotionalisier-
ten, einem entfesselten Volk trauen?*

Man darf dem Pöbel nicht viel pfeifen, er ist sonst gern toll,
und es ist billiger, dem selbigen zehn Ellen abzubrechen, als eine
Handbreit, ja ein Fingersbreit einzuräumen. Und es ist besser,
daß ihm die Tyrannen hundertmal unrecht tun, als daß sie den
Tyrannen einmal unrecht tun … Denn der Pöbel hat und weiß
kein Maß, und in einem jeden von ihm stecken mehr als fünf Tyrannen.

*Einige deiner scharfen, auf Vernichtung gerichteten Ausfälle gegen auf-
ständische Bauern wie gegen die Juden lassen uns bis heute erschrek-
ken. Deine Mahnungen zu striktem Gehorsam gegenüber der Obrigkeit, zur Unterordnung unter die Herrschenden machen es uns heute*

schwer, dich zu verstehen, dich gar zu verteidigen. Wir betrachten
kritisch und mit Scham auch dieses Erbe deines Denkens.

Was du am Ende deines Lebens gegen die »Jüden« geschrieben hast,
ist nicht mißverständlich, sondern einfach nur schrecklich. Das wollen
wir nie verschweigen, wenn wir uns auf all das Großartige beziehen,
was mit deinem Namen in die Welt gekommen ist.

Du taugst wahrlich nicht für einen Sockel-Heiligen, den wir evange-
lischen Christen unbekümmert feiern dürfen.

Du selbst wolltest nie, daß man dich auf einen Sockel stelle oder eine
Kirche sich nach dir nenne.

So nicht, du Narr! Höre und laß es dir sagen: Zuerst bitte ich,
man wolle meinen Namen weglassen und sich nicht lutherisch,
sondern Christ nennen. Was ist Luther? Die Lehre ist doch nicht
von mir.

Ich bin auch für niemanden gekreuzigt worden.

Wie käme denn ich armer, stinkender Madensack dazu, daß man
die Kinder Christi nach meinem heillosen Namen nennen sollte?

So nicht, liebe Freunde. Laßt uns die Parteinamen ablegen und
uns Christen nennen nach dem, dessen Lehre wir haben.

Ich aber bin für niemanden Meister und will es nicht sein. Ich
habe zusammen mit der Gemeinde die eine gemeinsame Lehre
Christi, der allein unser Meister ist.

Ich bin ein armer, elender Mensch und habe meine Sache nicht
so trefflich angefangen, sondern mit großem Zittern und mit
Furcht.

Also sollte man den klügsten Mann und die kompetenteste Frau aus-
wählen. Es gibt so viele, die sich klug vorkommen, aber nie Verantwor-
tung übernehmen.

Du sollst wissen, daß von Anbeginn der Welt es gar ein seltener
Vogel ist um einen klugen Fürsten, noch viel seltener um einen
frommen, einen rechtschaffenen Fürsten. Sie sind gemeiniglich
die größten Narren und die ärgsten Buben auf Erden.

*Warum sollte man denn nicht mit der Bergpredigt die Welt regieren
– statt mit endlosen Gesetzen und Gerichtsverfahren, Verboten und
Kontrollen, Polizei und Armee, mit Ordnungs- und Finanzämtern?*

Siehe zu und mach die Welt zuvor voll rechter Christen, ehe du
sie christlich und evangelisch regierst. Das wirst du aber nimmermehr tun, denn die Welt und die Menge sind und bleiben Un-
Christen, ob sie gleich alle getauft und Christen heißen. Aber die
Christen wohnen, wie man sagt, fern voneinander. Darum ist's in
der Welt nicht möglich, daß ein christliches Regiment sich über
alle Welt erstrecke, ja nicht einmal über ein Land oder eine große
Menge.

Denn der Bösen sind immer viel mehr als der Frommen. Ein
ganzes Land oder die Welt mit dem Evangelium zu regieren sich
zu unterwinden, das ist ebenso, als wenn ein Hirt in einem Stall
Wölfe, Löwen, Adler und Schafe zusammentäte und ein jegliches
frei neben dem anderen laufen ließe und sagte: »Da, weidet und
seid rechtschaffen und friedlich untereinander. Der Stall steht
offen. Weide habt ihr genug. Hund und Keulen braucht ihr nicht
zu fürchten.«

Hier würden die Schafe wohl Frieden halten und sich friedlich
weiden und regieren lassen; aber sie würden nicht lange leben,
noch ein Tier vor dem anderen übrigbleiben.

*Die Botschaft der Liebe und der Barmherzigkeit taugt nicht für die
Wirklichkeit, lieber Reformator Martinus Luther …*

Es gibt zweierlei Reiche. Eins ist Gottes Reich, und das andere
ist das Weltreich. Gottes Reich ist ein *Reich der Gnade und Barmherzigkeit* und nicht ein Reich des Zorns oder der Strafe. Denn
daselbst ist eitel Vergeben, Schonen, Lieben, Dienen, Wohltun,
Friede und Freude haben.

Aber das weltliche Reich ist ein *Reich des Zorns und Ernstes.*
Denn daselbst ist eitel Strafen, Verbieten, Richten und Urteilen
und die Bösen zu zwingen und die Guten zu schützen … Welch
eine feine Barmherzigkeit wäre mir das, daß man dem Diebe und

Mörder barmherzig wäre und mich, von ihm ermordet, geschändet und beraubt bleiben ließe? Der Bösen Bestrafung geschieht allein deshalb, daß die Guten geschützt, Friede und Sicherheit erhalten werden.

Wie sollen wir mit unserer Wut umgehen, und wozu soll Versöhnung gut sein?

Aufsteigenden Zorn soll man nicht unterdrücken, sondern ausbrechen lassen und nicht erst noch Wohltaten und Vertrauen an einen Menschen verschwenden, gegen den man aufgebracht ist. Umgekehrt aber soll man dem ersten Anstoß zur Versöhnung folgen und nicht weiter die Rache verfolgen. Schließlich muß man sich ja doch vertragen. Die Auseinandersetzungen können nicht ewig dauern, sonst mangelt es dem Acker an Lebensmitteln. Was also sollen wir (auf Betreiben des Teufels hin) weiter in Raserei verfallen? Zuletzt muß man sich doch, nachdem wir Schaden erlitten haben, versöhnen und als Freunde voneinander ziehen und sich scheiden.

Krieg sei die Ultima ratio – sagen wir und wissen doch nicht genau, wann alle friedlichen Mittel wirklich ausgeschöpft sind.

Das möchte ich vor allen Dingen zuvor gesagt haben: Wer Krieg anfängt, der ist im Unrecht. Und es ist billig, daß derjenige geschlagen oder doch zuletzt bestraft werde, der zuerst das Messer zückt. Wie es denn auch in allen Historien gemeinhin geschehen und zugegangen ist, daß diejenigen verloren haben, die den Krieg angefangen haben, und sehr selten diejenigen geschlagen worden sind, die sich haben wehren müssen. Denn weltliche Obrigkeit ist von Gott nicht dazu eingesetzt, daß sie Frieden brechen und Kriege anfangen soll, sondern dazu, daß sie den Frieden bewirke ...

Laß dich ja nicht Lust zum Kriegführen und Kämpfenwollen ankommen, und wärest du gleich der türkische Kaiser! Harre aus, bis Notwendigkeit und Müssen eintritt, ohne Lust und Wollen! Du wirst trotzdem noch genug zu schaffen haben und des Kriegführens genug kriegen, auf daß du sagen möchtest und dein Herz sich rühmen kann: Wohlan, wie gern wollte ich doch Frieden haben, wenn meine Nachbarn wollten! So kannst du dich mit gutem Gewissen wehren. Denn da steht Gottes Wort: »Er zerstreuet, die Lust haben, Krieg zu führen.«

Als die türkischen Heere 1529 vor Wien standen, hattest du Sorge um das christliche Europa und rietest dem Kaiser und den Fürsten zu kräftiger militärischer Gegenwehr, zu einem entschlossenen Verteidigungskrieg, auch aus elementarer Sorge um die Christen, die einem totalitäraggressiven Islam gegenüberstanden.

Der Türke läßt die Christen wahrlich nicht öffentlich zusammenkommen und darf auch niemand öffentlich Christus bekennen, noch wider den Mohammed predigen oder lehren ...

Ich will nicht die Könige und Fürsten vom Streit wider den Türken abschrecken, sondern sie vermahnen, sich weislich und mit Ernst dazu zu rüsten und die Sache nicht so kindisch und schläfrig anzugreifen. Denn ich wollte gerne vergeblichem Blutvergießen und verlorenen Kriegen zuvorkommen, wo es immer sein könnte.

Was soll ein Christ tun, wenn er subjektiv zu dem sicheren Urteil kommt, daß ein Krieg zu Unrecht geführt wird?

Angreifen aber und mit Krieg solchem Rat der Fürsten zuvorkommen wollen, ist in keinem Weg zu raten, sondern auf's allerhöchste zu meiden; denn da stehet Gottes Wort: »Wer das Schwert nimmt, der soll durch das Schwert umkommen.« (Matthäus 26,52)

Die andere Frage: Wie, wenn mein Herr unrecht hätte zu kriegen? Antwort: Wenn du weißt gewiß, daß er unrecht hat, so sollst du Gott mehr fürchten und gehorchen, denn Menschen, Apostelgeschichte 5, 29, und sollst nicht kriegen noch dienen, denn du kannst da kein gut Gewissen vor Gott haben.

Was hältst du überhaupt von den Helden der Kriege und deren Verehrung?

Was sind Homer, Virgil und die übrigen Dichter von Heldenliedern anders als die allerbluttriefendsten und grausamsten Anstifter, Anreizer und Lobredner von Mördern, Tyrannen und den schrecklichsten Feinden des menschlichen Blutes und Geschlechts? So daß Gefahr da ist für einen Christenmenschen, wenn er ihre Bücher liest, er möchte etwa auch die Neigung zu diesem blutigen Ruhme einsaugen, oder, gekitzelt durch die honigsüße Beredsamkeit, oder vielmehr, verderbt durch den angebornen Durst nach Menschenblute, sich ergötzen an so großem Mord des menschlichen Geschlechts.

Was kann der einzelne zur Konfliktlösung beitragen?

»Friedfertig« sein. Das heißt, zu Frieden und zur Sühne gern helfen und raten, Zorn, Unfrieden, Unwillen und anderes allenthalben gern verhüten.

Wollt ihr meine Jünger und rechte Kinder Gottes sein: seid friedfertig, stillet Zorn und Hader, wo ihr könnt; scheltet nicht wieder, fluchet nicht wieder.

Oder wie St. Augustin von seiner Mutter Monica rühmt, daß, wo sie zwo uneins sahe, redete sie allzeit das Beste auf beiden Seiten, und was sie von einer Gutes hörte, das brachte sie zu der andern; aber was sie Böses hörte, das verschwieg sie oder linderte es, soviel sie konnte, und hat also viel untereinander versöhnt.

Kann der Mensch sich ändern oder verändert werden?

Der Heilige Geist, der in unsere Herzen ausgegossen ist, verändert uns und pflanzt uns die Liebe zur Eintracht und das Suchen des Friedens ein und fordert uns auf zur Liebe untereinander. Und er lenkt und gestaltet unsere Herzen so, daß wir einander die Beleidigungen verzeihen, die Fehler gerne erlassen, die Irrtümer und Schwachheit an dem Nächsten geduldig tragen.

Das ist das Feuer des Heiligen Geistes, der unsere Herzen ändert und umbildet, daß, wenn etwa Beleidigungen vorfallen, ich weder wider dich, noch du wider mich die Waffen ergreifest.

Es ist Friede vonnöten, nicht allein um den Leib zu ernähren, sondern auch zur Auferziehung der Jugend und zum Belehren der Gemeinden. Und hauptsächlich um dieser Sache willen ist die weltliche Obrigkeit eingesetzt, damit durch ihre Bemühung, Werke und Hülfe der Friede erhalten werde, damit nicht entweder durch Lockerung der Zucht die Auferziehung verhindert werde, oder durch Aufruhr und Kriege die Gemeinden nicht recht unterrichtet werden können, wie es ja im Kriege geschieht. Denn bei den Männern, die sich das Kriegshandwerk erwählt haben, ist weder Glaube noch Gottseligkeit, und unter den Waffen schweigen die Gesetze; kurz, die ganze liebliche Ordnung (harmonia) des Weltregiments wird durch die Waffen aufgelöst. Deshalb muß man mit Mose um Frieden bitten, daß Gott die Werke unserer Hand leite, die nicht über uns sind, sondern in unseren Händen.

Wie kam es nun, daß ein Bergmannssohn solche Freude an der Schöpfung und den Geschöpfen, verbunden mit einer so hohen Meinung von menschlicher Arbeit hat?

Es ist Gottes Gabe, daß alle Tiere, sowohl Menschen und Vieh, morgens früh in gutem Frieden aufstehen, und ein jegliches fröhlich dahingeht nach seiner Nahrung und zu seiner Arbeit. Da singen die Vögel, da blökt das Vieh, Knecht und Magd gehen zu Felde mit einem Liedlein; desgleichen kommt zum Abend alles wieder heim mit Singen und Blöken. Denn wo Friede und gute Zeit ist, da singt alles und ist fröhlich und stehen Berg und Tal lustig. Das ist ein großer Segen und Gabe Gottes, der solche Freude gibt, denn zur Kriegszeit und anderer böser Zeit kann niemand solche Freude geben noch haben.

Geht es voran in der Gesellschaft, oder bleibt letztlich doch alles beim alten?

Geh du hin, sei klug und mach's gut! So geht's denn flugs an, ja, den Krebsgang, und das Ende vom Lied heißt: Es ist alles ganz eitel! Allein Gott soll man die Weisheit und die Ehre geben; wir sind Narren und elende Hümpler mit unserem Tun und Kunst.

Wir sind seit 25 Jahren in der freien Marktwirtschaft angekommen, erhalten Kredite und Mini-Zinsen. Wer rausfällt, fällt nicht durchs Netz, sondern in Hartz IV. Aber die einen verdienen unverschämt viel, leben von Spekulation und schwer nachweisbarem Betrug. Viele andere sind und bleiben arbeitslos. Gier infiziert alle.

Der Apostel Paulus schreibt: »Die Habsucht ist eine Wurzel aller Übel«. Und doch kann man nicht leugnen, daß Kaufen und Verkaufen ein notwendig Ding ist, das man nicht entbehren und wohl christlich brauchen kann, sonderlich in den Dingen, die zur Notdurft und in Ehren dienen, zum Wohle der Menschen.

Es gibt unter uns Reiche, die viel abschreiben können, und immer mehr arme Schlucker, Arbeitslose und Arbeitsscheue. Die einen haben Probleme mit dem Steuerabschreiben großer Gewinne, die andern sind in Privatinsolvenz gelandet. Preise werden nicht nach Wert, sondern nach Nachfrage bestimmt. Konzerne sprechen sich ab, glitschig wie Aale. Viel Betrug wird ganz legal möglich. Wo soll das in einer globalisierten Welt hinführen?

Sollen Recht und Redlichkeit bleiben, müssen die Großhandelsgesellschaften abgeschafft werden. »Das Bett ist zu eng«, sagt Jesaja, »einer muß herausfallen. Und die Decke ist zu schmal, beide kann sie nicht bedecken.«

Der einfache Mann ist zu sehr geprüft und über alle Maßen aufs Hinterhältigste bedrückt, in Erregung und Verdruß über den Schaden, den er an Gut, Leib und Seele erlitten hat und kann und will das hinfort nicht mehr erdulden und hat gute Gründe dafür, mit Flegeln und Keulen dazwischen zu schlagen.

Aber Aufruhr ist ohne Vernunft und bringt gewöhnlich den Unschuldigen mehr Schaden als den Schuldigen. Deshalb ist kein

Aufruhr gerechtfertigt, wie gerecht seine Sache auch immer sei. Wenn der Herr Omnes aufsteht, vermag er einen Unterschied zwischen den Bösen und Gerechten weder festzustellen noch durchzuhalten. Er schlägt in die Menge, wie es trifft.

Verstehst du die Menschen nicht, die die Ungleichheit unerträglich finden? Wenn jeder Mensch gleichen Wert hat, muß er dann nicht etwa gleich viel verdienen, mindestens einen Mindestlohn? Oder findest du große soziale Unterschiede unvermeidlich?

Du mußt dir vornehmen, im Handel nicht mehr als deine dir zustehende Nahrung zu suchen, danach die Unkosten, die Mühe, die Arbeit und das Risiko berechnen, überschlagen und so also den Preis der Ware selber festsetzen, ihn steigern oder herabsetzen, damit du auch einen Lohn für solche Arbeit und Mühe hast.

Wie hoch aber dein Lohn zu schätzen sei, den du mit einem solchen Handel oder einer solchen Arbeit verdienen darfst, kannst du am besten berechnen und erkennen, daß du die Zeit und die Schwere der Arbeit überschlägst und zum Vergleich einen gewöhnlichen Tagelöhner nimmst, der sonst irgendwo arbeitet und siehst, was dieser an einem Tag verdient.

Danach berechne, wie viele Tage du dich gemüht hast, die Ware zu holen und zu erwerben, wie schwer die Arbeit war, wie groß das Risiko, das damit verbunden war. Denn schwerere Arbeit und viel Zeit muß auch größeren Lohn haben.

Wer Geld hat, hat keine Sorgen, sagt man. Glaubst du, daß Geld glücklich macht?

Geld ist das Wort des Satans, durch das er alles in der Welt schafft ... Alles stinkt vor Habsucht, ja ist darin ersoffen und ertrunken wie in einer großen Sintflut ... Das ist eine Arglist der Habsucht, die nur auf die Bedürfnisse der Nächsten schielt, aber nicht, um ihnen zu helfen, sondern um sie für sich auszunutzen und an dem Schaden seines Nächsten reich zu werden. Das sind alles offenkundige Diebe, Räuber und Wucherer, die sich kein Gewissen daraus machen, ihre Ware auf Borg und Zeit teurer zu verkaufen als für bares Geld.

Je mehr wir haben, um so mehr wollen wir haben!

Du hast einmal den Christen mindestens drei Eigenschaften zugeschrieben, wohl wissend, daß sie nicht weniger anfällig sind als andere, sowie es ums Geld geht.

Ein Christ muß diese drei Eigenschaften haben:
Er muß geben, leihen und leiden.
Einer sollte des anderen täglich Brot werden;
einer des anderen Christus sein.
In diesen zwei Stücken besteht das ganze christliche Leben:
Glaube an Gott, hilf deinem Nächsten!

Vieles durcheinander und flüchtig lesen, macht wahrlich nicht gescheit. Gutes oft zu lesen, empfiehlst du. Jeder braucht verläßliche Wegweiser für sein Leben. Für dich ist das die Heilige Schrift. Diese sollten die Menschen immer wieder, immer neu von Kind an lesen lernen, sie bedenken und in ganz eigener Weise auf ihr ganzes Leben beziehen. Aber das ist ganz schön schwer, oft bleibt sie dunkel, überholt, auch widersprüchlich.

Da kann man nie ausgelernt haben; man muß beständig damit umgehen – so wie eine Näherin *dann* um jeden Handgriff weiß, wenn sie von früh an mit ihrer Nadel gelernt hat und alles kennt – so muß ein Mensch sein Leben lang mit der Bibel umgehen, daß er es ja nicht verlerne, sie für sich zu verstehen. Schütteln und rütteln an diesem Baum der Erkenntnis lohnt sich. Es fällt immer eine Frucht herab.

Jeder Mensch habe einen Gott, betonst du immer wieder. Woran einer sein Herz hängt, das sei sein Gott. Atheisten gibt es nicht, denn jeder hat etwas, woran er sein Herz hängt.

Einen Gott haben heißt nichts anderes, als ihm von Herzen vertrauen und glauben; wie ich oft gesagt habe, daß allein das Vertrauen und Glauben des Herzens etwas sowohl zu Gott als zu einem Abgott macht.

Ist der Glaube und das Vertrauen recht, so ist auch dein Gott recht, und umgekehrt, wo das Vertrauen falsch und unrecht ist, da ist auch der rechte Gott nicht. Denn die zwei gehören zuhauf: Glaube und Gott. Woran du nun, sage ich, dein Herz hängst und worauf du dich verlässest, das ist eigentlich dein Gott.

Es ist mancher, der meint, er habe Gott und alles zur Genüge, wenn er Geld und Gut hat; er verläßt sich darauf und brüstet sich damit so steif und sicher, daß er auf niemand etwas gibt. Sieh, ein solcher hat auch einen Gott: der heißt Mammon, das heißt Geld und Gut; darauf setzt er sein ganzes Herz.

Das ist ja auch der allgemeinste Abgott auf Erden. Wer Geld und Gut hat, der weiß sich in Sicherheit, ist fröhlich und unerschrocken, als sitze er mitten im Paradies.

Es mag sein, daß man jetzt stolze, gewaltige und reiche Wänste findet, die auf ihren Mammon trotzen, ohne darnach zu fragen, ob Gott zürne oder lache, als könnten sie sich wohl getrauen, seinen Zorn auszuhalten. Aber sie werden es doch nicht ausführen, sondern werden, ehe man sich's versieht, zum Scheitern kommen mit allem, worauf sie getraut haben; wie alle andern untergegangen sind, die sich wohl noch sicherer und mächtiger gefühlt haben.

… diejenigen, die dem Mammon dienen, haben Gewalt, Beliebtheit, Ehre, Gut und Sicherheit vor der Welt. … wenn sie auch große Schätze zusammengebracht haben, so ist es doch zerstoben und verflogen, so daß sie selber ihres Gutes nie froh geworden sind …

Worin muß ein Christ gelehrt sein?
Die Freude ist der Doktorhut des Glaubens.

Lieber Dr. Luther, du tratest 1505 in das Augustinereremitenkloster ein und lebtest asketisch. Dann hast du dein Mönchsgelübde hinter dir gelassen, hast 1525 ein Weib genommen, gern gegessen, dein Wittenbergisch Bier in fröhlicher Runde genossen. Und die beiden Zöpfe im

Bett haben dir nach deiner Heirat sehr gefallen. Bist du gar fleischlichen Genüssen selber verfallen?

Es ist dir selbst durch Gott und jedermann vergönnt, daß du nicht allein zu deiner Notdurft, sondern ebenso zur Lust und Freude ißt und trinkst und guter Dinge bist. Aber daran darfst du dir nicht genügen lassen, außer wenn du auch ein solches Schwein und Ekel sein wolltest, so als wärest du bloß dazu geboren, Bier und Wein zu verbrauchen. Essen, Trinken und Kleiden sind uns nicht verboten worden. Nur: daß wir dabei dennoch nicht unflätig und Schweine werden und so die Vernunft schändlich begraben. Petrus will keine unflätigen, rostigen und schmutzigen Mönche oder sauer dreinsehende Heilige mit Heucheleien und mit dem Schein eines vortrefflichen asketischen Lebens haben.

Gott hat nichts dagegen, daß du dich nach deinen Möglichkeiten kleidest, schmückst und vergnügst, zu Ehren und zu angemessenen Freuden. Allein: es muß bei einem bestimmten Maß bleiben und Mäßigkeit heißen.

»Du sollst nicht falsch Zeugnis reden wider deinen Nächsten«, heißt es im achten Gebot. Trotzdem lesen die Leute massenhaft Boulevard-Klatsch, quatschen Gerüchte nach, verbreiten geschickt Lügen, die Großen wie die Kleinen. Was steckt dahinter?

Das sind nun alles Afterredner, die, wenn sie ein Stücklein von einem anderen wissen, tragen sie es in alle Winkel und haben eine Freude daran, daß sie eines anderen Schmutz aufwühlen können, wie die Säue, die sich im Kot wälzen und mit dem Rüssel darin wühlen.

Es soll aber niemand seinen Nächsten, beide Freund und Feind, mit der Zunge schädlich sein, noch Böses von ihm reden, es sei wahr oder erlogen.

Alles, was ihr wollt, daß euch die Leute tun, das tut ihnen auch.

Wie können wir einander besser gerecht werden und hilfreich sein?

Die Erfüllung des achten Gebotes ist eine friedsame, heilsame Sprache, die niemandem schadet und jedem nützt; eine Zunge, die die Zerstrittenen versöhnt, die Verleumdeten entlastet und besonnen spricht, also wahr und eindeutig.

Du hast alle getauften Laien zu Priestern erklärt. Ist der Priester also kein Hochwürden mehr, nicht mehr als ein normaler »Angestellter«?
Wenn wir auch alle Priester sind, so können und sollen wir doch darum nicht alle predigen oder lehren und regieren. Doch muß man aus der ganzen Menge einige aussondern und wählen, denen solch ein Amt befohlen werde. Und wer es innehat, der ist nun nicht um des Amts willen ein Priester (wie es die andern alle sind), sondern ein Diener aller andern. Und wenn er nicht mehr predigen und dienen kann oder will, so tritt er wieder in den allgemeinen Haufen zurück, befiehlt sein Amt einem andern und ist nichts anderes als jeder andere Christ. Siehe, so muß man das Predigtamt oder Dienstamt von dem allgemeinen Priesterstande aller getauften Christen unterscheiden. Denn solch Amt ist nichts mehr als ein öffentlicher Dienst, der einem etwa von der ganzen Gemeinde befohlen wird, in der alle zugleich Priester sind.

Deine Kirchenreform bedurfte im »Priestertum aller Gläubigen« der Bildung aller. Warum?
Es besteht das Gedeihen einer Stadt nicht allein darin, daß man große Schätze sammelt, feste Mauern, schöne Häuser, viele Kanonen und Harnische herstellt. Vielmehr, wo es viel davon gibt und es kommt in die Hände wahnsinniger Narren, so ist das ein um so schlimmerer und um so größerer Schaden für diese Stadt. Vielmehr das ist einer Stadt Bestes und ihr allerprächtigstes Gedeihen, ihr Wohl und ihre Kraft, daß sie viele gute, gebildete, vernünftige, ehrbare, wohlerzogene Bürger hat, die dann sehr wohl Schätze und alle Güter sammeln können, sie recht erhalten und recht gebrauchen.

Wieso gibt es so wenige fähige und engagierte Leute in der Politik?

Weil denn eine Stadt Leute haben soll und muß und es überall der größte Mißstand, Mangel und Klage ist, daß es an Leuten fehle, so darf man nicht warten, bis sie von selbst aufwachsen. Man wird sie auch weder aus Steinen hauen noch aus Holz schnitzen. Ebenso wird auch Gott keine Wunder tun, solange man der Sache durch andere von ihm dargebotene Güter aufhelfen kann. Darum müssen wir dazu beitragen und Mühe und Kosten dransetzen, sie selbst erziehen und zu etwas machen. Denn wessen Schuld ist es, daß es jetzt in allen Städten so spärlich aussieht in bezug auf fähige Leute.

Zu viele Politiker suchen ihren eigenen Vorteil, genießen ihre Macht, wechseln in die Wirtschaft, kommen ihrer generationenübergreifenden Verantwortung nicht nach. Was tun? fragte schon Lenin.

Soll man zulassen, daß lauter Flegel und Grobiane regieren, wenn man's sehr wohl besser machen kann? Das ist jedenfalls ein barbarisches, unvernünftiges Vorhaben. Da lasse man lieber doch gleich Säue und Wölfe zu Herren machen und über die setzen, die nicht darüber nachdenken wollen, wie sie von Menschen regiert werden. Ebenso ist es auch eine unmenschliche Bosheit, wenn man nicht weiter denkt als so: Wir wollen jetzt regieren. Was geht es uns an, wie es denen gehen wird, die nach uns kommen? Nicht über Menschen, sondern über Säue und Hunde sollten solche Leute herrschen, die beim Regieren nichts mehr suchen als ihren Vorteil oder ihre Ehre.

Wie soll man völlig unerzogene, unruhige, unkonzentrierte Kinder zum Lernen motivieren?

Das junge Volk muß hüpfen und springen oder jedenfalls etwas zu tun haben, woran es Vergnügen hat, und es ist ihm darin nicht zu wehren; es wäre auch nicht gut, alles zu verwehren. Warum sollte man ihm dann nicht solche Schulen einrichten und solche Wissenschaft vortragen, zumal jetzt durch Gottes Gnade alles so eingerichtet ist, daß die Kinder mit Vergnügen und Spiel lernen können, seien es Sprachen oder andere Wissenschaften oder Geschichtserzählungen? Es gibt jetzt nicht mehr die Hölle und das Fegfeuer unserer Schulen, in denen wir geplagt wurden mit Deklinations- und Konjugationsübungen, wo wir doch rein gar nichts gelernt haben durch so viel Prügel, Zittern, Angst und Jammer. Nimmt man sich so viel Zeit und Mühe, um die Kinder Kartenspielen, Singen und Tanzen zu lehren, warum nimmt man sich nicht auch so viel Zeit, um sie Lesen und andere Künste zu lehren, solange sie jung und frei von Arbeit sind, die Fähigkeit und Lust dazu haben? Von mir selber sage ich: Wenn ich Kinder hätte und es könnte, müßten sie mir nicht nur die Sprachen und Geschichtserzählungen hören, sondern auch Singen und die Musik samt der ganzen Mathematik lernen.

Mir ist eindrücklich geblieben, daß du rätst, man solle nicht vieles, sondern weniges Gute lesen, immer wieder, vor allem die Bibel. Und du bist für theoretisches Wissen wie für Ausbildung praktischer Fähigkeiten.

Ich habe des Teufels Dreck lesen müssen, die Philosophen und Sophisten, mit viel Kosten, Arbeit und Schaden, so daß ich genug daran auszufegen habe. Mein Wunsch ist, daß man die Knaben am Tag eine Stunde oder zwei zu solch einer Schule gehen und nichtsdestoweniger die übrige Zeit im Hause arbeiten läßt, ein Handwerk lernen und wozu man sie sonst haben will, so daß beides zusammengeht, solange das Volk jung ist und sich ins Zeug legen kann.

Du sprichst immer wieder ganz unvermittelt vom Teufel. Dieser sei ein ziemlich trauriger Geist. Ich bin auch oft ganz unten, deprimiert, depressiv. Wie kann ich bloß diesen Trübsinnsteufel loswerden? Mit Tabletten und Trunk habe ich es bisher vergeblich versucht.

Der Teufel ist ein trauriger Geist und macht traurige Leute, darum kann er Fröhlichkeit nicht leiden. Daher kommts auch, daß er vor der Musica aufs Weiteste flieht! Er bleibt nicht, wenn man singt, sonderlich geistliche Lieder. Also linderte David dem Saul seine Anfechtung mit seiner Harfen, als ihn der Teufel plagte … Die Musica ist ein herrlich göttlich Geschenk … Ja, Musica ist aller Bewegung des menschlichen Herzens eine Regiererin. Nichts auf Erden ist kräftiger, die Traurigen fröhlich, die Fröhlichen traurig, die Verzagten herzhaftig zu machen, die Hoffärtigen zu Demut zu reizen, den Neid und Haß zu mindern, denn Musik.

Musik hat also etwas Exorzistisches?

Wenn ihr traurig seid und die Traurigkeit überhand nehmen will, so sprecht: »Auf! Ich muß unserem Herrn Christus ein Lied spielen … Denn die Schrift lehrt mich, daß Christus gern fröhlichen Gesang und Saitenspiel hört.« Und greift frisch in die Tasten und singt dazu, bis die Gedanken vergehen … Kommt der Teufel wieder und gibt euch eine Sorge oder traurige Gedanken ein, so wehrt euch frisch und sprecht: »Teufel raus! Ich muß jetzt meinem Herrn Christus singen und spielen.«

Dein Freund Spalatin hat zehn Jahre später als du auf dem Pilgerweg die Heilige Stadt Rom besucht und ist ganz verzweifelt zurückgekehrt, erschrocken auch über die ehrabschneidenden Anwürfe, die er dort gegen Luther zu hören bekommen hatte.

Wittenberg, 9. Juli 1520. Mein lieber Spalatin! Den Brief aus Rom hab ich schweigend, aber mit großer Betrübnis gelesen, weil ich einen so großen Unverstand und ein so gottloses Wesen in so großen Häuptern der Kirche gefunden habe. Ich meine, ihr Gewissen und das Licht der Wahrheit hat sie so geblendet, daß sie zu jedem Urteil und vernünftigen Gedanken unfähig sind. Sie verdammen meine Lehre und sagen doch, daß sie wohl überdacht und verständig sei, dann wollen sie meine Schriften gar nicht gelesen, noch ihre Kenntnis begehrt haben. Der Herr sei uns allen gnädig …

Bist du eigentlich durch deinen Erfolg öffentlichkeitsgeil und ehrsüchtig geworden?

Man gibt mir Schuld, ich sei ehrsüchtig. Was sollt ich elender Mensch nach Ruhm und Ehren trachten? Der ich nichts anderes begehre, als daß ich weder schreiben, predigen noch lehren brauchte, sondern verborgen und unbekannt in einem Winkel mein Leben zubringen möchte.

Es nehme meine Last, Mühe und Arbeit auf sich, wer da will; es verbrenne meine Bücher, wer Lust hat: ich frage, was kümmert es mich?

Glauben kommt vor dem Tun – er ist selber ein Tun, das den Täter verwandelt. Wie das?

Glaube ist ein göttliches Werk in uns, das uns wandelt und neu gebiert aus Gott (Johannes 1,1 ff.) und tötet den alten Adam; macht uns zu ganz andern Menschen von Herzen, Gemüt, Sinn und allen Kräften und bringt den heiligen Geist mit sich.

O, es ist ein lebendig, geschäftig, tätig, mächtig Ding um den Glauben, so daß es unmöglich ist, daß er nicht ohne Unterlaß Gutes wirken sollte.

Er fragt auch nicht, ob gute Werke zu tun sind, sondern ehe man fragt, hat er sie getan und ist immer im Tun.

Wer aber nicht solche Werke tut, der ist ein glaubloser Mensch, tappt und sieht um sich nach dem Glauben und guten Werken und weiß weder, was Glaube noch gute Werke sind, und wäscht und schwätzt doch viele Worte von Glauben und guten Werken.

Glauben ist eine lebendige, entschlossene Zuversicht auf Gottes Gnade, so gewiß, daß er tausendmal darüber stürbe.

Und solche Zuversicht und Erkenntnis göttlicher Gnade macht fröhlich, trotzig und lustig gegen Gott und alle Kreaturen: Das tut der Heilige Geist im Glauben. Daher wird er ohne Zwang willig und lustig, jedermann Gutes zu tun, jedermann zu dienen, allerlei zu leiden, Gott zu Liebe und zu Lob, der ihm solche Gnade erzeigt hat, so daß es unmöglich ist, Werke vom Glauben zu scheiden – so unmöglich, wie Brennen und Leuchten vom Feuer nicht geschieden werden kann.

Du hast Höhen und Tiefen des Lebens durchgestanden. Du hast öfter mit deinem Gott gehadert – etwa beim Tod Lenchens, deiner geliebten Tochter. Und doch hast du dein Gottvertrauen nicht verloren.
Ich habe stets gebetet: »Ich danke dir, daß du mich demütigst und bist mein Heil.« So steht es in der Bibel. Dieser Vers macht fröhlich:
Bist du nicht ein wunderbarer, lieblicher Gott, der du uns so wunderbar und freundlich regierst?
Du erhöhest uns, wenn du uns erniedrigst; du machst uns gerecht, wenn du uns zu Sündern machst; oder du führst uns gegen den Himmel, wenn du uns in die Hölle stößest; du gibst uns den Sieg, wenn du uns unterliegen lässest;
du machst uns lebendig, wenn du uns töten lässest;
du tröstest uns, wenn du uns trauern lässest;
du machst uns fröhlich, wenn du uns heulen lässest;
du machst uns singen, wenn du uns weinen lässest;
du machst uns stark, wenn wir leiden;
du machst uns weise, wenn du uns zu Narren machst;
du machst uns reich, wenn du uns Armut zuschickest;
du machst uns zu Herren, wenn du uns dienen lässest
– und dergleichen unzählige Wunder mehr.

Du konntest deftig-bildreich den Menschen ins Gewissen reden.
Pfui, was für ein Christ bist du! Du bist nicht wert, daß du eine Kuh, ein Esel oder ein Ochse wärest. Denn die unvernünftigen Tiere tun doch, was sie tun sollen. Eine Kuh ist vergleichsweise fromm: Sie frißt nicht selbst die Milch, bringt sich nicht um und frißt auch das Kalb nicht selbst, das sie trägt, sondern sie trägt das Kalb, die Milch, den Käse und die Butter den Menschen zugut. Ist für sich selbst wohl zufrieden, daß man ihr Gras und Futter gibt, damit sie immer mehr könne tragen und geben.

Da lerne also, dich vor der Kuh zu schämen, du unflätige, wilde und unvernünftige Sau, wenn du schon nicht von deinem Herrn und Heiland lernen willst, wie ein Christ zu leben.

Wie sollen wir nur unseren Neid überwinden, aus dem heraus wir anderen nichts Gutes gönnen?

Man soll nicht des Nächsten Schaden begehren und auch nicht dazu helfen oder Anlaß geben; vielmehr soll man ihm gönnen und lassen, was er hat, dazu auch fördern und erhalten, was ihm zu Nutz und Dienst geschehen kann, so wie wir es auch uns getan haben wollten.

Demnach soll es hier besonders auf die Mißgunst, den leidigen Geiz und die Gier abgesehen sein; Gott will die Ursache und Wurzel aus dem Weg räumen, aus der alles entspringt, wodurch man dem Nächsten Schaden tut.

»Alles, was ihr wollt, daß euch die Leute tun sollen, das tut ihnen auch.« Das ist die goldene Regel für alles Tun und Lassen.

Es ist mancher, der meint, er habe Gott und alles zur Genüge, wenn er nur Geld und Gut hat; er verläßt sich darauf und brüstet sich damit so steif und sicher, daß er auf niemand etwas gibt.

Es gibt ausweglose Situationen. Gibt's dennoch je und dann kluge Lösungen?

Wenn es sich begibt, daß zwei Ziegen einander auf einem schmalen Steg begegnen, der über ein Wasser führt – was tun sie? Sie können nicht zurück, sie können nicht nebeneinander gehen, der Steg ist zu eng. Sollen sie einander stoßen, fallen beide ins Wasser und ertrinken. Was tun sie nun? Die Natur hat es ihnen gegeben, daß eine sich niederlegt und läßt die andere über sich steigen; so bleiben beide unverletzt. Also sollte ein Mensch sich auch einem andern gegenüber verhalten und ihn mit Füßen über sich laufen lassen, ehe er sich mit dem anderen zankt, mit ihm hadert oder ihn bekriegt.

Du bist ein wunderbarer Sprücheklopfer, hast so herrliche Formulie-
rungen drauf – mit Poesie und Polemik, mit Wahrheit und Weisheit.

- Man soll kräftiger trinken, zwangloser plaudern, öfter essen
  – um den Teufel zu verspotten.

- Man soll arbeiten, als sollte man ewig leben, und doch so gesinnt sein, als sollten wir diese Stunde sterben.

- Wir sollten uns nicht darum kümmern, was die Welt über uns
  sagt.

- Von der Arbeit stirbt kein Mensch. Aber vom Ledig- und Müßiggehen kommen die Leute um Leib und Leben; denn der
  Mensch ist zur Arbeit geboren wie der Vogel zum Fliegen.

- Laß einen jeden sein, der er ist, so kannst du wohl auch bleiben, der du bist.

- Hätte ich auch nur *einer* Seele die Augen geöffnet und sie aus
  dem Abgrund errettet, so hätte ich nicht umsonst gearbeitet.

- Gott schütze mich vor meinen Freunden; wider meine Feinde
  wehre ich mich selber.

- Heißt das Gott dienen: in einen Winkel kriechen und niemand, niemand raten noch helfen?

- Wer Gott dienen will, der soll unter den Leuten bleiben und
  ihnen dienen, womit er kann.

- Dem Teufel soll man keine Gelegenheit geben, uns aus Kleinigkeiten eine Gewissenssache zu machen.

- Wenn der Wolf will, ist das Lamm im Unrecht.

- Wer das wenige verschmäht, dem wird das Größere nicht zuteil.

- Wer mit Dreck rammelt, der gewinne oder verliere, so geht er
  doch immer beschissen davon.

- Wer über die Wolken spekuliert und diese fangen will, der
  stürzt in den Abgrund.

- Allewege ist Vorsorge besser als Nachsorge.

- Man soll sich gegen den Baum neigen, davon man Schatten
  hat.

- Wo zwanzig Teufel sind, da sind auch hundert Engel. Wenn

das nicht so wäre, dann wären wir schon längst zugrunde gegangen.

- Wenn du anfängst, nicht besser werden zu wollen, hörst du auf, gut zu sein.
- Wenn man das Gute, das man hat, mit dem Schlechten, was man nicht hat, vergleicht, erkennt man sogleich, was für einen großen Schatz an Gütern man hat.
- Ein Fürst ist auch ein Mensch und hat immer zehn Teufel um sich her, wo sonst ein Mensch nur einen hat.
- Dreierlei erwartet man von einem Redner: sein Vortrag muß lehren, erfreuen und das Herz bewegen.
- Die Heilige Schrift ist ein Kräutlein; je mehr du es reibst, desto mehr duftet es.

Es gibt so viel Gewäsch, Geplapper, Gerede, Gesäuseltes und Polterndes, Einschmeichelndes oder Grobianisches, Zynisches und Weiß-Gewaschenes. Wo ordnet sich da heute – zumal in der digital überbordenden, mit nichtigen Informationen verseuchten Welt – ein Prediger ein? Sollte er beruhigen, besänftigen, bestätigen, gar über alles Bittere, Belastende und Bedrückende einfach Honig gießen?

Ein Prediger soll Zähne im Maul haben, beißen und salzen und jedermann die Wahrheit sagen. Denn so tut Gottes Wort, das es die ganze Welt antastet, Herrn und Fürsten und jedermann ins Maul greift, donnert und blitzt und stürmt gegen große, mächtige Berge, schlägt drein, daß es raucht, und zerschmettert alles, was groß, stolz und ungehorsam ist.

Predigen will ich's, sagen will ich's, schreiben will ich's. Aber zwingen, mit Gewalt dringen, will ich niemanden. Denn der Glaube will willig, ungenötigt angenommen werden … Ich habe allein Gottes Wort getrieben, gepredigt und geschrien, sonst habe ich nichts getan. Das hat, wenn ich geschlafen habe, wenn ich mein Wittenbergisch Bier mit meinem Freunde Philipp Melanchthon getrunken habe, so viel getan, daß das Papsttum so schwach geworden ist, daß ihm noch nie ein Fürst oder Kaiser soviel Abbruch getan hat ... Ich habe nichts gemacht, ich habe das Wort handeln lassen.

Luther, du wirst noch nach 500 Jahren bewundert wegen deines Mutes, mit dem du auf dem Reichstag in Worms 1521 aufgetreten bist. Dein Mut machte vielen Mut. Aber was war dein Motiv, da du doch wissen mußtest, daß man dich wie Jan Hus hätte verbrennen können?
Man soll und wird mir mein Spiel nicht dämpfen. Ich hab in Gottes Namen angefangen damit. Wenn sie gleich Bücher und mich dazu verbrennen würden. Ich habe bisher noch nichts anderes erfahren, durch vieler frommer Leute Schrift und Zeugnis, denn daß meine Lehre den einfältigen, betrübten, gefangenen Gewissen tröstlich, nützlich und besserlich sei, und sie mir Unwürdigen so herzlich gedankt und Gott gelobt haben, daß sie die Zeit erlebt haben, solches zu hören. Dir, Emser, tut es wehe im Herzen, mein fröhlicher, großer Mut. Ich bin aber und will, so Gott will, auch bleiben ... in einem beständigen, hochgemuten, unerschrockenen Geiste und wollte nur, daß deine gehässigen Augen müßten sehen meinen täglichen, fröhlichen Mut ...
So bin ich jetzt von Gottes Gnaden frisch, gesund, fröhlich und mutig ...
Es gilt hier nichts zu widerrufen, sondern Leib und Leben daran zu setzen, das und kein anderes. Dazu helfe mir Gott mit seinen Gnaden! (Aus einem Brief an Hieronymus Emser vom 6. März 1521)

Jeder Mensch solle in seinem Beruf und Stand, in seinem Geschlecht oder Alter ein Gewürdigter sein und bleiben. Besonders Gewürdigte sind für ihn nicht »die Hochwürden«, die »Prälaten«, sondern Mann und Frau, die sich um ihre Kinder kümmern. Dies sei ein göttlicher Stand: der Familienstand. Du warst freilich nicht gerade ein Vorkämpfer der Frauenemanzipation. Aber deine Katharina hat dir einiges beigebracht von den besonderen Begabungen, um nicht zu sagen von der Überlegenheit des weiblichen Geschlechts. Du hattest dir nicht vorstel-

len können, daß du es einmal statt mit Aristoteles mit Windelkacke zu tun bekämst.

Es müssen geradezu lichte Momente gewesen sein, in denen du das alltägliche Tun einer jungen Mutter an ihrem Kind so hoch gewürdigt hast – als wenn Hochwürden ein Hochamt leiten.

Katharina hat dir schließlich nicht bloß Kinder geschenkt, sie hat dir auch Bier gebraut, und du hast ihr mit humorvoller Zärtlichkeit Briefe geschrieben.

Nun siehe zu, wenn die kluge Hure, die natürliche Vernunft (welcher die Heiden gefolgt sind, da sie am klügsten sein wollten) das eheliche Leben ansieht, so rümpft sie die Nase und spricht: Ach, sollte *ich* das Kind wiegen, die Windeln waschen, Bett machen, Gestank riechen, die Nacht wachen, seines Schreiens warten, sein Grind und Blattern heilen; danach des Weibes pflegen, sie ernähren und arbeiten; hier sorgen, da sorgen, hier tun, da tun, das leiden und dies leiden, und was denn mehr Unlust und Mühe der Ehestand lehrt: ei, sollte ich so gefangen sein?

O du elender, armer Mann, hast du ein Weib genommen?

Pfui, pfui des Jammers und Unlust! Es ist besser, frei bleiben und ohne Sorge ein ruhig Leben geführt: ich will ein Pfaff oder Nonne werden, meine Kinder auch dazu halten. Was sagt aber der christliche Glaube hierzu?

Er tut seine Augen auf und sieht alle diese geringen, unlustigen verachteten Werke im Geiste an und wird gewahr, daß sie alle mit göttlichem Wohlgefallen als mit dem köstlichen Gold und Edelsteinen geziert sind, und spricht: Ach Gott, weil ich gewiß bin, daß du mich einen Mann geschaffen und von meinem Leib das Kind gezeugt hast, so weiß ich auch gewiß, daß dir's aufs allerbeste gefällt, und bekenne dir, daß ich nicht würdig bin, daß ich das Kindlein wiegen solle noch seine Windeln waschen, noch sein oder seiner Mutter warten.

Wie bin ich in die Würdigkeit ohne Verdienst kommen, daß ich deiner Kreatur und deinem liebsten Willen zu dienen gewiß geworden bin?

Ach wie gerne will ich solches tun, und wenn's noch geringer und verachteter wäre. Nun soll mich weder Frost noch Hitze, weder Mühe noch Arbeit verdrießen, weil ich gewiß bin, daß dir's also wohlgefällt.

Also soll auch das Weib in ihren Werken denken, wenn sie das Kind säugt, wiegt, badet und andere Werke mit ihm tut, und wenn sie sonst arbeitet und ihrem Manne hilft und gehorsam ist: es sind alles eitel güldene, edle Werke. Item, so soll man auch ein Weib trösten und stärken in Kindesnöten ...

Du hast kräftig gegengehalten gegenüber dem Spott der Männer, die es als weibisch ansehen, wenn ein Mann sich herabläßt, Windeln zu waschen.

Nun sage mir, wenn ein Mann hinginge und wüsche die Windeln oder tät sonst am Kinde ein verächtlich Werk, und jedermann spottete sein und hielte ihn für einen Maulaffen und Frauenmann; so er's doch täte in solcher obgesagter Meinung und christlichem Glauben: Lieber sage, wer spottet hier des andern am feinsten?

Gott lacht mit allen Engeln und Kreaturen, nicht daß er die Windeln wäscht, sondern daß er's im Glauben tut.

Jener Spötter aber, die nur das Werk sehen und den Glauben nicht sehen, spottet Gott mit aller Kreatur als der größten Narren auf Erden; ja, sie spotten sich nur selbst und sind des Teufels Maulaffen mit ihrer Klugheit.

Dir ist in deiner Stadt Wittenberg übel mitgespielt worden. Der Zeugmeister hat dich offenbar zuschütten wollen, als er an deiner Hauswand riesige Mengen Schutt abladen ließ. Respektlos, ja gemein wurdest du behandelt. Aber du hast dieser gemeinen Lokalgröße gegenüber Klartext geredet.

Mein lieber Zeugmeister! Ihr wisset, daß Euch verboten ist von meinem gnädigsten Herrn, daß Ihr nicht sollet mir zu nahe oder zum Schaden bauen. So habe ich meinem gnädigsten Herrn zu

Gefallen eingewilligt, (das) Erdgeschoß zuzuschütten. Nun fahret Ihr fort aus eigener Kühnheit und Frevel und schüttet mir auch das Zwischengeschoß zu bis an die Gitter. Welches Euch ohne Zweifel der Teufel befohlen hat ... Daraus jedermann verspürt ..., daß es Euch nicht um den Bau, sondern um das Haus zu tun gewesen ist, mich davon zu verdrängen ... Desgleichen will ich auch mein Brauttor, das Ihr mir zu Verdruß mit Steinen gern verderbt hättet, wieder von Euch ausgebessert haben. Auch von Euch versichert bekommen, daß mir der Schutt die Mauer am Garten nicht einstoße. ...

Denn dessen sollt Ihr gewiß sein, daß ich zu Eurem verfluchten Bau, mit dem Ihr meinem gnädigsten Herrn seinen Beutel leert, nicht ein Haar breit mehr weichen will. ... so sollt Ihrs nicht weitertreiben ohne gar schleunigst im Abgrund der Hölle zu sein. Das wollte ich Euch nicht gerne gönnen, sonst hätte ich solch Schreiben an Euch lassen anstehen.

Der Geduldsfaden ist dir gerissen angesichts der Prälaten und andern Kirchenbonzen. Nach Magdeburg schriebst du 1522 richtig in Rage!

Daß ihr aber nicht verstehet, warum ich die hohen Häupter und Prälaten so hart antaste und schelte, sie Narren und Esel heiße, so doch Christus allenthalben lehret, man soll geduldig sein, antworte ich: Meine Geduld und Demut habe ich allzuviel erzeiget. Ich habe geflehet und gebeten, ich bin ihnen nun dreimal nachgezogen ...

Daß nun etliche Weltweisen solch mein mannigfaltig Erbieten und Demut nicht wollen ansehen, daß sie sich daraus besserten, sondern fassen allein das, da ich hart und ernst bin, und sich daran ärgern, denen geschieht eben recht ...

Man ist's bisher gewohnt, die Prälaten zu loben und zu schmeicheln, dieweil das Evangelium unter der Bank lag. Nun es aber hervorkommt und straft die hohen Köpfe als Narren und Blinde, dünkt es uns wunderlich zu sein. Gewalt und Unrecht soll jedermann leiden, das habe ich getan und tue es noch; aber ein

Prediger soll nicht darum schweigen, sondern ... seine Stimme aufheben und den Prälaten ihre Sünde, Schalkheit, Büberei sagen ...

Es ist ein großer Unterschied, Geduld haben, und die Bosheit der Prälaten verschweigen. Schweigen taugt nicht, leiden soll man; strafen und schelten muß man; aber lieben und wohltun muß man auch.

Selbstbewußt und gottesgewiß, scharf und ironisch bist du dem mächtigen Kardinal Erzbischof Albrecht 1521 entgegengetreten.

Derselbige Gott lebet noch, da zweifle nur niemand daran, beherrscht auch die Kunst, daß er einem Kardinal von Mainz widerstehe, wenn gleich vier Kaiser zu ihm hielten. Er hat auch besondere Lust, die hohen Zedern zu brechen (Jesaja 12,13) und die hochmütigen, verstockten Pharaonen zu demütigen.

Ein Spiel mit dem Kardinal von Mainz wird Luther anfangen ...

Tut, liebe Bischöfe, (euch nur) zusammen, Junker möget ihr bleiben; diesen Geist sollet ihr nicht zum Schweigen bringen, noch betäuben ...

Du konntest es nie ertragen, daß Reiche auf Kosten der anderen noch reicher wurden, sich gar an der Not der anderen bereicherten. Den Kurfürsten machtest du eindringlich auf Mißbrauch aufmerksam.

...gnädiger Herr! Es ist hierzulande eine plötzliche Teuerung und unvorhergesehener Hunger eingefallen, daß es zu verwundern ist. Deshalb werden wir gezwungen, den Herrn und Vater des Landes um Hilfe und Rat anzurufen ... Jetzt muß Wittenberg die Städtlein Kemberg und Schmiedeberg mit gebackenem Brot speisen, so daß der Rat mir saget, es gehe mehr Brots hinaus aufs Land als hier in der Stadt verspeiset wird. Dennoch meinen etliche, daß solche Teuerung nicht so ganz aus dem Mangel als vielmehr aus dem Geiz und der Bosheit der reichen Junker komme ...

Du kanntest selber finstere Seelenlagen. Du konntest andere gut er-muntern mit merkwürdig klingendem Rat, so zum Beispiel den an sich verzweifelnden jungen Fürsten von Anhalt.

Ich denke zuweilen, es möchte wohl auch die Melancholia und schweres Gemüt oft die Ursache sein zu solchen Schwachheiten. Darum wollt ich Euer Fürstliche Gnade, als einen jungen Mann, lieber vermahnen, immer fröhlich zu sein, zu reiten, jagen und anderer guten Gesellschaft sich befleißigen, die sich göttlich und ehrlich mit Euer Fürstlichen Gnaden freuen können. Denn es ist ja doch die Einsamkeit oder Schwermut allen Menschen Gift und Tod, sonderlich einem jungen Menschen. So hat auch Gott ge-boten, daß man solle fröhlich vor ihm sein …

Freude und guter Mut … ist die beste Arznei eines jungen Men-schen, ja aller Menschen. Ich, der ich mein Leben mit Trauern und Sauer-Sehen habe zugebracht, suche und nehme Freude an, wo ich kann. Ist doch jetzt, Gott Lob, so viel Erkenntnis, daß wir mit gutem Gewissen können fröhlich sein und mit Danksagung seine Gaben gebrauchen …

Du bist als ein Teufelsaustreiber auch ein Psychotherapeut gegen die Macht des Trübsinns. Du hast merkwürdigen Rat für mich, wenn mich dunkle Gedanken und Lebenszweifel übermannen.

Durch Spiel und Nichtachtung wird dieser Teufel (des Zweifels und der Verzweiflung) überwunden, nicht durch Widerstand und Disputieren. Treibt deshalb Scherz und Spiel mit meinem Weibe und andern; dadurch vertreibt Ihr die teuflischen Gedanken und bekommt einen guten Mut, lieber Hieronymus.

Seid darum guten und getrosten Mutes und werft die schreck-lichen Gedanken weit von Euch. Und so oft Euch der Teufel mit solchen (trüben) Gedanken plagt, sucht auf der Stelle mensch-liche Gesellschaft, oder trinkt mehr, treibt Kurzweil oder sonst etwas Heiteres.

Wie komme ich mit meinen Gewissensbissen zurecht?

358

Man muß bisweilen mehr trinken, spielen, Kurzweil treiben, und (hierbei) sogar irgend eine Sünde riskieren, und dem Teufel Abscheu und Verachtung zeigen, damit wir ihm ja keine Gelegenheit geben, uns aus Kleinigkeiten eine Gewissenssache zu machen. Andernfalls werden wir überwunden, wenn wir uns ängstlich darum sorgen, daß wir ja nicht sündigen. Deswegen, wenn der Teufel einmal sagt: »Trinke nicht!«, so sollt Ihr ihm zur Antwort geben: »Gerade darum will ich kräftig trinken, weil du es verwehrst, und zwar trinke ich umso mehr.« So muß man immer das Gegenteil von dem tun, was der Satan verbietet. Aus was für einem anderen Grunde glaubt Ihr, daß ich – so wie ich's tue – kräftiger trinke, zwangloser plaudere, öfter esse, als um den Teufel zu verspotten und zu plagen, der mich plagen und verspotten wollte?

Wozu ist eigentlich Glaube gut?
Der Glaube ist und soll auch sein ein Stehfest des Herzens, der nicht wankt, wackelt, bebt, zappelt noch zweifelt, sondern fest steht und seiner Sache gewiß ist.

Und doch sind Christen oft eher Ritter von der traurigen Gestalt und lassen die Fröhlichkeit ihres Glaubens missen.
Ein Christ sollte in diesem Reim:
> Ich lebe und weiß nicht wie lang;
> ich muß sterben, weiß auch nicht wann,
> ich fahr' von dannen, weiß nicht wohin:
> mich wundert, daß ich fröhlich bin
die zwei letzten Verse ändern und mit fröhlichem Mund und Herzen reimen:
> Ich fahr und weiß, Gott Lob! wohin,
> mich wundert, daß ich so traurig bin.

Du warst ein leidenschaftlicher Sänger und Liedkomponist.
Unser Singen verdrießt den Teufel und tut ihm weh; aber wenn

er sieht, daß wir ungeduldig sind, und hört uns schreien, da lacht er dazu in die Fäuste, denn er hat Lust, uns darin zu bestärken.

Singen ist eine feine edle Kunst und Übung. ... Wer singt, der sorgt nicht viel. Er schlägt alle Sorgen aus und ist guter Dinge.

Glaubst du, daß es immer höhere und niedere Arbeit, Hand- und Kopfarbeit, Bestimmer und Bestimmte, Geweihte und gemeines Volk geben wird?

Ein Schuster, ein Schmied, ein Bauer, ein jeglicher hat seines Handwerks Amt und Werk, und doch sind alle gleich geweihte Priester und Bischöfe. Und ein jeglicher soll mit seinem Amt oder Werk den anderen nützlich und dienstbar sein, so daß vielerlei Werke alle auf eine Gemeinde gerichtet sind, Leib und Seele zu fördern ...

Wir sind offenbar dazu geneigt, uns gebückt und anerkennungssüchtig auf hohe Herren zu richten. Luther, du hast die arme Magd Maria gepriesen, die geadelt wurde, Mutter unseres Herrn zu werden. Maria hat ein aufsässig-schönes Lied – das Magnifikat – gesungen. Du hast es für das Weihnachtsfest interpretiert. An jedem will Gott eine große Tat tun, steht seither auf einem Tragebalken im Lutherhaus.

Indem die heilige Jungfrau Maria *an sich selbst erfahren* hat, daß Gott an ihr so große Dinge wirkte, *obwohl* sie doch gering, unansehnlich, arm und verachtet gewesen ist, *lehrt sie* der Heilige Geist diese reiche Kunst und Weisheit,

daß Gott ein solcher Herr ist, der nichts anderes zu schaffen hat, als nur zu erhöhen, was da niedrig ist,

zu erniedrigen, was da hoch ist,

also kurz gesagt: zu zerbrechen, was da gemacht ist,

und zu machen, was zerbrochen ist.

»Gott ist der Allerhöchste und sieht herunter auf die Niedrigen, und die Hochgestellten kennt er nur von ferne« (Psalm 113,59).

Aber die Welt und die Menschenaugen tun das Gegenteil:

die sehen nur über sich und wollen sich um jeden Preis nach oben richten,

– »eine Art, die ihre Augen hoch trägt und ihre Augenlider emporhebt« (Sprüche 30,13).

Das erfahren wir täglich, wie jedermann nur über sich hinaus strebt – hin zu Ehre, zu Gewalt, zu Reichtum, zu Kunst, zu gutem Leben und allem, was groß und hochgeschätzt ist.

Und wo solche Leute sind, hängt ihnen jedermann an: da läuft man herzu, da dient man gern, da will jedermann sein und der Hochgeschätzten teilhaftig werden, aus welchem Grund in der Schrift so wenige Könige und Fürsten als rechtschaffen beschrieben sind. Dagegen will niemand in die Tiefe sehen, wo Armut, Schmach, Not, Jammer und Angst sind; da wendet jedermann die Augen ab.

Jeder Gewaltanwendung, gar dem Krieg zwischen Staaten ist doch für christliche Regierungen ein Riegel vorgeschoben.

Es gehöret mehr dazu, Krieg anzufangen, denn daß du eine rechte Sache habest … es heißt: Selig sind die Friedfertigen, daß, wer ein Christ und Gottes Kind sein will, nicht allein keinen Krieg und Unfriede anfange, sondern zum Frieden helfe und rate, wo immer er kann, ob auch gleich Recht und Ursachen genug zum Kriege wären.

Wir Menschen werden doch mit Recht zornig auf andere, und Hetze und Propaganda gegen »die Feinde« gibt es auf allen Seiten.

Also, wenn ein Fürst zornig wird, meinet er bald, er müsse einen Krieg anfangen. Da zündet und hetzet jedermann, solange bis man so viel verkriegt und Blut vergossen hat, daß der Teufel kommt und gibt etliche tausend Gulden für die Seelen, die umgekommen sind. Das sind und bleiben Bluthunde, können nicht ruhen, bis sie sich gerochen und ihren Zorn gebüßet haben, bis sie Land und Leut in Jammer und Unglück führen; und wollen dennoch christliche Fürsten heißen und rechte Sachen haben.

Noch immer gibt es die Redewendung »Ich bin doch nicht des Teufels!«
Was war damit gemeint?

Es ist kein Mensch auf Erden so böse, es hat ja etwas an ihm, das man loben muß … Wir sind Unfläter, daß wir nur, was unflätig ist und stinkt, hervorsuchen und darinnen wühlen wie die Säue. Der Teufel selbst hat von daher den Namen, daß er Diabolus heißt, also ein Schänder und Lästerer, der seine Lust daran hat, daß er aufs Ärgste uns schände und untereinander verbittere, auf daß er nur Mord und Jammer anrichte und keinen Frieden noch Eintracht zwischen Brüdern und Nachbarn, Mann und Weib bleibenlasse.

Es gibt wieder und wieder kriegslüsterne Politiker, Präsidenten, Generäle, Rüstungskonzernvorstände. Müssen wir als treue Staatsbürger ihren Befehlen folgen, oder können wir Widerstand leisten?

Die tollen Fürsten der Welt fangen nur aus lauter Mutwillen Krieg an, nicht um Land und Leute zu schützen, sondern um ihre Lust zu stillen; das hetzt sie gegeneinander. Da muß der gemeine Mann herhalten und um ihres Mutwillens willen müssen Land und Leute verderben.

Was sollte ich tun, wenn mein Herr Unrecht hätte, Krieg zu führen? Wenn du gewiß weißt, daß er unrecht hat, so sollst du Gott mehr fürchten und gehorchen als den Menschen.

Kompromißbereite Politiker haben es meist schwer, Zustimmung zu finden, wenn der nationalistische Furor die Bürger blind gemacht hat. Frieden ist nicht alles. Aber ohne Frieden ist alles nichts.

Den Frieden, den kauft man nie zu teuer, denn er bringt dem, der ihn kauft, großen Nutzen. Wer zwei Kühe hat, der soll die eine darum geben, nur daß der Friede erhalten werde. Es ist besser, eine Kuh in gutem Frieden als zwei im Krieg zu besitzen. »Es ist besser, eine Hand voll mit Ruhe, denn beide Fäuste voll mit Mühe und Haschen nach Wind«, wie Prediger Salomo 4,6 sagt.

Frieden ist auf Dauer langweilig. Das sagten viele zu Beginn des Ersten Weltkrieges 1914. Und wir verhaken uns gegenwärtig wieder auf eine äußerst gefährliche Weise mit Rußland. Vom möglichen totalen Krieg spricht der ukrainische Präsident, und der russische nimmt sich fremde Territorien.

Gar oft klagen die unruhigen Köpfe über den Frieden, und weil die Menschen, wenn sie müßig sind, träg und faul werden, wünschen sie sich Krieg, auf daß sie dadurch Ehre erlangen und Ursachen haben möchten, ihre Tapferkeit zu zeigen. Dieser Drang ist uns allen durch die Sünde eingepflanzt, daß wir die göttlichen, nötigen und allerbesten Gaben Gottes so ganz verachten und dem Schaden und Unglück, die vom Teufel herkommen, willig folgen ...

Denn, wenn man des Guten zu viel hat, so wird man sein bald überdrüssig. Deshalb, obschon der Friede das allerhöchste Gut ist, so ist dennoch die Natur so ganz verdorben, daß sie oft zum Kriegen größere Lust hat. Und wie die Welt den Frieden nicht leiden kann, so kann sie viel weniger den Krieg erdulden. Im Frieden klagt sie, sie werde faul dabei; im Krieg dagegen begehrt sie Friede.

Mit feiner Ironie erzählst du vom Reichstag der Vögel und den Eitelkeiten der Gefiederten.

Unter meinem Fenster, da ist ein Gebüsch, und da haben die Dohlen oder Krähen einen Reichstag hingelegt, da ist ein solch Zu- und Abreiten, ein solch Geschrei Tag und Nacht ohne Aufhören, als wären sie alle trunken, voll und toll; da keckt Jung und Alt durcheinander, daß mich wundert, wie Stimm und Odem so lang währen möge. Und möchte gern wissen, ob auch solches Adels und reisigen Zeugs auch etliche noch bei euch wären; mich dünkt, sie seien aus aller Welt hierher versammelt.

Ich habe ihren Kaiser noch nicht gesehen, aber sanft schweben und schwänzen der Adel und großen Hansen immer vor unsern Augen; nicht fast wohl gekleidet, sondern einfältig in einerlei Farbe, alle gleich schwarz, und alle gleich grauaugig; alle gleich eines Gesanges, doch mit lieblichem Unterschied der Jungen und der Alten, Großen und Kleinen. Sie achten auch nicht der Großen Palast und Saal: denn ihr Saal ist gewölbet mit dem schönen weiten Himmel, ihr Boden ist getäfelt mit hübschen grünen Zweigen, so sind die Wände so weit, als der Welt Ende. So fragen sie auch nichts nach Rossen und Harnisch, sie haben gefiederte Räder, damit sie auch den Büschen entfliehen und entritzen können. Es sind große mächtige Herren; was sie dann aber beschließen, weiß ich noch nicht.

…sonderliche Freude haben wir, wenn wir sehen, wie ritterlich sie schwänzen, den Schnabel wischen und die Wehr stürzen, daß sie siegen und Ehre einlegen wider Korn und Malz. Wir wünschen ihnen Glück und Heil, daß sie allzumal an einen Zaunstecken gespießt wären.

Ich halt aber, es sei nichts anders, denn die Sophisten und Papisten, mit ihrem Predigen und Schreiben, die muß ich alle auf einem Haufen also vor mir haben, auf daß ich höre ihre liebliche Stimme und Predigten, und sehe, wie sehr nützlich Volk es ist, alles zu verzehren, was auf Erden ist, und dafür kecken für die lange Weil.

Heute haben wir die erste Nachtigall gehöret; denn sie hat dem April nicht wollen trauen.

Zwei Jahre vor deinem Tod warst du ziemlich verzweifelt – standest vor den Trümmern deines Lebenswerkes.

Ja, ich bin müde, matt und kalt – ein alter unnützer Mann. Ich habe meinen Lauf vollendet: es bleibt mir noch, daß Gott mich zu meinen Vätern versammelet und der Verwesung und den Würmern auch ihr Teil gebe. Ich habe genug gelebt, wenn das ein Leben war. Betet für mich, daß die Stunde meines Scheidens Gott gefällig und mir heilsam sei. Mich kümmert der Kaiser und das ganze Reich nichts, außer daß ich es im Gebet Gott empfehle. Auch für die Welt scheint mir die Stunde des Scheidens gekommen und, wie der Psalm sagt, alt geworden zu sein wie ein Kleid, um erneuert zu werden, Amen. Bei den Fürsten ist nicht mehr der Mut und die Tugend von Helfen, nur unseliger Haß und Zwietracht, Habsucht und Eigennutz. So hat der Staat keine Männer mehr und es geschieht, was Jesaja im dritten Kapitel geweissagt hat. So ist denn auch nichts Gutes zu hoffen, außer daß der Tag unseres großen Gottes und unserer Erlösung endlich anbrechen möge ...

> Fall hin und her
> verzweifle nur nicht
> und steh wieder auf!

Du hast auf eine geniale Weise die Bibel verdeutscht. Einer der größten Texte ist das »Hohe Lied der Liebe« aus dem 1. Korintherbrief. Wir würden viel verlieren, wenn wir den Genitiv verlören.

1. **W**enn ich mit Menschen- und mit Engelzungen redete und hätte der Liebe nicht, so wäre ich ein tönend Erz oder eine klingende Schelle.

2. Und wenn ich weissagen könnte und wüßte alle Geheimnisse und alle Erkenntnis und hätte allen Glauben, also daß ich Berge versetzte, und hätte der Liebe nicht, so wäre ich nichts.

3. Und wenn ich alle meine Habe den Armen gäbe und ließe meinen Leib brennen und hätte der Liebe nicht, so wäre mir's nichts nütze.

4. Die Liebe ist langmütig und freundlich, die Liebe eifert nicht, die Liebe treibt nicht Mutwillen, sie blähet sich nicht.

5. Sie stellet sich nicht ungebärdig, sie suchet nicht das Ihre, sie läßt sich nicht erbittern, sie rechnet das Böse nicht zu.

6. Sie freut sich nicht der Ungerechtigkeit, sie freut sich aber der Wahrheit ...

12. ... Jetzt erkenne ich's stückweise; dann aber werde ich erkennen, gleichwie ich erkannt bin.

13. Nun aber bleibt Glaube, Hoffnung, Liebe, diese drei; aber die Liebe ist die größte unter ihnen.

Anmerkungen

1 Bonhoeffer, Dietrich: Rede auf der Fanø-Konferenz. Deutsche Fassung. Kirche und Völkerwelt. In: ders., Werke. Hrsg. von Eberhard Bethge ... Band 13. London 1933–1945 / hrsg. von Hans Goedeking ... © Chr. Kaiser / Gütersloher Verlagshaus, Gütersloh 1994, S. 301.

2 Erasmus von Rotterdam: Briefe. Verd. und hrsg. von Walther Köhler. 4. Aufl., erw. Ausgabe von Andreas Flitner. Darmstadt: Wiss. Buchges. 1995, S. 418.

3 Ebenda, S. 419.

4 Ebenda, S. 420.

5 Ebenda, S. 421.

6 Ebenda.

7 Ebenda, S. 421 f..

8 Bobrowski, Johannes: Sprache. In: ders., Gesammelte Werke in sechs Bänden. Band 1. Die Gedichte. Hrsg. von Eberhard Haufe, S. 177. © 1998, Deutsche Verlags-Anstalt, München, in der Verlagsgruppe Random House GmbH.

9 Bloch, Ernst: Widerstand und Friede. Gesprochene Rede, S. 102. © Suhrkamp Verlag Frankfurt am Main 1984. Alle Rechte bei und vorbehalten durch Suhrkamp Verlag Berlin.

10 Mann, Thomas: Schicksal und Aufgabe. In: ders., Gesammelte Werke in dreizehn Bänden. Band XII. Reden und Aufsätze 4. © S. Fischer Verlag GmbH, Frankfurt am Main 1960, 1974.

11 Ebenda, S. 935.

12 Ebenda, S. 934.

13 Ebenda, S. 935.

14 Ebenda, S. 936.

15 Braun, Volker: Die hellen Haufen. Erzählung, S. 69 f. © Suhrkamp Verlag Berlin 2011.

16 Bloch, Ernst: Das Prinzip Hoffnung. In: ders., Gesamtausgabe in 16 Bänden. Band 5, S. 1628. © Suhrkamp Verlag Frankfurt am Main 1959. Alle Rechte bei und vorbehalten durch den Suhrkamp Verlag Berlin.

17 Arbeitskreis Gerechtigkeit/AK Menschenrecht/AK Umweltschutz (nach telefonischer Durchsage vom 10.11.1989).

18 Bloch, Ernst: Widerstand und Friede. Gesprochene Rede, S. 84. © Suhrkamp

Verlag Frankfurt am Main 1984. Alle Rechte bei und vorbehalten durch Suhrkamp Verlag Berlin.

19 Peter von der Osten-Sacken erkennt bei Luther neben religiösem Antijudaismus auch Elemente eines »Proto-Antisemitismus«, Thomas Kaufmann sogar eines »frühneuzeitspezifischen Antisemitismus«.

20 Anlaß für die Schrift waren Nachrichten, daß Juden in Mähren erfolgreich versuchten, Christen zu missionieren. Wahrscheinlich ging es gar nicht um Juden, sondern um den biblizistischen Täufer Oswald Glaid. Auch spätere Gerüchte über den Versuch von »Sabbatern«, Christen zu missionieren, bezogen sich meist auf biblizistische Vertreter des »linken Flügels« der Reformation.

21 Die mittelalterliche jüdische Mystik ermittelte aus einer Zahlen- und Buchstabenspekulation den ausgelegten Namen Gottes als »Schem ha-meforasch«. Er würde die besondere Heiligkeit ausdrücken. Luther äußerte sich darüber voller Häme.

22 Zitiert nach Prolingheuer, Hans: Wir sind in die Irre gegangen. Die Schuld der Kirche unterm Hakenkreuz, nach dem Bekenntnis des »Darmstädter Wortes« von 1947. Köln 1987, S. 134 und S. 149.

23 Ebenda, S. 147.

24 Erikson, Erik H.: Der junge Mann Luther. Eine psychoanalytische und historische Studie. Aus dem amerikanischen Englisch von Johanna Schichte. © Suhrkamp Verlag Frankfurt am Main 1975. © Erik H. Erikson, 1958.

25 Vgl. ebenda, S. 185.

26 Ebenda, S. 12 f..

27 Ebenda, S. 70.

28 Ebenda, S. 71 f.

29 Ebenda, S. 327.

30 Brecht, Bertolt, Dreigroschenroman. In: ders., Bertolt Brecht, Werke. Große kommentierte Berliner und Frankfurter Ausgabe, Band 16: Prosa 1, S. 385. © Bertolt-Brecht-Erben / Suhrkamp Verlag 1990.

31 Frisch, Max: Tagebuch 1946–1949, S. 293. © Suhrkamp Verlag Frankfurt am Main 1950. Alle Rechte bei und vorbehalten durch Suhrkamp Verlag Berlin.

32 Zitiert nach Sölle, Dorothee: Phantasie und Gehorsam. Stuttgart–Berlin 1972, S. 11.

33 Evangelisches Gottesdienstbuch, Luther Verlag 1999, S. 563 und 566.

34 Lessing, Gotthold Ephraim: Schriften; Zweiter Teil; Erster bis Fünfundzwanzigster Brief. In: ders., Werke 1751–1753. Hrsg. von Jürgen Stenzel. Frankfurt am Main 1998, S. 658 (Werke und Briefe in 12 Bänden, Band 2).

35 Lessing, Gotthold Ephraim: Eine Parabel. Das Absagungsschreiben an Goeze. In: ders., Werke 1778–1789. Hrsg. von Klaus Bohnen und Arno Schilson. Frankfurt am Main 1993, S. 50 (Werke und Briefe in 12 Bänden, Band 9).

36 Lessing, Gotthold Ephraim: Anti-Goeze. In: ebenda, S. 95.

37 Siehe F. H. Jacobi über seine Gespräche mit Lessing. In: ders., Werke. Band 8. Theologiekritische Schriften III. Darmstadt 1996, S. 570.

38 Herder, Johann Gottfried: Über die neuere deutsche Literatur. Fragmente von der neuern römischen Literatur. In: Herders Sämmtliche Werke. Hrsg. von Bernhard Suphan. Band 1, Berlin 1877, S. 372.

39 Herder, Johann Gottfried: Lehrer der Kirche. Predigerpflicht und Kirchenordnung. In: Herders Sämmtliche Werke. Hrsg. von Bernhard Suphan. Band 7, Berlin 1884, S. 214.

40 Herder, Johann Gottfried: Briefe zu Beförderung der Humanität. Nr. 18. In: Herders Sämmtliche Werke. Hrsg. von Bernhard Suphan. Band 17, Berlin 1881, S. 87.

41 Goethe, Johann Wolfgang: Brief des Pastors zu *** an den neuen Pastor zu ***, 1773. In: Goethes Werke. Hamburger Ausgabe in 14 Bänden. Band 12, 5. Aufl. 1963, S. 233.

42 Eckermann, Johann Peter: Gespräche mit Goethe in den letzten Jahren seines Lebens. Hrsg. von Heinz Schlaffer. München 1986, S. 695.

43 Goethe, Johann Wolfgang: Sämtliche Gedichte. Frankfurt am Main und Leipzig 2007, S. 235 f.

44 Schiller, Friedrich: [Deutsche Größe]. In: ders., Gedichte. Berlin 2005, S. 558 (Sämtliche Werke in 10 Bänden. Berliner Ausgabe, Band 1).

45 Schiller, Friedrich: Dramatische Fragmente. Demetrius. In: ders., Sämtliche Werke. Berliner Ausgabe, Band 5, S. 260.

46 Hegel: Vorrede zu: Grundlinien der Philosophie des Rechts. In: ders., Sämtliche Werke. Jubiläumausgabe. Band 7, Stuttgart 1964, S. 36.

47 Ebenda.

48 Hegel: Vorlesungen über die Philosophie der Religion. Teil 3. Sämtliche Werke. Jubiläumausgabe, Band 16, Stuttgart 1965, S. 290.

49 Hegel: Vorlesungen über die Geschichte der Philosophie. In: ders., Sämtliche Werke. Jubiläumausgabe. Band 19, Stuttgart 1965, S. 256.

50 Ebenda, S. 260.

51 Hegel: Vorlesungen über die Philosophie der Geschichte. In: ders., Sämtliche Werke. Jubiläumausgabe. Band 11, Stuttgart 1971, S. 523.

52 Hegel: Rede bei der dritten Säkularfeier der Übergabe der Augsburgischen Konfession (den 25. Juni 1830). In: Philosophie und Literatur im Vormärz. Der Streit um die Romantik 1820–1854. Hrsg. von Walter Jaeschke. Hamburg 1999, S. 97.

53 Ebenda, S. 102.

54 Ebenda.

55 Heine, Heinrich: Geständnisse. In: Heines Werke in fünf Bänden. 17. Aufl. Berlin und Weimar 1986, Band 5, S. 357.

56 Ebenda, S. 358

57 Ebenda, S. 361.

58 Heine, Heinrich: Zur Geschichte der Religion und Philosophie in Deutschland. In: ebenda, S. 39.

59 Heine, Heinrich: Die romantische Schule. In: Heines Werke in fünf Bänden, Band 4, S. 203.

60 Heine, Zur Geschichte der Religion und Philosophie in Deutschland. In: Heines Werke in fünf Bänden, Band 5, S. 39.

61 Ebenda.

62 Ebenda, S. 40.

63 Ebenda, S. 42.

64 Ebenda, S. 40.

65 Grimm, Jacob: Deutsche Grammatik. Band 1. Göttingen, 1822. In: Deutsches Textarchiv http://www.deutschestextarchiv.de/grimm_grammatik01_1822.

66 Marx, Karl: Zur Kritik der Hegelschen Rechtsphilosophie. Einleitung. In: Marx/Engels, Werke. Band 1, Berlin 1956, S. 386.

67 Marx, Karl: Zur Judenfrage. In: ebenda, S. 369.

68 Marx, Karl: Der Kommunismus des »Rheinischen Beobachters«. In: Marx/Engels, Werke. Band 4, Berlin S. 200.

69 Marx, Zur Kritik der Hegelschen Rechtsphilosophie. Einleitung. In: Marx/Engels, Werke. Band 1, S. 385.

70 Ebenda, S. 378 f.

71 Marx, Karl: Ökonomisch-philosophische Manuskripte. Leipzig 1968, S. 195.

72 Ebenda, S. 195 f.

73 Vgl. Marx, Karl: Luther als Schiedsrichter zwischen Strauß und Feuerbach. In: Marx/Engels, Werke. Band 1, S. 27.

74 Marx, Karl: Das Kapital. Erster Band. In: Marx/Engels, Werke. Band 23, Berlin 1962, S. 619.

75 Marx, Karl: Das Kapital. Dritter Band. In: Marx/Engels, Werke. Band 25, Berlin 1983, S. 784.

76 Engels, Friedrich: Der deutsche Bauernkrieg. In: Marx/Engels, Werke. Band 7, Berlin 1960, S. 347.

77 Ebenda, S. 348.

78 Marx/Engels, Werke. Band 1, S. 345 f.

79 Burckhardt, Jacob: Weltgeschichtliche Betrachtungen. Historische Fragmente aus dem Nachlaß. Hrsg. von Albert Oeri und Emil Dürr, Stuttgart, Berlin u. Leipzig 1929, S. 321 f.

80 Ebenda, S. 316.

81 Ebenda, S. 116.

82 Burckhardt, Jacob: Die Religion im täglichen Leben. In: ders., Die Kultur der Renaissance in Italien. Ein Versuch. Hrsg. von Werner Kaegi, Berlin und Leipzig 1930, S. 329 f .

83 Nietzsche, Friedrich: Die Geburt der Tragödie. In: ders., Kritische Studienausgabe in 15 Bänden, hrsg. von Giorgio Colli und Mazzino Montinari. München 1988, Band 1, S. 147.

84 Nietzsche, Friedrich: Jenseits von Gut und Böse. In: ders., Kritische Studienausgabe in 15 Bänden, Band 5, S. 191.

85 Nietzsche, Friedrich: Der Antichrist. In: ders., Kritische Studienausgabe in 15 Bänden, Band 6, S. 251.

86 Treitschke, Heinrich von: Luther und die deutsche Nation. Ein Vortrag, gehalten in Darmstadt am 7. November 1883. Berlin 1883, S. 12.

87 Ebenda, S. 12 f.

88 Ebenda, S. 14.

89 Ebenda, S. 21.

90 Ebenda, S. 25.

91 Döllinger, Ignaz von: Über Religionsstifter (1883) In: ders., Akademische Vorträge, Band 3, München 1891, S. 58.

92 Mehring, Franz: Die deutsche Reformation und der Dreißigjährige Krieg. Zitiert nach: Bornkamm, Heinrich: Luther im Spiegel der deutschen Geistesgeschichte. Mit ausgewählten Texten von Lessing bis zur Gegenwart. Zweite, neu bearb. und erw. Aufl. Göttingen 1970, S. 370.

93 Harnack, Adolf von: Dogmengeschichte. 8. Aufl. Tübingen 1991, S. 458.

94 Harnack, Adolf von: Was wir schon gewonnen haben und was wir noch gewinnen müssen. Rede am 29. September 1914 in Berlin gehalten. In: Adolf von Harnack als Zeitgenosse. Teil 2: Der Wissenschaftsorganisator und Gelehrtenpolitiker. Hrsg. und eingeleitet von Kurt Nowak. Berlin, New York 1996, S. 1447 f.

95 http://planck.bbaw.de/onlinetexte/Aufruf_An_die_Kulturwelt.pdf

96 Harnack, Adolf von: Das Wesen des Christentums. Hrsg. von Claus-Dieter Osthövener. Tübingen 2005, S. 151.

97 Ebenda, S. 152.

98 Vgl. ebenda, S. 157 f.

99 Ebenda, S. 158.

100 Harnack, Adolf von: Lehrbuch der Dogmengeschichte. Band 3: Die Entwicklung des kirchlichen Dogmas. Neuausgabe 2015 © 2015 by Wissenschaftliche Buchgesellschaft Darmstadt, S. 863.

101 Dibelius, Otto: Friede auf Erden? Frage, Erwägungen, Antwort. Berlin 1930, S. 181.

102 Zitiert nach: Ausgewählte Quellen zur deutschen Innenpolitik 1933–1939. Hrsg. von Günter Wollstein. Darmstadt 2001, S. 62.

103 Zitiert nach: Wolfgang Gerlach, Zwischen Kreuz und Davidstern. Bekennende Kirche in ihrer Stellung zum Judentum im Dritten Reich. Hamburg 1970, S. 26 f.

104 Zitiert nach: Gerlach, Wolfgang: Als die Zeugen schwiegen. Bekennende Kirche und die Juden. Berlin 1987, S. 42.

105 Zitiert nach: Sandvoß, Hans-Rainer: »Es wird gebeten, die Gottesdienste zu überwachen ...« Religionsgemeinschaften in Berlin zwischen Anpassung, Selbstbehauptung und Widerstand von 1933 bis 1945. Berlin 2014, S. 23.

106 Vgl. Gerlach, Zwischen Kreuz und Davidstern, S. 27 f.

107 martin-niemoeller-stiftung.de

108 Mann, Thomas: Betrachtungen eines Unpolitischen. In: ders., Gesammelte Werke in dreizehn Bänden. Band XII. Reden und Aufsätze 4, S. 493. © S. Fischer Verlag GmbH, Frankfurt am Main 1960, 1974.

109 Ebenda, S. 279.

110 Ebenda, S. 30.

111 Mann, Thomas: Gedanken zum Kriege. In: ders., Gesammelte Werke in dreizehn Bänden. Band XIII. Nachträge, S. 554. © S. Fischer Verlag GmbH, Frankfurt am Main 1960, 1974.

112 Thomas Mann, Deutsche Hörer! In: ders., Gesammelte Werke in dreizehn Bänden. Band XI. Reden und Aufsätze 3, S. 1001. © S.Fischer Verlag GmbH, Frankfurt am Main 1960, 1974.

113 Müller, Alfred Dedo: Ethik. Der evangelische Weg der Verwirklichung des Guten. Berlin 1937, S. 339.

114 Ebenda, S. 340.

115 Ebenda, S. 372 f.

116 Vgl. »Soldaten sind Mörder«, Dokumentation einer Debatte 1931–1996. Hrsg. von Michael Hepp und Viktor Otto. Berlin 1996, S. 25 f.

117 Bonhoeffer, Dietrich: Rechenschaft an der Wende zum Jahr 1943: »Nach zehn Jahren«. In: ders., Werke. Hrsg. von Eberhard Bethge ... Band 8. Widerstand und Ergebung. Briefe und Aufzeichnungen aus der Haft, hrsg. von Christian Gremmels, Eberhard Bethge und Renate Bethge in Zusammenarbeit mit Ilse Tödt. München 1998, S. 23 f.

118 Bonhoeffer, Dietrich: Nachfolge. Werke. Hrsg. von Eberhard Bethge ... Band 4, hrsg. von Martin Kuske und Ilse Tödt. 3., durchgesehene und aktualisierte Aufl., München 2002, S. 16.

119 Bonhoeffer, Dietrich: Ethik. Werke. Hrsg. von Eberhard Bethge ... Band 6, hrsg. von Ilse Tödt, Heinz Eduard Tödt, Ernst Feil, Clifford Green. 2., überarbeitete Aufl., München 1998, S. 289.

120 Ebenda, S. 288.

121 Thesen über Martin Luther. Zum 500. Geburtstag. In: Einheit 9/1981, S. 890 ff.

122 Zitiert nach: Thesen über Martin Luther zum 500. Geburtstag 1983, Akademie der Wissenschaften der DDR, Arbeitsgruppe von Gesellschaftswissenschaftlern

der Akademie der Wissenschaften der DDR unter Leitung von Prof. Dr. habil. Horst Bartel, Zentralinstitut für Geschichte, 1981, S. 37.

123 Vgl. ebenda, S. 28.

124 Vgl. Vertrauen wagen. Kirchentage in der DDR im Lutherjahr 1983. Weimar 1984, S. 96.

125 Fühmann, Franz: Meine Bibel; Erfahrungen. In: ders., Das Ohr des Dionysios, S. 107. © Hinstorff Verlag GmbH, Rostock 1995.

126 Ebenda, S. 110.

127 Friedensbewegung in der DDR. Texte 1978–1982. Hattingen 1982, S. 207.

128 Jens, Walther: Martin Luther. Prediger, Poet und Publizist. In: ders., Kanzel und Katheder. Reden © 1984 by Kindler Verlag GmbH, München 1984. S. 179.

129 Ebenda, S. 185 f.

130 Ebenda, S. 171.

131 Kasper, Walter Kardinal: Martin Luther. Eine ökumenische Perspektive, S. 40 f. © Patmos Verlag in der Schwabenverlag AG, Ostfildern 2016, 2. Auflage, www.verlagsgruppe-patmos.de.

132 Ebenda, S. 41.

133 Ebenda, S. 42.

134 Ebenda, S. 46 f.

135 Ebenda, S. 51.

136 Jens, Walter: Am Anfang der Stall – am Ende der Galgen: Jesus von Nazareth. Stuttgart, 1972, S. 37 ff. Die Genehmigung zum Abdruck erteilte uns Inge Jens, Tübingen.

137 Jens, Walter: Erasmus und die Vision vom Frieden. In: ders.: Die Friedensfrau. Ein Lesebuch. 2., veränderte Auflage Leipzig 1992, S. 208. Die Genehmigung zum Abdruck erteilte uns Inge Jens, Tübingen.

138 Ebenda, S. 206.

139 Erasmus von Rotterdam: Die Klage des Friedens. Hrsg und übersetzt von Brigitte Hannemann. München 1984, S. 48.

140 Jens, Walter: Im Geiste des Erasmus. Laudatio im Wittenberger Rathaus am 26. 10. 1993 vor den Bürgern der Stadt. Die Genehmigung zum Abdruck erteilte uns Inge Jens, Tübingen.

141 Jens, Walter: Erasmus und die Vision vom Frieden. In: ders.: Die Friedensfrau. Ein Lesebuch. Leipzig 1992, S. 209. Die Genehmigung zum Abdruck erteilte uns Inge Jens, Tübingen.

142 Erasmus von Rotterdam, Die Klage des Friedens, S. 52 f. Weitere Seitenzahlen im Text.

Quellen

D. Martin Luthers Werke. Kritische Gesamtausgabe/Weimarer Ausgabe. 1. Abteilung: Schriften; 2. Abteilung: Tischreden; 3. Abteilung: Die deutsche Bibel; 4. Abteilung: Briefwechsel. Weimar 1883–1973, Neuausgabe Stuttgart: Metzler Verlag 2000–2007

Die Bibel nach Martin Luthers Übersetzung. Neu revidiert 2017. Jubiläumsausgabe. Stuttgart: Deutsche Bibelgesellschaft

Luthers Werke. Vollständige Auswahl seiner Hauptschriften. Mit historischen Einleitungen, Anmerkungen und Registern. Band 1–24 (24 Bände in 9 Bänden). Hrsg. von Otto von Gerlach. Berlin: Wiegandt 1848; Auslegung der Bergpredigt, S. 9 ff.

Aland, Kurt (Hrsg.): Luther deutsch. Die Werke Martin Luthers in neuer Auswahl für die Gegenwart. 9 Bände, Berlin: Evangelische Verlagsanstalt 1956

Ders.: Luther deutsch. Die Werke Martin Luthers in neuer Auswahl für die Gegenwart. 10 Bände, 4. Auflage, Göttingen: Vandenhoeck & Ruprecht 1991

Beintker, Horst u. a. (Hrsg.): Martin Luther Taschenausgabe. Auswahl in fünf Bänden. Band 1: Die Botschaft des Kreuzes; Band 2: Glaube und Kirchenreform; Band 3: Sakramente, Gottesdienst, Gemeindeordnung; Band 4: Evangelium und Leben; Band 5: Christ und Gesellschaft. Mit BEIGABE: Luther – Eine Biographie. Berlin: Evangelische Verlagsanstalt GmbH 1982

Das Lutherwort zum Psalter, zusammengestellt von Th. Brandt. Bad Salzuflen: MBK Verlag 1947

Erasmus von Rotterdam: Briefe. Verd. und hrsg. von Walther Köhler. 4. Aufl., erw. Ausgabe von Andreas Flitner. Darmstadt: Wissenschaftliche Buchgesellschaft 1995

Ders.: Die Klage des Friedens. Hrsg und übersetzt von Brigitte Hannemann. München: Piper 1984

Kirchen- und Theologiegeschichte in Quellen. Band 3: Die Kirche im Zeitalter der Reformation. Ausgewählt und kommentiert von Heiko A. Oberman. 3., verb. Auflage, Neukirchen-Vluyn: Neukirchener Verlag 1999; Band 4.2: Hans-Walter Krumwiede: Neuzeit 2. Teil. Neukirchen-Vluyn: Neukirchener Verlag 1980; Band 5: Martin Greschat/Hans-Walter Krumwiede: Das Zeitalter der Weltkriege und Revolutionen. Neukirchen-Vluyn: Neukirchener Verlag 1995

Krack, Otto (Hrsg.): Lutherbriefe. Martin Luther als Mensch in seinen Briefen. Berlin: Carl Curtius 1910

Luther, Martin: Der große Katechismus, Die Schmalkaldischen Artikel. In: Band 1 der Calwer Luther-Ausgabe. Hrsg. von W. Metzger. Stuttgart: Hänssler Verlag 1996

Ders.: Lektüre für Augenblicke. Ausgewählt von Walter Sparn. Frankfurt am Main: Insel Verlag 1983

Walch, Johann Georg: Dr. Martin Luthers Sämtliche Schriften. St. Louis 1880–1910

Literatur

Aktion Sühnezeichen/Friedensdienste/Pax Christi (Hrsg.): Ökumenische Versammlung für Gerechtigkeit, Frieden und Bewahrung der Schöpfung. Dresden – Magdeburg – Dresden. Eine Dokumentation. Berlin im Januar 1990

Berger, Klaus (Hrsg.): Lob des irdischen Friedens. Frankfurt am Main und Leipzig: Insel Verlag 2004 (Insel-Bücherei 1252)

Beten mit Luther. Hrsg. von Margot Käßmann. Frankfurt am Main: © edition chrismon 2014

Blail, Gerhard: Vom getrosten Leben. Martin Luthers Trostbriefe. Stuttgart: J. F. Steinkopf Verlag 1982

Böhme, Klaus (Hrsg.): Aufrufe und Reden deutscher Professoren im Ersten Weltkrieg. Stuttgart: Reclam 1975, 2014

Bornkamm, Heinrich: Luther im Spiegel der deutschen Geistesgeschichte. 2., neu bearb. u. erw. Auflage, Göttingen: Vandenhoeck & Ruprecht 1970

Brecht, Martin: Martin Luther. Band 1–3, Stuttgart: Calwer Verlag 1981–1987

Friedenthal, Richard: Luther. Sein Leben und seine Zeit. München: R. Piper & Co. 1967

Greschat, Martin (Hrsg.): Im Zeichen der Schuld. 40 Jahre Stuttgarter Schuldbekenntnis. Eine Dokumentation. Neukirchen-Vluyn: Neukirchener Verlag 1985

Gollwitzer, Helmut/Kuhn, Käthe/Schneider, Reinhold (Hrsg.): Du hast mich heimgesucht bei Nacht. Abschiedsbriefe und Aufzeichnungen des Widerstandes 1933–1945. Gütersloh: Gütersloher Verlagshaus 1951

Hasenhüttl, Gotthold: Ökumenische Gastfreundschaft. Ein Tabu wird gebrochen. Stuttgart: Kreuz Verlag 2006

Heibig, Georg, V. D. M.: Der Ruf zur Buße. Eine Auslegung der sieben Bußpsalmen von Martin Luther. Durchges., für den Leser von heute zugerichtet und mit Anmerk. versehen. Berlin: Evangelische Verlagsanstalt [1949] = Das Lutherwort zum Psalter. Bd. I.

Herrmann, Horst: Martin Luther. Ketzer wider Willen. München: Bertelsmann 1983

Klee, Ernst: Die SA Jesu Christi. Die Kirche im Banne Hitlers. Frankfurt am Main: Fischer Taschenbuch 1989

Langer, Herbert: 1648 – Der Westfälische Frieden. Pax Europaea und Neuordnung des Reiches. Berlin: Brandenburgische Verlagsanstalt 1994

Mit Luther im Gespräch. Studientexte für die Gemeindearbeit. Herausgeber: Präsidium des Evangelischen Kirchentages in der DDR/Vorbereitender Ausschuß Wittenberg. Berlin: Evangelische Verlagsanstalt GmbH 1983

Oberman, Heiko A.: Luther. Mensch zwischen Gott und Teufel. Verbesserte Auflage, Berlin: Siedler 1987

Prolingheuer, Hans: Wir sind in die Irre gegangen. Die Schuld der Kirche unterm Hakenkreuz nach dem Bekenntnis des »Darmstädter Wortes« 1947. Köln: Pahl-Rugenstein 1987

Rehmann, Jan: Kirchen im NS-Staat. Untersuchung zur Interaktion ideologischer Mächte. Berlin: Argument-Verlag 1986

Schilling, Heinz: Martin Luther. Rebell in einer Zeit des Umbruchs. München: Verlag C. H. Beck 2012

Sölle, Dorothee: Phantasie und Gehorsam. Überlegungen zu einer künftigen christlichen Ethik. Stuttgart: Kreuz Verlag 1968

Zweig, Stefan: Triumph und Tragik des Erasmus von Rotterdam. Frankfurt am Main: Fischer Taschenbuch, 24. Auflage, 1981

Bildnachweis

akg-images GmbH, Berlin
    Seite 45, 83, 119, 166, 194, 199, 331
    Farbteil Abbildung 4, 5, 6, 7, 21

Deutsches Historisches Museum, Berlin
    Seite 155, 198

© Reinhard Henze, Halle (Saale)
    Farbteil Abbildung 20

© jmp-bildagentur, J. M. Pietsch, Spröda
mit freundlicher Genehmigung der Stadtkirche Wittenberg
    Seite 239
    Farbteil Abbildung 11, 12, 13

Stiftung Luthergedenkstätten Sachsen-Anhalt
    Seite 49, 85, 126, 181, 205, 231, 247
    Farbteil Abbildung 1

Dank

Mein Dank gilt insbesondere der umsichtigen Lektorin Maria Matschuk sowie dem Historiker Dr. Volker Joestel für kritische Begleitung. Gerit Orbitz danke ich für vielfältige konzentrierte und geduldige Mitarbeit, Hans-Dieter Schütt und Volker Hörner für anregende Gespräche.

Inhalt

Guido Dieckmann
Luther
Roman
373 Seiten
ISBN 978-3-7466-3299-5
Auch als E-Book erhältlich

Er veränderte die Welt

Zweifler, Ketzer, Reformator - Martin Luther war ein faszinierender, willensstarker Mensch, der die Welt aus den Angeln hob. Als er im Jahre 1517 seine Thesen verkündet und sich weigert, sie zu widerrufen, macht er sich mächtige und gefährliche Feinde. Nicht allein der Papst, auch der Kaiser versucht ihn mundtot zu machen, doch Luther widersteht und wird zum Volkshelden und zum Rebell wider Willen.

Das Leben Luthers – packend erzählt.

Regelmäßige Informationen erhalten Sie über unseren Newsletter. Jetzt anmelden unter: www.aufbau-verlag.de/newsletter

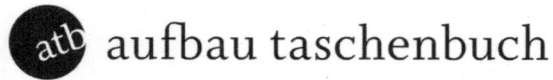

Margot Käßmann
Heinrich Bedford-Strohm
Die Welt verändern
Was uns der Glaube heute zu sagen hat
293 Seiten
ISBN 978-3-351-03644-7
Auch als E-Book erhältlich

500 Jahre Reformation: Glaube und Kirche heute

Am 31. Oktober 1517 schlug Martin Luther seine 95 Thesen an die Tür der Wittenberger Schlosskirche und begründete damit einen Prozess, der die Welt veränderte. In diesem Buch findet der Leser alles Wissenswerte über die Reformation, ihre Ideen, Ziele und wichtigsten Vertreter. Vor allem aber geht es um die Frage, inwieweit der Glaube heute noch Antwort auf die drängenden Fragen der Gegenwart sein kann. Darüber sprechen Margot Käßmann und Heinrich Bedford-Strohm mit Dunja Hayali, Jakob Augstein, Gregor Gysi, Mouhanad Khorchide und Walter Homolka.
Mit zahlreichen farbigen Abbildungen.

Regelmäßige Informationen erhalten Sie über unseren Newsletter. Jetzt anmelden unter: www.aufbau-verlag.de/newsletter

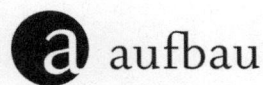